O candomblé bem explicado
(Nações Bantu, Iorubá e Fon)

Odé Kileuy & Vera de Oxaguiã

O candomblé bem explicado
(Nações Bantu, Iorubá e Fon)

Organizador: Marcelo Barros

Rio de Janeiro
2024

Copyright © 2009
Odé Kileuy e Vera de Oxaguiã

Editoras
Cristina Fernandes Warth
Mariana Warth

Coordenação editorial
Silvia Rebello

Coordenação de produção
Christine Dieguez

Produção gráfica
Aron Balmas

Preparação de texto
Eneida D. Gaspar

Revisão
Cindy Leopoldo
Juliana Latini

Projeto gráfico de miolo e diagramação
Selênia Serviços

Capa
Carlos Denisieski

Todos os direitos reservados à Pallas Editora e Distribuidora Ltda. É vetada a reprodução por qualquer meio mecânico, eletrônico, xerográfico etc., sem a permissão por escrito da editora, de parte ou totalidade do material escrito.

CIP-BRASIL. CATALOGAÇÃO-NA-FONTE
SINDICATO NACIONAL DOS EDITORES DE LIVROS, RJ.

M414c
Maurício, George
  O candomblé bem explicado (Nações Bantu, Iorubá e Fon)/Odé Kileuy e Vera de Oxaguiã; [organização Marcelo Barros]. — Rio de Janeiro: Pallas, 2009.
  368p.

  Inclui bibliografia
  ISBN 978-85-347-0423-6

  1. Candomblé. I. Vera, de Oxalá. II. Barros, Marcelo. III. Título.

08-2731.
                                            CDD: 299.67
                                            CDU: 299.6

Pallas Editora e Distribuidora Ltda.
Rua Frederico de Albuquerque, 56 — Higienópolis
CEP 21050-840 — Rio de Janeiro — RJ
Tel./fax: (021) 2270-0186
www.pallaseditora.com.br
pallas@pallaseditora.com.br

Aquilo que foi escrito neste livro nos foi ensinado pelos orixás.
O que não foi dito aqui está no coração de cada um!

Mãe-natureza

Base primordial do candomblé, a mãe-natureza carrega no seu cerne o mistério da vida e da reprodução. Sábia e paciente, ela age com sutileza, não medindo, como o homem, a sua existência cronologicamente. Generosa e poderosa, permite uma interação perfeita e equilibrada entre seus elementos e o ser humano. Se o homem a protege e respeita, ela lhe dá tudo o que produz, sendo abundante em sua diversidade! Com suprema sabedoria, acolhe e fecunda sementes, gerando assim novas vidas e novas gerações. Matas, florestas e montanhas são criadas e renovadas. E, mesmo quando estas faltam e criam-se desertos áridos e inóspitos, estas áreas ainda assim possuem vida em abundância, graças à diversidade e à generosidade desta grande mãe! Porém, se o homem a ofende ou maltrata, ela lhe responde à altura! É quando a natureza, não suportando mais as adversidades que o homem lhe impõe, materializa situações extremas em resposta ao desequilíbrio por ele provocado. E ele não tem subsídios ou qualificações para se igualar a ela, só lhe restando a condição de aceitar ou consertar seus erros para continuar a receber suas benesses!

O meio ambiente só exige ser olhado pelos homens com mais respeito e carinho e ter regras bem claras para que seus recursos não se tornem escassos ou extintos! Assim é esta grande mãe: receptiva e adaptável!

Dedicatória

Dedicamos este livro a três grandes mulheres muito importantes em nossa vida espiritual. Primeiramente, à nossa mãe e avó, Iyá Ominibu (sra. Lourdes) do Axé Poegí (Cacunda de Iaiá), por sua vida de total dedicação ao candomblé. Com sua graça, jovialidade e um jeito coquete, encanta todos, principalmente seu filho Odessi e seus netos Olissasse e Babá Otum. Que Serrussu permita que esteja conosco ainda por muitos e muitos anos!

Também à tia Toqüeno (sra. Glorinha), de Azirí, do Axé Podabá, por sua seriedade e persistência em manter bem alto o nome da religião Fon nos seus 60 anos de vida e de iniciada!

E uma dedicatória especial à mãe Ditinha de Oxum, da nação Efan, uma presença querida e participante no dia-a-dia da nossa vida religiosa e nas liturgias de nossa casa.

Que as "Grandes Mães", as belas entre as mais belas, distribuam o seu axé com elas e com todas as iyalorixás do Brasil e cubram todas com o perfume de suas flores e com o doce de seu mel!

Agradecimentos

Nossos agradecimentos são, primordialmente, dirigidos aos orixás, aos voduns, aos inquices e às demais divindades que permitiram que concluíssemos mais um livro. Porém, um agradecimento especial permitimo-nos fazer: a meu pai Oxóssi, a meu pai Oxaguiã e a nosso pai Obatalá.

O *poderoso caçador*, mantenedor das casas e das famílias, a divindade vibrante e irrequieto, mas ponderado e observador, nos ajudou, nos espreitou, não deixou que em momento algum maculássemos nossos nomes ou o nome da religião. Ele nos ajudou a perseguir e a alcançar o nosso objetivo, que era ajudar e agradar ao maior número possível de pessoas. Esperamos ter conseguido!

Já o *poderoso guerreiro branco*, meu pai Oxaguiã, nos ajudou nos momentos da oratória e da escrita, cortando as dificuldades, os desentendimentos e as contendas. Nos momentos de discórdia, ele surgia subliminarmente e produzia a calmaria; nos momentos de pasmaceira, de insegurança, lá estava ele para nos levar à frente, nos impulsionar. O guerreiro lutou junto conosco, para que pudéssemos vencer mais uma etapa de nossas vidas religiosas!

Mas em todos os segundos de nossos estudos e trabalhos, o senhor supremo da existência e do saber, *Obatalá*, estava nos mantendo coesos. Sentíamos que também nos controlava para só transmitirmos o necessário para o ensinamento e o engrandecimento da religião.

Não poderíamos, entretanto, esquecer de três pequenos "diamantes" de nossas vidas, grandes divindades: os nossos erês. Estes pediram que não nos esquecêssemos deles: Confuso, Estrelinha-do-mar e Florzinha-branca. Orixás-crianças, mas que agem como gente grande, ajudando e orientando, provocando momentos estressantes, mas também hilários!

Pela boa vontade e pelo grande saber, agradecemos ao Professor José Roberto de Souza, professor titular de Cultura Afro-brasileira da Faculdade Hélio Alonso (FACHA), que nos orientou na parte histórica e antropológica do livro.

Precisamos também agradecer aos nossos familiares que, de uma forma ou de outra, foram cúmplices, pacientes e amigos. Grandes momentos de folga lhes foram roubados para que pudéssemos trabalhar incessantemente. E todos, marido, filhos, companheiro, irmãos, souberam entender e aceitar nosso distanciamento.

Agradecemos também aos nossos filhos e irmãos-de-santo, como Silvana e Solange, de Iemanjá; Sarinha, de Oxaguiã; Luiz, de Omolu; nossa amiga Gilcéia, de Oiá; Eglir, de Oxóssi, e muitos outros que entenderam nossos momentos de ausência, pessoas que ativam e movimentam nossa casa! Muito obrigado!

Queremos também, neste momento, fazer uma pequena homenagem a um amigo querido que partiu e deixou muita saudade, o Sr. Antônio Carlos Fernandes (*in memoriam*), fundador da Pallas Editora. Ele tornou esta editora, a "menina dos seus olhos", em uma das poucas do Brasil a se dedicar quase exclusivamente às religiões afro-brasileiras! Em sua vida editorial permitiu, apoiou e incentivou os autores para que crescessem e ajudassem a religião. Estendemos este agradecimento às suas filha e neta, Cristina e Mariana Warth, que continuam permitindo e ajudando a religião a estar sempre em evidência e presente na vida das pessoas!

Fomos felizes, e o livro está pronto! Só temos a agradecer e dedicar tudo que conseguimos a vocês, nossos leitores!

Palavras dos autores

O modo dos povos africanos de viver e de ver a vida se transformou, no Brasil, na religião chamada candomblé. Foi necessário um grande sofrimento de nossos irmãos da África para que os orixás pudessem transpor as águas do grande oceano e chegar até nós! Por isso, ao idealizarmos este livro, decidimos focá-lo e dedicá-lo inteiramente à explanação sobre esta religião tão amada por muitos e incompreendida por outros. Assim, este é mais um trabalho que apresentamos aos nossos leitores e amigos, porém em uma linha editorial um pouco diferenciada de nossos demais livros – *Como fazer você mesmo seu ebó*, *Feitiços para prender o seu amor* e *Presenteie seus orixás e ecuruns*. Este livro compõe-se de matérias mais didáticas, sem trazer ensinamentos práticos para uso no dia-a-dia.

É necessário dizer que não queremos ser "donos da verdade", nem "senhores do saber". Muito menos eruditos ou "os que vêem o candomblé pelo lado de fora". Somos participantes, integrantes e usuários de todos os benefícios que a religião dá e nos permite usar. Não pretendemos agravar ou agredir ninguém, muito menos a religião. Também não temos o intuito de ensinar como fazer iaôs nem qualquer tipo de iniciação ou liturgia. Nossa intenção é somente esclarecer, trazer embasamentos ou acrescentar conhecimentos adquiridos com os mais antigos, pois a religião que não tem seus ensinamentos básicos escritos, estes por certo se perderão! Se a cada dia pudermos aprender um pouco, com certeza o candomblé será cada vez mais entendido. Nossa religião possui um saber infinito; quanto mais se aprende, mais se quer e necessita aprender. É através deste conhecimento que ela se tornará mais respeitada, pois é a única religião que não possui fronteiras, não tem posses, nem transmite preconceitos.

Seria de nosso gosto citar nomes importantes do candomblé, pessoas que engrandeceram e ainda engrandecem a religião. Porém, evitamos fazê-lo para não magoar alguém ou algum Axé que fosse por nós esquecido. Igualmente, por pertencermos a uma mescla da nação iorubá e da nação fon, pois somos nagô-vodum, estaremos utilizando no livro palavras ou termos advindos da língua iorubá, sem querer afrontar ou melindrar qualquer outra nação-irmã.

Muitos serão os que aplaudirão esta nossa iniciativa, mas também sabemos que surgirão críticas e opiniões contrárias. As críticas, quando construtivas e educativas, para somar e para ajudar no engrandecimento da comunidade (*egbé*), serão bem aceitas.

Lembramos também que merecemos o benefício da dúvida, pois nada dentro da religião é 100% conhecido ou afirmativo!

Sabemos que seria impossível colocar em um só livro todo o conhecimento sobre o candomblé, pois a religião possui infindáveis concepções e explicações. Muito ficou a ser dito, porém no futuro estas omissões poderão servir para a renovação ou ampliação deste. Podemos também ter cometido erros involuntários, quando vistos sob a ótica de outras pessoas ou de outras casas. Para chegarmos a um consenso, foram muitas as discussões. Neste ponto, tivemos a importante ajuda de Marcelo Barros, ogã Babá Otum do nosso Axé, organizador deste livro, a quem muito queremos agradecer. A sua visão da internalidade, o seu saber didático e a sua fluência no entendimento verbal foram imprescindíveis. Sua busca incessante ocorria até mesmo através da Internet. Por meio desta, associado a grupos virtuais, conseguiu captar as necessidades das pessoas em relação à religião. (Também com a ajuda da Internet penetrou em conhecimentos que, em nossa opinião, não deveriam estar sendo publicados aleatoriamente, mas ensinados pelos sacerdotes a seus iniciados, no devido tempo.) Durante quase sete anos de pesquisas, Marcelo Barros, com a sua calma e a sua jovialidade, mas usando de certa autoridade e grande senso de observação, algumas vezes era quem nos orientava e nos mantinha centrados e equilibrados. Sem sua ajuda, certamente, não teríamos alcançado a dimensão que acreditamos ter dado a este livro! E tudo isso para que pudéssemos falar o máximo da religião sem, contudo, revelar seus fundamentos. Portanto, este livro também é dele!

Importante também salientar que não somos historiadores, antropólogos ou filósofos; portanto, a nossa maneira de comunicação com os leitores é a mais simples possível. Somos somente um babalorixá, com amplos conhecimentos litúrgicos e práticos, e sua filha-de-santo, ambos com vontade de repassar um pouco do nosso saber aos irmãos e àqueles que gostam da religião dos orixás. Da iniciação à conclusão deste livro foram necessários muitos dias e horas de renúncias, algum desprendimento e muito, muito amor! Fizemos muitas pesquisas em livros diversificados, nacionais e em edições de outros países. (E seguimos o sábio pensamento de Wilzon Mizner, que afirma que "quando se rouba de um autor chama-se plágio, mas quando se rouba de muitos chama-se pesquisa"!) Para melhor trabalharmos, em certos momentos procuramos refúgio em locais mais distantes e solitários, tudo para que pudéssemos passar por uma reciclagem, redigir com mais tranqüilidade e procurar também uma sintonia melhor com a natureza.

No início, nossa intenção era fazer um livro dedicado aos iaôs, mas, em determinado momento, sentimos que o livro tomou outro rumo, foi se expandindo. Criou vida própria e as forças da natureza agiram para que levantássemos a bandeira da comunidade! Os assuntos começaram a fluir com rapidez e coerência, até mais do que desejávamos. Porém, em outros momentos, surgia um bloqueio. Parecia que alguma força nos impossibilitava de prosseguir, uma espécie de proibição, não nos deixando penetrar nos recônditos da religião, no segredo, no eró dos fundamentos da religião e dos orixás.

Mas, na grande maioria do tempo, fomos iluminados e até auxiliados pelas divindades, não permitindo estas que, por meio do livro, utilizássemos palavras que magoassem ou agredissem alguém! Ele foi feito com o objetivo de ajudar o maior número de pessoas e assim tentar responder a várias indagações que possivelmente nunca foram bem explicadas dentro da religião. São questões simples, porém muito importantes e de grande valor para todos os iniciados, independentemente de seu tempo de feitura ou de sua nação, e até mesmo para aqueles que estão prestes a ser incluídos na comunidade. Os clientes e amigos da religião irão utilizá-lo para que possam entendê-la um pouco mais.

O saber é para ser distribuído; quando fica na posse de poucos, pode se extinguir ou se modificar radicalmente! Quem sabe, através de nosso exemplo, outros autores em potencial decidam transmitir, em palavras, sua cultura para toda uma geração sedenta de conhecimento?

O livro foi quase todo pautado em perguntas. Procuramos falar um pouco de cada nação. Iorubá, fon, bantu e as demais são nações que precisam somar suas forças, caminhar unidas e se abraçar. Sem, contudo, tentar se fundir, se amalgamar, mantendo suas características, seus segredos e fundamentos. Em uma outra parte, trazemos esclarecimentos sobre rituais, comidas, instrumentos, cantigas etc. Na parte das divindades, nos alongamos um pouco mais, para melhores explicações sobre estas.

Procuramos utilizar as palavras das línguas africanas já aportuguesadas para o melhor entendimento de todos.

Enfim, esperamos que este livro possa trazer melhor discernimento e maiores possibilidades para aqueles que o lerem. E desejamos que ele faça parte de várias bibliotecas pelo mundo afora! Através da leitura conseguimos abrir nossas mentes, ver a vida sobre novas perspectivas e também nos relacionar melhor com o mundo que nos rodeia. Fazê-lo foi um grande ensinamento também para nós. Que ele sirva para ajudá-los!

Axé!!!

Introdução

O início deste livro não surgiu do toque inicial de uma caneta em uma folha de papel. Ele já se apresentava há alguns anos, quando os autores, Odé Kileuy e Vera de Oxaguiã, através de suas outras obras publicadas – *Como fazer você mesmo seu ebó*, *Feitiços para prender o seu amor* e *Presenteie seus orixás e ecuruns* –, mostraram o desejo de passar seu conhecimento prático para o lado teórico e escrito. Ambos sentiram esta necessidade pela grande falta de informações escritas e pela intensa busca de seus filhos e irmãos de religião e dos amigos, freqüentadores e simpatizantes do candomblé. Porém, o casulo que abrigava esta intenção começou a ser trançado no momento em que eles, olhando mais atentamente a religião, puderam ver todas as nuances e peculiaridades que podem ser vistas por quem é de fora. Mas que muitas vezes não são entendidas por estes! Eles pressentiram que ali estava o futuro de uma história religiosa que ainda não fora escrita!

Pensando em seu período como recém-iniciados e nas dúvidas que tinham naquela época, os autores procuraram também conversar com outras pessoas que, independentemente do tempo de iniciação, também se questionavam sobre certos tópicos da religião. Perguntas como "O que é o candomblé?", "O que estou fazendo aqui?", "Qual a minha função dentro da religião?" e muitas outras ficavam sem resposta, porque poucos entendiam a religião teoricamente. Ela só era vivenciada!

De todos estes questionamentos, surgiu a idéia de fazer este livro, iniciado aproximadamente oito anos antes de ser entregue para publicação, e que se tornou a evolução de uma cartilha planejada para uniformizar a educação religiosa dos abiãs e dos iaôs em geral e, em especial, daqueles de nossa casa de candomblé, o *Kwe Axé Vodum Odé Kileuy* (*Axé Kavok*). Após um período de estagnação, e ainda não esquematizado e organizado, de repente ele pareceu tomar um revigorante impulso, com necessidade e exigência de ser otimizado, reformulado e ampliado. Ao sentir esta necessidade do "livro", o invadi e me fiz ser aceito pelos autores neste objetivo! Tornei-me o organizador e transformamos este anseio da dupla em um desejo comum a nós três!

Ficou acordado entre nós que o livro seguiria uma tendência linear, tendo as suas questões uma seqüência pautada em quase todas as etapas e nos patamares religiosos. Outras informações importantes e relacionadas a seus quesitos foram inseridas em seus capítulos. Em nossas pesquisas foram descobertas infinitas diversidades e conceitos simbólicos que explicam o uso de objetos, as características e as funções de variados itens que participam do candomblé. E são pouco explicados!

O livro foi quase todo pautado nos ensinamentos adquiridos na tradição familiar religiosa dos autores, na qual também me insiro. As pesquisas ajudaram a abrilhantar ainda mais a obra. Odé Kileuy e Vera de Oxaguiã optaram por utilizar a compreensão da linhagem ou descendência religiosa para dirigir suas explicações. Porém, não se portaram como intrusos em nenhuma das três nações, pois têm ascendentes que participaram ou ainda participam delas!

Tentando ajudar e facilitar a leitura, foram utilizados conceitos simplificados de outros já existentes na religião e remodelados para uma explicação quase interpessoal. Tudo para objetivar um melhor entendimento e compreensão de todas as pessoas, mesmo aquelas ainda não inseridas na religião. Os conceitos foram explicados, mas ficou reservado o direito de não ensinar as práticas e as funções religiosas! Acredito, ainda, que se este livro não possuir as informações necessárias a algum candomblecista, este com certeza encontrará nele pelo menos uma possibilidade de, com perseverança e o auxílio de um sacerdote, descortinar o véu que lhe cobre os olhos e cega sua compreensão e seu entendimento!

Que estas páginas possam trazer a elucidação e a condição de todos para que conheçam e amem uma religião que lutou, e ainda luta, para ser entendida!

Marcelo Barros
(Ogã Babá Otum, do Kwe Axé Vodum Odé Kileuy)

Nossas raízes

É necessário explicar que todo o conhecimento aqui contido foi embasado em nossa linhagem religiosa, que teve início com a chegada ao Brasil de Gaiaku Rosena, vinda de Aladá, no Benim. Esta fundou o Kwe Podabá, a primeira casa fon no Rio de Janeiro, que iniciou poucas pessoas. Entre estas, a sra. Adelaide do Espírito Santo, mais conhecida como Mejitó, também chamada de "a sabidinha", por seu grande conhecimento religioso. Esta era consagrada a Vodum Ijó, o vodum dos ventos. Esta doné iniciou somente cinco pessoas, dentre elas a atual representante e herdeira do Kwe Podabá, a sra. Glorinha de Azirí, conhecida na religião como "Toqüeno". Mejitó iniciou também a sra. Natalina, que mais tarde fundou sua própria casa de candomblé denominada Kwe Sinfá (Casa das Águas de Fá). Sua roça era localizada à Rua Ana, em Agostinho Porto, São João de Meriti, Rio de Janeiro. Em sua trajetória religiosa, iniciou algumas pessoas, entre as quais podemos destacar o sr. Rui de Olissá; a sra. Neusa de Soboadan; e a sra. Helena de Bessém.

Após a morte de mãe Natalina, outras grandes mulheres assumiram a casa, tendo todas falecido antes de iniciar qualquer tipo de liturgia. A seguir, a propriedade foi vendida pelos seus familiares e os pertences sagrados entregues à Sra. Helena de Bessém, para que cuidasse deles e o Axé não se perdesse. Até os dias atuais, o Kwe Sinfá encontra-se em seu poder, no bairro Parque Paulista, em Santa Cruz da Serra, no Rio de Janeiro.

O sr. Rui de Olissá foi o primeiro filho de mãe Natalina a abrir sua própria roça, onde fez várias iniciações. Entre elas, a do sr. Artur, mais conhecido como Odé Cialê, que, por evolução natural, fundou sua própria casa, em Vila Rosário, Caxias, Rio de Janeiro. Neste local, juntamente com seu doté, fez a iniciação de George Maurício, que passou a ser conhecido na época como Odé Kitauají. Durante muito tempo, este residiu no Bairro de Fátima, no Centro do Rio de Janeiro, com a família de Odé Cialé, morando posteriormente durante muitos anos no terreiro. Lá, adquiriu grande conhecimento e também realizou algumas obrigações temporais.

Após um certo período, complementou sua parte religiosa com a sacerdotisa Iyá Ominibu, sra. Lourdes, em Nilópolis, no Rio de Janeiro, sendo conhecido como Fobá Orum, e onde se encontra até os dias atuais. Iyá Ominibu foi iniciada por Mãe Tansa, descendente do Axé Poegí, mais conhecido como "Cacunda de Yayá"(ou "Corcunda de Iayá".), fundado por Gaiaku Satu. Atualmente, George Maurício é conhecido como Odé Killeuy e tem sua roça, há quase três décadas, no bairro de Edson Passos, no Rio de Janeiro, onde iniciou várias pessoas. Entre elas, Vera de Oxaguiã, autora juntamente com ele deste livro e de outros três, e também o ogã Marcelo Barros, de Orixalá, o Otum da casa, organizador desta obra.

Se nos dias atuais George Maurício tem um reconhecimento dentro da religião, o deve em grande parte a Odé Cialê, que lhe passou grande parte do seu conhecimento e que também muito o orientou. Alguns dos que foram iniciados juntamente com ele permanecem até hoje como seus grandes amigos. Sendo impossível agradecer e citar todos, vamos enumerar os mais presentes, como Márcio de Ogum, que tem sua casa aberta em Duque de Caxias, no Rio de Janeiro; Jorge Humberto de Oxóssi; José Luiz de Ogum, conhecido na religião como "Tata Mão Benta". E também, *in memoriam*, Marco de Oxóssi. Há, porém, um carinho todo especial por Sérgio, *Gunekan*. Este muito o ajudou, esclarecendo e ajudando até mesmo em sua educação escolar e social. Em suas necessidades religiosas, nas iniciações de seus "primeiros iyaôs", este irmão esteve sempre presente, como orientador e amigo. E prossegue até os dias atuais!

Mas foram muitas as pessoas que, embora não pertencendo à sua nação, o ajudaram ao longo dos anos. Difícil enumerar sem ferir sentimentos, mas alguns precisam ser lembrados ou relembrados. Eglir de Oxóssi e o falecido sr. Francisco de Iemanjá, da nação efan, sempre participantes em inúmeros momentos de sua vida religiosa e particular. Ebomi Marlene de Ogum, companheira sincera e inseparável. Mãe Labiym de Nanã, conselheira e amiga, quem lhe ensinou os primeiros passos dentro do Axé Xapanã. Pai Kacilende, *in memoriam*, a quem dedicava grande carinho. Ebomi Dila, com gratidão pelos bons ensinamentos e Professor Agenor, *in memoriam*, por seus sábios conselhos. Àqueles que não foram mencionados pedimos a compreensão e desejamos muito axé em seus caminhos!

Sumário

Mãe-natureza 7

Dedicatória 9

Agradecimentos 11

Palavras dos autores 13

Introdução 17

Nossas raízes 19

Capítulo 1 – O candomblé 29
1. Como podemos definir o candomblé? 29
2. Como surgiu o candomblé no Brasil? 32
3. Quais as dificuldades que o povo do candomblé passou para ter o reconhecimento de sua religião? 34
4. Como o sincretismo agiu na religião? 35
5. Quais as nações que formaram as religiões africanas no Brasil? 36
6. O que é o axé? 40
7. O que é uma casa de candomblé? 42
8. O que é a "cumeeira" da casa de candomblé? 45
9. Qual o comportamento que deve ser adotado por aqueles que visitam uma casa de candomblé? 46
10. Quem são as pessoas que freqüentam o candomblé? 48
11. Por que só algumas pessoas são chamadas a fazer a iniciação em nossa religião? 48
12. Todas as pessoas têm o dom da incorporação? 49

Capítulo 2 – Hierarquia no candomblé 51
13. O que é a hierarquia em uma casa de candomblé? 51
14. O que é a "Cuia"? 52
15. Quais são os cargos máximos dentro de uma casa de candomblé? 53
16. Quem são os babalorixás e as iyalorixás? 53
17. Quem são os babalossâins? 56
18. Quem são os alabás? 57
19. Quem são os babalaôs? 58
20. Quem são os oluôs? 60
21. Quem são os ogãs? 60
22. Quem são as equedes? 64
23. Quem são as/os ebômis? 67

Capítulo 3 – O início de uma nova vida 69
24. Quem são os abiãs? 69
25. Qual é o nome do ritual no qual o abiã se transforma em iaô? 71

26. O que é a iniciação propriamente dita? 71
27. Por que se denomina a iniciação no candomblé de "fazer o santo"? 71
28. Para que serve o período de recolhimento na época da iniciação? 72
29. O que é ser iaô? 74
30. O que é um "barco de iaôs"? 77
31. Quais os nomes dos componentes de um "barco de iaôs"? 77
32. Como se descobre quem são os orixás do futuro iaô? 78

Capítulo 4 – Os orixás na vida do iaô 80

33. Quem são os orixás? 80
34. Os orixás se vestem de acordo com o sexo do/a seu/sua iniciado/a? 83
35. Quem são os irunmonlés? 83
36. Quem são os 400 irunmonlés da direita? 84
37. Quem são os 200 irunmonlés da esquerda? 85
38. Quem são os irunmonlés-ancestres? 85
39. O que é o termo "panteão dos orixás"? 86
40. O que é o termo "qualidade de orixás"? 86
41. O que é a "corte de orixás" do iniciado do candomblé? 88
42. O que é o orixá do amparo? 88
43. O que é o orixá do ori? 88
44. O que é o orixá do adjuntó? 89
45. O que é o orixá do etá? 89
46. O que é o orixá de herança? 89
47. Quais os orixás que o iaô precisa assentar, na sua feitura? 90

Capítulo 5 – O orí 91

48. O que é o orí? 91
49. Como é dividido o corpo humano em sua parte sagrada? 93
50. O que é o eledá? 94

Capítulo 6 – Os ebós 95

51. O que são ebós? 95
52. Por que o futuro iaô precisa fazer ebós antes dos rituais de feitura? 96
53. Que tipos de ebós o futuro iaô deve fazer? 96

Capítulo 7 – Borí, o primeiro sacramento 97

54. O que vem a ser o Borí? 97
55. O que é o igbá orí? 98
56. De quanto em quanto tempo deve-se fazer Borí? 98
57. Quais são os casos para a indicação do Borí? 99
58. Qual o significado litúrgico da "Toalha do Borí"? 99

Capítulo 8 – Preparação para a feitura 100

59. O que o iniciado precisa levar para a casa de candomblé quando for se recolher? 100
60. O que é o igbá? 101
61. O que é o rondêmi? 103
62. Por que, na maioria das casas, há o costume de o iaô usar roupas brancas em sua iniciação? 104
63. Por que o iaô dorme em esteira? 104
64. Por que o iaô usa xaorô, contra-egum, umbigueira e mocã? 105

65. O que representa o inhã para os iniciados do candomblé? 106

Capítulo 9 – Alguns preceitos da feitura 108
66. Como se convoca o orixá do iaô? 108
67. Qual é o significado de raspar a cabeça? 108
68. Por que se fazem incisões no iaô? 109
69. O que representa a matança na feitura do iaô? 110
70. O que é o sundidé? 111
71. Quais são os animais utilizados nas liturgias do candomblé? 111
72. O que significa a galinha-d'angola na feitura? 111
73. O que representa o pombo na feitura? 112
74. O que representa o camaleão na feitura? 112
75. O que representa o igbim na feitura? 113
76. O que representam os demais animais no ritual da feitura? 113
77. O que significa a sassanha/sassanhe? 113
78. O que é o quelê? 114
79. O que é o sarapocã (ou sadapocã)? 116
80. O que representa a colocação do icodidé no iaô? 116
81. O que representa o ato de "pintar o iaô"? 117
82. Quais são as cores fundamentais da religião? 118
83. O que é o oxu? 119
84. O que é a festa pública do "Dia do Nome"? 119
85. O que é o orunkó? 121
86. O que é o orupí? 122
87. O que é o panã? 122

Capítulo 10 – Pequenos ensinamentos para o iaô que está de quelê 123
88. Algumas formas de bênção, como respondê-las e algumas saudações utilizadas no candomblé. 123
89. Como o iaô deve responder quando chamado pelo/a babalorixá/iyalorixá? 124
90. Por que o iaô deve recitar certos oriquís antes e depois de alimentar-se? 124
91. Por que o iaô, no seu período de resguardo, não deve cozinhar? 124
92. Por que o iniciado não pode comer certos tipos de alimentos? 125
93. Por que o iaô não deve comer com talheres? 125
94. Por que o iaô só pode sentar e dormir em esteira durante seu resguardo? 126
95. Por que o iaô não pode dormir de barriga para cima? 126
96. Como deve ser o banho do iaô? 126
97. Por que os iniciados só devem usar o sabão-da-costa em seu banho? 127
98. Por que o usuário do quelê não pode ter contato físico com outras pessoas? 127
99. Por que o iaô de quelê não pode se olhar no espelho? 127
100. Por que o iaô precisa andar de cabeça baixa? 127
101. Por que o iaô anda descalço na casa de candomblé? 128
102. Por que o iaô não deve cruzar os braços na casa de candomblé? 128
103. Por que o iaô não pode andar sozinho na rua? 128
104. Por que o iaô não deve estar na rua em determinados horários? 128
105. Por que muitas vezes o quelê do iaô arrebenta? 129
106. Após a retirada do quelê ainda existe algum resguardo? 129

Capítulo 11 – A nova vida do iaô no candomblé 130
107. O que significará o candomblé na vida do novo iaô? 130

108. Por onde começa o aprendizado do novo iaô na casa de candomblé? 131
109. O que o iaô poderá trazer para o candomblé? 132
110. Qual o comportamento que o iaô deve adotar ao chegar à casa de candomblé? 132
111. Como deve vestir-se o iaô na casa de candomblé? 133
112. Qual o relacionamento do iaô com as pessoas que se iniciaram juntamente com ele? 133
113. Como deve proceder o iaô nos dias de festa na sua casa de candomblé? 134
114. Como o iaô deverá se relacionar com os integrantes da sua casa de candomblé e da religião? 135
115. Quais são os os direitos e os deveres do iaô como um participante da comunidade? 136
116. Alguns tipos de comportamentos poderão se transformar em transgressão. 136

Capítulo 12 – O aprendizado na cozinha 138
117. O que é o ajeum? 138
118. O que é adimu? 139
119. Qualquer iaô poderá participar do preparo das comidas dos orixás? 139
120. Qual a representação de "ofertar comida" às divindades? 139
121. Qual é o procedimento para o preparo das comidas sagradas? 140
122. Como é feita a entrega das comidas aos orixás? 142
123. Onde devem ser guardadas as comidas que serão ofertadas aos orixás? 142
124. Quais os recipientes usados para acondicionar as comidas dos orixás? 142
125. Quais são as comidas preferidas de cada orixá? 143

Capítulo 13 – A bandeja de temperos na liturgia 145
126. Qual o significado do azeite-de-dendê? 145
127. Qual o significado do azeite-de-oliva? 146
128. Qual o significado do adim? 146
129. Qual o significado do mel? 146
130. Qual o significado do açúcar? 146
131. Qual o significado do sal? 147
132. Qual o significado da água? 147
133. Qual o significado das bebidas alcóolicas? 148
134. Qual o significado da pimenta-da-costa? 149

Capítulo 14 – Alguns símbolos importantes da religião 151
135. Qual o simbolismo do ebô? 151
136. Qual o simbolismo do acaçá? 151
137. Qual o simbolismo do ovo? 152
138. Qual o significado do obí? 153
139. Qual o significado do orobô? 154
140. Qual o simbolismo do atim? 155
141. Qual o simbolismo do búzio? 155
142. Qual o simbolismo da palha-da-costa? 156
143. Qual o simbolismo do mariô? 156
144. Qual o simbolismo da esteira? 157
145. Qual o simbolismo do sabão-da-costa? 157
146. Qual o simbolismo do algodão? 158
147. Qual o simbolismo da vela? 158

148. Qual o simbolismo da pedra? 158
149. Qual o simbolismo da quartinha? 159

Capítulo 15 – Pequenas informações úteis 161
150. Como se "desperta" a pessoa que está incorporada com sua divindade? 161
151. O que são oríns? 162
152. O que são oriquís? 162
153. O que são as adurás? 163
154. O que é o ofó? 163
155. O que é o orô? 163
156. O que são os itãs? 164
157. O que é o ké? 164
158. Quais são as saudações gerais para os orixás? 165
159. O que são o dobale e o icá? 165
160. Que pessoas devem fazer o ato de "bater cabeça"? 166
161. O que significa euó ou quizila? 166
162. O que significa a ximba? 168
163. O que é o paó? 169
164. O que é o ossé? 169
165. O que é o abô? 169
166. Para que servem os breves, amuletos ou patuás? 169
167. Por que os iniciados da religião se reúnem nas casas de candomblé na Sexta-feira da Paixão? 170

Capítulo 16 – Pessoas especiais dentro do candomblé 171
168. O que é uma pessoa Abicu? 171
169. O que é uma pessoa Abialá? 172
170. O que é uma pessoa Abiaxé? 172
171. O que é uma pessoa Salacó? 173
172. O que é uma pessoa Xeregun? 173
173. O que é uma pessoa Xerodu? 173

Capítulo 17 – Vestuário e paramentos 174
174. O que é o pano-da-costa? 174
175. O que é o camisu? 175
176. O que é o calçolão? 175
177. O que é o ojá? 175
178. O que é o singuê? 176
179. O que é a bata? 176
180. O que é o alacá? 177
181. O que é o brajá? 177
182. O que é o cordão de laguidibá? 177
183. O que é o runjeve? 178

Capítulo 18 – Sociedades secretas e confrarias divinas 179
184. O que é a Sociedade Geledê? 179
185. O que é a Sociedade Ogboni? 179
186. O que é a Sociedade Elecó? 180
187. O que é a Sociedade Gonocô? 180
188. O que é a Sociedade dos Oxôs? 180

189. Quem são os Ajás? 181
190. Quem são as Ajés? 181

Capítulo 19 – Nações 182
Nação Bantu 182
191. Como são chamadas as divindades da nação Bantu? 182
192. Quais são as divindades da nação Bantu? 183
193. Como se denominam os/as sacerdotes/sacerdotisas desta nação? 183
194. O que é o Bengué Camutuê? 184
195. O que vem a ser Dijina Muzenza? 184
196. O que é o Jamberessu? 184
197. O que é Kassambá Muvú? 184
198. O que é a Cucuana? 184
199. O que é Nkudiá Mútue ou Quibane Mútue? 184
200. O que é Vumbi/Vumbe? 185

Nação Fon 185
201. Como são chamadas as divindades da nação fon? 185
202. Quais são as famílias dos voduns? 186
203. Como são chamados os sacerdotes ou sacerdotisas desta nação? 186
204. O que é o rumpame? 187
205. O que são os atinsás? 187
206. O que é o Jebereçu? 188
207. O que é o Ageuntó? 188
208. O que é o rumbê? 188
209. O que é o Mixaô? 189
210. O que é o Credezen? 189
211. O que é a "Prova do Zô" ou "Prova de Fogo"? 189
212. O que é o Zandró? 189
213. O que é o Andê? 190
214. O que é o Polê? 190
215. O que é o Rudjê? 190
216. O que é o Grá? 190
217. O que é o Dangbê? 192
218. O que é o Boitá? 192
219. Qual a representação de Aizã dentro da casa de candomblé fon? 193
220. O que é o ritual do Curram? 193

Nação Efon (Efan) 193
Nação Xambá 195

Capítulo 20 – Alguns instrumentos musicais do candomblé 196
Adjá 196
Agogô ou Gã 197
Aguidaví 197
Assanguê 197
Oguê 198
Atabaques 198
Batá 200
Babalajá 200
Calacolô 200
Caxixi 201

Xequeré 201
Xére 201

Capítulo 21 – Toques do candomblé 203
221. O que é o xirê? 203
Acacá 204
Adarrum 204
Agabí 204
Agueré 204
Ajagum 205
Alujá 205
Arrebate 205
Avamunha/Ramunia 205
Barravento 206
Batá 206
Bravum 206
Cabula 206
Daró 207
Darrome 207
Ibim 207
Ijexá 207
Ijicá 208
Modubí/Mudubí 208
Opanijé 208
Quiribotô 209
Sató 209
Tonibobé 209
Vivauê 209
222. O que são "cantigas de oiê"? 209
223. O que são "cantigas de fundamento"? 209

Capítulo 22 – Ferramentas, símbolos e emblemas 211
224. O que representa o ogó? 211
225. O que representa a espada? 211
226. O que é o tacará? 212
227. O que representa o ofá? 212
228. O que representa o iruquerê? 212
229. O que é o bilala? 212
230. O que representa o oxê? 212
231. O que representa o abebé? 213
232. O que representa o iruexim? 213
233. O que representa o xaxará? 214
234. O que é o brajá? 214
235. O que representa o ibirí? 214
236. O que é o atorí? 215
237. O que é o capacete de Oxaguiã? 215
238. O que representa o pilão? 215
239. O que representa a mão-de-pilão? 216
240. O que representa o opaxorô? 216
241. O que representa o alá? 216

Capítulo 23 – Algumas árvores sagradas 217
Apaocá 217
Acocô 217
Iroco 218
Dendezeiro 218
Obó 219

Capítulo 24 – As divindades 220
Exu 220
Bára 225
Ecurum 226
Ogum 228
Ossâim 232
Oxóssi 235
Obaluaiê 243
Oxumarê 252
Xangô 255
Iroco 264
Logunedé 269
Oxum 273
Oiá 278
Obá 285
Iewá 288
Ibeji 293
Iemanjá 296
Nanã 302
Oxaguiã 308
Oxalufon 314
Obatalá 319
Odudua 322
Olorum 323

Capítulo 25 – Outras divindades 327
Erê 327
Onilé 330
Oranfé 331
Erinlé 333
Ifá 334
Orunmilá 334
Babá Olocum 337
Odus 339
Iyamí Oxorongá 344
Babá Egum 348
Babá Oró 354
Iku 355

Capítulo 26 – O Ipadê 358

Capítulo 27 – O Axexê 360

Referências Bibliográficas 365

CAPÍTULO 1
O candomblé

1. Como podemos definir o candomblé?
O candomblé é uma religião que foi criada no Brasil por meio da herança cultural, religiosa e filosófica trazida pelos africanos escravizados, sendo aqui reformulada para poder se adequar e se adaptar às novas condições ambientais. É a religião que tem como função primordial o culto às divindades – inquices, orixás ou voduns –, seres que são a força e o poder da natureza, sendo seus criadores e também seus administradores. Religião possuidora de muitos simbolismos e representações que ajudam a compreender o passado e também a discernir melhor as verdades e as mentiras, permitindo assim definir conceitos. No candomblé nada se inventa ou se cria, só se aprende e se aprimora. Este saber e este conhecimento são conquistados com a prática, no dia-a-dia, com o tempo, a humildade, o merecimento, a inteligência e, principalmente, com a vontade de aprender!

Sem depender da mídia ou do poder monetário, o candomblé vem se mantendo há séculos graças à força e à garra de nossos ancestrais, e também de seus adeptos. Mas, primordialmente, ao grande poder das suas divindades!

A palavra "candomblé" parece ter se originado de um termo da nação Bantu, *candombe*, traduzido como "dança, batuque". Esta palavra se referia às brincadeiras, festas, reuniões, festividades profanas e também divinas dos negros escravos, nas senzalas, em seus momentos de folga, popularizando-se. Posteriormente, passou a denominar as liturgias que eles trouxeram de sua terra natal. Este nome se modificou e se secularizou na religião africana que floresceu no Brasil. Existem outras interpretações etimológicas, mas preferimos nos ater a esta.

Vamos fazer aqui uma observação a todos os iniciados e simpatizantes para explicarmos por que utilizaremos o termo *religião* para o candomblé neste livro. É necessário o entendimento e a compreensão de que o candomblé não é uma "seita". A palavra *seita* define um grupo de dissidentes que se separou de uma religião em uma tentativa de criar outra religião. A seita caracteriza-se como uma facção minoritária das crenças predominantes e pela necessidade de mudar as doutrinas centrais da religião da qual se separou, assimilando simbolismos, liturgias, conceitos e dogmas de outras religiões variadas. Tentando, assim, conciliar, em um só segmento, várias doutrinas e diversos pensamentos. Isto porém não ocorre com o candomblé, pois ele é a continuação de uma religião iniciada na África, sem ter renegado seus fundamentos e doutrinas. O termo *religião* advém da idéia de re-atar e re-ligar o homem a seu Deus. No candomblé não existe a adoção desta função, porque nunca nos separamos de nosso Deus e de nossas divindades! O sentido de religião, dentro do candomblé, é o da "confraternização geral", ou seja, do homem com as divindades e destas com ele, não tendo o ser humano medo de se relacionar com seus criadores!

Embora tenha sido necessária uma readaptação e reformulação para poder ter continuidade, a religião não perdeu o cerne de seus conceitos nos cultos e liturgias. Aparentemente, todas as nações que para cá foram trazidas adotaram também intervenções filosóficas e psicológicas dos índios que aqui viviam, os primeiros e verdadeiros "donos desta terra". Igualmente ao candomblé, todas estas religiões que coexistem no Brasil também precisaram sofrer algumas modificações e influências para poderem aqui se instalar. Como exemplo, podemos citar o catolicismo que precisou promover alterações em seus atos litúrgicos e em sua catequese. Os ensinamentos kardecistas, trazidos da Europa, inseriram e adotaram certos dogmas e pensamentos da religião católica, e muitas outras religiões fizeram mudanças para se inserir em uma nova terra. Algumas crescendo e participando mais da vida dos habitantes do país do que as outras, porém seguindo o pensamento de Arnold Toynbee: "Não existe criatura viva que saiba o suficiente para dizer com segurança que uma religião foi ou é maior que a outra!".

Os índios logo se identificaram com a nação bantu e a ela se uniram quando os participantes desta nação aqui chegaram para trabalhar como escravos. Esta parceria era uma tentativa de ambos se resguardarem contra seus opressores e de protegerem seus interesses sociais e suas necessidades religiosas. Nesta união, foram se mesclando, adquirindo e trocando costumes, crenças, conhecimentos sobre a natureza. Foi a partir desta junção que surgiram os primórdios da umbanda, que tem nos seus caboclos a figura dos nossos ancestrais indígenas, e nos pretos-velhos, a síntese dos nossos ancestres escravos. A umbanda é então a religião que foi criada no Brasil, amalgamando saberes africanos e indígenas com o saber europeu, por meio do sincretismo com a religião católica.

Apesar da sua longínqua similaridade, o candomblé não pode e não deve ser denominado uma "religião espírita", na visão positivista de Alan Kardec. Explicamos: no espiritismo, o relacionamento e a comunicação *somente* podem ser realizados com os "espíritos", que são as almas daqueles que já se foram para um outro plano. No candomblé, porém, a nossa interação com o divino é feita através das diversas segmentações das divindades.

O candomblé, apesar das modificações, não sofreu mudanças muito profundas nem radicais em suas tradições, seus dogmas e, principalmente, nos fundamentos deixados pelos nossos mais velhos. Suas modificações foram mais pragmáticas, no sentido de ter que se fazer aceitar em uma nova sociedade, procurando ambientar-se tanto na parte humana quanto na parte religiosa. Precisou adequar-se e buscar novos elementos a partir dos quais conseguisse reconstruir todo seu entremeado de relações litúrgicas. A religião, no Brasil, se integrou, se adaptou e floresceu ainda mais, porque aqui encontrou uma natureza exuberante e uma grande diversidade de elementos necessários à sua existência.

O que queremos e precisamos, nos dias atuais, é que o candomblé seja reconhecido unicamente como *uma religião*, sem que esteja inserido ou irmanado a nenhuma outra. Em nossa religião não existe, como nas demais, um simbolismo do bem ou do mal, do paraíso ou do inferno, e ela também não torna o homem ou a mulher seres escravizados por um Deus. Possuímos regras, porém temos também possibilidades de suplantá-las, com a aquiescência e a aceitação de nossas divindades. Estas mesmas divindades possuem sentimentos paternais/maternais e características bem humanizadas, não estando em um plano inatingível ao homem.

Por termos a noção de que a nossa religião é uma ramificação e não uma cisão das religiões que se cultuam nas nações iorubá, fon e bantu, ainda hoje atuais e perseverantes em suas tradições na África, permitimo-nos dizer que o candomblé é talvez uma das religiões mais antigas da face da Terra. Desde os primórdios do mundo, o ser humano tinha por hábito agradecer à natureza por tudo que esta lhe proporcionava. E isto ocorria sempre através de cânticos, de danças e de oferendas sacrificiais. O homem agradecia pela chuva que dava vida à terra e que lhe proporcionava boa cultura e pasto para seus animais; pelo agasalho que cobria seu corpo; pelos alimentos e pela carne que conseguia para sustentar sua prole e por tudo o mais. Assim também é o candomblé, em que tudo que conseguimos provém da natureza! E é a ela que reverenciamos e agradecemos todos os dias e a quem recorremos em nossas necessidades!

Em Cuba, a religião de culto aos orixás denomina-se *santería*, sendo porém muito arraigada ao sincretismo, fazendo a ligação de nossas divindades aos santos católicos. Mesmo no Brasil, a religião afro-brasileira recebe outros nomes nas variadas regiões: no Nordeste, por exemplo em Pernambuco e Alagoas, é denominada "xangô"; no Rio Grande do Sul, chama-se "batuque"; no Maranhão, "tambor-de-mina".

Na África não se conhece o culto chamado candomblé, pois esta designação é somente brasileira; lá o que existe é o culto às divindades, individualizado por regiões, cidades e até mesmo famílias. Naquele continente a religião dos orixás, voduns ou inquices, em muitas cidades, faz parte integrante e importante da vida social das pessoas. No Brasil, os negros que para cá foram trazidos, sentindo a necessidade e procurando salvaguardar suas tradições, recriaram um ritual bem próximo ao que realizavam na terra-mãe. E, com certeza, conseguiram, pois o candomblé pouco perdeu suas características fundamentais e tradicionais!

Atualmente, o candomblé ainda sofre algumas reformulações, procurando se adaptar ao mundo atual, trazendo em seu bojo também algumas invencionices. Algumas autoridades da religião, e mesmo muitos iniciados, se perguntam: até que ponto devem continuar estas mudanças? Até que ponto elas condizem com o passado e não vão extrapolar e criar modificações nos fundamentos trazidos pelos nossos ancestres? Esta é uma pergunta que os adeptos não podem deixar sem resposta por muito tempo! Axé!

2. Como surgiu o candomblé no Brasil?

A partir do século XVI até o século XIX, africanos de diversos grupos étnicos e culturais, muitas vezes rivais, foram capturados e trazidos para o Brasil como escravos. Como os bantos, que vieram de regiões atualmente conhecidas, como Angola, Congo, Guiné, Moçambique, Zaire etc. (Os primeiros deste grupo a chegar, por volta de 1559 a 1560, foram trazidos do Congo.) Os fons, provenientes do Benim, antigo Daomé. Do Togo foram trazidos os ewes. Os iorubás, de cidades da atual Nigéria, como Ilexá, Oyó, Ketu, Abeokutá, Ekiti, Ondô, Ijexá, Egbá, Egbado etc. Da região de Gana vieram os ashantis, os minas. E trouxeram com eles milênios de diferentes culturas e de religiosidades que aqui se reorganizaram, criando o candomblé.

E assim os escravos ficaram por mais de 300 anos como instrumentos indispensáveis ao progresso da economia colonial e imperial brasileira! Eram também um poderoso alicerce para alguns reinados africanos que viam no comércio escravagista a possibilidade de lucro. Nas guerras intertribais, os vencidos eram colocados à venda ou trocados com os europeus por produtos que eram necessários e muito apreciados pelos africanos, como o sal e a cachaça. Essa retirada abrupta dos africanos de sua terra natal não somente desestruturou a sua organização religiosa como também restringiu seu progresso cultural, material e humano. Com relação à sua religiosidade, em uma imposição da religião católica, precisou recorrer a artifícios que a camuflassem, fazendo surgir assim o sincretismo.

A dispersão era muito grande; famílias inteiras e grupos étnicos foram separados. A etnia bantu se espalhou mais pelos interiores dos estados do Rio de Janeiro, São Paulo, Minas Gerais, Espírito Santo, Maranhão, Pernambuco, Bahia e Rio Grande do Sul. Os iorubás, fons e savalunos ficaram mais concentrados em áreas urbanas dos estados do Rio de Janeiro, São Paulo, Bahia, Pernambuco e Maranhão. Preponderamente, os ewes e uma outra parte dos savalunos foram para o Maranhão e uma pequena parte para Bahia e Pernambuco. Um outro grupo étnico, pertencente à mega-nação fon, e talvez um dos últimos a ser trazido, provinha de Aladá (os *aladanos*), cidade do Benim, e foi trazido diretamente para o Rio de Janeiro. Não existem registros históricos de sua chegada ou de sua estada em Salvador, Bahia. Era o grupo que formava o Axé Podabá, trazido por Gaiaku Rosena e, mais tarde, herdado por Mejitó, de Vodun Ijó.

Porém, não demorou muito para que os negros escravos fizessem contatos uns com os outros, por meio do comércio escravagista entre os senhores de fazendas. Foram assimilando a língua local e conseguiram, assim, um entrelaçamento tribal, sem contudo ter perdido sua verdadeira identidade. Aparentemente, os bantus tiveram mais dificuldades em aceitar o idioma da terra, por viverem mais solitários e mais distantes dos centros urbanos. Comunicavam-se preferencialmente em suas próprias línguas, mantendo-se assim afastados dos demais. Organizavam associações para poderem confraternizar e manterem-se unidos, conservando seus costumes africanos, sua crença e seu fervor religioso, procurando manter bem viva a chama do seu amor pelos seus ancestrais e pelas divindades. Era o momento em que, no dizer da língua quimbunda, eles "azuelavam", ou seja, festejavam, dançavam.

Embora possuíssem divindades assemelhadas, quando os escravos conseguiam se reunir nos terreiros para festejá-las e se irmanarem, era a África-mãe, terra de todas as nações, que estava ali representada, só tendo mudado de continente! Neste momento, o espaço se tornava sagrado, pois nele conviviam orixás, inquices e voduns, que, junto com seus filhos, recordavam e reaprendiam um novo modo de vida. Os homens ficavam, porém, mais revigorados com o poder emanado de suas divindades!

Geograficamente, pelo seu tamanho, o país inviabilizou que muitos grupos conseguissem se reencontrar. Com o passar do tempo, com a perda dos mais velhos e, conseqüentemente, dos grandes conhecimentos, pequenos grupos étnicos minguaram ou mesmo sumiram. Alguns outros tiveram que abraçar e adotar conhecimentos de outras nações-irmãs para subsistir e dar continuidade ao seu culto. Todas estas nações deixaram marcas da sua presença na vida dos portugueses e, mais tarde, na dos brasileiros. A sua dança sensual e alegre, a comida saborosa e cheirosa, a vestimenta colorida, o amor e o respeito à natureza foram legados que permanecem até os dias atuais e que, com certeza, se perpetuarão enquanto o homem procurar respeitar e se irmanar com o seu próximo e, principalmente, com o meio ambiente!

3. Quais as dificuldades que o povo do candomblé passou para ter o reconhecimento de sua religião?

Alvo de perseguições policiais e religiosas, as casas de candomblé, no passado, eram invadidas, tendo seus objetos sagrados quebrados e, às vezes, até apreendidos. Vários terreiros eram fechados, babalorixás e iyalorixás levados presos. Era uma religião que muitos denominavam de "seita demoníaca", devido à perseguição que lhe fazia a Igreja Católica, que se valia de seu poder para também obrigar os negros a serem catequisados, no intuito de afastá-los de sua religião. O candomblé nunca poderia ser denominado de "demoníaco" pois no seio da religião não existe o demônio, que é a representação do mal, como também não existe a referência ao inferno, termo muito usado no passado para assustar os escravos.

Mas a grande vitória do negro foi ter conseguido, à custa de muito sofrimento, o direito do *livre arbítrio* e o *poder de escolher a sua religião*, sem que para isso tivesse que usar subterfúgios para agradar a seus senhores e à Igreja. Sem precisar esconder os elementos dos seus orixás em oratórios, junto aos santos católicos. E de poder conversar com suas divindades em sua língua e não em uma mistura desta com o português ou com o latim!

Mas mesmo nos dias atuais, em alguns lugares, ainda existem perseguições à nossa religião e também a várias outras. Porém, não devemos aceitar e nem permitir que haja discriminação ou violência aos nossos direitos e à nossa liberdade de expressão, ou que ofendam nossa religião e nossas crenças. Se alguns têm direito de levar as pessoas para as praças ou de seguir em procissão pelo meio das ruas para fazer suas rezas, os candomblecistas e umbandistas também têm o direito de fazer seus preceitos nas encruzilhadas, nas matas, nos rios, nas cachoeiras, nos mares!

No Brasil, atualmente, todos têm direito à liberdade religiosa, desde que não interfiram nos direitos do próximo nem produzam atos que violem a lei. Todos os candomblecistas, e também nossos irmãos umbandistas, precisam saber que estamos amparados e protegidos por leis e que devemos saber cobrar das autoridades ou do policiamento que sejam tomadas as devidas providências que estão previstas no Código Penal. Esta liberdade foi conseguida graças a muita luta e sacrifícios de babalorixás e, principalmente, de grandes iyalorixás, que travaram inúmeras batalhas e conseguiram o necessário respaldo para nossa proteção e o devido respeito à "Religião dos Orixás". Através da Constituição Brasileira (art. 208, do Código Penal Brasileiro; art. 5º, da Constituição Federal; art. 215, parágrafo 1º, da Constituição Federal) adquirimos a desejada deferência à religião, aos seus adeptos e, principalmente, aos hábitos e costumes das casas de candomblé. No Rio de Janeiro foi sancionada, em 2008, uma lei estadual que decreta o dia 30 de setembro como o "Dia das Nações do Candomblé".

4. Como o sincretismo agiu na religião?

O sincretismo, no passado, ajudou para que a religião pudesse ter continuidade ao permitir que ela se estabelecesse. Porém, nos dias de hoje ele já não é mais necessário e não pode mais ser aceito nem utilizado. Já nos afirmamos e nos impomos como religião! *O sincretismo foi necessário e útil 300 anos atrás!*

O candomblé, em conjunto, precisa levantar a bandeira do anti-sincretismo. Esta não é uma luta somente dos brasileiros; é de todo um continente que se viu invadido e vilipendiado em seus direitos de praticar e escolher livremente a sua religião. Por meio do sincretismo, as raízes culturais e religiosas são renegadas, os segredos fundamentais são violados e os conhecimentos armazenados durante séculos são ignorados! A ancestralidade, os valores e a auto-estima dos africanos tornaram-se reduzidas com o sincretismo!

O sincretismo provém da fusão de duas religiões que seguem paralelamente, sem qualquer segmentação. Este amalgamamento de religiões corta a força da cultura, tolhe a inteligência e a liberdade do ser humano, quebrando os elos da tradição, cortando os laços com o passado. Nos dias atuais é impossível alguém aceitar ou mesmo acreditar que São Jorge é Ogum ou que Santa Bárbara é Oiá!

O sincretismo distorceu o candomblé, reduzindo a dimensão e a grandiosidade das nossas divindades. Ao mesmo tempo, pretendeu transformar as religiões de matiz africano em politeístas, ou seja, adoradores de vários deuses. Tentaram transformar nossas divindades em "deuses", ignorando Olorum/Olodumaré, "Senhor Supremo e Absoluto de todas as coisas", nosso Deus e a divindade criadora para os iorubás!

No Brasil atualmente existem grupos de babalorixás e iyalorixás que estão lutando por essa modificação dentro de seus Axés e em suas cidades. Devemos isso aos nossos orixás, inquices, voduns e aos antepassados da religião, pelo respeito e por agradecimento a tudo que eles nos proporcionam! Hoje em dia temos nosso direito e nossa liberdade religiosa assegurados pela Constituição do Brasil. Precisamos agora somente que haja maior união entre as nações do candomblé, para podermos crescer e nos fortalecer. Assim conseguiremos nos fazer respeitar e poderemos nos transformar em uma grande potência religiosa!

5. Quais as nações que formaram as religiões africanas no Brasil?

As principais nações que aqui chegaram foram a bantu, a iorubá e a fon, que compreendem países, cidades e etnias. Outras vieram também, mas foram incorporadas, esquecidas ou extintas, devendo os estudiosos ou antropólogos tentar recuperar estes conhecimentos, tradições e fundamentos para subsídios futuros.

A nação bantu trouxe seus inquices e bacurus; a nação iorubá chegou com seus orixás e a ancestralidade; e a nação fon, seus voduns. Embora estas divindades possam ter algumas semelhanças, existem entre todas elas grandes diferenças de comportamento, de personalidade, de dança, de vestimenta, de alimentação, de comunicação. Enfim, são divindades distintas, de locais distintos, porém com um mesmo ideal: ajudar o ser humano a ser mais feliz!

Seguindo o pensamento de historiadores mais atualizados e embasados em pesquisas contemporâneas, neste livro usaremos o termo *iorubá* em substituição à designação *nagô* para definir a mega-nação que engloba as nações que cultuam os orixás, como Ketu, Ijexá, Oyó, Efan, Egbado, Egba etc. Usaremos também a palavra *fon* em substituição ao termo *jeje* para denominar os provenientes do Benin, do Abomey, de Savalu (os mahis), de Aladá (os aladanos). De Togo e de Gana vieram os ewes, nação que também cultua os voduns. Contudo, não utilizaremos nenhuma substituição à palavra bantu, pois esta não recebeu denominações pejorativas, como as demais.

O nome *nagô* era utilizado, pelos fons, em forma de menosprezo para designar os adversários que penetravam em suas terras, ou lá chegavam escravizados como troféus de guerra, provenientes dos territórios de língua iorubá. Este termo era utilizado pejorativamente, numa forma de escárnio, de xingamento, remetendo a "refugo, lixo, sujo". Com o passar do tempo, ele foi acoplado e aceito no cotidiano das pessoas e também no âmago da religião. Passou, assim, a distinguir coletivamente as etnias possuidoras de uma linguagem e cultura religiosa comuns. Este nome, nagô ou anagô, que abrange toda a complexa cultura dos povos do sudoeste da Nigéria, entretanto, não tem conotação histórica, geográfica e política, não denomina um povo, não tem importância histórica. No Brasil foi aceito e assimilado principalmente pela nação ketu.

A palavra *fon* é a designação de todos os praticantes do candomblé que cultuam os voduns. O termo *jeje* (*adjeji*) origina-se da língua iorubá e significa "forasteiro, estrangeiro". Era uma forma que os iorubás encontraram para humilhar, melindrar e afrontar os fons. Mesmo quando estes se encontravam dentro dos limites do atual Benim, seu reino! Em termos políticos, geográficos e históricos, não existe nenhuma nação chamada *jeje* na África. No Brasil, o que se compreende do termo *jeje* é o candomblé formado pelos povos fon e ewe, provenientes do Benim, antigo Daomé, e de Gana e Togo, respectivamente.

Com a vinda dos escravos para o Brasil, das várias partes da África Oriental, Ocidental ou Equatorial, estas nações e os grupos étnicos fragmentaram-se. Porém, se em suas terras os iorubás e fons eram inimigos, no Brasil tiveram que se irmanar para se oporem aos seus opressores. E também para poderem dar continuidade às suas religiões. Na necessidade de reencontrar a sua identidade, procuraram se unir e foram se adaptando e criando novas características. Produziram assim um conjunto religioso próprio, mas sem perder os fundamentos da sua religião na África. Adaptações foram feitas para evitar que se perdessem séculos de uma religião única, pura como a natureza, tradicional e tão antiga como, talvez, os primeiros habitantes da Terra. Uniões sedimentaram-se e, hoje em dia, não existe mais uma só nação no Brasil que seja **pura** e **primitiva** como quando aqui chegou.

Da necessária união dos fons com os iorubás surgiu a nação **Nagô-Vodum**, também chamada de jeje-nagô, a mais propagada pelos livros e pelas tradições, no Brasil. Esta junção nasceu da necessidade de sobrevivência de alguns grupos étnicos que, sentindo dificuldades em dar continuidade aos seus cultos, precisaram buscar e unir seus conhecimentos com os de outras nações. A partir da ampliação do mundo religoso descortinado por ambos, eles se tornaram mais fortes e unidos, conquistando e ajudando na liberdade que percebemos atualmente. Através da união dos orixás com os voduns, algumas divindades ficaram escondidas atrás de outras. Este, entretanto, foi um mal necessário e que, em compensação, engrandeceu os panteões. As trocas de informações foram maiores e as autoridades do candomblé precisaram unir-se mais ainda, buscando, assim, melhores conhecimentos. Todos ganharam, iniciados e divindades!

Com a **nação bantu**, chamada de "nação-mãe", uma das primeiras a chegar, vieram os inquices, calundus, bacurus. Do Congo, foram trazidos os cabindas; de Angola, os benguelas; de Moçambique, os macuas e angicos. Da Costa da Guiné, vieram os minas (advindos do Forte São Jorge da Mina). Trouxeram com eles vários dialetos e muitas línguas, entre as quais o banto, o quicongo, o quimbundo, o umbundo, o quioco etc. Destas línguas originaram-se vários termos que acabaram incorporados à língua portuguesa falada no Brasil. Também deixaram seu incentivo às festividades populares, com suas danças e ritmos.

A **nação iorubá** foi trazida em grande quantidade para o Brasil. Reinos inteiros foram aprisionados e para cá trazidos como escravos. Com eles vieram seus orixás, seus antepassados, rituais religiosos e sua língua.

O **povo efon (efan)**, pertencente ao grupo da nação iorubá, oriundo da cidade de Ekiti-Efon, deixou-se influenciar pelos Ketu e, assim, perdeu um pouco suas características primordiais e sua identidade. Porém, nos dias atuais, alguns grupos tentam resgatar esse passado de uma nação tão linda e tão rica como sua rainha, mãe Oxum, e seu rei, pai Oxaguiã. Damos-lhes as devidas congratulações por esta tão necessária busca por suas raízes!

Pertencente também à nação iorubá, vieram os **ijexás**, da região de Ilexá, que nos legaram danças e ritmos bem cadenciados e sensuais. Os **xambás**, povos que habitavam regiões nos limites da Nigéria, são outra nação que aqui também chegou, concentrando-se mais no Norte, especialmente no Recife.

Os **fons** quando aqui chegaram já encontraram a escravidão quase se extinguindo. Sendo assim, conheceram um melhor aspecto das regiões onde se concentraram. Talvez o fato de terem tido maior oportunidade de escolher onde viver tenha contribuído para se agruparem, permanecendo assim mais centrados em estados como a Bahia, o Rio de Janeiro e o Maranhão. Atualmente, porém, já existem terreiros em vários outros estados. Em relação às demais, a nação fon procurou viver de forma fiel àquela trazida por eles, vivendo com muita independência nos seus cultos e tradições. Principalmente porque tinham necessidade de grandes espaços de terra e de mata para seus voduns. Precisaram então viver mais distanciados dos centros urbanos, o que dificultava até mesmo a iniciação de novos adeptos e a possibilidade de expansão da nação. Estes terreiros tornaram-se muito fechados, ficando conhecidos como a "nação do segredo, do mistério". Por viverem em terrenos extensos e de grandes florestas, as pessoas desta nação muitas vezes não precisavam sair dos limites de suas terras para nada, pois possuíam tudo de que precisavam. A terra lhes dava alimentos, ervas, folhas, água límpida e moradia. Em tempos bem remotos, muitas casas também possuíam seu próprio cemitério, pois naquela época o Estado não tinha registro e controle sobre o número de nascimentos ou de mortes entre os escravos. E as casas eram, e isto ainda ocorre em muitos Axés, passadas de geração para geração, mantendo incólumes seus ensinamentos!

Com este comportamento, porém, a nação fon restringiu-se e fechou-se, correndo o risco de perder fundamentos e liturgias, ou de criarem-se deturpações e modificações. Se os antigos forem morrendo e os novos iniciados não forem bem doutrinados/ensinados em suas práticas religiosas, o candomblé desta nação, e quiçá das demais nações-irmãs, não terá como sobreviver. O cuidado com os fundamentos sagrados, não permitindo que se espalhem e que sejam divulgados, é necessário, mas a continuidade da religião é muito mais séria. É importante que todas as nações entendam que aquilo que não é ensinado perde-se, morre! Os segredos religiosos serão sempre mantidos incólumes por aqueles que verdadeiramente passaram pelos juramentos e preceitos da religião. Que a verdade seja ensinada, para ser retransmitida, senão as futuras gerações só conhecerão ninharias, e a religião, no Brasil, terá somente iniciados sem conhecimentos para repassar a outros, no futuro. E o candomblé será feito mecanicamente, sem substância, sem fundamentos e sem os ensinamentos de base!

Essas nações dividiram-se em grupos, esses grupos transformaram-se em famílias, essas famílias subdividiram-se, criando descendentes que se espalharam por todo o Brasil e também pelo exterior. Estes levaram a religião a criar adaptações necessárias a cada local onde se estabeleceram. Mas conservaram sempre a regra primordial e básica dos seus adeptos: o amor e o respeito às divindades. Essas adaptações se uniram também aos primeiros moradores e donos desta terra, os índios. Estes, com seu vasto conhecimento, amor e cuidados com a natureza, interagiram com os escravos e muitas similaridades foram encontradas, saberes foram trocados e, com respeito mútuo, religiões foram readaptadas. Em conseqüência desta interação, os africanos transportaram-se do culto familiar e particular a determinado orixá, que era seguido em sua terra natal, para um culto mais generalizado e global, no Brasil.

Por isso, por sermos todos afro-descendentes e termos uma grande participação dos nossos índios, não podemos permitir que o culto aos nossos antepassados divinos se perca no tempo nem que o seu Axé se dissipe ou se disperse. Que o povo de cada Axé conheça e respeite as outras nações, sem esquecer de reverenciar a sua própria, não permitindo assim que se percam suas especificidades. Que esta torne-se somente parte de um passado longínquo. Que os adeptos do candomblé façam como os integrantes de outras religiões, inserindo e ensinando seus filhos, desde o nascimento, a conhecer e a amar a religião que seus pais abraçaram e que, no futuro, será deles e de seus descendentes!

O nosso jeito de cultuar nossos antepassados deve se aproximar o máximo possível do modo como os africanos o faziam. Assim, evita-se apagar o que foi feito no passado, para que no futuro eles ainda estejam nos ajudando e permitindo que possamos estar juntos, em um contato mais íntimo entre o humano e o divino!

6. O que é o axé?

O termo *axé* é, para o povo iorubá, um poder invisível que transmite uma energia divina e intocável que as pessoas só pressentem.

Denominado de *hamba* ou *nguzu* pela nação bantu, e *exá*, pelo povo fon, a palavra *axé* se generalizou, se popularizou e passou a ser aceita e utilizada também pelas demais nações-irmãs. O axé é a força que produz crescimento. Quando Olorum criou os quatro princípios básicos da natureza: o fogo, a água, o ar e a terra e soprou neles o seu *ofurufú* – o hálito sagrado –, estava distribuindo no Universo o seu poder. Este poder é o axé, que se movimenta em todas as direções! É essa mobilidade que permite que o axé se distribua primordialmente nas pessoas, fazendo então com que elas consigam se transformar em um altar sagrado, em que as forças divinas são mais sentidas e vistas. É também distribuída nos objetos, nos alimentos, nos animais, nas folhas etc. Quando o axé se fragmenta e passa a ser dividido em pequenas porções, denomina-se *ixé*.

Sem o axé nada existe, nada se harmoniza nem se interliga, pois ele é quem faz as coisas acontecerem. Para que isso ocorra é necessária a união do ser humano com os rituais, com as cantigas e também com o uso de palavras de encantamento. O axé falado, explodindo no ar, é redistribuído em partículas nos elementos que formam a atmosfera, criando e formando novas condições de trazer harmonização ao aiê.

O axé circula na nossa vida, no nosso sangue, na terra que permite o nascimento e o crescimento das plantas, nas ervas, nas frutas, nos alimentos litúrgicos, nos objetos da casa de candomblé, na vida das pessoas. Ele pertence a todos que recebem e transmitem a força das divindades e deve ser dividido por e para cada indivíduo que faça parte da coletividade. Tendo variadas conotações e utilidades, a palavra *axé*, contudo, é sempre usada em contextos de positividade. E o povo do candomblé a utiliza grandemente nos momentos de solicitar, de agradecer ou de enaltecer as divindades por algo a ser alcançado, adquirido ou conquistado.

Quanto maior é o tempo de iniciação da pessoa, mais forte é o seu axé. Quando as obrigações religiosas são cumpridas pelas pessoas, em particular, ou pela comunidade, no geral, isso produz vigor e traz fortalecimento ao axé da casa. Essas obrigações trazem, muitas vezes, maiores responsabilidades, pois novas autoridades e cargos surgirão, trazendo perspectivas de mudanças dentro da casa de candomblé. Isto faz com que o axé se mobilize, se expanda e se envolva no mistério e em toda a magia e beleza da religião.

7. O que é uma casa de candomblé?

É a morada arquitetônica e sagrada das divindades, um conjunto onde agem as energias naturais, que faz a ligação física destas com os seres humanos. Um lugar público, aberto a todos que o procuram e que recebe variados nomes, entre eles a "casa das forças sagradas", a "casa dos elementos poderosos da natureza", "casa-de-santo", "Axé", "roça" ou "terreiro". Na nação iorubá as casas de candomblé denominam-se *Ilê Axé*; na nação fon, *Kwe*, *Abassá* ou *Humpame*; e *Mbazi* ou *Canzuá*, na nação bantu. Geralmente, os terreiros ficam localizados em lugares distantes, em sítios, alguns em locais mais centrais. Podem ser grandes ou pequenos, porém precisam ser bem planejados para comportar todos os segmentos necessários para o bom andamento das liturgias.

As casas de candomblé podem ser consideradas matriarcal, patriarcal ou mista: muitas são dirigidas continuamente somente por iyalorixás; outras, somente por babalorixás. Existem também aquelas que são dirigidas pelos dois tipos de sacerdotes, dependendo da determinação do Jogo de Búzios, ou, até mesmo, em determinadas situações, por certos cargos de ogã.

Seu cômodo externo principal é geralmente um barracão para as grandes festas públicas. Possuem também uma grande cozinha, para a preparação generalizada da comida do *egbé* e dos visitantes, e uma outra menor, utilizada somente para a produção dos alimentos sagrados. Existem no geral um ou dois banheiros públicos e sempre um espaço reservado para que a comunidade e os amigos da casa possam descansar ou mesmo pernoitar.

Uma casa de candomblé só terá vida quando seu/sua sacerdote/sacerdotisa, os filhos do terreiro, os amigos e os simpatizantes participarem do seu imaginário sagrado, dando função a cada objeto e a cada lugar da edificação, fazendo nascer ou renovando o axé do lugar. Sem isso, esta casa religiosa será somente mais um prédio frio e sem vida construído pelo homem.

Atualmente, os Ilê Axé possuem certos requisitos modernos e confortáveis, porém ainda existem alguns mais arcaicos, até mesmo com telhados cobertos com folhas de coqueiro, especialmente na parte dedicada ao barracão e aos quartos-de-santo, como modo de manter as tradições. Respeitamos, mas faz-se necessário entender, e aceitar, que um mínimo de conforto, beleza, modernidade e praticidade irá facilitar a limpeza e a higiene. Isto dificultará a propagação de doenças, sem contudo diminuir a força ou o valor de nossos fundamentos! Tudo isso só irá ajudar o engrandecimento da religião. O mundo está evoluindo e todas as religiões estão passando por uma modificação plena para acompanhar esta evolução. Por que o candomblé não deve participar deste movimento?

Uma casa de Candomblé costuma ser reconhecida de longe, pois geralmente é toda pintada de branco e possui um grande pote de barro – *porrão* – em cima do muro ou do portão. Em alguns terreiros, fazendo uma delimitação emblemática da roça, encontra-se uma espécie de cerca viva, com plantações de peregum, também conhecida como *nativo*, uma folha de uso litúrgico. Outros possuem no portão algum distintivo especial que identifica seu orixá patrono. O mesmo ocorre com os quartos-de-santo, que costumam ter algo que distingue a que orixá eles pertencem, podendo ser ferramentas, cores ou adereços. Estes quartos, às vezes, são feitos de terra batida, de cimento e, mais modernamente, de pisos ou cerâmica, facilitando assim a limpeza, pois o principal na religião é que a casa esteja impecavelmente asseada e perfumada.

Existe algo que é comum a todas: logo à entrada está o assentamento de Exu, o senhor das passagens, dos caminhos. Aquele que rege o dia e a noite e que regula tudo que é transitório, permitindo a entrada ou a saída de algo ou de alguém. Próximo, o assentamento de Ogum, para trazer defesa para a casa. A seguir, de acordo com cada Axé, pequenos quartos individuais para abrigar os orixás, os *Ilê Orixá*. Nas grandes casas, muito antigas, que possuem imenso espaço, pode ser encontrado, bem resguardado de olhares alheios, um local para o culto à ancestralidade, o *Ilê Ibó Iku* (a Casa dos Eguns).

Ao ar livre temos os orixás que vivem no "tempo", ao pé de grandes árvores sagradas, como Ossâim, Bessém, Tempo, Iroco e outras divindades. Em um passado já longínquo, as roças de candomblé possuíam ainda um outro espaço também sagrado, as matas, onde se colhiam as folhas e se plantavam as árvores sagradas, próprias para os atos litúrgicos. Possuíam, muitas vezes, também pequenos regatos de águas limpas. Com o crescimento das cidades, poucas casas, atualmente, contam com este espaço tão necessário para a realização das cerimônias religiosas. Mas o ser humano é multifacetado e conseguiu, aos poucos, sobrepor-se aos novos obstáculos à realização dos seus cultos.

Em locais mais privados, algumas casas constroem canteiros onde plantam suas ervas e árvores especiais, criando, assim, um espaço verde natural de onde extraem, em horários e com rituais específicos, como mandam os fundamentos da religião, as quantidades de folhas que irão usar em seus banhos, infusões etc. Continuam, assim, a praticar uma liturgia que lhes permite viver com saúde e com a sua parte sagrada em perfeita sintonia com a natureza.

Englobando tudo isso, temos a parte física e humana da casa, a mais interessante e mais complexa. É neste convívio que se encontram enraizados os ensinamentos, os segredos, as tradições, as origens e, principalmente, a memória de um povo que sofreu com a brutal separação de sua pátria. É nesta divisão que também se preservam as louvações, os *orôs*, as danças, os cantos e uma linguagem arcaica, ainda muito utilizada nos dias de hoje, que não é muitas vezes inteiramente compreendida. É neste setor que as pessoas vão se conhecendo, entrelaçando suas vidas, formando novas famílias, ajudando a enriquecer ainda mais a religião e aprendendo a conviver no dia-a-dia.

Tudo isso foi conseguido por uma comunidade que, na sua vida em conjunto, produziu regras próprias para uma boa convivência, esquecendo-se das diferenças sociais e intelectuais. São todos parentes míticos, não possuem laços consangüíneos, estão unidos pela religião, pela fé e pelo mesmo amor às divindades. E celebram todo dia o que temos de mais sagrado, a *nossa vida*, praticando uma comunhão integral e visceral com a ancestralidade.

Em quase todas as casas de candomblé moram permanentemente alguns filhos-de-santo que são auxiliares diretos do/a babalorixá/iyalorixá no seu dia-a-dia. Esses filhos-moradores às vezes possuem cargos que os obrigam a viver cotidianamente no Ilê, para que participem mais ativamente das obrigações litúrgicas e aprimorem cada vez mais os seus conhecimentos. Ali, eles aprenderão os segredos das ervas, se especializarão na confecção das comidas das divindades, descobrirão como desvendar os desígnios dos orixás nos oráculos e muito mais. Poderão receber um dos muitos cargos da religião e adquirirão muito saber, pois se tornarão participantes diários do axé da casa de candomblé.

Outras pessoas às vezes vivem nos terreiros por necessidade, por uma emergência ou até mesmo por determinação das divindades. Muitos são criados ali dentro desde pequenos, tendo seus estudos e necessidades muitas vezes custeados pelos sacerdotes. Antigamente isso era muito comum nas grandes casas, onde pessoas moravam por anos e dali só saíam para remontar suas vidas, após terem estudado e até mesmo se formado.

Um terreiro precisa lidar constantemente com a manutenção da vida, mas precisa também estar preparado para as demais situações insólitas, como a doença e até a morte. Determinados elementos que existem numa casa de candomblé servem tanto para auxiliar e proteger, como para serem usados em momentos de emergência. A casa precisa ser bem estruturada tanto na parte humana quanto na religiosa, com o auxílio de pessoas preparadas para agir rapidamente e que tenham discernimento para se comportarem em determinadas situações. Por isso, no terreiro nunca devem faltar certos tipos de alimentos litúrgicos que participam da confecção de rituais emergenciais e que poderão auxiliar aqueles que repentinamente procurarem ajuda da casa. Assim, todo terreiro costuma ter prontos acaçá, ebô (canjica), buburu (pipoca), água de canjica, ovos, morim, velas, obi, orobô e mais alguns outros itens que o/a sacerdote/sacerdotisa achar necessário.

O valor de uma casa de candomblé está no amparo ao seu próximo, mesmo que este não seja tão próximo no cotidiano do terreiro. E para ajudar até mesmo aquele que já tenha passado para outra vida!

8. O que é a "cumeeira" da casa de candomblé?

A cumeeira é o ponto central da energia do barracão, a base, a estrutura e o cerne de uma casa de candomblé. É assim denominada nas nações iorubá e fon. Por funcionar como uma espécie de "pára-raio", precisa ser muito bem preparada para proporcionar defesa à comunidade. Ela faz uma conexão dos elementos da terra com Olorum, Odudua e Obatalá. Encontra-se colocada na parte mais alta do barracão, geralmente em um poste, pilar de madeira ou em cavilhas projetadas do teto.

Quem "arruma" a cumeeira de uma casa não é o/a babalorixá/iyalorixá patrono daquela casa, mas o/a seu/sua sacerdote/sacerdotisa, a sua ascendência. É uma liturgia grandiosa, que exige muita preparação e muito trabalho. Sua confecção, em muitos Axés, não é visualizada pelos filhos da casa; quem participa são seus orixás. Geralmente é convidado um par de autoridades ilustres da religião para servir como testemunha para o nascimento de uma nova cumeeira, de uma nova comunidade. A partir daquele momento, o casal escolhido precisará estar sempre presente nas futuras festas e obrigações da cumeeira.

No chão, na parte central, fica "plantado" o *Axé da Casa*. Esse conjunto traz fortalecimento, defesa e segurança para o terreiro e para os membros dessa comunidade, tornando-se assim o elemento que faz a representação da ligação do homem, morador do aiê, com o divino, no orum. A partir da criação da cumeeira, a casa de candomblé passa a ter uma base para seguir seu caminho e, futuramente, dar existência a novas comunidades.

Por ser local de grande convergência de força, a cumeeira geralmente é designada para orixás que são mais resistentes e poderosos ou para o orixá dono da casa. Os antigos costumavam "entregar" suas cumeeiras para Xangô ou Oxóssi, que são orixás que "agüentam" cumeeiras, no dizer deles. Os fons, geralmente, as entregam à família de Heviossos. Preferencialmente, a cumeeira não deve ser entregue a orixás impetuosos, aguerridos, pois estes não conseguirão controlar seus ímpetos e poderão desestabilizar o axé da casa de candomblé. Anualmente, a cumeeira tem um dia dedicado somente a ela, quando é realizada uma grande "festa para a cumeeira". Neste dia ela é reverenciada com alimentos, atos litúrgicos, rezas e cantigas, para reforçar as energias que a sustentam.

9. Qual o comportamento que deve ser adotado por aqueles que visitam uma casa de candomblé?

Um terreiro de candomblé é um templo religioso, a morada das divindades, portanto, um local sagrado, de silêncio, de meditação. As pessoas que o visitam não devem se apresentar vestidas com roupas inadequadas, desnudas, transparentes, pois ali não é local de lazer nem de passeio, e ninguém entra em outros segmentos religiosos vestindo-se inapropriadamente. Devem-se evitar também palavras de baixo calão, discussões, brigas e desentendimentos. Todos os que adentram uma casa de candomblé estão em busca de apoio, precisando muitas vezes ouvir palavras que lhes restaurem a fé e lhes transmitam segurança e paz. Por tudo isso, uma roça de candomblé tem que possuir também um ambiente bem asseado e limpo, conservado perenemente por todos, desde a comunidade até seus freqüentadores.

No dia-a-dia, muitas casas de candomblé geralmente encontram-se em relativo silêncio e com pouco movimento, mas nos dias de festas das divindades a quantidade de pessoas se multiplica muitas vezes. Por isso, as regras de conduta, de civilidade e da boa educação precisam ser bem observadas. Em muitos Axés existem várias pessoas para ajudar na organização para que tudo corra a contento e na mais perfeita ordem. Os convidados devem ser tratados com muito carinho, pois são as visitas que ajudam a abrilhantar ainda mais as festas. Entretanto, existem certas regras que devem ser observadas pelas visitas, de acordo com cada casa. Mas algumas são comuns a todas, como por exemplo:

- pessoas não devem entrar na "roda de candomblé" se não forem convidadas. As mulheres que forem chamadas pelo sacerdote ou pelas autoridades da casa para fazer parte da "roda" devem, de preferência, usar um pano-da-costa;
- vestidos muito justos, decotados ou transparentes, de cores muito escuras ou berrantes, e também calças compridas, não são roupas preparadas para se dançar para as divindades;
- não devem entrar na "roda" pessoas que estejam ébrias, pois trarão transtornos a todos;
- pessoas que fazem da festa sagrada do orixá local de encontro ou de diversão, para verem e serem vistas, com certeza não têm fé e não estão ali para compartilhar da festa e da dança das divindades;
- é usual que as casas preparem cadeiras especiais para receber suas visitas ilustres. Neste caso, ninguém poderá sentar-se nestas cadeiras se não for convidado por uma autoridade do Axé;
- deve ser observado o horário determinado para o início da festa, pois, ao chegarem atrasadas, as pessoas provocam uma certa turbulência e até mesmo causam distração. Aqueles que têm fé e amam as nossas divindades esperam por elas em sua morada!

Muito mais poderia ser dito, mas cabe a cada casa impor suas normas e regulamentos, evitando que a religião seja denegrida por pessoas que não têm nada a ver com seus conceitos. Não devemos permitir que uma religião de tantos séculos seja maculada e achincalhada pelo comportamento de pessoas estranhas, ou até mesmo pelo de seus membros. Precisamos lutar pela harmonia, pela paz, pela união e pela importância que a religião tem dentro do contexto sócio-sagrado.

Todo cuidado deve ser tomado pelos seus iniciados e também por seus freqüentadores, pois estamos em uma era de transformações e todas as religiões estão passando por um período de reformulação. E o candomblé, com certeza, não deverá passar impune! Os que crêem, têm fé e amam os orixás permanecerão. Aqueles que vivem em disputas e indecisos, pensando mais em suas vaidades e com soberba, precisarão se decidir, senão as divindades decidirão por eles. E aí o que o orixá decidir, ninguém mudará!

10. Quem são as pessoas que freqüentam o candomblé?

Geralmente são as pessoas que possuem laços de amizade ou parentesco com os seus seguidores, que têm afinidades com a religião, ou até mesmo que querem estudá-la e conhecê-la mais profundamente. Outros recorrem à religião após um longo tempo de luta e já desesperançados para resolver casos recorrentes, por não terem encontrado respostas aos seus problemas em outro segmento. Estes problemas podem ser de tipos variados: de ordem econômica, psicológica, de saúde, amorosos, de intranqüilidade, de equilíbrio etc. Uma vida espiritual bem resolvida também ajuda as pessoas a terem a sua vida terrena mais fortificada!

Muitas vezes aqueles que recorrem à religião acabam identificando-se com seu perfil, com a comunidade e com seus hábitos e ali permanecem, seguindo os seus preceitos, tornando-se assim amigos ou até mesmo futuros filhos da casa. O candomblé não é uma religião catequisadora, portanto, ela não sai à procura de adeptos. Ela é procurada. Seus freqüentadores são aqueles que buscam uma ajuda religiosa mais consistente, mais palpável! Axé.

11. Por que só algumas pessoas são chamadas a fazer a iniciação em nossa religião?

Geralmente isso acontece pelo fato de a pessoa ter antepassados e até mesmo familiares ligados ao candomblé, à umbanda ou a outras religiões que possuam afinidades entre si. A religião também é muito procurada por pessoas que têm doenças não solucionadas e não explicadas. Outras, para buscar amparo e ajuda nos seus caminhos, ao concluírem que outras religiões não lhes trazem satisfação e proteção. Mas existem também aquelas que são naturalmente tocadas pelos orixás, em uma espécie de atração sagrada, e essa "chamada dos orixás" pode ocorrer de formas variadas e em vários momentos da vida. Algumas pessoas já nascem com a necessidade da iniciação imediata. De outras, as divindades esperam um amadurecimento mais adiantado quando, então, se apresentam, seja em um momento de transe ou por meio do Jogo de Búzios. O ideal seria que, conforme acontece em muitas outras religiões, os pais iniciados no candomblé já incluíssem seus descendentes na religião. Isto só iria contribuir para a sua continuidade, para o seu crescimento e seus ensinamentos e fundamentos seriam melhor entendidos.

12. Todas as pessoas têm o dom da incorporação?

Não, nem todos os adeptos da religião têm o dom da incorporação. Os exemplos principais deste caso na religião são os ogãs e as equedes, peças fundamentais da religião que não incorporam suas divindades.

No Brasil é comum alguns sacerdotes acharem que todos os iaôs devem incorporar seu orixá, sem contudo entender que a energia espiritual é como um vento, que ora sopra forte, ora sopra fraco, vibrando com maior ou menor intensidade. Isso não é indicativo de orixá forte ou fraco, mas de que o controle dele sobre a mente é variável de pessoa para pessoa e que tudo depende da permissão do nosso ori. Por isso, é preciso que a pessoa antes de ser iniciada procure alguém de grande conhecimento da religião, ou recorra a várias pessoas, até achar aquela que lhe transmita segurança. Agindo assim, muitas pessoas evitarão, após serem confirmadas para ogãs ou equedes, por exemplo, passarem pelo contrangimento de serem incorporadas por seu orixá! Muitas vezes a divindade aguarda anos para fazer sua possessão, esperando o momento adequado para quando aquele/a iniciado/a já estiver mais fortalecido religiosamente e também com maior responsabilidade religiosa.

É muito comum certas pessoas, ao desmaiarem e passarem mal, serem carregadas para hospitais e, ao chegarem lá, serem sedadas sem que os médicos tenham encontrado nada de errado em sua saúde. Muitas vezes, estas pessoas estão incorporadas com seu orixá sem o saberem. A divindade mexe com o metabolismo humano de uma forma ainda muito incompreendida, apresentando em certos momentos um tipo de convulsão que é visto pelo leigo como doença. O que ocorre é um choque, um conflito entre o lado espiritual e o físico, que precisa ser bem verificado e analisado pelo/a sacerdote/sacerdotisa, evitando assim grandes problemas e desequilíbrios futuros. É do conhecimento geral que muitas pessoas já foram retiradas de certos tipos de internação, com autorização de parentes, e que logo após tratamento espiritual e iniciação tiveram sua saúde mental de volta e sua vida normalizada!

Mas precisamos diferenciar os termos *incorporação* e *mediunidade*. A mediunidade faz o médium escutar, receber e escrever mensagens dos espíritos/almas, que são transmitidas aos homens. Sendo assim, o médium é o intermediário entre os seres vivos e as almas dos mortos, bem explicado pelo espiritismo, por meio dos livros de Alan Kardec.

A incorporação no candomblé é produzida pelas divindades sagradas que tomam posse do nosso corpo. Neste momento, elas voltam momentaneamente ao aiê e retomam a sua antiga personalidade. Trazem então à tona suas qualidades e seus defeitos, seu caráter, seus gostos, sentindo-se inteiramente à vontade nessa relação com os homens. Também se utilizam dos movimentos para relembrar e contar histórias, mostrar o seu prazer pela dança. Trazem seu instinto guerreiro ou sua graciosidade, sua serenidade ou sua vivacidade, retornando, desse modo, aos seus tempos imemoriais.

Existem três modelos de incorporação: a pessoa que tem consciência; a que é semi-consciente; e aquela totalmente inconsciente. A pessoa consciente e a semi-consciente são aquelas em que a energia do orixá vibra mais suavemente, oscilando um pouco. Sua consciência é maior, mas o orixá consegue dominá-la em certos aspectos, como na dança, nos movimentos suaves. A pessoa não está fingindo, pois sente que faz todos os gestuais, mas não consegue ter domínio sobre suas ações. É uma situação delicada, que deve ser entendida e que pode ser modificada através do saber e da ajuda do/a babalorixá/iyalorixá. Já a pessoa inconsciente é aquela a quem o orixá domina completamente os sentidos. É um momento melindroso, em que a pessoa perde a consciência de tudo ao seu redor.

Para que a incorporação ocorra, com consciência ou não, é preciso que o adepto esteja bem sintonizado com o seu mundo particular e também com o religioso. Deve estar em harmonia com a vida ao seu redor, sem pensamentos maldosos, sem rancores, sem ódios, de corpo e mente limpos e saudáveis. Se este conjunto estiver em equilíbrio e harmonia, aí sim, ocorrerá uma perfeita incorporação e a verdadeira sintonia com o orixá.

É por meio da incorporação que um novo participante da casa de candomblé decidirá se deseja seguir os caminhos da religião, se quer permanecer no Axé. Se decidir positivamente, se tornará então um abiã, um iniciante que observará e será observado para poder fazer sua entrada na religião.

CAPÍTULO 2
Hierarquia no candomblé

O candomblé é uma religião que possui uma hierarquia muito rígida. Isto facilita o escalonamento de funções e permite que o andamento da casa flua mais tranqüilamente. A hierarquia possibilita que os sacerdotes dediquem-se quase que exclusivamente às divindades e às suas funções de condutor e administrador do Axé da Casa.

13. O que é a hierarquia em uma casa de candomblé?

O conhecimento no candomblé é primeiro **aprendido** para depois ser **apreendido** e, muito depois, **entendido**. Todos estes vocábulos juntos se resumem em **hierarquia**! E ela tem uma escala evolutiva dentro da religião que se inicia pelo abiã, passa pelo iaô, pelos/as ebômis, ogãs, equedes e babalorixás/iyalorixás. Numa escala vertical, o posicionamento seria o inverso. A hierarquia, contudo, não isenta ninguém de trabalho! Ela só delimita espaços, organiza a comunidade, promove a ordem, delega funções e responsabilidades! A hierarquia também prepara novas pessoas para novas funções, pois o iaô de hoje será um babalorixá amanhã. Ele precisa conhecer bem os meandros das diversas graduações para poder retransmiti-las.

A hierarquia é baseada na senioridade, pois o fator antiguidade tem um grande peso dentro dos terreiros de candomblé: é natural que alguns tenham posição de maior ou de menor responsabilidade. Mas todos os cargos e postos ocupados pelas pessoas do candomblé são importantes para o bom andamento das casas e isto não impossibilita que todos da comunidade se ajudem e desempenhem variadas tarefas! Mesmo aos amigos mais íntimos e mais antigos de um Axé é costume ser concedido um cargo, geralmente conferido pelo/a babalorixá/iyalorixá ou pelo orixá dono da casa. Este posto será somente direcionado para as funções de cunho social ou administrativo, mas esta pessoa fará parte da hierarquia e deverá respeitar e ser respeitada por todos da comunidade.

A insubordinação à hierarquia às vezes atrapalha as pessoas, pois muitas delas não entendem e não aceitam certos dogmas da religião. Cabe então aos sacerdotes transmitir os ensinamentos que possam trazer um perfeito esclarecimento das situações e, logicamente, a aceitação. E isto não está ocorrendo atualmente. Muitos iniciados estão "queimando" etapas, se tornando primeiramente sacerdotes para, *depois*, aprenderem o necessário e fundamental! Até mesmo sem sequer ter completado algum tempo na religião ou mesmo ter obtido o suporte e o aval de seus superiores, através do recebimento da *Cuia*, objeto que o avaliza e ratifica um cargo. A hierarquia, em qualquer setor da sociedade, define indivíduos com capacidade para liderar e assim ajudar um conjunto de pessoas a conviver pacífica e harmoniosamente em um mesmo local. É costume antigo que assim aconteça nas comunidades de candomblé, em que a hierarquia é severa e as graduações são necessárias, pois a temporalidade precisa ser respeitada. O povo do candomblé diz que "tempo é posto"!

14. O que é a "Cuia"?

É o símbolo primordial, na hierarquia do candomblé, que dá plenos poderes religiosos ao iniciado e que lhe confere o "cargo" de sacerdote/sacerdotisa. Só tem direito à Cuia a pessoa que tiver recebido de Olorum a determinação de abrir e gerir sua casa de candomblé. O iniciado a recebe de seu sacerdote como complementação do ciclo de sua vida religiosa, no dia de sua obrigação de sete anos, o *Odum Ejê*. A partir deste momento, recebe certos direitos, poderes e também muito mais responsabilidades, por isso deve estar preparado ou sendo preparado para as funções sacerdotais, tendo atingido o grau de **autoridade**.

A Cuia recebe, em cada nação, um nome diferenciado: *decá* ou *ibaxé*, na nação nagô-vodum; *oiê-de-ebomi*, *ibaxé* ou *balaio-de-axé*, nas nações iorubá e efan; e *kijingu*, na nação bantu.

Considerada uma transmissão de conhecimento, de saberes e também dos fundamentos e dos segredos mais recônditos do candomblé, ela é passada de um babalorixá para um futuro babalorixá, representando a maioridade. Sem recebê-la, o iniciado não tem o direito nem as condições adequadas e preparatórias para suportar e manter uma casa de candomblé. A Cuia possibilita assim o surgimento e a continuidade de um Axé. O recebimento da Cuia indica que aquele filho já esta apto a seguir as determinações de seu orixá e de seu destino, pois ali dentro estão suas "ferramentas de trabalho"! Este recebimento não desvincula, contudo, o iniciado do seu/sua babalorixá/iyalorixá, pois nenhum vínculo religioso foi cortado. A partir daí precisarão existir a ascendência e a descendência, uma união mais consistente e de confiança, com uma troca e uma busca de informações. Esta ligação contínua é que enriquece ainda mais o vínculo sagrado, que é permanente e eterno!

15. Quais são os cargos máximos dentro de uma casa de candomblé?

O candomblé possui quatro cargos máximos que presidem vários segmentos:

a **parte divina**, de culto aos orixás;

a **parte religiosa**, que lida com as ervas, as folhas, as árvores, os frutos, as favas;

a **parte da descendência** propriamente dita, ou seja, a que trata dos grandes ancestrais, os Babá Eguns;

a **parte dos Odus**, que rege e determina o destino e a vida dos seres humanos.

Cada segmento desses é administrado por uma autoridade que, por sua vez, só tem poder de mando dentro de sua casa de candomblé:

o **babalorixá/iyalorixá**, a pessoa que se dedica à parte de transmissão do axé dos orixás e que também cuida da vida religiosa das pessoas da sua comunidade;

o **babalossâim**, *olóòsanyìn* ou *babá l'ewé*, a pessoa iniciada na religião que se dedica ao estudo, aos cuidados e aos conhecimentos das folhas;

o **alabá**, responsável pelo candomblé de Babá Egum, sempre assessorado pelos Babá Ojés;

o **babalaô**, sacerdote responsável pelo culto ao orixá Orunmilá e que não possui ligação específica com nenhuma casa de candomblé;

o **oluô**, pessoa preparada e confirmada, com a incumbência divina de exercer o cargo de consultor particularizado do oráculo sagrado para uma casa de candomblé.

Alguns desses cargos já estão se tornando raros, como o de Babalossâim. Outros, como os de Babá Ojés, têm seu círculo de atuação mais fechado e estão localizados somente em determinadas regiões do país. Mas é bom lembrar que esses sacerdotes se complementam, precisando geralmente um do outro, pois possuem conexões necessárias ao bom andamento das funções da religião.

16. Quem são os babalorixás e as iyalorixás?

Babalorixá e iyalorixá (*babalòrìṣá* e *iyálòrìṣá*, em iorubá) são as figuras centrais de uma casa de candomblé e seus nomes já os identificam como o/a "pai/mãe que cuida do orixá", sendo os chefes de um Axé. São pessoas especialmente escolhidas por Olorum para ajudar a organizar a vida de muitas pessoas no aiê! Recebem também os nomes de babalaxé ou iyalaxé, aqueles que concentram e que distribuem o axé mais poderoso da casa! Com tantos predicados, necessitam de equilíbrio, disponibilidade, dedicação e, primordialmente, bondade no coração, para proporcionar bem-estar a quem os procura.

Estes sacerdotes são pessoas iniciadas que assumem essa posição através do seu Odu individual. Para exercê-la, precisam estar com suas obrigações litúrgicas completas e ter recebido de seu sacerdote o elemento comprobatório de seu cargo, denominado Decá, Cuia, Ibaxé etc., de acordo com cada Axé.

Na nação fon, geralmente, os homens recebem o nome de *doté* ou *etemí*. Em algumas casas jeje-mahis são também chamados de *humbono*, palavra traduzida como "primeiro". Em outros Axés, humbono é usual para distinguir o/a primeiro/a vodunci iniciado/a. As mulheres são chamadas de *doné* ou de *mejitó*. Porém, até o presente momento, só se tem conhecimento histórico de uma sacerdotisa, no Brasil, que possuía o nome de mejitó, a primeira no país. Era a sra. Adelaide do Espírito Santo, de vodum Ijó (vodum dos ventos), proveniente de Aladá, no Benim, do Axé Podabá, Rio de Janeiro. Na nação nagô-vodum são chamadas de *gaiaku*, não se conhecendo o similar deste nome para o cargo masculino.

Na nação bantu o sacerdote recebe o nome de *tateto, tata-de-inquice* (Angola) ou *ganga* (Congo), chefe supremo, e a sacerdotisa chama-se *mameto, mameto-ndenge* ou *nêngua-de-inquice*.

Estes sacerdotes e sacerdotisas são as autoridades máximas dentro de suas comunidades e possuem também o cargo mais elevado na hierarquia do candomblé. Têm total responsabilidade sobre a vida religiosa de todos que ali freqüentam. Precisam ter muito saber e conhecimento apurado da religião. É uma posição hierárquica que requer doutrina, bom discernimento e um comportamento exemplar, somados a muita perseverança e ponderação. Respondem pela iniciação daqueles que os procuram, acompanhando-os enquanto permanecerem em sua casa até o momento de seu falecimento.

O exercício desse cargo exige extrema dedicação, com sacrifícios para a própria vida, pois necessitam quase que diariamente conviver com um universo de problemas e situações de pessoas que estão sob a sua responsabilidade. Estes podem ser os iniciados, amigos ou mesmo pessoas estranhas que os/as procuram, desejando soluções para variados casos. E esses sacerdotes precisarão saber agir ora com delicadeza, ora com severidade. Usando muitas vezes até mesmo uma sinceridade que deverá ser bem dosada, oscilando entre a dor e o amor. Por isso, necessitam de um extremo equilíbrio, uma incomparável paciência e grande maleabilidade para agradar a todos. Sem deixar sufocar a sua personalidade e a sua autoridade, o que é difícil, mas não impossível! Isso tudo só é conseguido através da luta do dia-a-dia e à medida que vão obtendo maiores e melhores conhecimentos do ser humano. Com o tempo, adquirem sensibilidade para trabalhar com a parte psicológica e sensível de cada um. Aprendem, então, a lidar com os diversos tipos de personalidade, caráter e educação dos que o procuram.

Estas autoridades devem preocupar-se também em preparar pessoas que dêem continuidade à casa de candomblé após a sua morte. Quando ocorre o falecimento de um babalorixá ou de uma iyalorixá, é uma bandeira que se arreia, é um Axé que se fecha, são conhecimentos que se perdem! Muitos não se preparam em vida para que isto não ocorra; em alguns casos até mesmo para evitar a intromissão familiar do falecido! É necessário que os ensinamentos sejam passados aos mais dedicados e permanentes da casa. Estes, com certeza, darão continuidade ao terreiro!

O candomblé está precisando de pessoas que continuem levantando seu nome, que "mostrem a cara", orgulhosas de pertencerem a uma religião tão fascinante. E abrir ou reabrir uma casa é um momento de grande regozijo para toda a comunidade do candomblé. Novos/as babalorixás/iyalorixás surgem, novos iaôs nascem e assim a vida religiosa tem uma continuidade. Na inauguração de um Axé toda a família se movimenta, pois todos os pertencentes à ascendência e à descendência são convidados e comparecem prestigiando! São os babalorixás, os "avós-de-santo", os "tios", os "sobrinhos", os irmãos mais velhos (ebômis), os filhos. Enfim, todo um conjunto familiar ajudando a abrilhantar a festa das divindades. E todos se juntam para prestigiar a casa que nasce ou renasce!

Embora tendo a grande maioria de seu tempo voltada para seus deveres religiosos, os/as babalorixás/iyalorixás necessitam também de uma vida particular bem harmoniosa. Isto lhes proporcionará um desligamento momentâneo, e necessário, de suas responsabilidade sacerdotais. Esta conduta irá permitir-lhes obter um autocontrole, renovar o equilíbrio mental e físico, tão necessários quando se lida cotidianamente com diversos tipos de pessoas. Viajar, viver domesticamente bem, passear, procurar novos horizontes e novos ensinamentos, estabelecer novas amizades, deve fazer parte de sua vida. Afinal, antes de serem sacerdotes/sacerdotisas, são, primordialmente, seres humanos e precisam recarregar suas energias!

17. Quem são os babalossâins?

Os babalossâins (*babalóòsanyìn*) ou babaleuê (*babalewé*), assim designados na nação iorubá; *cambono insaba*, na nação bantu; e *mihuntó omã*, na nação fon, são os sacerdotes que cultuam as divindades donas das matas (Ossâim, Agué, Catendê). São pessoas preparadas liturgicamente pelos sacerdotes para colher, conhecer o valor sagrado e simbólico de cada erva e saber fazer a combinação ritual correta. Precisam estudar também os horários certos para colhê-las, suas propriedades, seu uso terapêutico e farmacológico. As folhas têm importância fundamental na prática religiosa do candomblé, por isso exigem cuidados especiais no seu entendimento e no seu manuseio. Esse conhecimento só é obtido através dos ensinamentos oral e visual transmitidos pelos sacerdotes. Muitas vezes adquiridos também por meio de convivência com as pessoas mais antigas, donas de um grande saber que, dentro deste segmento, é passado de geração para geração.

As plantas são tão importantes no candomblé que já é sabido que "sem elas não haveria a religião". Precisamos das folhas em todos os rituais e somente o babalossâim poderá situá-las devidamente. É ele quem sabe as palavras sagradas que liberam os seus poderes. Quando se lida com plantas, deve-se ter em mente que elas possuem um lado perigoso e um lado benéfico, tanto em sua parte terapêutica como na sua parte ritual. Algumas ervas não poderão ser maceradas com as mãos, será necessário o uso de um pilão, pois são folhas perigosas, principalmente se forem direcionadas a Babá Egum e a Exu. Por isso, os babalossâins precisam conhecer as plantas que são *eró*, ou seja, aquelas que têm a propriedade da calmaria, produzem tranqüilidade e paz a quem faz uso delas. Outras são da categoria *gun*, quentes, e têm o dom de "acordar", de movimentar o corpo humano com o seu uso. Estes sacerdotes precisam saber fazer também a correspondência das ervas com os diversos orixás, conhecendo a combinação, as características e as classificações das plantas necessárias a vários rituais. Precisam saber o horário correto para retirar determinadas folhas, que em certas horas são dedicadas a uma divindade e, em outras mais tardias, têm um outro "dono". Ao penetrar nas matas é preciso ter todo cuidado com as palavras, principalmente ao falar o nome de certas folhas, pois estas costumam "esconder-se" ou serem escondidas por Ossâim quando mencionado seu nome. O catador muitas vezes está ao seu lado e não a vê! São os grandes mistérios das matas e de seus moradores poderosos!

Para um babalossâim colher ervas é necessário todo um ritual próprio: estar com seu corpo limpo, espiritual e fisicamente; saber como entrar na mata, como agradecer e retribuir pela retirada das folhas; conhecer as cantigas adequadas; demostrar grande respeito a Ossâim, o senhor das ervas, a seu companheiro Aroni; a Oxóssi, o grande caçador e senhor das matas; e às Iyamís. Antes da colheita, é normal que se leve um agrado para Ossâim e seu companheiro Aroni, como pagamento pelos seus préstimos à religião e aos iniciados. Umas moedas, um coité com mel, uns pedacinhos de fumo de rolo e uns búzios são bem aceitos e recompensados!

Estes sacerdotes têm também a função de curandeiros, aqueles que conseguem a cura espiritual ou física por meio do uso das ervas. Em alguns Axés existe um cargo semelhante ao de babalossâim, que é dado às pessoas iniciadas do orixá Oxóssi, *as babá massí*, que são aquelas que preparam os banhos de folhas para a comunidade.

18. Quem são os alabás?

Os alabás (*alágbá*) são as autoridades máximas dentro de uma casa de culto aos Babá Egum. Costumam ser escolhidos dentre os ojé-abás (*òjé-àgbá*), que são os mais antigos iniciados deste grupo, possuidores de um grande saber e que têm o poder de decisão. (Neste culto, os mais antigos são os que decidem quem poderá ser iniciado ou quem irá galgar os degraus mais altos.) Estes homens são muito bem preparados, conhecem os mistérios e os segredos da ancestralidade e também sabem como lidar com o sobrenatural. Administram o terreiro, os rituais e as liturgias, assessorados por seu otum (representante e ajudante, pertencente ao lado direito) e pelo ossí (ajudante do lado esquerdo). Estes dois auxiliares também são escolhidos entre os mais antigos da casa. A antiguidade dentro do círculo dos ojés é mais importante do que qualquer título que estes possam ter.

São os ojés (*òjè*) que cuidam dos Babá Eguns, com rituais litúrgicos próprios, e que intermediam o encontro dos mortos com os vivos.

Estes sacerdotes possuem liturgias capazes de dar visibilidade aos espíritos dos nossos ancestrais ilustres.

Eles fazem parte de uma típica sociedade masculina, com organização própria e ensinamentos secretos comuns, possuindo vários graus de categoria bem definidos. Em seu primeiro momento, ao entrar para a iniciação, o noviço recebe o nome de amuixã (*amùìṣan*). Nesse período-teste, não terá contato com os Eguns nem poderá participar de liturgias secretas. De acordo com seu interesse pelo culto, com o aprimoramento do seu saber e, principalmente, com seu merecimento, conseguindo a benevolência dos mais velhos, poderá fazer a sua iniciação propriamente dita. A partir daí já fará parte de um dos mais fechados círculos de autoridades da religião, cheio de mistérios e segredos, de pactos entre a vida e a morte. O iniciado terá, então, um longo período de aprendizado, precisando de muita abnegação, tendo que dedicar-se com afinco e seriedade para poder crescer na hierarquia sacerdotal. Este grupo possui categorias de acordo com o grau de iniciação, temporalidade e cargo possuído. O interessante dentro deste ritual é que todos são chamados também de mariô (*màrìwò*), a palha que esconde, camufla o segredo!

Mas todos estes homens possuem um superior hierárquico único, denominado alapini, que é responsável também por todos os terreiros que cultuam Babá Egum. Escolhido entre os ojés anciãos, é aquele com saber primordial e absoluto. Este segmento da religião tornou-se o único, dentro do candomblé, que possui um chefe supremo. Talvez porque o conhecimento do poder tornou-se quase indivisível, as liturgias e os segredos são partilhados comunalmente e com isso as bases permaneceram as mesmas de nossos antepassados!

19. Quem são os babalaôs?

Babalaôs (*babaláwo* – "pai que possui o segredo") são sacerdotes do culto a Orunmilá, "o senhor absoluto de todo o saber", e que é consultado através do sistema divinatório de Ifá. São os intérpretes das mensagens divinas, os que revelam as vontades de Olorum e das divindades. Em terras de culto aos voduns, o cargo semelhante ao de babalaô é o de *bokonon* e estes cultuam Fá, a divindade relacionada a Orunmilá. Os babalaôs geralmente são pessoas de imensa sabedoria e com grande conhecimento da religião. Muito disciplinados, têm um grande potencial de memorização, estudam profundamente durante muitos anos os meandros da religião, desvendando e esmiuçando seus itãs. Necessitam essencialmente de disponibilidade de tempo para dedicar-se aos ensinamentos.

Este culto nasceu na Nigéria. Em tempos de escravidão, grandes sacerdotes foram trazidos para o Brasil, mas com o tempo e sua restrição à distribuição dos conhecimentos, estes se perderam. Alguns saberes foram transmitidos aos babalorixás e estes tiveram que adaptá-los às suas possibilidades. Em época não muito distante, já no século XX, alguns nigerianos vieram para o Rio de Janeiro e iniciaram novos grupos de babalaôs. Atualmente, é sabido que, nas Américas, a sociedade dos babalaôs encontra-se mais concentrada em Cuba, pois estes sacerdotes ainda buscam seus conhecimentos em terras iorubás.

Na África eram os babalaôs quem transmitiam o conhecimento, andando de cidade em cidade, pois eles sabiam decifrar todos os mitos que subliminarmente explicam o segredo milenar da religião. Eram tidos como autoridades máximas do sistema religioso iorubá, e era através do seu mando que a liturgia e os rituais se concentravam. Estavam com eles os segredos das divindades, e as autoridades da religião precisavam recorrer a eles na condução do destino das pessoas. Mas eles não se prendiam somente à adivinhação sagrada, tinham também muita ascendência na vida dos povos iorubás. As pessoas acreditavam que haviam sido criadas para viver bem o seu destino, e que esse poderia ser alterado com a ajuda de um babalaô. Desde que este tivesse primeiro o consentimento supremo de Orunmilá!

Sua sacralização litúrgica é feita de forma complexa e bem distinta da dos demais integrantes da religião. São sacerdotes que possuem um grande diferencial dos babalorixás: não entram em transe e pertencem a um círculo muito fechado, uma espécie de sociedade que vivencia e possui um mundo cheio de segredos. Sua iniciação é feita por um outro babalaô, pois babalorixá não inicia babalaô, e babalaô não inicia babalorixá!

O sistema de adivinhação do babalaô é feito por meio do Opelê Ifá, mais conhecido no Brasil como "Colar de Ifá", que encadeia seus mensageiros, os Odus. Esse sistema consta de uma corrente dupla de metal com meias sementes de favas que, ao serem jogadas em uma esteira, trazem vários significados e mensagens, que são decodificadas somente pelo babalaô.

Outro sistema da adivinhação sagrada de Ifá é o jogo dos iquins, realizado com 16 caroços de dendê de quatro olhos (podem também ser usados os de três olhos, mas sempre em parceria com os de quatro). Esses 16 caroços representam os 16 orixás enviados por Olorum para participar da criação do mundo, e também os 16 Odus, que respondem trazendo as mensagens de todas as divindades. Esses caroços são primeiramente consagrados, através de rituais específicos. Usados exclusivamente no *opón Ifá*, que é a conhecida "tábua de Ifá", um tabuleiro de madeira arredondado, que geralmente tem um círculo escavado no seu centro. (O opón é utilizado somente pelo babalaô, não sendo permitido às demais autoridades da religião.) Com as bordas mais altas, possui desenho de figuras de formatos circulares, triangulares e fios entrelaçados, simbolismos religiosos que fazem relação com Orunmilá, com Exu, com Yiamí Oxorongá e com a ancestralidade.

20. Quem são os oluôs?

Os oluôs (*òlùwò* – "senhor que possui o segredo") foram designados pelos orixás para receber o cargo de "olhador do oráculo" particularizado do Axé em que é iniciado. Na parte da religião que cultua Ifá e Orunmilá, os oluôs são as pessoas que possuem um dos cargos honoríficos mais elevados, na categoria dos babalaôs. Recebem, por causa de seus conhecimentos pedagógicos, também o título de mestres. Após uma longa preparação e sua confirmação dentro dos rituais específicos, torna-se então a pessoa responsável pela consulta dos destinos de uma determinada comunidade, através do merindilogum (jogo dos 16 búzios). Nos dias atuais são poucas as casas que possuem um oluô particularizado, pois os/as sacerdotes/sacerdotisas ao alcançarem o posto mais alto já trazem no seu currículo o conhecimento do jogo de búzios.

21. Quem são os ogãs?

São as autoridades masculinas, de posto hierárquico abaixo do/a sacerdote/sacerdotisa, e seus auxiliares diretos, assim denominadas pelo povo iorubá. Na nação fon recebem o nome de runtó/huntó e, na nação bantu são chamados de xicaringome/xicarangoma ou tata cambono. Estes homens, tal como as equedes, não entram em transe e só passam a ser integrados a uma casa a partir de algumas destas decisões:

   a) tendo sido *escolhidos* pelo babalorixá entre as pessoas que freqüentam a casa, pelos seus préstimos ou pela amizade que mantêm com o terreiro;

   b) tendo sido *apontados* como candidatos à confirmação, descobertos geralmente através do Jogo de Búzios;

c) tendo sido *suspensos* pelo orixá dono-da-casa ou por um orixá que os escolheu e chamou para si;
d) finalmente, podem ser ogãs *confirmados* aqueles que realizam suas obrigações sacramentais, que recebem sua faixa identificatória com o nome do seu cargo. (Esta faixa geralmente será usada nas grandes festas e também irá acompanhá-los na hora de sua morte.)

Sua preparação litúrgica segue mais ou menos a preparação do iaô, com ligeiras variações e com liturgias menos complexas. Os rituais propiciatórios iniciam-se com ebós, banhos purificatórios, Bori etc. Na grande maioria das casas de candomblé, os ogãs e também as equedes não são raspados, nem levam oxu ou quelê. Tal como os demais participantes da comunidade, devem reverência, respeito e obediência ao/a seu/sua babalorixá/iyalorixá.

O ogã é um cargo de total confiança dos zeladores do Axé, de grande importância na religião e que concede certo *status* a quem o possui. Justamente por isso, essa pessoa deverá ter boa postura moral, conduta exemplar, ser leal e fiel ao seu superior hierárquico, à sua casa e, principalmente, ao orixá que o escolheu, pois tornou-se uma propriedade deste. Os ogãs atuam em vários locais na casa de candomblé: no salão, no quarto dos orixás, no quarto de Exu, nas matanças, nos toques etc. Mas não participam diretamente dos rituais de iniciação de iaô e em outros de senioridade. Estas autoridades não são "feitas", são somente preparadas, então não podem participar dos rituais de feitura. Isto não os desmerece, mas também não os qualifica para participar de liturgias sagradas. Ogã não pode ser babalorixá; contudo, em algumas casas ele pode assumir o Axé em momentos de emergência, mas com o auxílio de uma pessoa. Mas não poderá jamais ser intitulado de "babalorixá"! No caso daquele que fugir às suas responsabilidades perante o orixá que o acolheu, não seguindo as regras do Axé a que pertence nem honrando seu título, a divindade poderá "tomar" de voltar seu cargo!

No passado, tradicionalmente, os ogãs e as equedes eram o "esteio financeiro" das casas de candomblé e respondiam pelas festas do seu orixá patrono. Às equedes competiam a roupa do orixá e a comida da festa; aos ogãs, os bichos e as bebidas. Atualmente, em algumas casas, isso se modificou e é usual fazer-se as suas obrigações na mesma época da festa do orixá do/a babalorixá/iyalorixá. Outra coisa que é observada é que, no passado, ogãs e equedes não possuíam um igbá para seu orixá. Sua obrigação era feita no ojubó, um assentamento coletivo, ou no igbá do seu babalorixá. Porém algumas modificações estão ocorrendo e, em alguns Axés, essas pessoas já podem cuidar do seu igbá particularizado.

São carinhosamente chamados de pai até mesmo pelos mais antigos. Aqueles iniciados que foram puxados pelos toques dos seus atabaques; as pessoas que possuem o mesmo orixá que eles; ou aqueles que pertençam ao orixá para o qual o ogã foi consagrado. Um ogã não deve deixar que a soberba e a vaidade façam parte de sua vida religiosa. Ao agir corretamente, estará merecendo seu título e, nesse caso, até os mais antigos na religião irão respeitá-lo! A bênção, ao ser solicitada, é dirigida ao seu orixá e deve ser retribuída, de forma carinhosa, espontânea e natural, pois é motivada pelo amor e pelo apego que é dedicado aos orixás. Se a bênção for retribuída com delicadeza e afeto, ela será dividida!

O ogã tem o dever de cuidar para que as festas em sua casa de candomblé transcorram em perfeita harmonia e não deve permitir situações que denigram a religião ou a sua casa. Ele precisa aprender e entender, desde muito cedo, que possui um elo que o liga diretamente com o orixá. Sendo assim, seu comportamento tem que ter direcionamento religioso em tudo que fizer na casa de candomblé, pois isso se refletirá na comunidade. Seus principais atributos são: a educação, o seu amor pelos instrumentos sagrados, o saber conduzir os orixás, sua autoridade com os demais ogãs, convidados e os que pertencem à casa, receber bem as pessoas, agir civilizadamente com seus irmãos de Axé. Tudo isso permitirá que seja cada vez mais reconhecido e obedecido. Assim, estará cumprindo fielmente seu papel de representante religioso e social nas festividades da casa de candomblé.

Tudo isso que dissemos mostra que ogã não é parte decorativa no barracão. Seu papel religioso é de suma importância. Entre suas variadas obrigações estão os cuidados com os atabaques, principal instrumento de comunicação do homem com os orixás, juntamente com os toques e as danças. Seu contato com os instrumentos deve ser de profundo respeito, lembrando-se que estes são sacralizados e preparados liturgicamente, tal como ele. Exigem certos dogmas e certos cuidados para o seu manuseio. Seu toque vai chamar as divindades, trazê-las novamente à terra para se irmanarem com os homens. Quem produzirá isso serão suas mãos, sua boca e seu corpo. Estas partes precisarão estar fortalecidas e límpidas para se relacionarem com as divindades. Bebidas alcoólicas, interações sexuais, vaidade, prepotência, inimizades e drogas só trarão energias negativas que, com certeza, provocarão desarmonia e desestabilizarão a comunidade.

Cada terreiro tem seus próprios ogãs, já acostumados com os métodos e costumes da casa. Isso porém não inviabiliza que ogãs visitantes toquem seus atabaques nas festas, obedecendo as regras locais, o que une ainda mais os Axés, proporcionando troca de informações e experiências. Contudo, como autoridades, os ogãs precisam estar sempre alertas e prontos para ajudarem a manter o conjunto da festa em perfeita ordem.

Alguns cargos de ogãs:

Alabê (iorubá) – chefe dos tocadores dos atabaques e dirigente dos demais ogãs nas festividades e nas alvoradas das grandes festas. Responsável pela conservação e preservação dos instrumentos musicais sagrados, é também o relações-públicas da casa de candomblé.

Axogum (*asógún*) – faz os sacrifícios rituais para os orixás.

Onilu – o tocador do atabaque conhecido como ilu.

Assobá (*asógbá*) – muito ligado a Omolu e seus cultos, cuida também dos pertences de Nanã, Egum e Exu.

Alagadá – cuida das ferramentas de Ogum.

Oju odé (*ojú odê*) – cuida dos elementos de Oxóssi.

Balodé – ogã do orixá Odé.

Oju obá (*ojú oba*) – posto de honra dado a determinadas pessoas de Xangô, se a casa de candomblé pertencer a Xangô. Possui dois auxiliares, o otum e o ossí.

Dorobá – posto dado ao homem para ajudar nas funções do orixá Xangô.

Alubim (*alugbin*) – cuida de Oxalufom e de Oxaguiã.

Elemoxó (*elèmò só*) – cuida dos pertences e das vestes de Oxaguiã.

Lein – cuida de Ogum. Cargo dado somente a filhos de Ogum ou de Oxóssi.

Gimu – cuida dos pertences de Omolu, Nanã e Ossâim.

Obá odofim ou **olofim** – cuidador da casa de Orixalá e de Airá.

Abogum – cuida de tudo que se relaciona com Ogum dentro da casa de candomblé.

Olossâim – responsável pelos pertences e pelo assentamento de Ossâim.

Baba legã – cargo exclusivo para tirar somente as penas dos animais.

Babá morotonã – aquele que retira as patas dos animais sacrificiais.
Pejigã (fon) – encarregado de cuidar do peji. Pode ser um sucessor de Axé, mas sem os atributos de um Doté.
Bagigã – auxiliar do pejigã.
Gaipê – auxiliar direto do babalorixá.
Kalofé – cargo honorífico, de caráter social.
Kutó, gaitó ou gaintó – tocador do gã, do calacolô ou qualquer outro instrumento de ferro.
Runtó/huntó – tocador e responsável pelo atabaque rum.
Kambandu (bantu) – aquele que dirige e cuida da conservação dos instrumentos musicais sagrados. Chefe e dirigente dos tocadores de atabaques. Quem recepciona os visitantes da casa.
Kambondo pocó, Tata-musati – aquele que faz os sacrifícios rituais para os orixás.
Tata nvangi – pai-pequeno, criador de barcos de iniciados.
Tatetu ndenge – o pai-pequeno do terreiro.
Tata kinsaba – ogã colhedor de folhas.

Existem muitos outros cargos de ogã, alguns já esquecidos e outros que não foram utilizados no Brasil. Cada ogã e também cada equede têm um cargo primordial dentro de sua casa e, muitas vezes, só atuam no momento exato da sua função, não participando das demais. Porém, em um terreiro onde existam poucos ogãs e poucas equedes, estes ficarão assoberbados porque farão várias funções ao mesmo tempo que não são de sua prerrogativa. Cada Axé pode e deve consagrar os ogãs que lhe são necessários. O sacerdote tem a condição de escolher e entronizar os adeptos ou simpatizantes que poderão fazer parte mais intensamente da casa, ajudando-o tanto física como materialmente.

22. Quem são as equedes?

As equedes são as autoridades femininas que auxiliam o/a babalorixá/iyalorixá e que foram escolhidas pelo orixá para servir e cuidar dele. O termo *equejí* pertence à nação fon, porém se generalizou, transformou-se em equede e passou a ser usado por todas as nações-irmãs. São também chamadas de ajoiê (*ájòìyè*) ou *iyá corobá*, pelo povo iorubá, e de *macota de anguzo*, pelo povo bantu. Denominam-se também *samba* ou *semba*, na língua quimbunda. As equedes e os ogãs são também chamados de oloiê (*òlòìyè*), que são as pessoas detentoras de um título.

Sua confirmação tem também preparos litúrgicos, tal como a dos ogãs. Em algumas casas recebem uma faixa que lhes confere um posto ou um cargo. A partir deste momento, o sacerdote passará a ser considerado seu pai/filho, a quem costuma "adotar" definitivamente. Suas vidas religiosas, e até mesmo a particular, a partir daí, ficarão entrelaçadas. A partir daí também surge uma grande amizade e companheirismo. Na morte ou na ausência do babalorixá, quem assume a casa de candomblé geralmente será a ujá quequerê ou o babá quequerê. Porém, na falta destes, o Axé ficará momentaneamente sob o comando dos ogãs e das equedes confirmados na casa, sendo esta prerrogativa somente entregue àqueles mais dedicados e leais ao Axé.

As equedes são tratadas com muita deferência por todos da comunidade e chamadas carinhosamente de mãe até mesmo pelos visitantes e pelos amigos da casa. Porta-vozes dos orixás na casa de candomblé, transmitem seus recados aos sacerdotes, aos filhos e aos que os procuram. Auxiliam também nas festividades, vestindo e ajudando a entender as necessidades das divindades. Precisam também estar à frente no cuidado geral de tudo que se relacionar com a divindade para a qual foi escolhida e entronizada, sendo, assim, a administradora dos pertences deste.

Nos dias de festa em uma casa de candomblé as equedes vestem-se com certo requinte em alguns Axés. Em outros usam seus trajes rituais, com fios-de-conta, ojá na cabeça, trazendo sempre emblema identificatório e símbolo do seu oiê, **uma toalha pendurada no ombro**, com a qual mantêm a boa aparência dos orixás. Por serem pessoas da confiança do sacerdote, responsabilizam-se também pelos cuidados com os demais integrantes do terreiro, principalmente com os iaôs, que nelas costumam encontrar amplo apoio, transformando-se, muitas vezes, em "mãezonas" para esses.

Alguns cargos de equedes:

Iyá egbé (iorubá) – segunda pessoa dentro do Axé, considerada a "mãe da comunidade", responsável pela parte social. Geralmente uma filha de orixá feminino, coordena o bom andamento da casa de candomblé, zelando pela ordem e organização geral. Administradora, conselheira. Cargo de confiança conferido pelo/a babalorixá/iyalorixá ou pelo orixá patrono da casa.

Iyá quequerê – é a mãe-pequena do egbé, a segunda pessoa depois do/a babalorixá/iyalorixá que responde pelas funções religiosas, geralmente escolhida pelo orixá dono do Axé. Existe também a iyá quequerê particularizada, que participa somente das funções de iniciação de uma ou mais pessoas.

Iyá oloju ou **iyá temim** – a primeira equede confirmada de uma casa de candomblé, ajudante na administração das funções litúrgicas.

Iyá bassé (*iyábasé*) – responsável pelo preparo das comidas sagradas, desde os sacrifícios até a entrega aos orixás. Cargo que poderá ser dado a qualquer pessoa iniciada de uma divindade feminina.

Iyá laxó (*iyálaṣó*) – lava, passa e engoma a roupa das pessoas da casa de candomblé que estão ajudando nas funções dos orixás. Cargo geralmente dado às filhas de determinadas iyiabás, como Oxum, Iemanjá e Oiá.

Iyá omodé – cuida das coisas de Oxóssi (não confundir com omó Odé, "filho de Odé").

Iyá morô – responde pelo Ipadê de Exu.

Iyá ajimudá – ajuda no Ipadê de Exu. Título feminino usado no culto a Oiá e na Sociedade Geledê.

Iyá efum – faz a pintura litúrgica dos iaôs.

Iyá maiê – cuida das coisas mais secretas que serão utilizadas na preparação do iaô.

Iyá arubá – carrega a esteira do iaô no período da iniciação.

Iyá sinjé – bate o ejé (sangue) dos animais nos momentos sacrificiais.

Iyá tebexé – responsável pelos cânticos e rezas para os orixás. Também importante auxiliar nas situações mais delicadas do terreiro. Aquela que dá os ensinamentos aos iniciados.

Iyá sarapembê (*sarapegbê*) – responsável pela comunicação dos sacerdotes com a comunidade.

Iyá euê – responsável por "cantar as folhas", fazer a sassanhe. Em geral, uma filha de Oxum.

Iyá omodê – cuida das crianças da casa de candomblé.

Ajibonã, ajibionã, jibonã (fon) – mãe-criadeira de todos os iniciados da casa.

Dagã – responsável pelos elementos do Ipadê.

Sidagã – auxiliar da dagã, no Ipadê.

Dogã – pessoa que prepara as comidas das divindades.

Runsó/Hunsó – mãe-pequena da casa de candomblé.

Gonzengan ou **Hozengan** – cuida de todas as quartinhas (gonzens) do terreiro.

Dikota ou **mosóióió (bantu)** – título das pessoas mais antigas da casa.

Kota ambelai – aquela que cuida dos iniciados.

Kota nvangi – a que cria os barcos de noviços.

Kota rifula, **Kota mulambi** ou **Nlambi nkise** – responsável pela comida dos inquices, desde o preparo até a entrega.

Makota tororó ou **Kota sororó** – mãe-pequena da comunidade.

Mametu ndengue ou **Nengua ndumba** – mãe-pequena.

Kota kididí – aquela que administra a casa, procurando sempre manter a hegemonia, a estabilização.

Kota umbakisí – aquela que cuida de tudo que se relaciona com os inquices.

Hongolo matona – responsável pela pintura dos iniciados (os mona xikola).

Existem muitos outros cargos que não enumeramos, outros que, infelizmente, foram se perdendo e ainda alguns que por aqui não foram utilizados. Alguns desses cargos podem ser utilizados também para as ebômis.

23. Quem são as/os ebômis?

O termo iorubá *ègbónmi* é traduzido como "meu/minha mais velho/a". No fon, são denominadas de *etemim* e, na nação bantu, são chamadas de *makota* ou *kota*. As/os ebômis são as pessoas que já passaram por todo o estágio de iaô, cumprindo plenamente as várias obrigações de período de tempo e fechando seu tempo de iaô com a obrigação de sete anos (odum ejê). Nesta consagração, de acordo com cada casa, receberão o direito de usar seu runjeve e, em determinadas ocasiões festivas, usarão a bata, seus símbolos de maioridade. Em muitos Axés, ao fazer esta obrigação, o/a ebômi poderá receber também um cargo que lhe será dado pelo sacerdote ou pelo orixá dono da casa, como: iyá quequerê, iyá efum etc.

Para complementar sua "feitura", os iniciados do candomblé cumprem obrigações periódicas que se encerram, de acordo com a divindade, com a obrigação de seis ou de sete anos. Após esse ciclo, existem as festas comemorativas dos 12, 14, 16, 21, 25 e 50 anos, mas que servem somente como uma forma de agradecimento ao orixá, como uma devoção! E, finalmente, o ciclo de vida ritualística e física do povo do candomblé se encerra, se fecha, com o axexê (aṣèṣè).

Quando se tornam ebômis, as pessoas passam a adquirir certos direitos, tendo, em contraponto, muito mais responsabilidades para com a sua casa. Tornam-se muitas vezes porta-vozes da comunidade junto às autoridades. Precisam assessorar bem o/a babalorixá/iyalorixá, levando a este/a os problemas diários, mas muitas vezes com soluções já definidas. Isto poupa situações estressantes a todos.

As/os ebômis têm maior acesso a todos os ambientes da casa e às funções litúrgicas que possuem segredos, acompanhando o/a sacerdote/sacerdotisa na sua realização. Precisa também haver respeito e entendimento mútuos entre ebômis, ogãs e equedes, cada um trabalhando em seus cargos, porém visando à união e ao bem-estar geral. Algumas ebômis possuem maior controle sobre os iaôs e por isso precisam saber transmitir a eles os ensinamentos fundamentais e também o comportamento de cada um dentro da hierarquia do candomblé.

O/a ebômi deve saber se portar com autoridade, porém sem prepotência. Precisa saber conduzir com dignidade e amabilidade seu relacionamento com todos os integrantes, amigos e visitantes da comunidade, devendo tornar-se uma pessoa em quem os iaôs, preferencialmente, possam se espelhar e encontrar um/a protetor/a e conselheiro/a.

CAPÍTULO 3
O início de uma nova vida

Todos aqueles que aceitam a religião ou são chamados para fazer parte dela precisam de um período de adaptação. Neste tempo se dedicarão e conhecerão alguns preceitos e dogmas que o ajudarão a decidir pela sua permanência ou por seu afastamento. É o seu período de teste, em que também testarão se têm condições de seguir a fundo a religião dos orixás.

24. Quem são os abiãs?

O termo *abiyán*, em iorubá, pode ser traduzido como "nascer para um novo caminho" (*abi* = aquele que nasce; *iyán* ou *an* [contração de "onã"] = caminho novo). Na nação bantu são chamados de *ndumbe* ou *ntangi*, e na nação fon, *arruretê*. O abiã traz a idéia de início, de nascimento, e ele representa realmente o começo, pois é um pré-iniciado, o primeiro momento do futuro iaô.

É muito necessário que as pessoas que desejam entrar para o candomblé passem por essa etapa, pois ela é fundamental! É através dela que irão se familiarizar com sua futura nova família e entender melhor como funciona uma casa de candomblé, percebendo assim os relacionamentos interpessoais. Aprenderão a conhecer seu líder espiritual e a pesar os prós e os contras dessa nova relação, surgindo então um conhecimento mútuo. Enfim, terão uma visão mais prática e local de uma nova vida física e sagrada, e farão sua iniciação já bem conscientes do que desejam. Nessa etapa, irão se inteirar um pouco mais sobre a religião, preceitos, obrigações e direitos que ajudarão na sua resolução final. Poderão então decidir com isenção se aquela é a casa que serve aos seus interesses espirituais, afetivos e morais.

Sendo abiã, não participará ativa e profundamente dos rituais, não conhecerá fundamentos religiosos, mas terá um aprendizado moderado e gradativo, pois já faz parte do axé da casa.

Precisará dispor de tempo para poder dedicar-se à sua nova casa, onde terá ensinamentos que utilizará por toda a sua vida na religião. Aprenderá as cantigas, as danças e alguns oriquís, receberá seus fios-de-conta. Conhecerá utensílios, verá e provará uma culinária rica e colorida, recheada de cheiros, de sabores e de pequenos segredos. Aprenderá a respeitar dias e horários, conhecerá os interditos (*ewós*) e a hierarquia da religião. Entenderá porque o candomblé é uma das poucas religiões, nos dias atuais, em que ainda se encontra uma noção muito forte de obediência a direitos adquiridos através das graduações temporais. Enfim, já estará conquistando seu espaço na casa, e também dentro da religião.

No passado, e também nos dias atuais, muitas vezes uma pessoa permanece como abiã durante muitos anos. É testada longamente pelo/a babalorixá/iyalorixá, pelas autoridades da casa, pelos próprios iaôs e também pelos orixás. Sua humildade, seu sentido de união e de fraternidade são testados e provocados.

Dedicar-se ao candomblé e aos orixás é uma prova de resignação, de humildade e de muito amor. É renunciar a muitos momentos de sua vida particular! Mas se juntarmos esses três itens e conseguirmos transformá-los em união, cumplicidade e amizade, já teremos os requisitos primordiais para que a entrada do abiã na religião seja um sucesso. Por isso, o abiã também deve ser recebido com muito carinho pelos membros da comunidade, para que seu período de teste e de adaptação seja perfeito. Se for ensinado, educado e doutrinado corretamente, o abiã, no futuro, será com certeza um bom iaô. Quem ganha com isso é a casa e o candomblé!

O abiã também verá e sentirá surgir em si aspectos de sua personalidade e de sua conduta que talvez estivessem escondidos. São reflexos do seu orixá que estarão ressurgindo, como se fossem uma marca divina, mudando muitas vezes o seu modo de viver, de ver e de pensar.

A primeira consagração para marcar a sua entrada no candomblé será com o Bori, uma cerimônia de oferenda, o "dar de comer e beber à cabeça" (*orí*), reforço que lhe dará uma boa estrutura espiritual. O Bori se torna então sua primeira ligação com o axé da casa, transmitido pelas mãos do/a babalorixá/iyalorixá. Essa iniciação faz parte de um ciclo ritual que tem por objetivo fazer circular o axé, fazer crescer e prosperar o terreiro. Vai fazer a expansão familiar da religião, movimentar a força vital da casa, dos orixás de cada membro do terreiro e também do orixá do próprio abiã.

Mas também existem pessoas dentro do candomblé que serão abiãs eternamente, transformando-se somente em amigas da casa, que ajudam em sua manutenção, são companheiras e amigas do/a sacerdote/sacerdotisa, dos demais membros da comunidade, participam ativamente das festividades etc. Essas pessoas transformam sua vida e sua conduta em um ciclo que culmina com a eterna gratidão de todos e vão angariando até mesmo alguns direitos que, muitas vezes, só um bom iniciado possui. Algumas, por merecimento, também recebem cargos honoríficos dentro da casa de candomblé. Em alguns casos, no momento de sua morte conquistam direitos que só teria um iniciado amado por todos do *egbé*.

25. Qual é o nome do ritual no qual o abiã se transforma em iaô?

O ritual em que o abiã se torna um iaô (*ìyàwo*) denomina-se iberê (*ìgbèrè*) e é uma parte litúrgica muito bonita. Consta primeiramente do Bori, seguida de banhos, ebós, matanças, pinturas, raspagem etc., e culmina na feitura, a sua entrada permanente na "família candomblecista".

26. O que é a iniciação propriamente dita?

Iniciar-se no candomblé é renascer para um novo mundo como uma pessoa mais segura e mais forte, religiosa e psicologicamente. Ressurgindo com plenas condições de buscar melhores momentos e amplas realizações. É ligar a sua vida física, no aiê, com a vida sagrada, no orum, surgindo assim uma nova aliança, uma nova união! Após a iniciação, as pessoas têm a capacidade e a possibilidade de ajudar a conduzir melhor o seu destino. Sentirá que uma transformação acontece em seu redor e deve permitir que seu orixá aja permanentemente no seu dia-a-dia, ajudando na construção de uma vida mais harmoniosa e próspera. Também descobrirá que seus limites se alargarão e que os obstáculos serão mais facilmente transponíveis. E que também não estará mais sozinha, pois terá o eterno acompanhamento de seu guardião!

Depois de iniciada, a pessoa terá novas normas a cumprir na sua vida cotidiana e na sua casa de candomblé, e conhecerá como é uma hierarquia religiosa. O candomblé é uma das poucas religiões em que a obediência à temporalidade ainda é bem arraigada. A dedicação, o amor e o discernimento serão responsáveis pela boa permanência do iniciado dentro do terreiro que a sua divindade escolheu para "morar". Então, o período de abiã deve ser bem aproveitado para servir e aparar pequenas arestas e trazer melhores conhecimentos sobre o que realmente a pessoa deseja para si e para o seu futuro. Axé!

27. Por que se denomina a iniciação no candomblé de "fazer o santo"?

O termo "fazer o santo" só ocorreu por interferência da religião cristã, na época da escravidão. Na senzala, o escravo, obedecendo ao senhor branco, tinha que idolatrar os santos da Igreja Católica. Com isto ocorreu o sincretismo, fazendo a ligação das peculiaridades e da personalidade dos orixás com as dos santos católicos. Ao precisar se referir aos seus orixás, os escravos tinham que chamá-los procurando sempre agradar à maioria branca e escravagista, e para isso trocavam o nome iorubá do seu orixá pelo nome do santo cristão, em português. Ao guardar seus assentamentos, colocava-os, camufladamente, junto aos santos católicos, porém invocando sua divindade africana. E o negro habituou-se a sincretizar, amalgamar seus orixás com os "santos" do catolicismo, criando termos que nos dias de hoje já estão perdendo a sua utilidade! Portanto, cremos que já está no momento de mudarmos este termo, "fazer o santo", por "iniciar no candomblé" ou "iniciar para o orixá"!

28. Para que serve o período de recolhimento na época da iniciação?

O recolhimento é um período que serve para que a pessoa seja testada em sua firmeza religiosa. É tempo de ver dentro de si mesmo, enquanto se prepara para ingressar em um novo mundo, em uma nova realidade! Período delicado, que produz algumas modificações no ritmo de vida do iaô. Mas muito necessário para que a pessoa sintonize-se bem com seus orixás, conheça melhor seus novos parentes e também seu/sua sacerdote/sacerdotisa. Porém, o tempo necessário para o recolhimento é determinado de acordo com o orixá e com cada casa de candomblé.

É um período em que a pessoa fica acomodada em um quarto, chamado de *rondêmi* ou *roncó*. Local restrito, afastado do movimento público, completamente limpo, onde reinam a paz e o silêncio. No momento em que se recolhe, o iaô desliga-se de todos os seus problemas e de toda e qualquer coisa que diga respeito às relações exteriores. Sua cabeça precisa estar voltada somente para as ligações espirituais, que ajudarão a produzir uma transformação em sua vida. Haverá momentos tensos, pois o desconhecido assusta a todos, e são muitos os iaôs que entram na religião sem saber sequer o que é o recolhimento. Em compensação, haverá momentos de grandes alegrias e satisfação que, com certeza, nunca serão esquecidos. Porém, o mais importante é que nesse período o iaô obterá ensinamentos úteis que serão usados no seu dia-a-dia. Aprenderá as regras, os dogmas, conhecerá a hierarquia e a diretriz da religião e do seu Axé e penetrará nos meandros do candomblé. O iniciado prestará juramento à sua casa, a Exu, às divindades, a seu/sua babalorixá/iyalorixá, pois ele tem que ser uma "pessoa que não vê, não escuta e não fala"! Segredos e mistérios são invioláveis!

O recolhimento serve também para que a pessoa passe pelos preceitos sagrados e secretos que ajudarão na possessão do seu orixá. A sua doutrina será mais apurada, seus conhecimentos se tornarão mais consistentes, aprenderá a base de alguns saberes. Nele, conhecerá pessoas que dedicarão tempo integral a ele e às suas obrigações religiosas. Pessoas que partilharão do seu dia-a-dia, como a "mãe-criadeira" ou o "pai-criador", cuidando dele, transmitindo-lhe ensinamentos primordiais e essenciais para essa fase e para o seu futuro dentro da religião. Ganhará também um "pai-pequeno" e uma "mãe-pequena" particularizados, pessoas que participarão de algumas fases de sua iniciação e do seu aprendizado. Com todos estes o iaô cria laços eternos de parentesco religioso, geralmente advindo daí uma grande amizade. Terá também como companheiros e instrutores seus irmãos mais antigos na religião. A partir do período da iniciação, pertencerá a uma nova família, que tem como principal mestre o/a babalorixá/iyalorixá.

Para muitos, é neste período que ocorre o primeiro contato com a sua divindade. E será por meio desse transe que conhecerá a personalidade mítica da sua divindade: se é calma ou voluntariosa, dócil, violenta ou irrequieta. Nessa fase também aprenderá a qual panteão seu orixá pertence, se ao das divindades vibrantes, de movimentos violentos, espalhafatosos, ou ao grupo conhecido como o dos orixás calmos, ponderados. Nesta fase, conhecerá muitas palavras da língua das divindades, para que possa participar cotidianamente da comunidade e também para crescer dentro da religião. Aprenderá as danças do seu orixá, e também as danças das demais divindades. Aprenderá também cantigas e rezas (oriquís) necessárias no seu dia-a-dia e também para agradar e chamar as divindades. Muitas vezes será testado/a e precisará corresponder plenamente aos anseios de seus superiores e também aos seus próprios. Porém, o não conseguir não deverá lhe perturbar, tirar a calma e o equilíbrio. Deverá procurar fazer com que cada erro seja um aprendizado, uma lição de humildade, de estar vencendo cada etapa com dificuldade, mas também com dignidade, amor e resignação.

A iniciação produz momentos de alegria que poderão ser intercalados com nostalgia e saudade. Isso é natural, pois a pessoa encontra-se reclusa, muitas vezes reunida a pessoas que conhece muito superficialmente. Para esses instantes, a religião possui um ser especial, o Erê, uma divindade infantil e descompromissada, que distrai e acalma o iaô, fazendo-o esquecer a vida mundana. Mas este período passa e o iaô retorna à vida externa, modificado e mais enriquecido no seu interior, mais forte espiritual e fisicamente!

29. O que é ser iaô?

Ser iaô é possuir um dom divino que é dado somente a pessoas especiais! Ser iaô é estar ligado a uma força superior e procurar manter-se sempre conectado a ela, conhecendo a sua base, mas ainda desconhecendo seus fundamentos! O iaô é o início, o recomeço de toda casa de candomblé, sendo também aquele que revitaliza e movimenta o axé desta casa! O iaô é um/uma iniciado/a que se comprometeu em aprender e seguir as normas de conduta e orientações da religião dos orixás.

A palavra iorubá iaô (*ìyàwó*) é ambivalente, independe de sexo. Ela pode ser traduzida como *íyà*, mãe; *awó*, segredo – a "mãe do segredo" –; ou ainda *ìyàwóòrìsá*, – "a mãe do segredo do orixá". Recebe ainda o nome de *omo òrìsà*, "filho do orixá", ou de *elegún*, aquele que recebeu o sagrado privilégio de "ser montado" (*gún*) por uma divindade. Pelo povo fon o iniciado é chamado de *vodunsi*. Na nação bantu, de *muzenza* ou *mona nkise* (filha/filho do inquice), existindo também o termo *cafioto*, que é mais usado para aqueles com mais tempo na casa, que já conhecem alguns segredos, e que auxiliam os seus superiores.

Ser chamado de iaô transforma a ligação do ser humano com a divindade em algo mais forte, no sentido de uma obediência e de uma dependência às divindades. É tornar-se o instrumento do orixá para fazer a sua ligação com os homens! O iaô foi escolhido, dentre tantas pessoas no universo, pelas divindades, para que estas possam novamente retornar ao aiê! Nesse retorno, ao paramentar-se com suas roupas e suas ferramentas, mostrar suas danças e seus cânticos, o orixá está reconstruindo sua vida passada. Está dando licença para que todos participem com ele desse momento tão especial **por meio de um iaô**! Além disso, a divindade o transforma em seu mensageiro, pois será ele quem transmitirá, no momento do transe, as mensagens que são dirigidas à comunidade, tanto em forma de conselhos, como de ordens ou simples avisos!

Ao ser chamado para fazer parte da religião dos orixás, a pessoa precisa ter consciência de que não poderá abandoná-la sem incorrer em grave descumprimento da sua missão religiosa. Este desligamento poderá acarretar uma perda de energia positiva, em detrimento da energia negativa. A religião é uma troca de energia e de axé; ao se desligar, o ser humano deixa de receber a parte provinda das divindades!

Quando se encontra recolhido para a iniciação, o iaô é uma pessoa que está pura e limpa espiritualmente, portanto, com todo o poder emanando dele. Seu axé está sendo transmitido e vai impregnando todos, pois tudo que é realizado na casa de candomblé, nessa época, é direcionado para o iaô. Este axé se espalha e vai se congregando nas pessoas e também em tudo que é tocado e em tudo que é falado.

É uma época delicada em que a sensibilidade e a emotividade do iaô estão à flor da pele. A reclusão assusta, mas se ele teve o seu período de abiã, este deverá ter servido para prepará-lo neste convívio com as pessoas e com alguns rituais. O iaô precisa ter muita perseverança e paciência no seu dia-a-dia na casa de candomblé. Por meio do contato com as demais pessoas, principalmente com os mais velhos, em sua longas horas de trabalho na cozinha, lavando roupas, varrendo ou até depenando galinhas, se for interessado e esperto, adquirirá grandes conhecimentos e também fará boas amizades. Precisará ser prudente e não hesitar em aprender novas funções, procurando dar o melhor de si em tudo o que fizer, mas sabendo que **errar faz parte do aprendizado**.

Diziam os antigos que o "bom iaô escuta e não fala, vê e não enxerga", mas aprende tudo! Há necessidade de o iaô ser passivo, acomodado, saber escutar, pois muitas vezes o calar-se é um ato de bravura, de comedimento e prova de boa educação. Mas cabe aos mais velhos orientá-lo, para evitar os erros ou ajudar a consertá-los. Todos que um dia foram iaô sabem o quão difícil é esse período!

Para que o iaô aprenda é necessário que ele veja e participe mais intensamente da vida da casa de candomblé. Em alguns locais é costume, na execução de certos rituais, chamar o orixá do iaô, para que este não veja o que está ocorrendo. Ocorre também de alguns sacerdotes não terem tempo e paciência para explicar e ensinar. Como aprender? Somos sabedores de que muitas liturgias são secretas, de fundamentos, e os mais jovens não devem participar, pois só irão aprender com o passar do tempo. Porém, em certos casos, existe a necessidade de que os iaôs conheçam melhor os meandros da religião, até mesmo para poderem ajudar seus mais velhos!

O período de iaô é também uma época de recordação para os mais antigos, pois cuidar de um recém-iniciado implica retransmitir conhecimentos, retornar ao começo. E esse recomeçar com o iaô será de grande ajuda para todos, pois através dos conhecimentos relembrados todos poderão reciclar seu saber! Nossos mais velhos, em tempos longínquos, muitas vezes valiam-se dessas lembranças recentes do iaô para refrescar-lhes a memória! Em muitos Axés, antigamente, os iaôs eram mimados pelos mais idosos, que levavam-lhes presentes e prendas para agradá-los, acarinhá-los. Demonstravam-lhes que estavam agradecidos por terem um novo integrante na religião. Todos sabiam e aceitavam que o pequeno de hoje será o grande de amanhã!

O iaô não pode ser tratado como uma pessoa insignificante nem deve ser tratado como se fosse um serviçal sem pagamento. Ele é uma pessoa especial e como tal deve ser cuidado. Tem seu caráter e sua personalidade independentes, é novo na casa e precisa ser bem aceito e ensinado por todos os membros da casa. Um iaô bem recebido e valorizado por seus atos, reconhecido em suas ações e que receba bons ensinamentos, com certeza nunca deixará a sua casa de candomblé, mesmo com todas as discórdias que ocorrerem. Se for um bom iaô e amigo sincero de seu sacerdote, só terá a lucrar, porque este precisa sentir-se seguro ao lidar com as pessoas que o rodeiam. Numa casa de candomblé precisam reinar confiança e responsabilidade no trato com o sagrado e com a vida civil de todos. A amizade inicial com seu/sua babalorixá/iyalorixá irá transformar-se em companheirismo e ambos passarão a se conhecer melhor. Mas deverá existir sempre entre eles uma hierarquia, porque isso faz parte da religião. O iaô precisará aceitar o seu modo de ser, de ensinar e de transmitir o que sabe. Porém, o que consolidará essa fraternidade será a sua maior proximidade com a casa de candomblé.

Se o candomblé não iniciar novos filhos, a religião acabará; novas gerações precisam surgir, fazendo uma renovação. E é o iaô que traz esta continuidade, este crescimento, e é quem garante o surgimento de novas casas, de novos Axés. Por isso voltamos a afirmar que o iaô é a *peça fundamental e importante no ritual do candomblé*, já que é ele que permite que se espalhe a religião dos orixás!

O que vemos, infelizmente, nos dias atuais são pessoas que se iniciam no candomblé e que não cumprem corretamente o seu período de iaô. Em pouco tempo já se transformam em sacerdotes/sacerdotisas, sem terem percorrido um aprendizado correto e necessário de complementação. Muitos acham que agindo assim as divindades lhes darão riqueza e grandeza material. Vã ilusão! O orixá ajuda ao promover equilíbrio, dinamismo, paz interior e fortalecimento para a nossa matéria. A feitura serve tão-somente para a perfeita manutenção do potencial de cada um, não para modificar o destino. Este é regido pelas atitudes e pelo livre arbítrio da pessoa. O iaô precisa saber canalizar a força do sagrado para a sua vida, mentalizando e agindo sempre positivamente. Se existem pessoas de muito boa situação financeira na religião, isso foi conseguido através de muito trabalho, de renúncias, resignação e dedicação. Portanto, o iaô deve ser paciente e perseverante e não esperar que sua iniciação se torne um elemento que vá lhe dar aquilo que talvez não esteja no seu tempo de receber. Ou mesmo que não esteja nos desígnios de Olorum para ele!

Como um componente do egbé, o iaô é um seguidor das diretrizes e das regras de nascimento, de vida e de morte. Então, não deve ser esquecido se sua morte ocorrer durante esse período, pois também possui vínculos e elos que precisam ser desmanchados. Poderá ter direito a um carrego, a um balaio ou até a um ritual de Axexê.

Mas o tempo de iaô passa após um determinado período. Isso ocorre quando ele fizer sua obrigação de sete anos. A pessoa que não passar por esse ritual permanecerá como iaô, independente de quantos anos de feitura tenha. Este preceito é o fechamento de um ciclo, segundo os rituais iorubás. Mas é importante não nos esquecermos que, verdadeiramente, seremos *sempre* iaôs para nossos babalorixás ou nossas iyalorixás, e estes/as para seus sacerdotes, e assim sucessivamente!

30. O que é um "barco de iaôs"?

O "barco de iaôs" é um conjunto de abiãs se preparando para a sua iniciação. Na nação fon este agrupamento de iniciandos recebe o nome de *ahama* ou *rama*; na nação bantu, chama-se *nlungu*. Muitas vezes, conforme cada Axé, todos ficarão confinados ao mesmo tempo e no mesmo local e passarão a ser chamados de "irmãos-de-barco". Durante este período de recolhimento os iniciados tornam-se tão ligados fraternalmente que é como se formassem uma nova família, fazendo surgir até mesmo ligações mais profundas do que aquelas que muitos possuem com seus familiares consangüíneos.

31. Quais os nomes dos componentes de um "barco de iaôs"?

Em um "barco de iaô" também existe uma hierarquia na seqüência da chegada dos orixás, de acordo com atos litúrgicos da iniciação. Os nomes aqui citados são utilizados na nação fon, porém acabaram também sendo assimilados e usados até os dias de hoje pelas nações iorubá e por algumas casas bantu: 1) dofono; 2) dofonitinho; 3) fomo; 4) fomotinho; 5) gamo; 6) gamotinho; 7) vimo (ou vito); 8) vimotinho (ou vitotinho); 9) gremo; 10) gremotinho; 11) timo; 12) timotinho.

A mega-nação bantu, por concentrar inúmeras nações, tem nomes variados, porém optamos por descrever os mais usuais: 1) kadianga; 2) kaiadi; 3) katatu; 4) kauana; 5) katanu; 6) lusamanu; 7) kasambuadi; 8) kanaké; 9) kavua; 10) kakuinhi, todos precedidos da palavra *muzenza*. Em determinadas casas, se estiverem recolhidos mais de 12 iaôs, dá-se início a um novo "barco". Existe ainda o "barco" daquele iniciado que é recolhido sozinho. Este recebe o prenome de *dofono/a* ou de *runvá* (fon) e diz-se que ele é "dofono dele mesmo".

Algumas nações preferem iniciar "barcos" com números ímpares de pessoas; outras usam números pares. Antigamente era costume colocar-se barcos com 12 ou 21 pessoas. Atualmente, para que isso aconteça é necessária uma ampla infra-estrutura e muita ajuda dos filhos da casa e dos amigos.

32. Como se descobre quem são os orixás do futuro iaô?

Somente através do Jogo de Búzios, que é o oráculo do povo do candomblé. Mas não se trata de um jogo de búzios comum, aquele utilizado no dia-a-dia, para a vida material das pessoas. Para esse tipo de consulta é efetuado um jogo mais aprimorado e específico, próprio para "leitura de cabeça". Nesta modalidade de jogo, torna-se imprevisível a quantidade de horas que serão usadas. Para se chegar ao orixá, o caminho está nos Odus, que respondem através da determinação de Ifá, Obatalá, Odudua, Ossâim e Exu, mas a decisão final está a cargo de Olorum e Orunmilá. Por isso mesmo, é um jogo diferenciado, primoroso, necessitando que o sacerdote tenha bom conhecimento do que faz.

Nos tempos antigos, para se fazer este tipo de "leitura" era necessário que a pessoa descansasse antes de sentar-se à mesa de jogo. Geralmente, ela dormia na casa de candomblé, acordava cedo, tomava seu banho matinal e banho de ervas e, só depois, ia ao oráculo para que este pudesse dar suas determinações. Devido ao ritmo agitado de vida atual, isso quase não acontece. Mas ainda existem casas que seguem alguns preceitos espirituais, como banho de ervas, ebó ou um repouso, para que a cabeça da pessoa esteja mais sintonizada com o jogo e com os orixás. Pode acontecer de, às vezes, ser necessário que a pessoa, antes do "jogo de leitura de cabeça", faça um Bori "frio", sem bichos. Isto servirá para fortalecer a cabeça e para que a leitura se torne mais clara, sem sofrer quaisquer interferências.

Em outros momentos, pode ser necessária a ajuda do Jogo de Búzios de outros sacerdotes, com mais conhecimentos, para decifrar certos desígnios, pois existem divindades difíceis de se "mostrar". E isso requer a ajuda de pessoas mais antigas, com mais aprimoramento e esclarecimentos. Muitas vezes, a feitura de determinados orixás necessita também da ajuda de pessoas amigas de outros Axés, ou até mesmo que pertençam a outras nações. Porém, durante o período das obrigações do iniciado, diariamente o babalorixá recorre ao seu Jogo de Búzios para consulta sobre as liturgias necessárias.

O "jogo de leitura de cabeça" é o registro da pessoa dentro do candomblé e o que regerá sua vida espiritual e material daí em diante. E este registro conterá todos os dados necessários para que o adepto tenha uma vida harmoniosa e equilibrada.

CAPÍTULO 4
Os orixás na vida do iaô

Orixá você não escolhe; é escolhido por ele!

33. Quem são os orixás?

Para o povo iorubá, o orixá (*òrìṣà*) é "o senhor da nossa cabeça", força poderosa da natureza que nos dá suporte físico e espiritual. Na nação fon as divindades chamam-se **voduns** e, na nação bantu, recebem o nome de **inquices**. É através dessas divindades que o mundo se revitaliza e regenera o seu equilíbrio e a sua harmonia. Criação divina de Olorum, nosso Deus supremo, os orixás são os intermediários entre esse ser divino e onipotente e os homens. O orixá também pode ser denominado de *oluwarè* (senhor do mundo), porque ele é justamente isso para aquele que o possui – o "senhor do seu mundo, da sua vida".

Dizem os itãs que, após Odudua criar a terra, chamada de "o berço do mundo", os orixás foram os seus primeiros habitantes. Isto nos torna, então, seus descendentes! Olorum, "senhor supremo e criador", designou, então, a cada divindade um compartimento do mundo para que esta cuidasse dele e que também por ele se responsabilizasse. Em um resumo pequeno, podemos dizer que Olorum distribuiu os quatro elementos da natureza da seguinte forma: Obatalá representa o ar; Odudua, a terra; Aganju simboliza o fogo que sai do ventre da terra; Iemanjá, as águas; e Orungã, o ar atmosférico, o ar que respiramos. Dentro destes variados compartimentos, outras divindades também regem e reinam, em um conjunto harmonioso e perfeito!

Base de toda a doutrina familiar e religiosa africana, os orixás são transcendentes ao homem e têm idade imemorial. Quando incorporados em seus filhos, tornam-se energia pura e palpável e retornam à Terra para juntos confraternizarem. Dançam com eles e para eles, comungam de suas alegrias e de seus infortúnios. Também escutam seus lamentos e seus agradecimentos; ensinam e cobram daqueles que lhes devem; amam, são amados e respeitados... Esta comunicação com o orixá é conseguida por meio de rituais, rezas, oráculo, oferendas etc., quando nos tornamos um receptáculo de nossa divindade e conseguimos interagir com ela. É desse jeito que eles influem em nossa vida diária, para que possamos ter uma tranqüila estada nesse mundo. Eles nos proporcionam o livre-arbítrio, a condição de decidirmos o que desejamos para nossas vidas. Porém, este livre-arbítrio não deve servir de desculpa para que nos esqueçamos, diariamente, de reverenciar e agradar nossas divindades e fazermos reflexões sobre nossos erros e desejos. Precisamos sempre encontrar um momento em nosso dia-a-dia para conversar com estas "forças" tão especiais, que são os nossos orixás, inquices ou voduns!

As divindades encontram-se reunidas em grupos que possuem semelhanças entre si. Algumas são responsáveis pelos quatro elementos da natureza: água, ar, fogo e terra. Outras, pelos três reinos: animal, mineral e vegetal. Em outra divisão, temos os regentes da produção de ferramentas, metalurgia, agricultura, pesca, caça.

Alguns orixás possuem também características em suas personalidades que os identificam como aguerridos, impetuosos e agressivos no gestual. São voluptuosos, excelentes dançarinos, sensuais e pertencem ao grupo dos orixás conhecidos como "dinâmicos, vibrantes", e que se utilizam de roupas coloridas. No seu contraponto, estão os usuários do branco, os *funfun*, que são do grupo das divindades da criação e que personificam a calmaria, a placidez, o equilíbrio e estão ligados à ancestralidade. Embora um orixá faça parte de um grupo, ele pode também utilizar-se de elementos de outro grupo, sem com isso despersonalizar-se ou descaracterizar-se.

É comum dizer que "orixá não dorme", porque, se isso ocorresse, não seria ele o "guardião de pessoas e da natureza"! Por terem poderes administrativos, devem prestar contas pela boa manutenção do meio ambiente, respondendo ainda pelos grandes fenômenos da natureza, como os ventos, maremotos, vulcões, chuvas, neve etc. Têm também entre suas atribuições zelar pelos poderes da vida, da saúde, da doença e da morte. Em tudo que se referir ao homem e à natureza, o comando do orixá é soberano e poderoso. Essa é a maneira de eles mostrarem que cumprem a determinação de Olorum quando este distribuiu entre as divindades os compartimentos do Universo. Possuem a liberdade, mas têm a incumbência moral de manter o mundo funcionando bem, sob sua total responsabilidade.

Por apreciarem primordialmente a limpeza, as divindades também criaram o ar puro, as águas límpidas e cristalinas, as florestas produzindo microorganismos que eliminam as impurezas. O homem, porém, em sua ânsia de poder, destrói a cada dia um pouco disso!

Olorum também deixou que cada orixá escolhesse seus descendentes na Terra, para que eles os vigiassem e cuidassem. E assim lhes foram entregues tipos diversificados de seres humanos. Alguns eram bem especiais! Olorum forneceu, ainda, vários elementos que então complementavam ou modificavam a personalidade e a índole do homem. Assim, criou a bondade, a maldade, a beleza, a feiúra, as raças e etnias, pessoas com defeitos físicos etc. Porém, determinou que cada ser humano fosse único! Contudo, pelo fato de o homem não ser constituído de uma formação simples e unitária, isso exigiu um cuidado acentuado e especial. Tudo para permitir que sua vida na Terra seja digna, próspera e saudável, desde que siga os ditames de Olorum e de seu orixá. Acontece que os homens, com o passar do tempo, adquiriram o *livre arbítrio* e não obedeceram mais as regras. Alguns foram criando até mesmo as suas próprias regras e perderam os parâmetros!

A cada novo período de tempo, sem termos condição de transformar isso em número de anos, uma transformação ocorre. Isto talvez ocorra por culpa dos desmandos dos homens, porém ela é sempre determinada por Olorum. Tudo isso para tentar fazer com que o homem entenda que sua essência física na Terra precisa, primordialmente, da sua essência divina!

Os orixás continuamente se ajustam e se moldam às mudanças que ocorrem no mundo e no ser humano. É isto que permite que surja sempre um novo ciclo de vida. Assim, certos orixás não perderam suas características, somente se propuseram a adquirir ou a modificar certas prerrogativas. Ogum é um exemplo perfeito, pois ele, que sempre foi o orixá da agricultura e da forja, aos poucos perdeu estes elementos para tornar-se quase somente um orixá guerreiro. Alguns foram quase esquecidos, pois perderam-se alguns dos conhecimentos sobre eles, como Babá Ijalá (Ajalá), Babá Ajê Xaluga, Babá Okê, Orixá Okô, Iyá Obituô etc. Outros, simplesmente, não mais "descem" em seus filhos, mas continuam tendo orí para cuidar.

O poder do nome dos orixás é muito grande, por isso não deve ser mencionado aleatoriamente, em momentos e lugares inadequados ou em conversas fúteis. Isto para não corrermos o risco de irritá-los e desagradá-los. O nome tem a força que faz a distinção de um ser entre vários outros e é também a aglutinação das suas características e das suas particularidades.

O mais importante, porém, é sabermos que todos os orixás, voduns e inquices são grandes auxiliares e amigos do ser humano, e que eles só vão deixar de nos ajudar quando pararmos de confiar neles!

34. Os orixás se vestem de acordo com o sexo do/a seu/sua iniciado/a?

Não, as divindades usam vestimentas conforme as suas características, independentemente de sexo. No candomblé, o uso da saia não denota especificamente a feminilidade. No geral, as iyabás vestem-se de forma a demonstrar sua sensualidade, com lindas saias, muitas anáguas, pano-da-costa, ojás, laçarotes, "chorões". Alguns orixás masculinos também usam saias, geralmente os mais antigos, mais velhos, intimamente ligados à criação. Os mais jovens usam calçolões tipo bombacha. Uns usam capacetes, alguns usam chapéus enfeitados ou de palha, outros colocam adês com chorão. Em algumas casas não existe o costume de permitir que os homens de orixá feminino usem saias quando incorporados com suas divindades. Estas são vestidas com calçolões do tipo bombacha, mas levam adornos femininos da cintura para cima (ojás, laços, adê, chorão). Ao orixá, contudo, só interessa vir ao aiê se juntar aos seus filhos e ao seu povo, para poder festejar e dançar! Porém, se puder juntar a alegria da festa à beleza da vestimenta, sua felicidade será bem maior!

35. Quem são os irunmonlés?

Grafado por alguns autores como *irúnmonlẹ*, *irunmalẹ*, *imolẹ* ou *imonlẹ*, é o nome dado a todos os moradores do orum. Engloba exus, orixás, ebóras, odus, erês, babá eguns, iyamís, Óxôs, ajáguns, nossos dobles, todos os encantados da natureza etc. São seres que receberam de Olorum peculiaridades e poderes que permitem a eles dar ao ser humano uma vida mais estável, harmônica e equilibrada. Enfim, ajudam os homens a ter uma boa existência no aiê.

Como nos diz Juana Elbein, em seu livro *Os nágó e a morte*, 2ª edição, p. 71, "todos os irunmonlé têm o poder de dar e assegurar a existência a tudo que está no mundo; têm também a condição de trazer a realização; e são o princípio que permite e direciona a existência para um objetivo precípuo". Sendo assim, todos temos a condição de, durante a nossa existência, objetivarmos algo que desejamos e também temos o poder de realizar.

Entre essas divindades não existe uma subordinação, mas uma hierarquia muito respeitada. Os irunmonlés estão divididos, segundo o entendimento de vários autores, em 400 pertencentes ao grupo da direita e 200 que participam do grupo da esquerda, porém sempre acrescidos de mais um em cada grupo, pertinente a Exu, o primeiro filho criado.

36. Quem são os 400 irunmonlés da direita?

É a denominação dada a todos os "orixás masculinos e patriarcas da criação", os orixás *agbá*, que são os anciãos de cada grupamento, usuários da cor branca. São divindades de idade imemorial, chefiadas e administradas por Obatalá. Os estudiosos dizem que o número 400 não indica exatidão de quantidade, pois não há um número fixo, exato. Porém, é necessário que se inclua o número 1, Exu. O primórdio da criação é quem responde pela movimentação e pela comunicação intergrupal.

Estas divindades masculinas respondem pela calmaria e pela lentidão. São representantes da serenidade, do equilíbrio e da harmonia. Pela sua senioridade e por seu carrancismo, costumam ser muito rigorosos e exigentes com os seres humanos. Preferem manter-se mais distanciados dos homens, pois não compactuam e não costumam perdoar os seus erros. Um agravo a esses orixás costuma trazer graves conseqüências a quem o promove.

Olorum outorgou aos irunmonlés a condição de povoar o aiê e de prover seus moradores do dom da vida. Enquanto houver no planeta uma atmosfera e um ar respirável, haverá a vida e a existência. Isto é conseguido pela força impulsiva de Exu, que lhe é propiciada e transmitida pelo axé de Obatalá.

Vários autores e historiadores consideram que verdadeiramente os irunmonlés da direita deveriam ser os únicos a utilizar o nome de "orixá". As demais divindades, as mães poderosas e seus filhos, os ebóras, deveriam ser chamados pelos seus epítetos. Por quê? Porque os orixás são os geradores-ancestres, os que ajudaram a criar o mundo e tudo que nele existe. A seguir, geraram as divindades-filhas! Logo após, criaram os homens e os entregaram aos cuidados de seus filhos divinos. Contudo, continuaram a exercer o comando da criação e da existência, porque em cada grupamento deixaram uma divindade mais antiga e mais poderosa, um "funfun" em potencial. Este funciona como patriarca-criador-gerador nesse panteão. Ao chamarmos a todos de orixá, estamos dando-lhes o mesmo peso na balança, o que não é verdade. Os filhos não têm a mesma bagagem de conhecimento e poder dos seus pais! Porém, o nome orixá passou a fazer a correspondência de todas as divindades iorubás e é usual até os dias de hoje.

Dentre essas divindades existem grupos que são separados de acordo com suas características, sua contemporaneidade, sua personalidade, sua função perante a sociedade, seu lado beligerante ou pacífico etc. Portanto, eles obedecem a uma hierarquia que lhes permite proporcionar sempre um bom funcionamento do Universo, mantendo assim a estabilidade, a harmonia e a obediência. Isto é demonstrado no bom andamento das funções religiosas e sociais do candomblé.

O pouco conhecimento que se possui sobre os irunmonlés no Brasil se deve à perda da concepção filosófica da hierarquia das divindades. E isto ocorreu com a reconstrução de todo o universo religioso iorubá em nossa terra.

Não pretendemos aqui mudar ou transformar o pensamento e a atuação de cada um e de cada casa de candomblé. Só estamos tentando trazer um pouco de explicação para os iniciados da religião sobre o belíssimo, elaborado e intrincado universo dos irunmonlés e do candomblé.

37. Quem são os 200 irunmonlés da esquerda?

É o grupo das iyabás, divindades que possuem e congregam o poder feminino da gestação e que têm em Odudua sua expressão maior. Estão inclusas neste conjunto também todas as divindades-filhas, que recebem também o nome de ebóras. Neste grupo também está Exu, o primogênito. Os orixás-filhos foram criados pela união dos irunmonlés da direita com os irunmonlés da esquerda, fazendo então a representação da junção dos dois poderes geradores. Neste grupamento é encontrada a união dos orixás que só usam a cor branca com o outro grupo, que se utiliza de cores variadas.

Odudua, como representante da parte inferior do *igbadu*, pertence e tem como sua propriedade a terra. Por este motivo, é aclamada como "o ventre que contém a vida", o que faz também a ligação dos ebóras com a terra. Numa certa incongruência, Odudua pertence ao panteão das divindades do branco, porém, ao ligar-se com a terra, é a representante máxima da cor preta! O que a torna uma divindade que participa dos dois grupos de irunmonlés! Está inserida no grupo feminino, já que também é correlacionada à cor vermelha, ao sangue menstrual, gerador da vida, posse de Oxum! São situações incoerentes, mas que trazem mais coerência à nossa existência!

38. Quem são os irunmonlés-ancestres?

São assim chamados os Babá Eguns e seus descendentes, moradores do orum, que têm culto diferenciado daquele dedicado aos orixás e aos ebóras. Os Babás devem ser igualmente agraciados pelos homens, para que possam lhes proporcionar uma boa estada no aiê, pois possuem grande autoridade e poder para auxiliar o ser humano.

39. O que é o termo "panteão dos orixás"?

Este termo nada mais é do que o denominativo de um grupo que reúne seres com *qualidades* e características semelhantes, interligados por um mesmo elemento, mantendo porém a sua individualidade. Para facilitarmos a compreensão de todos, vamos exemplificar: um grupo de médicos forma um panteão, pois todos possuem as mesmas características – vestem-se de branco, recebem o codinome de doutor – e se ligam a um mesmo objetivo, a saúde. Porém, neste mesmo grupo existem as individualidades: uns são obstetras, outros clínicos gerais, outros cardiologistas e assim por diante!

O mesmo ocorre com os orixás, que, embora sendo do mesmo grupo ou da mesma família, possuem sinais que os distinguem dos demais, sem contudo eliminá-los desse conjunto. Isso demonstra que não devemos aglutinar os orixás de um mesmo grupo como sendo um só. Eles são seres distintos, apesar de possuírem características semelhantes.

40. O que é o termo "qualidade de orixás"?

A palavra *qualidade* tem o significado de *atributo que distingue as coisas ou as pessoas umas das outras, e que é capaz de determinar a sua natureza* (Dic. Aurélio, 1975, p. 1165). Sendo assim, ela demonstra a individualidade de cada ser, suas características diferentes ou até mesmo semelhantes, porém sem tirar-lhes a particularidade. O termo "qualidade" pode ser também denominado como "caminhos de Odu".

Gostaríamos de demonstrar neste livro que ninguém é filho de um orixá geral, mas sim de uma determinada divindade que é participante de um panteão e que tem características e peculiaridades singulares e distintas: pode ser velha ou jovem, usar cores ou somente o branco, ser do elemento frio ou do quente etc. Como muitos autores explicam, o número de orixás é indefinido, alguns contabilizam mais de 600 divindades!

Muitas pessoas cometem o erro, quase imperceptível, de definir a *qualidade* como sendo um só orixá com características diferentes. Dois irmãos gêmeos batizados com o mesmo nome não possuirão as mesmas qualidades e os mesmos sinais identificatórios, pois terão personalidades distintas, gostos diferentes! O mesmo ocorre com os orixás!

Num exemplo claro: Oxalufon e Oxaguiã. A princípio, pelos itãs, pai e filho, velho e novo, ambos do grupo dos Oxalás e pertencentes aos orixás funfun. Não se pode dar a Oxalufon a espada que Oxaguiã, guerreiro que é, carrega. Nem se pode dar o cetro real de Oxalufon, o opaxorô, para o Oxalá novo. Eles são distintos, não são um só!

Continuando no nosso exemplo: Odudua, pertencente ao grupo dos orixás funfun, tem como seu elemento a cor preta, utilizando inclusive esta cor em uma de suas saias. Como poderia Obatalá aceitar usar essa cor?

É interessante que todos entendam que dentro de cada panteão de orixás haverá *sempre* uma divindade mais antiga, mais velha e mais ligada ao início da criação e à ancestralidade, que usará *somente* a cor branca. Neste mesmo panteão existirá também um orixá ligado à guerra, outro à agricultura, um outro às matas e assim por diante. Estas particularidades pluralizam as qualidades!

Nestes grupos são encontradas divindades que usam roupas coloridas ou estampadas. Outras mesclarão o branco com cores variadas; um outro orixá usará somente a cor símbolo-representação de sua família. Mesmo dentro da família dos orixás funfun existem aqueles que aceitam uma cor diferente do branco, como Oxaguiã, que pode usar um azul-clarinho em suas roupas, sendo que, em seu fio-de-contas, as partes brancas reverenciam a Orixalá e os canutilhos azuis (seguís) são em homenagem a Odudua e a Erinlé.

Ainda do grupo dos orixás funfuns: estes possuem ligações com vários elementos da natureza e da sociedade. Um pertence à agricultura (Orixá Okô), o outro às montanhas ou montes (Babá Okê), outros aos mares (Babá Olókum), outro ao ar (Babá Oxalufon), outro às guerras (Babá Oxaguiã) e por aí vai.

Dentro do grupo de Exu, por exemplo, temos também aquele que usa em suas comidas muito azeite-de-dendê e um outro, que participa do grupo dos orixás funfun, para quem isso é proibido, que só usará o azeite-de-oliva. O mesmo com relação às suas roupas, como é o caso de Exu Odará, muito ligado a Orixalá. Na família de Oxum, outro exemplo: temos aquela que é calma, pacata, e uma outra que se apresenta como guerreira até mesmo no seu modo de vestir. E assim ocorre com todos os demais grupos de orixás, cada um vivendo suas particularidades e dentro de seus vários elementos. Sendo assim, fica difícil aceitar a versão de que as qualidades definem um só orixá com várias personalidades, só por ter recebido vários nomes ao ter passado por diversas cidades.

Então, continuamos em nosso pensamento de que o orixá não pode ser um só com tantos contrastes. Concordamos que as ditas qualidades dos orixás possuem aparentemente o mesmo significado das famílias dos voduns da nação fon, em que cada vodum possui características, cores, comidas específicas, roupas distintas e assim por diante. As qualidades pluralizam o poder de cada panteão das divindades! As qualidades dão características pessoais, personificando cada orixá dentro do seu panteão!

41. O que é a "corte de orixás" do iniciado do candomblé?

São os orixás que, juntos, respondem pela formação da personalidade, da índole e do caráter da pessoa. Ajudam também no direcionamento que seu filho deve seguir para ter uma vida digna, harmoniosa, próspera e equilibrada espiritualmente, se ele assim o desejar. Essa "corte" é assim dividida:

a) orixá do amparo;
b) orixá do orí;
c) orixá do adjuntó;
d) orixá do etá;
e) orixá de herança.

42. O que é o orixá do amparo?

Em nossa casa de candomblé, o Kwe Axé Vodum Odé Kileuy, o orixá do amparo complementa a corte dos orixás. Este orixá é quem traz a pessoa ao mundo, quem a *ampara* na hora do seu nascimento e quem vai participar na regência da sua vida, influenciando-a junto com seu orixá principal. Embora pertença a um outro patamar, ajuda no equilíbrio e na harmonia da vida física e religiosa. Mas ele não se manifesta em transe. É reverenciado e assentado com todos os seus elementos, e tem sua "qualidade" verificada, para que exerça boa interferência na vida da pessoa. Para se chegar a este orixá existe a necessidade de ser feito um bom reconhecimento dos Odus que respondem no Jogo de Búzios. Se isso não for conseguido, não haverá a possibilidade de inseri-lo na vida da pessoa. Se acontecer de o orixá do amparo ser o mesmo do ori, caso muito raro, não haverá necessidade de se fazer dois assentamentos. Nesse caso, o sacerdote terá que ter cautela e saber como agir para amenizar a situação.

43. O que é o orixá do ori?

É o orixá principal da cabeça, tido como o "guardião da pessoa", com quem é ligado primordialmente. Por isso se diz que o iniciado é a representação viva do seu orixá. Esta divindade é quem responde pelo dia-a-dia do homem, com total domínio sobre a sua vida material e religiosa. Poderá manifestar-se, ou não, através da possessão. Embora seja o orixá principal, não governa sozinho a vida do seu filho, tem uma gama de outros orixás que o auxiliam. Contudo, é ele quem influencia na personalidade e na índole da pessoa, determinando o seu caráter, trazendo suas virtudes e seus defeitos.

Olorum deu ao ser humano o livre arbítrio. Porém, a partir do momento em que o homem passou a dedicar sua vida ao seu criador, este tornou-se sua fonte principal de energia e seu alimento espiritual. Se o homem se afastar dele, muitas vezes poderá perder seu axé, decair, perder a saúde e a força. Isso irá desestabilizá-lo e tirar-lhe o equilíbrio, podendo ocasionar até a sua morte! O orixá do ori, assim como os demais que o acompanham, é assentado com elementos que fazem parte do seu fundamento e deverá ser cuidado com muito amor e carinho pelo iniciado.

44. O que é o orixá do adjuntó?

Adjuntó, adjunto ou *juntó* é o segundo orixá da pessoa, não necessitando que seja complemento par do primeiro orixá. Todos temos um grande pai, Olorum, e uma grande mãe, Odudua, que nos cuidam grupalmente. Então, nossos primeiro e segundo orixás poderão ser do mesmo sexo ou até o mesmo orixá (*cabeça meji*), sem nos trazer qualquer dificuldade. O segundo orixá faz o equilíbrio com o primeiro e o terceiro orixás, ajudando na formação do ser humano, tornando-se assim o "fiel da balança". Em alguns Axés é costume a incorporação do orixá do adjuntó; em outros, porém, esta liberação só ocorre após as obrigações de três ou sete anos. No Axé Kavok, porém, não é comum isto acontecer. O adjuntó tem seu assentamento feito nos mesmos moldes dos orixás do amparo e do ori, com elementos próprios.

45. O que é o orixá do etá?

É o terceiro orixá da pessoa, independente dos demais. Faz parte do *orô* e complementa a "corte" do iniciado. Ajuda e influencia na formação psicológica do ser humano. Tem seu assentamento independente, com elementos próprios, de acordo com as normas de cada Axé e de cada zelador/a.

46. O que é o orixá de herança?

Se após um Jogo de Búzios bem esclarecedor, definidos os orixás do amparo, do ori, do adjuntó e do etá, um orixá continuar respondendo, este, com certeza, será de herança. Pode ser o orixá de algum antepassado que deseja ser cuidado e assentado. Ele poderá também ser herdado de alguém que faleceu e que deseja que seu igbá fique sob os cuidados do consulente. Muitas pessoas não aceitam por medo, por acharem que isso será um peso na sua vida. Puro engano! Quem morreu foi a matéria física, a sagrada permanece ali! Esse igbá deverá ser lavado com preceitos e receber algumas obrigações. A partir daí pertencerá, e também ajudará, seu novo zelador, pois a divindade ficará agradecida por ter novamente seus pertences cuidados e vivificados. Este igbá poderá atravessar gerações! Porém, é um orixá que não pertence ao orí da pessoa e que será sempre independente!

47. Quais os orixás que o iaô precisa assentar na sua feitura?

Isto acontece de acordo com cada Axé, mas os assentamentos principais são o do orixá de cabeça, o adjuntó e o igbá ori. Existem casos em que o assentamento de outro orixá é tão necessário quanto o do orixá principal. Isto ocorre quando aparece uma divindade que possui também um domínio supremo sobre a cabeça da pessoa. Os demais orixás geralmente vão sendo feitos de acordo com o passar do tempo. Em alguns casos, pelo merecimento e pela dedicação que o iniciado demonstra ter pelos seus orixás, pela sua casa e até mesmo pelo seu relacionamento com o/a babalorixá/iyalorixá. Desavenças e entreveros são prejudiciais, e quem sai perdendo geralmente é o iaô. Portanto, para poder usufruir melhor da religião, devem-se evitar relacionamentos conturbados, pois todos poderão sair perdendo.

Em tempos longínquos, quando as grandes casas de candomblé possuíam muitos filhos, não era possível que cada um tivesse seu próprio igbá. Por isso, tudo era realizado em ojubós ou *igbás qüe*, os assentamentos coletivos. Imagine uma casa com 200 ou 300 filhos de-santo! Onde colocar tantos igbás? Mesmo os ogãs e equedes faziam suas obrigações neste igbá coletivo. Com o passar dos anos e a disseminação da religião, foram criadas novas e muitas casas de candomblé e foi adotado o igbá individual. Isto também adveio da vaidade humana, a partir do momento em que cada pessoa desejou dar uma maior individualidade ou uma melhor apresentação aos pertences do seu orixá e do seu orí.

CAPÍTULO 5
O orí

48. O que é o orí?

Orí é o nome da nossa cabeça física para os iorubás; *camutuê* ou *mutuê* para os bantus; e *tá* para a nação fon. É o órgão vital que responde pelos nossos sentidos e pela nossa inteligência. Geralmente o orí é o primeiro a chegar ao mundo, no nosso nascimento. É também a parte mais alta do ser humano, onde se localiza o comando maior do corpo físico, o cérebro. O orí é uma divindade que serve apenas a seu filho, pois é individual e unitário. Ele cuida e participa ininterruptamente da vida da pessoa, porque, possuidor e possuído, é quem faz a ligação entre o homem e o seu orixá. O que o orí determinar, orixá algum poderá descumprir, sendo isso necessário para o bom equilíbrio da vida física e sagrada do ser humano.

Cada orí é preparado no orum, onde recebe a matéria progenitora que o identificará, individualizando-o. Esta "matéria" mítica ligará o indivíduo a todas as suas divindades, a seu destino, lhe dará proibições especiais que, se não obedecidas, poderão, entre outras coisas, conturbar seu relacionamento com os deuses. O orí possui seu duplo no orum, o *orí-orum*, uma existência espiritualizada. Este, no momento da cerimônia do Borí, é conclamado e venerado e recebe as mesmas oferendas e sacrifícios dados ao *orí-aiyé*, em sua morada simbólica, o *igbá orí*, uma cabaça que contém elementos ligados à sua origem mítica.

Os orís são preparados por uma divindade tão velha quanto o tempo, chamada Babá Ijalá/Ajalá Odê, que recebeu esta incumbência de Olorum. Junto a Ijalá, no momento da confecção dos orís, estão Orixalá, os Odus e os orixás. Após a modelagem, estas mesmas divindades incutem e distribuem a ancestralidade, o destino e a sorte daquele orí. Este, ao receber como "matéria criadora" uma porção de água, irá venerar as divindades deste elemento, como Iemanjá, Oxum, Babá Olocum, Nanã, Erinlé, Babá Ajê etc. O que receber o elemento fogo terá como sua divindade Exu, Xangô etc. E assim com os outros elementos da natureza e demais orixás.

Por ser uma completa e complexa criação celestial, o orí sagrado, dedicado aos rituais, foi segmentado por Olorum. Este o subdividiu, para melhor administração de todas as suas funções, em duas partes principais: o orí físico (*orí odê*) e o orí interno (*orí inu*). Além destas divisões também existem o iporí e o orí apére.

Orí odê – é o orí externo, a cabeça física e mortal que retorna ao barro após a morte, modelada por Orixalá, que neste momento recebe o título de Alamorerê – "senhor da boa argila". É neste receptáculo que se encontram todos os caracteres humanos: boca, nariz, olhos e ouvidos. E, principalmente, o cérebro, o centro de comando de todas as sensações, sentidos e sentimentos do homem. Orí odê é quem serve de suporte ao orí inu para que este receba os elementos das obrigações que lhe são ofertadas. Vemos assim que um orí depende do outro para que ambos se mantenham estáveis e equilibrados, trazendo força ao seu possuidor! Isso, porém, não evita que o orí odê transgrida regras predeterminadas pelo orí interior. E isto acontece quando o ser humano, ao usar a sua liberdade de escolha, desrespeita o sagrado e modifica seu próprio destino. O que ocorre quando o homem come ou bebe substâncias que fazem parte da matéria que lhe deu origem e que são consideradas como proibidas – *ewó*. Certas transgressões também ocorrem, como o uso de cores que lhe são condenadas, certos comportamentos que são considerados inadequados pelo orí etc. O orí físico se divide em três partes principais: o *iwájú*, a testa, representação da parte frontal, do que vem na frente; o *ipacó* (*ípakó*), a nuca, a parte de trás da cabeça, ligada ao passado, à ancestralidade; e o *atarí*, a parte de cima da cabeça, consagrada a Olorum e ao nosso orixá.

Orí inu – é o orí interno, onde estão contidas as partes divina e sagrada do ser humano. Criado por Ijalá recebe um conjunto de elementos e de substâncias sagradas que ligam o homem ao seu destino e à sua existência no aiê, particularizando as pessoas. É no orí inu que a pessoa recebe seus sacramentos na época de Borí. Este orí é imortal, pois retorna ao orum após a morte do seu possuidor, voltando à massa de onde foi retirado.

Iporí – é o núcleo central do orí inu, onde está contida a "matéria" sagrada que determina e particulariza o orixá, com seus complementos e sua individualização e que faz a ligação do homem com sua parte divina;

Orí apére – age como um suporte, um sustentáculo para o orí inu e o orí odê.

O poder do orí é muito grande dentro dos preceitos ritualísticos, sendo ele o primeiro a ser servido. No orí está todo nosso poder de concentração, o intelecto e a nossa consciência. Também concentra os cinco principais sentidos: olfato, visão, audição, paladar e tato. Por ser a parte divina que nos torna indivíduos únicos, torna-se assim a residência de nossas emoções e de nossas carências, fundamentando a nossa personalidade, nos dando sensibilidade e nossa formação moral e intelectual.

Assentamento natural de nossos orixás, o orí é um igbá primordial, a sede de toda nossa força espiritual e a parte mais delicada de todo o conjunto humano e espiritual, dentro da religião. A nossa sorte e o nosso destino estão vinculados ao orí, sempre dependentes do seu fortalecimento, que é conseguido através do Borí.

O orí é tão importante para o povo africano que, em algumas aldeias da África, não se carrega nada em cima da cabeça. Realmente, devemos ter muito cuidado com o nosso orí e precisamos procurar sempre resguardá-lo e protegê-lo, pois é o próprio orí que mostra à pessoa seus desígnios e vontades. Para poder ajudar e ser ajudado, é ele quem faz as determinações, permitindo que o iniciado tenha serenidade e tranqüilidade. E disso poderá resultar uma boa existência, pois um orí equilibrado é sinônimo de uma vida saudável e próspera!

49. Como é dividido o corpo humano em sua parte sagrada?

O homem, ao nascer, traz consigo todo um conjunto de forças e elementos que lhe foram legados por Olorum, mas que ele também pôde escolher antes do seu nascimento. Mesmo os caracteres físicos particulares estão congregados nesse grupo. O corpo, então, apresenta várias divisões consideradas sagradas e necessárias para uma boa vivência no aiê. Os fragmentos do corpo humano são todos escolhidos por nós, mas sempre orientados pelos orixás, que nos governam e auxiliam para termos uma boa vivência no aiê.

O corpo humano em sua parte sagrada e física ficou assim dividido:

1. **Ará** – designação específica do nosso corpo estrutural, o invólucro que protege todos os compartimentos do nosso organismo, através do qual o homem se relaciona física e espiritualmente. Aquele corpo que retorna ao barro. Conforme os itãs, o ará se subdivide em *ará orum*, morador do orum, e o *ará aiê*, o corpo físico, vivente no aiê.

2. **Ocam** – o coração físico. É o órgão que nos dá a condição de viver, que movimenta o nosso sangue, nosso axé particular, por todo o nosso corpo.

3. **Orí** – a cabeça, que representa a individualidade física e que traz os elementos sagrados e divinos de cada ser.

4. **Ixé** ou **Exé** – são todos os órgãos internos (coração, fígado, rim, pulmão etc.) de um ser vivo.

5. **Emí** – a respiração, o sopro divino legado por Olorum aos seres vivos e que nos diferencia dos moradores do orum. Um dos títulos de Olorum é *Elemí*, o "Senhor do emí". O emí é imortal; ao abandonar o corpo do ser humano, após a morte, volta a Olorum para ser transferido a outro. É a parte mais poderosa do corpo e a que possui maior ligação com os orixás. O emí é a base da nossa vida e devemos ter consciência e responsabilidade para dele fazer bom uso e conseguir uma boa estada no aiê.

6. **Ojijí** – um poder divino considerado a essência da existência, relativo à sombra, nossa companheira visível e inseparável! Um poder que só o ser vivo tem, uma representação visual que após a morte acaba; esta essência some!

7. **Axé** – a força poderosa que dá movimento e energia à vida e a tudo que foi criado.

8. **Orixá** – o guardião e protetor do ser humano e também o mediador entre este e a natureza.

9. **Odu** – é o destino, o caminho a ser percorrido pelo homem. Um signo que dá uma identidade particularizada e que mostra ao indivíduo as regras a serem seguidas, que vão reger a vida com os parâmetros certos para que vivam bem.

50. O que é o eledá?

Eledá é um título que somente Olodumaré/Olorum possui, que é traduzido como "criador do ser vivo". Olorum é o único que pode ser assim denominado, pois foi "aquele que deu existência a tudo", tendo inclusive criado a si mesmo. Mas ele também deu condições aos orixás de poderem ser assim chamados, pois, para a confecção do ser humano, foram usados elementos que pertencem aos orixás, que, por sua vez, receberam-nos de Olorum!

CAPÍTULO 6
Os ebós

51. O que são ebós?

A palavra ebó (èbò), para o iorubá, e adrá (adhá), para o povo fon, tem o significado de "presentear", "sacrificar", designando então todas as formas de as pessoas se devotarem. O ebó tem como premissa ser o "princípio do axé", pois é através dele que o axé se fortalece e se distribui. O sentido de "fazer ebó" tem uma grande amplitude, porque ele faz parte de rituais que permitem o fortalecimento da vida espiritual, como também faz parte dos rituais que ajudam a afastar forças negativas, que trazem a instabilidade. São elementos que podem ser ofertados para Exu, eguns e Odus e também para os orixás e demais divindades, sempre com variadas finalidades.

Mas o ebó não se presta somente a pedidos, ele se destina a diversas formas e funções: súplica, oferenda, limpeza corporal e espiritual, agradecimentos ou simplesmente agrados ou comemorações. É uma ferramenta infalível de comunhão do homem com as divindades e com todos os moradores do orum!

Contudo, quando ofertamos ebó, existe a necessidade da ajuda de certas divindades que têm o papel específico de servir de intermediadoras entre a entrega e a aceitação no orum. É aí que surgem Osetuwá (Òṣètuwá) e Exu Ojixebó (Èsù Òjiṣè-ebó), receptores e destinadores. Eles levam nossas súplicas e oferendas e as entregam aos seus destinatários, o que permite que aquilo que é ofertado tenha como conseqüência o alcance da graça pedida.

Por isso, quando a pessoa decide fazer um ebó, precisa ter plena certeza do que realmente deseja, ter a convicção de que o que deseja não prejudicará ou agredirá a outros. Precisa fazer os preceitos de bom grado, com o coração limpo e, principalmente, com muita fé. É somente por meio da fé que conseguimos nos comunicar com os poderes criados por Olorum!

Em determinados momentos da vida do ser humano, o ebó é exigência imprescindível para trazer equilíbrio. Por exemplo: quando o abiã vai ser recolhido para a sua feitura; quando o desequilíbrio e a desarmonia estão prejudicando as pessoas física e espiritualmente; desavenças e guerras no dia-a-dia, e outras várias necessidades. Os ebós produzem uma perfeita sintonia, trazendo harmonia entre os homens e também entre estes e o ambiente ao seu redor e variados são os tipos de ebós que nos auxiliam! Porém, existe um que é principal e primordial, e que deve ser perseguido por todos: *querer vencer*! Isso significa saber enfrentar os obstáculos, derrubá-los e persistir em todos os momentos de nossa vida!

52. Por que o futuro iaô precisa fazer ebós antes dos rituais de feitura?

Para ajudar na limpeza do seu corpo físico e espiritual, o que irá proporcionar uma melhor concentração e também maior tranqüilidade e harmonia. São os ebós que permitem a abertura de caminhos que lhe serão propiciatórios, trazendo bons fluidos à sua vida. Mas estes ebós devem ser determinados pelo Jogo de Búzios, pois cada orí requer tratamento diferenciado.

53. Que tipos de ebós o futuro iaô deve fazer?

Isso poderá variar de casa para casa, dependendo de nações ou de situações específicas, mas geralmente os principais são:

1. **Ebó de Odu** – para neutralizar ou aliviar as negatividades.
2. **Ebó de Egum** – para retirar impurezas, bloqueios, doenças.
3. **Ebó de Exu** – para que este proteja, auxilie e limpe os caminhos.
4. **Ebó das águas** (doces e salgadas) – para trazer calma, harmonia e claridade. Hoje em dia, com as dificuldades e os percalços do dia-a-dia, é costume, em casas onde exista poço ou mina de água, que esse ebó seja feito dentro da própria comunidade, para depois ser levado à sua origem, as águas.
5. **Ebó das matas** – para prosperidade e fartura.
6. **Ebó de estrada** – para abrir os caminhos e dar proteção.

Independentemente do tipo de ebó utilizado, é indispensável que o iaô, antes de ser recolhido, passe por estas liturgias que preparam seu corpo para receber os sacramentos primordiais em sua iniciação e também na sua vida.

CAPÍTULO 7
Borí, o primeiro sacramento

54. O que vem a ser o Borí?

Borí (*ogborí*), para o povo iorubá, e apehe, para os fon, é um ato litúrgico de fortalecimento do orí, divindade primordial do homem, que tem como significado "dar comida e bebida ao orí", "adorar a cabeça". É uma festa para a cabeça! Um cerimonial específico do povo iorubá, que no Brasil foi adotado também pelas demais nações-irmãs. É o primeiro preceito que a cabeça do futuro iaô recebe, antes mesmo da feitura do orixá. Em alguns casos, porém, pode ocorrer de a cabeça exigir a confecção de mais de um Borí antes da iniciação do iaô.

Este ritual, contudo, não é realizado somente para quem vai ser ou já é iniciado no candomblé. Qualquer pessoa, se necessitar, poderá ter seu orí cultuado, venerado e devidamente tratado, porque o Borí é completamente independente do orixá, e este não se incorpora nem se manifesta nesta liturgia.

Na "Mesa de Borí" os elementos principais têm a representação da calmaria, da tranqüilidade: acaçá, *ebô iyá*, ebô, folhas de saião, manjar, animais (se assim for determinado), vinho ou champanhe, flores, doces. Existem vários outros elementos utilizados de acordo com as necessidades ou conforme os costumes de cada casa de candomblé. Sua liturgia é bastante complexa, com rezas específicas, reverenciando também forças poderosas, como nossos ancestrais e Exu. Tudo precisa ser feito com muita sintonia e seriedade para que se obtenha um perfeito equilíbrio do orí com o astral divino.

Em algumas casas inicia-se a oferta dos elementos do Borí pela cabeça, em outras se começa pelos *essés* (pés). Existe uma explicação plausível: os essés estão ligados ao futuro, ao caminhar para a frente, para o nascente, e ficam em permanente contato com a terra. Há inclusive uma divindade (*Olulessé* ou *Babá Lessé*) designada somente para estes membros, que é louvada no Borí. Desta forma, presta-se uma reverência aos antepassados. A seguir, reverenciam-se os órgãos genitais, em respeito às Iyamís, e o coração (*okan*), que é o órgão da vida; logo após, o orí, que diz respeito à evolução, ao progresso físico, mental e espiritual. Em alguns Axés as pessoas oborizadas deitam com a cabeça voltada para a Mesa do Borí. Já em outros, dormem em sentido contrário. A posição é uma questão de visão de cada sacerdote. O conteúdo do ritual e o quanto de fundamento e de seriedade com que ele foi feito é que são fundamentais!

Os orixás cultuados no Borí são Iemanjá (*Iyá Orí*), a "mãe das cabeças", e Orixalá (*Babá Orí – Ijalá Odê*), o "pai de todas as cabeças". O Borí tem também ligação direta com o plano superior, representado por Olorum e Odudua, e com a corte suprema dos orixás funfun. Saúdam-se também os ancestrais, o Bára Orí e as Iyamís.

O Borí não substitui a feitura. Algumas pessoas, talvez por desconhecimento, atualmente, estão misturando as liturgias, criando um borí-feitura, que não produzirá o valor desejado, ou seja, não será nem Borí, nem feitura. Liturgias atualizadas e inventadas sem fundamento algum! Para se fazer um Borí é preciso que haja determinação da cabeça da pessoa, através do Jogo de Búzios. É necessário também um pequeno recolhimento religioso antecipado, um período de descanso para buscar a tranqüilidade da cabeça e do corpo físico. Isto tudo é complementado com ebós e banhos de folhas litúrgicas. Esta liturgia não produz nenhum *vínculo religioso* entre a pessoa e a casa de candomblé. Este vínculo só se concretizará se for montado um *igbá orí*, o que só acontece em casos extraordinários.

55. O que é o igbá orí?

O igbá orí (*ìgbá orí*) é um recipiente de formato arredondado, geralmente uma sopeira de louça branca ou uma bombonière de vidro, que faz a representatividade do orí (cabeça). Considerado o assentamento do orí, é a verdadeira "cabaça da cabeça", também chamada de "vasilha da sorte". Sua confecção segue os ditames de cada Axé, sendo considerado tão importante quanto o assentamento do orixá. Após ser banhado com ervas especiais, este vasilhame recebe objetos singulares e particularizados. Mas só se transforma em sagrado após receber o axé do sacerdote, através de rituais propiciatórios para o orí, quando este vai ser reverenciado e receber alimentos, o que ocorre em alguns Axés antes da feitura do iniciado.

56. De quanto em quanto tempo deve-se fazer Borí?

Isso é muito relativo, pois ele deve ser feito de acordo com a necessidade de cada um, ou quando a pessoa sentir que a sua cabeça está enfraquecida, sem harmonia. Após o Borí, ocorre uma calmaria, o corpo torna-se revitalizado e o equilíbrio é recuperado. Itens tão necessários para que o ser humano tenha um bom dia-a-dia! Fazê-lo anualmente seria o ideal para todos. Mas há casos em que é necessário que ocorra de duas a três vezes por ano, o que geralmente acontece com babalorixás e iyalorixás. Estes sobrecarregam o seu orí com preocupações espirituais e materiais, tanto em sua vida particular como em sua vida religiosa. O Borí proporciona e permite que a pessoa viva na mais perfeita sintonia com o mundo e consigo mesma.

57. Quais são os casos para a indicação do Borí?

Primeiramente, para aqueles que estão se preparando para a feitura. Em outros casos, para ajudar na saúde, trazer a paz interior, acalmar cabeças desorientadas, ajudar pessoas depressivas, controlar problemas emocionais, harmonizar a pessoa com o mundo ao seu redor etc.

58. Qual o significado litúrgico da "Toalha do Borí"?

A "Toalha do Borí" é usada em todos os Borís do Axé Kavok. Ela tem um significado muito importante, pois faz a representação do "alá de Obatalá", o *pano branco que serve de abrigo à vida e à morte*. Colocado no ombro do iniciado no momento do Borí, a toalha simboliza o princípio da calmaria e da placidez. Ao término do Borí, quando o oborizado se deita, esta toalha é usada para cobri-lo e aquecê-lo.

CAPÍTULO 8
Preparação para a feitura

Momento solene, delicado, próximo da união do ser humano com os orixás. A iniciação no candomblé exige do iniciado muita abnegação, amor e tolerância, para poder seguir com garbo e amor a religião que escolheu para guiar e reger a sua vida.

59. O que o iniciado precisa levar para a casa de candomblé quando for se recolher?

Não existe uma lista pronta dos utensílios, pois cada Axé tem seu costume e seu modo de trabalhar, e cada feitura possui diferenciações, por variados motivos. Mas alguns detalhes são comuns a quase todas as casas de candomblé. Por exemplo: esteira, tesoura, navalha, sabão-da-costa, obis, orobôs, pimenta-da-costa (*atarê*), favas, folhas, quartinhas, miçangas, guizo (*ṣaorò*), lençóis, toalhas, ojás, calçolões, roupas para o dia-a-dia, roupas para festa etc.

O abiã deverá levar mantimentos para sua estadia e a de todos que lá estarão trabalhando para que seu período de repouso aconteça com tranqüilidade e perfeição. Precisará levar os ingredientes dos ebós, das oferendas e também para o grande momento, a "Festa do Nome" do seu orixá. Precisará, inclusive, providenciar dinheiro para a compra dos animais sacrificiais e para as ferramentas de suas divindades.

Tudo isso demanda despesa, que poderá ser grande, mas que, com boa vontade e inteligência, se resolverá, pois, se for desejo do orixá, os obstáculos serão facilmente transpostos. A pessoa terá tempo, se quiser, para pedir a parentes, amigos e aos participantes e freqüentadores do Axé uma ajuda nas compras dos utensílios. Poderá, inclusive, adquiri-los através de compras mensais, ou combinar com o/a sacerdote/sacerdotisa o que for melhor para ambos.

Existem casos em que a pessoa tem muita necessidade e urgência na "feitura do orixá". Este é um problema que precisará ser solucionado com a ajuda e a participação dos integrantes da egbé. A casa de candomblé é uma grande família, *todos* devem se ajudar! Se cada um der um pouco, este pouco se transformará em muito! Existem casos, porém, nos quais quem arca com todas essas despesas é o próprio sacerdote, seja por designação do orixá, seja por ser sabedor da real e emergente necessidade daquela pessoa de fazer sua iniciação.

Por uma questão de higiene, o iaô deverá levar um prato e uma caneca novos, de ágata ou de alumínio, pois objetos pessoais devem ser individualizados. Estes utensílios se tornarão portadores de axé, porque participarão de todos os rituais da iniciação e dos momentos da alimentação. Posteriormente, continuarão no cotidiano da sua vida religiosa e, finalmente, irão acompanhá-los no carrego do seu Axexê.

60. O que é o igbá?

O igbá (*ígbá*) é o receptáculo onde o homem venera suas divindades. Ele é o centro de toda a força das divindades e tem a representação física do vínculo da pessoa com os seus orixás. Para manter uma perfeita sintonia e ajudar na boa permanência do ser humano no aiê, o igbá precisa ser alimentado periodicamente. Dentro dele são colocados elementos que conectam o orixá com a sua origem, que podem ser pequenas ferramentas, moedas antigas, seixos, conchas, búzios etc. Mas um item é comum a todos, a pedra (*okutá*), "o coração do igbá", símbolo e morada do orixá. O igbá faz parte dos costumes iorubanos, mas outras nações-irmãs também o utilizam, como os bantus e os fons. Estes últimos, primordialmente, como já dito, fazem seus assentamentos aos pés das árvores, mas algumas casas já veneram seus voduns em igbás, não perdendo com isso seus fundamentos!

Os igbás podem ser de variados tipos de materiais, de acordo com as especificidades das divindades. Mas para que se tornem consagrados é necessário que passem por certas liturgias, como lavagem com ervas, recebimento do sangue de animais imolados, temperos etc. Estes elementos, em conjunto, produzem e mantêm o axé, transformando então um simples recipiente em algo sagrado, particularizado, que se tornará a "morada do orixá", o local onde a pessoa irá venerar sua divindade!

Cada casa possui normas próprias, porém os igbás têm características quase generalizadas:

Sopeira de porcelana branca – de vidro ou de cristal, para Oxalá e alguns tipos mais velhos de Iemanjá. Estes materiais frios, inertes e leves reúnem as principais características que esses orixás exigem.

Sopeiras com tampas – de cores claras ou com desenhos femininos, suaves, usadas nos assentamentos de algumas iyabás. Pelo seu formato, a sopeira faz uma representação da barriga que

gera e dá vida; pela sua delicadeza e feminilidade, representa a coqueteria e a sensualidade das iyabás.
Gamela – feita de madeira, um material firme e duradouro, carrega os elementos de Xangô.
Talhas – feitas de barro, substância do início da vida, servem como assentamento para a mais velha das divindades, a "senhora do silêncio e da calmaria", o vodum Nanã.
Alguidares – fabricados com barro, carregam os segredos de Obaluaiê.
Vasos de barro ou de porcelana – vistosos, lisos ou coloridos, contêm os elementos dos orixás Ogum, Oxóssi, Logunedé e outros.

É costume nas casas de candomblé algumas vezes ao ano acontecer o ossé (*òssé*), que é a limpeza dos assentamentos, realizada por todos da casa. Neste dia, a comunidade se reúne e realiza uma faxina geral nos quartos dos orixás e depois, particularmente, em seus igbás. Em alguns Axés, após a limpeza, os assentamentos masculinos são cobertos com panos brancos ou coloridos e os das iyabás enfeitados com lindas bonecas paramentadas.

Após a limpeza não é recomendável que os igbás levem tempero (mel, azeite-de-dendê, azeite-de-oliva, sal etc.). Quando colocados, estes elementos agem como se estivessem convidando os orixás para receber sacrifícios e alimentos. Estes ficam à espera de algo que não irá ocorrer naquele momento, podendo ficar descontentes e insatisfeitos! Os temperos têm a propriedade de movimentar, de ativar a força e a energia que se encontram latentes nos assentamentos. Portanto, é conveniente que somente as pedras sejam umedecidas em um pouco de azeite-de-dendê ou de azeite-de-oliva, para que não fiquem ressecadas, sem vida.

Quando o iaô vai ser iniciado, o seu igbá só leva os elementos essenciais. Posteriormente, demonstrando interesse e dedicação, poderá fazer a sua complementação, de conformidade com cada Axé. Em alguns terreiros, mesmo nos dias atuais, ainda é comum que somente o/a sacerdote/sacerdotisa tenha o seu igbá montado por completo; os demais se utilizam do "colobô", a tigela comunitária, que recebe as imolações de animais ofertadas por todos da comunidade.

Quando ocorre a morte de um iniciado, os igbás passam por transformações, de acordo com cada orixá e conforme as regras da casa.

Alguns orixás têm seus assentamentos quebrados e são devolvidos à natureza. Outros jamais são desfeitos e ficam para ser cuidados pela comunidade. Alguns dos igbás pertencentes ao sacerdote não serão despachados e permanecerão na casa, mantidos e zelados pelas autoridades. Através deste igbás o Axé terá sua continuidade!

61. O que é o rondêmi?

O rondêmi (*rondenmì*) é um lugar sagrado e preparado para receber as pessoas que vão fazer a sua iniciação no candomblé. É o local do nascimento dos novos filhos do egbé e, por isso, chamado de "maternidade" ou "útero" da casa de candomblé. Lá são realizadas as grandes obrigações do Axé. É também chamado de *ariaxé*, pelos iorubás, e de roncó (*honcó*) ou *hùndeme*, pela nação fon, sendo este o mais usual.

Cada casa faz sua adequação conforme o espaço físico existente, mas no geral o rondêmi é um cômodo mediano, bem arejado e muito limpo, construído no lugar mais isolado do burburinho diário. Esta condição possibilita maior tranqüilidade e o silêncio necessário para os rituais que ali serão efetuados nos iaôs. Todos os preceitos do iaô serão feitos no rondêmi. Seus pertences particulares e os símbolos sagrados da divindade serão lá guardados, permanecendo resguardados.

No rondêmi só entram pessoas da absoluta confiança dos sacerdotes e a responsável pela "criação" do iaô, a "mãe-criadeira" ou "mãe-pequena/pai-pequeno", que também seguirá determinados preceitos e obedecerá a certas proibições. Esta pessoa estará quase tão consagrada quanto o iniciado, pois passará por ebós; não poderá sair da casa, a não ser por motivos imperiosos; deverá evitar contato com recém-chegados da rua; dormirá no rondêmi com o iaô durante todo o tempo da iniciação etc. Sua dedicação será quase completa ao iaô, esquecendo-se até mesmo da sua vida particular e familiar e do mundo exterior. A grande maioria dos ensinamentos do iaô cabe a esta pessoa, tão desprendida de tudo, pois é costume que o sacerdote só entre no rondêmi nos momentos dos sacramentos mais importantes, ou na hora dos ensinamentos que cabem somente a ele transmitir. Exteriormente, a sua presença é mais exigida para coordenar a parte religiosa e humana do egbé e agir para que tudo transcorra em ordem e com tranqüilidade.

Dentro de um rondêmi a vida passa sem que se tenha nenhum conhecimento da vida exterior. Lá, o mundo parece que parou no tempo!

62. Por que, na maioria das casas, há o costume de o iaô usar roupas brancas em sua iniciação?

O uso do branco é em honra a Obatalá, "o senhor da criação" e Patrono do Branco. Esta é a cor da paz e da harmonia, e possui um simbolismo de limpeza e pureza. O iniciado está fazendo a passagem para uma nova vida, portanto, não deve ser maculado por forças negativas. O uso da cor branca traz o sentido de purificação e o acompanhará até a retirada do seu quelê. Mas este costume não acontece em todas as nações, pois o povo bantu, por exemplo, prefere usar roupas coloridas nos seus iniciados; o branco só é usado se a pessoa for do inquice Lembá. Também a nação fon utiliza-se de cores nas roupas dos seus vodunsis.

Em um passado longínquo, na época da escravidão, os iniciados tinham que usar as suas roupas do dia-a-dia mesmo quando iam fazer suas iniciações, e suas liturgias eram realizadas nas madrugadas, pois não tinham descanso da sua labuta! Foram eles os grandes heróis e guerreiros que permitiram a continuidade de nossa religião!

63. Por que o iaô dorme em esteira?

Dormir na esteira representa o retorno do homem ao princípio da vida, o reencontro com a sua ancestralidade. O iaô dorme na esteira para ter contato com o elemento que lhe deu vida: a terra! E também porque precisa esquecer a vaidade, as futilidades e os confortos modernos, pois está renascendo e precisa fazê-lo de uma forma humilde!

Chamadas de *decisa*, na nação bantu, de *enim*, na iorubá, e de *zocré*, pelo povo fon, as esteiras são feitas de palha, um dos emblemas de Obaluaiê. Para as obrigações de iniciação é normal o uso da esteira nagô (*nàgô*), aquela bem fina, confeccionada com a palha trançada. Um outro tipo de esteira, de palha grosseira, confeccionada com os fios horizontais amarrados com cordão, é mais utilizada, em algumas casas, nas funções para Babá Egum.

Em algumas iniciações não é costume o uso de esteira, pois certas divindades não a aceitam. Como, por exemplo, Ossâim, cujo filho deverá dormirá numa cama feita somente de folhas; para um iniciado de Exu deve-se usar couro de boi como cama, e várias outras diferenciações. As divindades fazem suas escolhas e o homem só tem que acatá-las!

A esteira, quando a pessoa está recolhida, serve também como "mesa", porque neste local o iaô fará as suas refeições. Por todos estes detalhes, o iaô precisa ter grande respeito pela sua esteira, não devendo pisar nela e nem permitir que outros o façam, principalmente calçados. Na esteira do iaô nenhum estranho pode se sentar. Nossos mais velhos dizem que o "iaô come e dorme na esteira" para que possa sentir-se parte mais integrante da natureza e dos orixás!

64. Por que o iaô usa xaorô, contra-egum, umbigueira e mocã?

O xaorô (*sáorò*) é primordialmente usado em honra a Iemanjá, a mãe de todas as cabeças, e a Obaluaiê. Um dos símbolos da iniciação, serve para que os movimentos do iaô sejam seguidos, facilitando a sua localização. Conta um itã que foi Iemanjá quem confeccionou o xaorô e o colocou em Obaluaiê, seu filho adotivo, para poder encontrá-lo e, assim, cuidar de seus ferimentos.

O xaorô, o contra-egum, a umbigueira e o mocã só são utilizados após serem sacralizados com banhos de folhas frescas e outros elementos.

Composto de um ou dois guizos, o xaorô é preso com fios trançados de palha-da-costa no tornozelo do iaô. É colocado na perna esquerda, se o orixá for masculino, e na perna direita, se o orixá for feminino. Em alguns Axés não se coloca o xaorô, usa-se uma pulseira, um idé (*ìdẹ*), na cor preferida do orixá da pessoa, sem distinção do sexo da divindade. Em outras casas, se o orixá for masculino, usa-se o xaorô no tornozelo esquerdo, e se o orixá for feminino, é colocado um idé no tornozelo direito.

O contra-egum (contregum ou *íkan*) serve para proteger e resguardar o corpo do iaô da aproximação de eguns, das ajés, dos oxôs e dos ajás. Confeccionado com fios de palha-da-costa trançados, forma um bracelete e é colocado nos dois braços do iaô, quase na altura do ombro. Este artefato também é usado pelos iniciados e por adeptos em vários outros preceitos e segmentos da religião.

A umbigueira (*entrekan*) também é feita com fios de palha-da-costa trançados e é colocada ao redor da cintura. Simboliza uma proteção para a parte central do corpo humano.

Estes e outros objetos têm como objetivo resguardar o corpo inteiro do iaô na sua iniciação e na complementação desta. O ojá, pano branco usado na cabeça, traz proteção para o seu orí; o contra-egum, para os membros superiores; a umbigueira, para os órgãos reprodutores e demais órgãos centrais; o xaorô, para os membros inferiores. Produz-se, assim, uma parede de quatro lados que rechaça todas as negatividades.

O mocã (*mokán*) é um colar feito com fios de palha-da-costa trançados. Tem a representação circular da ligação do orum com o aiê, unindo o iaô com seu orixá. Em seu fechamento tem duas pontas em forma de vassourinha, diametralmente opostas entre si, ligando-o com a ancestralidade. Peça fundamental para todos os iniciados na religião, é usado durante todo o processo de feitura, sem sair do pescoço do iniciado em nenhum momento. A partir daí, irá acompanhá-lo em todas as suas obrigações, durante o seu período de iaô.

Nos dias atuais é difícil ver um iniciado usando seu mocã, porque muitos acreditam que somente os iaôs devem usá-lo! Existem grandes sacerdotes e sacerdotisas, antigos, de grandes Axés, que ainda usam seus mocãs. Esta é uma atitude de humildade e de respeito pelo seu orixá e de amor a um símbolo sagrado da religião. **O grande valor do mocã é que ele só pode ser usado por quem é iniciado!** O mocã é companheiro da pessoa durante toda a sua existência no aiê, mas também estará presente, junto com demais objetos, no momento do Axexê, liturgia que encerra o ciclo religioso do candomblecista!

65. O que representa o inhã para os iniciados do candomblé?

O inhã ou ilequê (ìlẹkẹ) é um cordão de um só fio, confeccionado com miçangas e usado pelos iniciados do candomblé. Ele representa um dos vínculos mais fortes da pessoa com suas divindades e com a casa de candomblé. É também um emblema portentoso, que designa seu orixá e os parceiros deste. Devido ao formato, material e cores utilizados é identificado a quem ele é consagrado, qual a sua utilização, quais suas finalidades, a que Axé pertence seu usuário etc.

Para sua confecção são necessários cuidados especiais. Precisa ser iniciado pelo sacerdote ou por uma autoridade da casa, o mesmo acontecendo no seu fechamento e no arremate. Depois levará preceitos e será lavado com as folhas principais do orixá para quem é designado. A partir deste momento participará de todas as obrigações do iniciado e seu uso deverá ser constante. Precisa estar sempre em contato direto com o corpo da pessoa; esta junção permite uma troca de axé e a união entre os dois pólos, o humano e o sagrado. É muito importante que todos os iniciados portem seu inhã no dia-a-dia, porque ele é a representação simbólica da nossa fé e da nossa religião! Nele está a energia da divindade transformada em matéria palpável, proporcionando-nos então maior proteção e amparo!

Os inhãs carregam objetos que mostram pluralidade ou singularidade; identificam o lado belicoso ou brutal, a singeleza ou a realeza das divindades. Em um exemplo bem sutil podemos identificar o fio-de-contas de Ogum, onde estão espadinhas e algumas ferramentas de agricultura; no de Oxóssi, ofás (arco-e-flecha); no de Xangô, um oxê (machadinho); no de Oxum, Iemanjá e Oiá, moedas, peixes, espadas; um pilão, no fio-de-contas de Oxaguiã; um opá (cajado), no de Orixalá etc. Todos de tamanho pequeno e fabricados no material preferido de cada orixá.

Os inhãs são confeccionados com diferentes tipos de contas, canutilhos, seguís, miçangas, corais enfiados em cordonê de algodão, em palha-da-costa ou até mesmo em fio de *nylon*. Para seu fechamento é colocada uma "firma", conta grande de formato arredondado, tubular ou cilíndrico, geralmente africana. Esta tem o objetivo de "segurar" e firmar bem os elementos desse cordão sagrado.

Existem também os inhãs identificadores de cargos hierárquicos, feitos com contas e materiais mais requintados e mais sofisticados, usados geralmente pelas autoridades da religião. Destaca-se o *runjeve*, confeccionado com corais e contas amarronzadas, de Oiá, que é o símbolo de que o iniciado já cumpriu alguns degraus da hierarquia e passou por todos os atos litúrgicos que o autorizam a usá-lo.

Algumas contas têm mais de um fio e são usadas pelos iaôs, dependendo do Axé e do orixá. Poderão conter 6, 7, 12, 14, 16 ou 21 fios e recebem o nome de *dilogum* ou *edilogum*. Atualmente, talvez por um consenso, a maioria das casas de candomblé usa o edilogum mais internamente, na obrigação dos iniciados. Cada Axé tem sua singularidade e, assim, alguns trabalham de acordo com o orixá; em outros a quantidade de fios corresponde ao número do Odu da pessoa etc.

O importante é definirmos e entendermos que o inhã tem poderes sagrados e que, primordialmente, é o distintivo do "povo do candomblé" para mostrar ao mundo que somos pessoas que carregam a força e o axé dos "senhores da natureza"!

CAPÍTULO 9
Alguns preceitos da feitura

São os preceitos que tornam uma pessoa digna de incorporar seu orixá corretamente. Realizados com fundamentos, são considerados "segredos de quarto" e resguardados através de juramentos religiosos.

66. Como se convoca o orixá do iaô?

O orixá do iaô é convocado no ritual denominado *bolonã* (bantu), *odaê* (iorubá) ou *adarrum* (fon). Momento delicado, quando o iaô que nunca entrou em transe se sente melindrado e até meio assustado com o desconhecido. Todos os participantes deste ritual precisam ter sensibilidade e saber agir com calma, segurança e carinho. Precisam transmitir confiança àquela pessoa, pois é a primeira vez que ela entra em um quarto da casa de candomblé. Este é um período em que o iaô sente-se só, mesmo estando no meio de muita gente!

O iaô está sensível, já induzido pelos vários preceitos realizados, com o corpo preparado física e divinamente, tornando assim mais fácil a possessão do orixá. Quando se recolhe, o iaô observa mudanças também no seu tipo de alimentação. Comidas pesadas e alguns alimentos lhe serão proibidos, seus alimentos serão mais leves e saudáveis. É uma espécie de limpeza orgânica, possibilitando um melhor balanceamento entre o corpo físico e o espiritual. Essa leveza corporal ajudará no seu transe e a divindade o encontrará mais sensível à sua presença.

A convocação para a divindade "tomar posse" da cabeça de seu/sua filho/filha é um ritual solene, realizado pelo/a babalorixá/iyalorixá, com a presença de poucas pessoas e com o acompanhamento do adjá (*adjarí*). Através de palmas, cânticos e saudações, a pessoa consegue deixar fluir seu inconsciente, baixar suas defesas, tornando-se apta a receber a força da sua divindade. Um momento supremo, no qual todos vibram e se emocionam!

67. Qual é o significado de raspar a cabeça?

Raspar a cabeça é um momento de purificação e o modo de fazer a pessoa renascer, se preparando para receber sua divindade. Este ato litúrgico é chamado de *labé*, pelos iorubás, *fárí*, pelos fons, e *catular*, pelos bantus. O cabelo, para as pessoas, tem uma representação simbólica de poder, soberania, vivência e beleza. Tirar o cabelo, para o iniciado, significará cortar todos estes elos, retroceder à infância, época em que a pureza e a inocência estão presentes, sem existir a vaidade e a soberba.

O raspar a cabeça é também necessário para que as obrigações litúrgicas sejam realizadas diretamente sobre o orí, para que os elementos interliguem-se a este com mais facilidade. Representa o ato de dar equilíbrio à cabeça, proporcionar a harmonia necessária ao seu fortalecimento e poder fixar os elementos que participam da feitura. Recriando, então, no aiê, a mesma cabeça que foi preparada no orum por Babá Ijalá.

É importante esclarecer que não são todas as pessoas que têm necessidade de raspar totalmente o cabelo. Esta determinação é dada pelo Odu, pela situação de cada um, ou pelo orixá. Não é um ato aleatório, ou que se faz quando o iaô deseja. Quando não ocorre a raspagem, o processo é diferenciado, e o corte é feito em locais sagrados e fundamentais do orí. Antigamente, em algumas grandes casas de candomblé não era costume raspar toda a cabeça dos iaôs, só em casos de extrema necessidade.

A navalha (*obẹ ṣirè*) e a tesoura (*obẹ farí*) precisam ser individuais para este ato, pois são instrumentos que serão utilizados no orí do iniciado e também na época do seu Axexê. E este procedimento é também uma obrigatoriedade nos dias atuais, tanto como medida de higiene, como na prevenção contra doenças. Para algumas divindades, se for necessária a raspagem, esta não poderá ser feita com o uso da navalha. Nanã, por exemplo, que não aceita elementos de ferro ou de aço em suas obrigações.

Mas não é somente o ato da raspagem que representa a consagração completa do iniciado na religião. Este cerimonial é acompanhado por várias liturgias, entre as quais a imolação de bichos, incisões sagradas, a pintura do iaô, a sassanhe ("cantar as folhas"), a colocação do quelê, do icodidé, do oxu, de acordo com cada nação. Logo após a raspagem o iaô já será afastado das demais pessoas e se recolherá em local previamente preparado para ele.

68. Por que se fazem incisões no iaô?

As incisões (*gbéré*) são cortes minúsculos e superficiais, feitos com material de uso particular do iaô, em várias partes do corpo e que servem como canais condutores por onde o axé do orixá penetrará no corpo do iniciado. São realizadas também para reativar o poder do Exu Bára do iaô. (Exu Bára é o esqueleto energético do ser humano que lhe permite passar por todas as fases da vida: nascer, crescer, ficar velho e morrer.) Essas pequenas aberturas ajudam a tornar o Exu um interlocutor entre o iniciado e seu orixá. Após as incisões, é costume passar por cima destas o *atim*, um pó sagrado, que ajuda no fechamento do corpo do iaô, proporcionando-lhe maior defesa contra as maldades e os feitiços.

69. O que representa a matança na feitura do iaô?

A matança, ou imolação, de bichos no candomblé não é uma coisa que ocorre à toa, nem é praticada por maldade. A matança tem como fundamento primordial ser uma troca de força, de vitalidade e de regeneração. O sangue (*èjé*), na religião, é a representação da vida, o que produz o movimento. Os animais que serão imolados para os orixás são considerados especiais, porque são os emissários do homem para com as divindades. No momento do sacrifício animal ocorre a liberação de forças poderosas que dão grande significado ao ato, mas que também exigem dos sacerdotes muita precaução e habilidade para manejá-las. Por este motivo, é um ato que só deve ser presenciado por aqueles que estão preparados sacramentalmente. Esta condição ajuda na harmonização e promove um momento de troca e fortalecimento entre o axé da casa e os seus participantes.

A matança produz o alimento das divindades e propicia uma troca de energia destas com o iaô, restabelecendo a ligação do orí com os orixás. É através do dinamismo do sangue que se consegue a transformação de um "assentamento" comum em algo sagrado, o igbá, que recebe vida através da imolação de outra vida. O sangue do animal vivifica o assentamento e o corpo do iaô ao ser aspergido. As vísceras principais (*ixés*) e alguns pedaços especiais são preparados para serem ofertados às divindades. O restante da carne será consumido pela comunidade no dia-a-dia e também pelos visitantes, nos dias de festa.

Para a confirmação de um iaô, o sacerdote deve recorrer primeiramente ao Jogo de Búzios, para que as divindades determinem que animais vão querer. Não se faz matança indiscriminadamente! Às vezes, com um pequeno bicho, como o igbim, uma galinha-d'angola ou um pombo resolvemos muitos problemas! É necessário que haja coerência na quantidade de animais para possibilitar que as pessoas consigam se iniciar, cumprir com suas obrigações temporais ou possam somente agradar as suas divindades! A religião precisa de adeptos, as casas precisam de filhos para crescer e se expandir. E tudo isso só será possível com discernimento e comedimento, a partir de um conhecimento profundo das determinações de cada orixá!

Cada divindade possui seu animal preferido e cada um é ofertado de acordo com as normas do Axé. Mas em quase todas as casas de candomblé é comum, todas as vezes que for utilizado um animal de quatro pés, serem ofertadas juntamente quatro aves. Não importa se é cabrito (*obucó*), cágado (*japá*) ou *igbim*. Este procedimento recebe o nome de ibossé (*ìbòsè*), que significa "calçar" os pés do animal com outros animais de sangue mais "suave".

É importante ressaltar que a matança no candomblé nada tem de maldade, nem de barbárie, pois vemos todos os dias estes mesmos animais serem mortos em matadouros ou criadouros, até mesmo cruelmente, para alimentar o ser humano. Na religião essa imolação tem um objetivo maior: beneficiar o homem, pois o sangue transporta energia e força. E é isso que ele irá fornecer aos adeptos do candomblé! E suas carnes serão preparadas e utilizadas como refeição para iniciados e convidados!

70. O que é o sundidé?

É o ritual sagrado em que o iniciado, no momento de sua iniciação, recebe o sangue dos animais sacrificados em algumas partes do seu corpo. Também seus fios-de-conta, seu mocã e os contra-eguns o recebem, numa sacralização, formalizando a união do homem com a sua divindade. É o físico unindo-se com o divino, por meio do sangue!

71. Quais são os animais utilizados nas liturgias do candomblé?

Os mais usados para as divindades são: galinha-d'angola, cágado, pombos, galinhas, carneiros, cabras, cabritos, bodes, passarinhos, galos, *igbins* e outros mais. Nas iniciações, os animais são escolhidos de acordo com os orixás do iaô. Utilizam-se também nos Borís, quando o orí solicita; nos ebós, para agradecer ou para fazer pedidos às divindades.

72. O que significa a galinha-d'angola na feitura?

É o bicho de consagração, de confirmação, usado para coroar as liturgias do iaô, em alguns Axés. É o animal que pertence ao elemento terra. Ela tem uma representação mitológica e possui o simbolismo do primeiro ser iniciado na religião. Traz em suas cores a ligação com Oxalá, Odudua, Oxum e Exu, o que é demonstrado pela sua tricromia, ou seja, as cores branca, preta e vermelha. Por ser um bicho inquieto, está associada ao movimento e à excitação, fazendo contraponto, na matança, com a placidez e a serenidade do pombo. É por intermédio da galinha-d'angola que o candomblé existe e se reproduz. Por suas cores primordiais, ela se transformou e instaurou o sistema de marcas e de simbolismos e conseguiu fazer a comunicação entre os orixás e os homens.

73. O que representa o pombo na feitura?

O pombo (*eiyelé*) é conhecido como o "pássaro da vida" e pertence ao elemento ar. Foi um animal participante da criação do mundo, junto com a galinha e o camaleão, sob a orientação de Odudua. É considerado sagrado e reúne em si os predicados que são pertencentes também a Obatalá, como a calma, a lentidão e a serenidade. Possui altivez, tem um vôo majestoso e sereno e prudência e esperteza no andar cauteloso. Por todas estas qualidades é o animal preferido da "família funfun". Dizem os antigos que para cada orixá existe um pássaro, mas que o pombo substitui qualquer um. Num contra-senso da natureza, seu sangue é conhecido como um dos mais quentes dentre os animais sagrados, sendo o mais parecido com o do ser humano. Isso explica porque ele sempre é ofertado logo após o igbim!

Embora dedicado a Obatalá, alguns outros orixás também o aceitam. Participa de diversos rituais, como o Borí, os ebós e em tudo aquilo que for relacionado à vida. Sua figura também aparece em paramentos de diversas divindades. Representando o pássaro ancestral das Eleiyés, aparece nos paramentos de Oxum e de Iemanjá; no ferro de Ossâim e em vários outros ornamentos.

74. O que representa o camaleão na feitura?

O camaleão, também chamado de agemo (*agèmo*, para os iorubás, e *ságámán*, para a nação fon), é um animal sagrado para os iorubás. Possui um culto individualizado na África, e não é imolado para nenhuma divindade. Tem características impressionantes, o que o torna singular, pois consegue se manter invisível aos olhares. Ele tem o poder de mudar de cor, mimetizar-se, tornando-se parte do ambiente onde estiver. O formato dos seus olhos lhe permite movê-los de forma independente, em todas as direções, dando-lhe o controle de tudo à sua volta. É um animal arisco, precavido e muito pacato. Participou, juntamente com a galinha e o pombo, da criação do mundo. Os dois primeiros espalharam a terra. Agemo, através do seu pisar cauteloso, pôde informar que o solo estava pronto e firme para receber os seres que iniciariam o povoamento da Terra. Por tudo isso, este animal recebe o título de "Olheiro de Olorum e de Orixalá".

75. O que representa o igbim na feitura?

O igbim (*ígbin*) é um caramujo grande, proveniente da África, o animal que faz a representação da tranqüilidade, da lentidão, da placidez. Seu sangue é um tipo de plasma, branco transparente, considerado frio. Por ter estas características, seu sangue é chamado de *omí èró*, a "água que acalma e que abranda". Bicho da preferência de Orixalá, é usado também quando é necessário produzir a paz e a harmonia entre as pessoas. Por ter este princípio, recebe o nome de animal eró (*èró*), o animal que pacifica e que produz a calmaria. É um bicho que tem um grande poder, chamado pelos candomblecistas de "boi de Orixalá", encontra-se no mesmo patamar dos animais de quatro patas.

Atualmente, é necessário observar certos cuidados ao lidar com este molusco, porque, segundo informações da rede de saúde, ele está trazendo doenças ao homem. Precaver-se, usando luva, é obrigação, pois a religião e as divindades só desejam que as pessoas vivam bem e com saúde!

76. O que representam os demais animais no ritual da feitura?

A cabra (*uré*) representa a fecundidade, a docilidade e a mansidão e é mais apropriada para as divindades femininas. A pata é um animal brejeiro, ligado ao elemento água. O peixe (*ejá*) muitas vezes é considerado, como o igbim, animal sereno, e simboliza a paz e a calmaria.

O cágado (*jápá*) pertence ao grupo dos animais de quatro pés e é um bicho sagrado para Xangô, consagrado em algumas casas também para Egum. Por ser um bicho "forte", em alguns Axés é costume se ofertar o cágado para qualquer tipo de divindade nos rituais, seja nas iniciações ou em outras liturgias. Este animal tem caráter malicioso, é vagaroso, porém persistente, e simboliza a virilidade de Xangô.

77. O que significa a sassanha/sassanhe?

A sassanha (*sasányìn*) é um ritual iorubá muito bonito, conhecido como "cantar a folha", e tem como finalidade "despertar" o axé das ervas. Realizado com preceitos litúrgicos, cânticos e oriquís serve também para se reverenciar Ossâim, o senhor das folhas. Para este preceito existem cânticos exclusivos para cada orixá e para cada tipo de folha. É feito com a presença de iniciados e realizado nas liturgias dos iaôs ou após as grandes matanças. Existe um ritual assemelhado, na nação fon, que é chamado de *afexu*. Ao contrário dos iorubás, que realizam a sassanha bem antes das festas, o afexu é realizado, muitas vezes, no salão, antes do início das festividades.

78. O que é o quelê?

Para o iorubá a palavra *ìlèkè* tem o significado de "fio, colar", e o quelê é realmente um colar sacralizado! Após ser colocado no iaô, representa a aliança formalizada entre ele e o seu orixá. Um símbolo sagrado na religião, o seu uso se traduz num momento glorioso, em que a pessoa se sente mais unida e realmente pertencente à sua divindade. O quelê não é usado somente durante o período de iaô, ele será novamente colocado, no futuro, em algumas obrigações temporais.

Confeccionado somente pelo sacerdote, ou por uma pessoa graduada de sua inteira confiança, possui preceitos para sua colocação, seu fechamento e sua retirada. Em alguns Axés, a sua confecção exige uma quantidade certa de miçangas, tendo a cor e o número de fios em conformidade com o Odu e com o orixá do iaô. O quelê deve estar sempre protegido, resguardado dos olhares públicos. O seu portador deve vestir-se adequadamente, sempre de branco, paramentado com o pano-da-costa protegendo seu dorso e com o ojá na cabeça. Essa é a roupa ritual do recém-iniciado no candomblé!

Estar com o quelê no pescoço é uma época melindrosa, de grande sensibilidade física e espiritual. É um período que requer muita resignação, muita calma e um rigoroso resguardo espiritual e corporal. Mas, em contraponto a isto, o iaô recebe atenção especial de seus mais velhos e dos demais componentes da comunidade. Todos precisam ser condescendentes com relação aos seus erros. O quelê precisa ser tratado com todo o cuidado que um cristal requer, pois é assim que o iaô deve ser visto. Ele precisa ser lapidado, manuseado com firmeza, porém com carinho, pois, quando surgem pequenas rachaduras no cristal, estas podem ocasionar imperfeições ou quebras em sua formação futura!

Antigamente, era costume o iaô permanecer com o seu quelê no pescoço por três ou seis meses, e em muitas casas até pelo período de um ano. Cumprindo todo este resguardo na casa de candomblé! Hoje em dia, com a vida atarefada e conturbada das pessoas, isso se tornou quase impossível. Todos precisam trabalhar para sustentar e manter suas famílias. Portanto, permanecer com o quelê no pescoço tornou-se um pouco difícil e arriscado. Por isto, muitos Axés optaram por retirá-lo e colocá-lo em cima do igbá do orixá, assumindo então o iniciado, com as suas divindades, um compromisso muito grande, porque seus resguardos e interdições permanecerão! Ocorre também em algumas casas a retirada do quelê e a quebra dos seus resguardos, libertando assim a pessoa e aliviando a sua responsabilidade e também a do/a sacerdote/sacerdotisa. A mesma coisa acontece, em algumas casas, quando o novo filho é criança ainda, sem grandes responsabilidades, ou com aqueles que estudam e precisam retornar à sua vida cotidiana. Pensamos que as divindades entendem as necessidades dos seus filhos e aceitam estas modificações, tão necessárias à continuidade da religião! Isto não é o correto nem o usual, mas atualmente ocorre, de acordo com a posição dos responsáveis pelos terreiros.

Em épocas muito remotas, o quelê era de uso exclusivo das nações que compõem o povo bantu. Com a união das nações, as casas iorubás e fons adotaram a colocação do quelê em seus iniciados. Os fons o chamam de *croquí* ou *croquê*, e ele é bem diferente dos usados pelos iorubás; são somente alguns fios-de-conta preparados para esta ocasião. Em outras casas fons são confeccionados somente com búzios, se o iniciado pertence aos voduns Nanã, Sobô, Bessém ou a outros desta família. Existe também, quando o iniciado tem "cargo", a colocação de um quelê feito de búzios e um outro de miçanga. É costume também que algumas casas usem somente um quelê confeccionado com búzios para todos, independente da divindade. Para os filhos do vodum Omolu é colocado um quelê feito com uma trança de palha-da-costa. Em períodos longínquos alguns terreiros utilizavam somente um único fio-de-conta representando um quelê. Nos dias atuais algumas nações ainda procedem assim, e devem ser respeitadas por suas co-irmãs ao utilizar este procedimento, pois as normas de cada terreiro devem ser acatadas e respeitadas!

Tal como para a sua colocação, para a retirada do quelê também existem uma liturgia e um cerimonial. Ambos, porém, são bem restritos e possuem ritual próprio, denominado de "queda de quelê", nas casas de nações iorubás.

O simbolismo do quelê é a sua sacralidade e a sua ligação com a pessoa que o recebeu. Esta união, entretanto, só será desfeita no ato da morte da pessoa, através de preceitos que cortam estes vínculos e os elos de ligação do homem com o aiê.

79. O que é o sarapocã (ou sadapocã)?

O sarapocã (*sarakpokàn*), para o povo fon (realizado durante três dias), ou "os sete dias de efum", para o povo iorubá, é uma liturgia preparatória para orientar a divindade que está nascendo no iaô. Nestes dias, eles aprendem como se apresentar corretamente para a assistência em sua primeira festa pública. Ocorre logo após a colocação do quelê, para que o iaô e seu orixá finalizem seu aprendizado inicial. É um cerimonial realizado no barracão, com os atabaques e a presença dos que ajudaram na iniciação e de alguns integrantes da egbé. Costuma ser realizado à tarde, durante os sete dias que antecedem a saída do iaô para a festa pública do orukó.

É através do sarapocã que aprenderão, primeiramente, como reverenciar a porta, onde se saúdam Ogum, Exu e as Iyamís. Estas entidades estão ali para resguardar a porta principal de más influências e energias negativas, permitindo assim que a festa transcorra de maneira agradável e amena. Conhecerão os ritmos e aprenderão a dançar para a sua nação e também para as demais. Terão que reconhecer e acompanhar as ordens do/a babalorixá/iyalorixá, aprendendo a saudar e reverenciar os locais sagrados do barracão. Aprenderão a se postar diante dos atabaques, diante dos ogãs e das autoridades e visitantes ilustres presentes. O orixá terá conhecimento também de como saudar as demais divindades participantes.

Em algumas casas fons é confeccionado um tipo de vassoura, com folhas de mariô, e uma pessoa vem à frente do vodunsi dançando e varrendo o chão, para que ele passe, limpando e retirando as negatividades do seu caminho. Esta vassoura depois será despachada.

O ritual do sarapocã serve para preparar, condicionar e educar o iniciado e sua divindade, permitindo que o conjunto flua com mais liberdade, mais à vontade, sem atropelos e desacertos. Assim, ambos poderão participar melhor e de forma mais bonita da grande festa.

80. O que representa a colocação do icodidé no iaô?

O icodidé (*íkóòdídẹ*) é o símbolo iorubá da procriação e da geração de vidas. Pequena pena vermelha de um papagaio africano chamado papagaio-da-costa, ou *dídẹ*, é amarrada em um fio de palha-da-costa trançado e colocada na cabeça do iaô, na parte frontal. Torna-se, a partir daí, o símbolo do nascimento deste novo filho, de um ser recriado. Ogãs e equedes usam o icodidé em suas iniciações porque estes também participam do processo de renascimento dentro do candomblé.

A cada nova obrigação temporal, nos Borís e em algumas outras liturgias religiosas, esta pena sagrada é novamente utilizada. O icodidé pode ficar à mostra ou escondido sob o ojá, de acordo com cada Axé. Em algumas casas, porém, seu uso não é muito comum. Nestas, ele é substituído por pena de pombo ou de galinha-d'angola e, se a pessoa iniciada for de Iemanjá, é usual a utilização de uma pena de garça.

Esta insígnia emblemática faz o elo de ligação da ancestralidade, Obatalá (o pai), com Iemanjá (a mãe), e também com a descendência, a filha Oxum, senhora proprietária do icodidé. Colocar o icodidé insere o iaô no passado, aos pais, e no presente ao movimento, recebido de Exu, trazendo-lhe então a evolução. O icodidé é o único ornamento de cor usado por Orixalá, em respeito ao poder feminino da gestação. É através do mistério do sangue menstrual que a mulher gera, alimenta e mantém uma nova vida, conseguindo assim a povoação do aiê.

Esta pena é também a representação do Bára Orí, Exu particularizado, muito ligado ao nosso orixá e ao nosso orí. Por ser a divindade que atiça ou pacifica os instintos sexuais do homem e da mulher, está muito relacionado com a multiplicação dos seres, regendo a reprodução. Pelas suas cores, o icodidé é um emblema da vida, portanto, seu uso permite ao homem manter Iku, a morte, afastada. É apropriado e muito comum usá-lo em rituais de Axexê.

O icodidé é uma insígnia que distingue as pessoas que foram escolhidas pelas divindades.

81. O que representa o ato de "pintar o iaô"?

A união das três cores primordiais tem a força e o poder dos elementos da natureza e, no ato da pintura, estas energias conjuntas são transferidas para o iniciado. O axé que está contido nestes elementos, ao combinar-se com outros materiais simbólicos, catalisa o desenvolvimento e a multiplicação do axé do iniciado. E este axé particularizado junta-se ao axé coletivo, promovendo crescimento e melhorias para a casa de candomblé e a sua comunidade.

A liturgia da pintura corporal faz parte do conjunto ritual da iniciação e precisa ser feita com meticulosidade, como qualquer outra que é feito no iaô. Esta pintura não é um ato artístico ou estético, é uma obrigação sacramental e só deve ser realizada por quem foi preparado para essa função. Geralmente é efetuado por pessoas iniciadas para Oxalá, que recebem o nome de *babá efum* ou *iyá efum*. Pintar o iaô não pode ser uma tarefa indiscriminada, existem padrões determinados que caracterizam o orixá e a sua nação. Ela serve para que a divindade reviva as marcas identificatórias do seu passado.

A pintura inicia-se com cantiga especial e é feita no corpo inteiro, com desenhos especiais no rosto, nas orelhas, nos olhos e no orí. Precisa ser realizada com carinho, amor e perfeição, necessitando também de certa delicadeza e refinamento. Tudo para mostrar ao público toda a beleza deste momento único, tão singular e sagrado para o iaô e também para todos os componentes do candomblé!

82. Quais são as cores fundamentais da religião?

Na pintura do iaô são usadas as três cores primordiais da religião, representantes das substâncias da vida. São elas:

o **branco**, efum (*efun* ou *afin*) – é conseguido através da extração de pedaços de calcário, triturados até se transformarem em pó. Esta cor se remete ao sangue branco (*èjè funfun*) e tem sua representação humana na saliva, no hálito, no sêmem. Na natureza é simbolizada pela prata, pelo chumbo, pelo giz, pelo barro, pelas bebidas brancas etc. Tem relacionamento com as forças criadoras e com o orum. Liga-se à imobilidade, ao frio, ao silêncio, à pureza, e pertence ao elemento masculino, ao ar e à água;

o **azul**, uáji (*wáji* ou *ìlú*) – é o índigo, pó extraído de cascas ou de frutos de vários tipos de árvores. O azul possui a representação da cor preta e está simbolicamente ligado à terra, à lama e à descendência. No reino mineral compreende o ferro, o carvão. No reino vegetal é considerado o sangue preto (*èjé dúdú*) retirado da seiva das plantas. Está relacionada ao movimento, ao mistério e especialmente ao infinito de Olorum;

o **vermelho**, ossum (*osùn*) – é um pó extraído de cascas avermelhadas de alguns troncos, de frutos ou de flores de certos tipos de árvores. Esta cor tem a sua representação nos variados matizes de vermelho e também no sangue (*èjé pupá*) do homem ou dos animais, no azeite-de-dendê, no mel; no bronze, no cobre, no estanho. Simboliza a vitalidade, a sensualidade, a gestação, a riqueza.

Todas estas cores pertencem a grupos de elementos condutores de axé e são encontradas em várias substâncias representantes dos três reinos da natureza: animal, vegetal e mineral. Combinadas, fazem a consagração do iaô, dos sacrifícios e das oferendas. Os orixás também participam e partilham destas cores, existindo alguns que só aceitam e usam a cor branca. Outros, porém, se utilizam da combinação de cores. Sempre seguindo a idade temporal, o sexo, suas particularidades, personalidade, sua colocação no reino da natureza etc.

Embora não possa ser considerada a ideal nem a perfeita substituta, no passado, quando a importação era difícil, costumava-se utilizar um tablete de anil em lugar do uáji; a pemba branca ralada ou a farinha fina do inhame ralado, para substituir o efum. O pó de urucum ou a casca vermelha de algumas árvores fazia o similar ao ossum. As modificações foram necessárias para que a religião tivesse continuidade e não perdesse seus fundamentos. Mas as dificuldades, que eram imensas, foram todas vencidas pela vontade e pela perseverança do guerreiro "povo do candomblé"!

83. O que é o oxu?

O oxu (*oṣù*) é um objeto sacralizado, preparado com favas, ervas, algumas substâncias sagradas e os pós correspondentes às cores primordiais. Em formato cônico, é colocado na parte central da cabeça do recém-iniciado, após as incisões sagradas do orí, concluindo os rituais do iaô. O oxu é a marca identificatória e visual das pessoas consideradas "iniciadas"! A partir deste momento elas são chamadas de *adoxus*, "aquele que é portador do oxu", nas nações Iorubá e Nagô-Vodum. Nas casas fons não é costume o seu uso nos iniciados; nesta nação dá-se o rumbê (*hungbè*) para o vodunsi beber, como forma de consagração.

Ajudada por Exu, a iyabá Oxum fez o primeiro iaô da existência, a galinha-d'angola. Quando colocado no orí, e em conjunto com as pinturas, o oxu faz esta representação no novo adepto. Oxum é mãe por excelência, portanto está ligada à procriação, ao início e também à descendência. Exu decidiu, através do poder que tem sobre o crescimento e a fecundidade, ajudar e aceitar a mulher como o ser que dá condições ao mundo de continuar. O oxu tornou-se a insígnia que compõe o visual daqueles seres especialmente criados para a religião!

84. O que é a festa pública do "Dia do Nome"?

É o dia em que se faz o fechamento das obrigações do iniciado, quando a divindade se apresentará! Depois de tantos dias enclausurado/a, de tantos rituais e liturgias e de ter conhecido um novo modo de ser, é chegada a hora do seu retorno à vida comunitária. De mostrar-se à sua nova família! É o novo membro do egbé que voltou de sua viagem à ancestralidade! E isto ocorre num dia de festa para todos os adeptos do candomblé, numa celebração pública chamada de "Dia do Nome" (*Ikomojadè*, para os iorubás).

É o momento em que a divindade vem ao aiê para se identificar e fazer a apresentação formal de seu filho, um novo integrante da comunidade, a todos os convidados. É também quando se reforçam a vitalidade e o prestígio da casa de candomblé, movimentando o axé e congregando todos os presentes. São horas festivas, uma celebração ímpar para todos aqueles que são iniciados. Nesta ocasião, todos relembram o dia em que também já foram a estrela principal desta comemoração. É um retorno, para muitos! Todos estão reunidos à espera da hora de poder participar deste congraçamento. Alguém terá a honra de se tornar importante na vida daquele iniciado, se for escolhido para "tomar o *orunkó* (nome)" da sua divindade. A partir desta ocasião, se tornará então o/a padrinho/madrinha daquele novo membro da religião e mais íntimo daquela comunidade.

Cada casa tem seu modo de fazer esta festa. Em nossa casa, o iaô faz sua aparição em três apresentações. Em sua primeira saída, surge com as roupas-de-ração usadas no seu período de recolhimento, despedindo-se de um passado que está sendo abolido. Em sua segunda saída, usa vestes simples e brancas, de morim, reverenciando Orixalá e a criação. Neste momento, em alguns Axés, a divindade grita bem alto o seu orunkó. É o momento culminante, quando os iaôs mais recentes entram em transe e os ogãs vibram com furor os atabaques, numa saudação alegre e feliz. É mais um para somar, dentro da casa e da religião!

Em sua terceira saída, a divindade surge paramentada com suas roupas distintivas, brancas ou coloridas. Traz suas ferramentas, mostrando seu potencial de dança e também seu agradecimento, por poder estar novamente entre seus descendentes através de um novo filho. É a sua volta ao aiê! Momento em que se diz que o vodum "vai tomar *rum*" ou que o orixá fará o *sí njó*, ou seja, irá dançar para todas as divindades, ao som dos atabaques. A comunidade e os convidados vibram!

A partir deste dia o iaô passará a existir, a ter um nome, e todos os seus sacrifícios para a iniciação serão compensados. Esse sacrifício, porém, não deixa marcas dolorosas! Suas lembranças dos momentos de clausura se ligarão exclusivamente ao seu comportamento e às suas aceitação e receptividade aos novos ensinamentos. Sua permanência dependerá, principalmente, de sua educação, de sua índole e de sua personalidade! Mas este dia não é um término para o iniciado; é, antes, um começo. O início de uma nova existência, mais forte espiritual e emocionalmente. Ele conquistou uma nova família, tem novas obrigações e responsabilidades. Participará de um grupo ainda meio desconhecido, mas percorrerá seus meandros e aprenderá como seguir as regras e os valores desta comunidade.

85. O que é o orunkó?

Orunkó (*orukó*) é palavra de origem iorubá, que designa um nome. Para os savalus, denomina-se *suna*; para os mahis, *hun-in*. Para a nação bantu, a palavra que designa nome é *dijina*, particularizando o/a muzenza e também o seu inquice. Em algumas nações fons, tanto o vodum como o seu iniciado recebem um nome religioso que os identificará. Na nação iorubá somente os orixás possuem orunkó, composto de três partes: a primeira se origina do nome genérico da família do orixá; a segunda determina a sua qualidade; a terceira designa características próprias do orixá. Os iniciados são chamados pelo nome genérico de suas divindades (Oiasse, Obasse, Oxalasse etc.).

O orunkó é uma nova identidade; ele torna a pessoa diferenciada no seu grupo, porém inscrita na linhagem e na descendência do candomblé. A partir daquele dia não mais será chamada pelo seu nome de nascimento dentro da sua casa e também dentro da religião, pois para os iniciados isto significaria renegar todo o seu sacrifício para se tornar "filho de um orixá".

Em algumas casas não é costume que o nome seja dado publicamente. Já em outras, a pessoa será conhecida pela simplificação do seu orunkó. É bastante comum, em certos Axés da nação iorubá, que se desperte o iniciado chamando-o pelo seu orunkó. Para ogãs e equedes, quem geralmente anuncia o orunkó é o orixá para quem eles foram confirmados, ou o próprio babalorixá, no momento da festa. No Axé Kavok ele é dado momentos antes do início da festa, numa celebração com os mais íntimos. Não existe uma obrigatoriedade ou regra imposta universalmente. Mas como ele contém todo o axé da união do ser humano com seu orixá, torna-se único e particularizado, devendo então ser protegido e resguardado, para que não seja usado inadequadamente.

Talvez manter em segredo o orunkó tenha surgido em anos longínquos, quando a religião era perseguida e seus adeptos precisavam recorrer a artifícios. Este novo nome do adepto da religião serviria até como um apelido ou um codinome, permitindo assim que a pessoa pudesse se locomover com mais facilidade.

86. O que é o orupí?

Orupí (*orupí*) é o nome dado ao ritual religioso que finaliza as funções de feitura do iaô, quando alguns elementos que participaram da iniciação são levados para a natureza. O local é previamente determinado pela divindade, e pode ser colocado nas águas doces ou salgadas, nas matas, nas estradas. Após o retorno dos que foram levá-lo, o iaô estará liberto de sua clausura e poderá juntar-se aos demais componentes do egbé, ficando, entretanto, por mais um período livre somente nas partes internas da casa de candomblé. Ele ainda terá mais alguns preceitos a cumprir para sua total liberação.

87. O que é o panã?

É um termo iorubá (*pònòn*) que denomina o ato de reinserir o iaô em sua vida cotidiana. Inicia-se pelo seu louvor ao orum e à luz do Sol, que ele não vê há vários dias. Ele receberá com prazer o seu calor e a sua claridade! A seguir, saudará simbolicamente a rua e seus vários caminhos. Agora, reaprenderá a usar os utensílios domésticos e relembrará as tarefas do dia-a-dia. Terá algumas proibições liberadas, que são necessárias para a sua lida diária. Este cerimonial ocorre num clima ameno e festivo, bem descontraído.

Em alguns Axés iorubás ou bantus ocorre também uma festividade chamada de "quitanda-do-iaô" ou simplesmente "quitanda", para o erê do iniciado, que neste dia é consagrado e diz a todos o seu nome. (O termo "quitanda" é proveniente do quimbundo *kitanda*, feira.) Em tabuleiros ou mesas são colocados à venda doces, frutas, comidas, objetos etc., por preços às vezes acima do normal. Esta divindade infantil se diverte e também diverte a todos. É costume que o dinheiro arrecadado seja revertido para o terreiro. A seguir, o iaô poderá retornar à sua vida particular, retomar seu lugar no mundo externo, liberado para sua nova vida. Entretanto, de acordo com seu sacerdote, ainda deverá observar algumas restrições, pois estará usando o seu quelê e a sua liberação total ainda demorará algum tempo!

Era costume, antigamente, que o iaô, após esses rituais, saísse para tomar a bênção aos seus mais velhos, de outros Axés. Atualmente poucas casas de candomblé o fazem. Este ato não deveria se perder, pois ele reforça os laços religiosos e unifica as nações-irmãs e deve ser motivo de orgulho que um Axé receba a visita de um "novo integrante" da religião. É sempre mais um a engrandecê-la e a ajudar a levantar a sua bandeira!

CAPÍTULO 10
Pequenos ensinamentos para o iaô que está de quelê

O iaô precisa seguir regras, formuladas de acordo com cada casa de candomblé. Descrevemos as mais usuais e as que achamos mais convenientes de ser escritas num livro. Passar aos seus filhos os fundamentos e as liturgias ficará a cargo dos babalorixás e das iyalorixás.

> 88. Algumas formas de bênção, como respondê-las e algumas saudações utilizadas no candomblé.

Pedir a bênção, no candomblé, faz parte da hierarquia e da rotina das casas, onde todos se cumprimentam, saudando-se e trocando bênçãos, num gesto bonito e humilde de relacionamento. A bênção é uma forma de demonstrar nossa humildade perante as divindades. Quando uma pessoa responde a um pedido de bênção, essa é uma resposta do orixá, utilizando-se de sua boca para se comunicar e de suas mãos para tocar naquele que a pediu. O homem não tem o poder divino de bendizer ou de abençoar seus semelhantes. Ele é somente a ferramenta utilizada pelas divindades.

Mas cada casa e cada nação tem sua forma peculiar de pedir e dar a bênção. Vamos citar algumas mais conhecidas:

Mukuiu – Mukuiu no Zambi (bantu)
Motumbá – Motumbá laxé/Motumbaxé (iorubá)
Mo jubá – Mo jubá laxé (iorubá)
Indáloimi – Serrusu napon (Jeje Savalu)
Kolofé (Kalofé, Kolonfé) – Olorum kolofé (nagô-vodum)
Mussalê – Mussalejí (fon)
Aó – Aotí (fon)
Benoí – Benoí aganjí (fon)
Aurê – Auretí (fon)
Musalê – Mussalerê (fon)
Essan – Essan irê (fon) – não é uma forma de benção; é usado como pedido de desculpas, ou para pedir licença para entrar em algum local)

E muitas outras.

Embora usada como bênção, *Mo jubá* é uma forma de cumprimento, de saudação entre as pessoas, significando "meus respeitos". Na nação fon as bênçãos são particularizadas de acordo com o vodum de cada vodunsi, e também de acordo com o vodum do sacerdote.

Quando pedimos bênção e nos curvamos perante as pessoas mais antigas da religião, demonstramos um profundo respeito e carinho para com suas divindades, e também pela sua representação dentro da religião. Seja qual for a forma de pedir a bênção, o importante é que este ato produza uma ligação divina de quem pede a bênção com aquele que lhe responde!

89. Como o iaô deve responder quando chamado pelo/a babalorixá/iyalorixá?

Na nação nagô-vodum é costume se responder *erô*, quando a pessoa é de orixá masculino. Se for de orixá feminino, *mojé*. Na fon, independentemente do vodum, o mais comum é responder *dê*, e no povo bantu, *emê*. Embora existam variadas formas, sempre em conformidade com cada casa de candomblé, o importante mesmo é que as pessoas se respeitem e ajam educadamente.

90. Por que o iaô deve recitar certos oriquís antes e depois de alimentar-se?

Para agradecer às divindades o alimento que lhe está sendo fornecido. Pelo uso rotineiro, dentro do rondêmi, na época da iniciação, ele deverá aprender várias rezas da religião, para saber como se comunicar com suas divindades quando precisar.

91. Por que o iaô, no seu período de resguardo, não deve cozinhar?

Quando o iniciado está usando quelê não pode lidar com o elemento fogo e ficar próximo de locais onde ele exista. É um período delicado, em que ele está muito suscetível a todas as energias. Então, ao permanecer perto destes locais, poderá causar instabilidades em seu axé e atiçar ou irritar Exu, o senhor da chama e da quentura. Tudo deve ser feito para não perturbá-lo nesta época! Existe também a possibilidade de, a qualquer momento, seu orixá chegar, e ainda não saber como agir diante daquela situação. A presença do iaô na cozinha deve acontecer somente em casos estritamente necessários, e sempre acompanhado. Um outro obstáculo é também a sua postura, meio curvada, até meio desajeitada para andar.

É por estas e outras situações que em muitas casas de candomblé, antigamente e mesmo nos dias atuais, as pessoas costumam passar seu período de iniciação dentro das roças. Se realmente precisarem regressar às suas residências, não poderão ficar sozinhas, necessitando de companhia permanente! Em muitos casos, o/a babalorixá/iyalorixá, de acordo com a necessidade, costuma liberar o iniciado para que possa utilizar-se deste elemento. Porém, é preciso o consentimento do orixá para a quebra desta interdição, o que ocorre com algumas ressalvas.

92. Por que o iniciado não pode comer certos tipos de alimentos?

Alguns alimentos são proibidos a todos os adeptos por serem renegados por quase todas as divindades. Alguns, porém, são proibidos por serem tabu, euó (èwò) para nossos orixás, para o nosso orí e também para o orixá do/a babalorixá/iyalorixá. Durante o período de recolhimento, o iniciado passa por rituais que limpam seu corpo e fortalecem seu orí. Ocorre, neste período, uma modificação nos seus hábitos alimentares. Esta transição é grande, então, sua vida cotidiana deve ser retomada parcial e vagarosamente. Os alimentos fazem parte desta sua nova etapa. Também precisam permanecer intactos as conquistas, os aprendizados e as regras que lhe foram ensinadas.

93. Por que o iaô não deve comer com talheres?

Este é um período de transformação, de abstinência dos costumes passados e diários da vida do iaô. O iniciado é um ser que está ressurgindo, portanto, em sinal de entendimento do seu novo *status* e de humildade, não poderá utilizar talheres para se alimentar. Até algum tempo atrás, era costume que os iniciados comessem em vasilhames de acordo com suas divindades, ou seja, em gamelas, pratos de barro, pratos najé, alguidares etc. O que julgamos mais correto, porém não podemos opinar ou orientar o que deve ser feito em cada casa. Atualmente, talvez levando-se em conta a higiene e acompanhando a evolução temporal, em muitos Axés já se permite que o iaô faça suas refeições com uma pequena colher de madeira e também que utilize pratos esmaltados, sem rachaduras. Evita-se assim que germes ou bactérias possam trazer doenças ou infecções para o adepto. É o candomblé se adaptando a mais uma necessidade exigida pela vida atual! Mas através desta flexibilidade e da condição de progredir dadas pela religião, seus fundamentos não devem ser perdidos e modificados. Cada sacerdote deve saber impor seus limites e dosar bem esta liberdade!

94. Por que o iaô só pode sentar e dormir em esteira durante seu resguardo?

Tudo que se refere ao iaô tem o sentido de humildade, de renascimento, de afastamento do contato com o seu antigo cotidiano. Ele precisa, durante este período, estar em contato direto com o seu lado religioso. E a esteira o liga à sua ancestralidade, é individual, faz parte de sua iniciação, devendo acompanhá-lo durante o seu resguardo caseiro. Em quase todas as casas de candomblé o iaô possui também um banquinho (*apotí*) individualizado, que carrega para onde for.

95. Por que o iaô não pode dormir de barriga para cima?

Não só o iaô, mas também todos os adeptos da religião não devem dormir nesta posição. Uma das explicações mais plausíveis é a de que os órgãos reprodutores, controlados por Oxum e pelas Iyamís, não devem ficar expostos e sem defesa, precisando de resguardo contra as más influências. Esta também é a posição das pessoas que morrem, que se encontram junto a Iku (a morte). A posição ideal é a de lado, em posição fetal.

96. Como deve ser o banho do iaô?

O banho do iniciado precisa ser feito com calma e delicadeza, evitando um choque brusco da água em seu corpo. É necessário evitar que o iaô se assuste. Tudo em sua nova vida é muito recente, seu orí está sensível. Desconhece os confortos da vida moderna! Em épocas bem remotas, quando ainda se viam rios límpidos, o iaô era banhado às margens destes rios, ou então os participantes levavam a água para a casa de candomblé. Esta água era reservada e colocada para "descansar", para logo após banhar o iniciado. Atualmente, em quase todas as casas de candomblé, o banho do iaô segue um mesmo ritual. Ele é acordado de madrugada e levado, coberto por um lençol branco, para a parte externa do terreiro. Ao lado do poço (ou cacimba) já está uma vela acesa; o iaô e a pessoa responsável por seus cuidados "batem paó", para "acordar o *tó*" (poço). A seguir, o iniciado se abaixa e é dado início ao seu banho. Após este, ele recebe um banho com folhas maceradas do seu orixá. A seguir, ingere um tipo de alimento específico para esta ocasião e retorna para o seu recolhimento, descansando novamente até o nascer do Sol.

97. Por que os iniciados só devem usar o sabão-da-costa em seu banho?

Este é um sabão neutro e purificador, confeccionado com ervas e favas, que deveria ser utilizado por todas as pessoas iniciadas no candomblé. O ideal, porém, seria que ele fosse feito dentro da própria casa de candomblé, porque no seu preparo seriam utilizadas as folhas dedicadas ao orixá do iaô ou seriam utilizadas folhas neutras, podendo ser utilizado por todos.

98. Por que o usuário do quelê não pode ter contato físico com outras pessoas?

O iniciado, durante seu resguardo, encontra-se em um período de grande sensibilidade e captação. Todo o axé do seu orixá está impregnado em seu corpo. Para não dispersar esta força, não deve ter nenhum contato com outras pessoas. Ele também desconhece seus sentimentos, se positivos ou negativos, com relação a ele!

99. Por que o iaô de quelê não pode se olhar no espelho?

O espelho tem mais relação com o sentido da hierarquização no candomblé, porque no passado ele era de uso exclusivo da realeza, dos mais abastados e dos mais velhos. Se o iaô é um recém-iniciado, usá-lo é uma quebra das normas!

100. Por que o iaô precisa andar de cabeça baixa?

Em respeito aos preceitos que levou em sua cabeça, e também para interiorizar-se com seu orixá. Ambos estão em um momento de união, de confraternização, quando cada momento pertence somente a eles. Este recolhimento só é conseguido sem a participação de outras pessoas. O período do uso do quelê é revestido de intensa sensibilidade a tudo e a todos. O iaô sente-se, em alguns momentos, abandonado, em outros rebela-se, porque está há muito tempo sem poder satisfazer suas vaidades ou necessidades. Encontra-se carente e solitário e um simples olhar pode despertar-lhe recordações, desejos, pensamentos e tudo isto deve ser evitado, para o seu próprio bem. Manter-se de cabeça baixa é, então, um modo de mantê-lo um pouco distante das demais pessoas. É também um modo encontrado pelos mais antigos de mostrar ao iaô que existe uma hierarquia para com os seus mais velhos. Esta submissão é necessária, desde que não seja transformada em humilhação. Ela deve ser ensinada como sendo um sinal de respeito àqueles que também já passaram por este período. É um procedimento já bem enraizado na religião e, como tal, deve ser obedecido, sem, contudo, permitir que adeptos mal informados possam tratar com inferioridade os iniciantes da religião.

101. Por que o iaô anda descalço na casa de candomblé?

Para demonstrar seu respeito a *Ilê*, a terra, e ser humilde perante os orixás. O sapato isola a ligação do homem com a energia que provém da terra. Colocar o pé no chão cria um interrelacionamento íntimo e firme com o poder da terra e com as forças da natureza. *Todos* os componentes de uma casa de candomblé deveriam permanecer descalços dentro dela. As próprias divindades agem assim quando chegam ao aiê! Se o homem não copiá-las, toda a hierarquização não tem sentido!

102. Por que o iaô não deve cruzar os braços na casa de candomblé?

Esta é uma proibição que deveria ser estendida a todos os adeptos do candomblé. Segundo os antigos, esta é a posição adotada pelos guerreiros poderosos, os *jagún/ajagún*, perante os homens, em sinal de superioridade, prepotência, autoridade e virilidade. Cruzar os braços pode mostrar a essas divindades que estamos querendo competir com eles, ou então conclamando-os a guerrear. É uma posição que também pode desagradar a Exu, o senhor dos cruzamentos.

103. Por que o iaô não pode andar sozinho na rua?

O recém-iniciado possui, neste período, muitas oscilações em seu novo contato com o mundo exterior. Qualquer perigo, susto ou perturbação pode desestabilizá-lo. Neste momento, seu orixá, para ajudá-lo ou protegê-lo, poderá se posicionar. Sendo assim, é necessário que o iaô tenha sempre ao seu lado uma pessoa preparada para qualquer casualidade, agindo como seu guardião e protetor.

104. Por que o iaô não deve estar na rua em determinados horários?

Em quase todas as religiões, certos horários, como seis horas da manhã, meio-dia, seis horas da noite e meia-noite são considerados sagrados e até perigosos. São horários principais e divisórios do dia e da noite. No candomblé, seis horas da manhã é considerada uma "hora fria", sem vida, pois a claridade é pouca e o Sol não está em sua força total, não transmitindo segurança nem calor. É o momento de mudança da noite para o dia, em que reinam as divindades limítrofes, que lidam tanto com a vida quanto com a morte. Meio-dia (12 horas), quando o Sol já está a pino e muito forte, é o horário mais usado para se fazer grandes feitiços nas encruzilhadas. Seis horas da noite (18h) é um horário limítrofe do dia com a noite, o ponto de interferência das energias que agem à noite (as Eléiyes e Exus). Meia-noite (0 hora) é outro horário poderoso para as magias dos cruzamentos. Então, se em algum desses horários o recém-iniciado tiver realmente necessidade de estar na rua, ou precisar atravessar encruzilhadas, precisa recolher-se em algum lugar ou estabelecimento e esperar passar alguns minutos para poder prosseguir no seu caminho.

105. Por que muitas vezes o quelê do iaô arrebenta?

O quelê é uma aliança com o orixá. Se este se ressente, por qualquer motivo, um de seus fios pode arrebentar, para não permitir que o orí se desestabilize ou se desestruture. É um dos modos das divindades mostrarem que algo não está correto! Quando a pessoa está de quelê, não deve permitir que assuntos desagradáveis ou dolorosos cheguem ao seu conhecimento. É uma época em que está sensível e fragilizada, sentindo-se muitas vezes abandonada, sem muito contato com o mundo exterior e sem diversão. Seu orixá está muito próximo e, se sentir nele o menor sinal de perigo ou infelicidade, poderá manifestar-se. Estas manifestações trazem mensagens subliminares que muitas vezes precisam ser decodificadas!

106. Após a retirada do quelê ainda existe algum resguardo?

Sim. O chamado "resguardo de Exu", que deve ser cumprido durante sete dias com muito cuidado, pois é a prova final da sua iniciação. Toda a sua abnegação e resignação agora são testadas por Exu. Após este período acontece a sua liberdade total!

CAPÍTULO 11
A nova vida do iaô no candomblé

107. O que significará o candomblé na vida do novo iaô?

A religião deve servir como um apoio na vida das pessoas, precisando estar presente em todos os seus momentos, sejam eles bons ou maus, quando se encontram enfraquecidas ou mesmo quando fortalecidas. Muitas vezes, a religião é para o ser humano uma bengala, um apoio divino. Ela surge na vida do homem como uma necessidade de proteção e direção; a primeira advém do medo e, a segunda, da esperança! O candomblé, como religião, é rico em significados e preceitos para todos os momentos e necessidades. Ele possui rituais de grande ajuda, com profundos e infinitos ensinamentos. O iaô participante e interessado em evoluir espiritual e moralmente, com presença constante em sua casa de candomblé, só terá a ganhar. Mostrando-se interessado, seus superiores e seus mais velhos serão seus maiores e melhores professores. Ele não terá necessidade de adquirir conhecimentos alheios e diferenciados, o que poderia acarretar seu desvirtuamento religioso.

O iniciado poderá conseguir no candomblé ajuda e solução para seus problemas, pois em nossa religião existe sempre uma forma de conseguir atingir nossos objetivos, se formos merecedores. A religião também nos ensina a aceitar melhor os desígnios de nossos orixás e a compreender nossos erros e fracassos. Ela também nos permite contorná-los e até mesmo modificá-los, com a permissão de Olorum e de nossos orixás. A vida do iaô no candomblé não será fácil e nem um mar de rosas, pois o aprendizado é longo e o caminho muitas vezes será árduo. Para alguns, a vida será prazerosa e engrandecedora, tornando-os aptos a seguir em frente para um segundo estágio, mais complexo. Já para outros, menos esclarecidos ou com ideais momentâneos, será um pouco menos compreendida. Mas todos encontrarão no candomblé pessoas e elementos que poderão ajudá-los a ver a vida por meio de uma nova perspectiva e a perceber um caminho religioso bem trilhado.

108. Por onde começa o aprendizado do novo iaô na casa de candomblé?

Não existe, no candomblé, um local específico onde tenha início a nova vida do iaô. Tudo para ele é novo e desconhecido, e seu aprendizado ocorrerá aos poucos. O ser humano depende principalmente da sua boa vontade para assimilar e aceitar novos conhecimentos. Com o iaô não é diferente: ele precisa querer e gostar de aprender! Alguns aprenderão com mais dificuldades; outros assimilarão com maior facilidade. Mas todos estarão dependentes de pessoas dispostas a ensiná-los!

Participando do dia-a-dia, presente em todas as ocasiões festivas da casa, enriquecerá seu vocabulário, reconhecerá cada utensílio utilizado no cotidiano, aprenderá a conhecer e a fazer alimentos para as divindades. Saberá a quais compartimentos da casa tem acesso e quais lhe são interditos. Com o passar do tempo aprenderá e reconhecerá cantigas e danças de cada orixá e, particularmente, do seu. Todo este aprendizado será mais rápido e simples se o iaô tiver tempo e disponibilidade para estar em contato constante com sua casa de candomblé. Neste período, ele constatará o complexo método hierárquico que existe na religião e conhecerá aquele pertencente ao seu Axé.

Prosseguindo num aprendizado constante, que deve ser prazeroso, conhecerá os meandros e o encantamento do barracão, local que recebe o público. Simples ou luxuoso, com seus enfeites naturais ou artificiais, este contém locais preparados liturgicamente e os instrumentos sagrados. O iaô passará a entender que este compartimento tem um valor tanto divino quanto profano. Preparado para receber, com pompas, seus principais e verdadeiros donos, as divindades, ele também recebe os seres humanos, que ali estão para saudá-los.

De acordo com seus dotes e sua sensibilidade artística, auxiliará na preparação das roupas e dos adereços dos orixás, ajudando também a vesti-los. Agindo e participando continuamente, demonstrando amor, companheirismo e perseverança, ganhará a confiança de seus superiores. Com o tempo, poderá participar também de funções pertinentes aos fundamentos da religião. Mas uma grande parte do seu aprendizado ocorrerá nas grandes cozinhas das casas de candomblé. É ali que conhecerá a riqueza de detalhes das comidas coloridas, repletas de aromas, sabores e segredos, preparadas a partir de liturgias particularizadas.

O candomblé é uma religião em que tudo tem seu tempo. Não é permitido adiantar ensinamentos. Quem se apressar terá seu saber ensinado pela metade, e não conhecerá a base ou os fundamentos! O aprendizado é lento, mas constante, pela sua importância e pelo poder que ele concede!

109. O que o iaô poderá trazer para o candomblé?

A grande contribuição do iaô para a religião é a sua chegada e, mais tarde, poder se tornar um novo transmissor de saberes e conhecimentos sobre a religião. Porém, o que o iaô traz de principal para todos da religião é a renovação do axé de uma casa de candomblé. Se não houvesse sua iniciação, o terreiro não teria movimentação, e a energia e a força da religião não seriam revitalizadas e revigoradas. Somente através deste novo componente é realizado o congraçamento da comunidade entre si e também com os demais participantes de outros Axés.

A partir desse entrosamento e dessa união, o iaô dará a sua contribuição para a religião, dedicando-se a levantar o nome do candomblé. E isto ele consegue agindo sempre com dignidade, humildade e honestidade. Independentemente de onde se encontrar, procurará manter-se com postura e sempre disposto a aprender e a ajudar. Respeitando, e também fazendo com que respeitem a sua posição de iaô, procurando sempre elevar o nome do seu Axé. Precisa estar sempre disposto a proteger e a ajudar seus irmãos, da mesma forma que será protegido e resguardado.

Percorridos os primeiros meses e anos de sua iniciação, o iaô já estará consciente de seus deveres e obrigações e também de seu valor dentro de seu Axé. Estará familiarizado com todos os componentes da comunidade e com os diversos segmentos que compõem a religião. Poderá ganhar, se merecer, uma função e autorização para se dedicar, primordialmente, a um determinado compartimento da religião, tornando-se, então, responsável por uma determinada liturgia. Com o tempo, aprimorará cada vez mais os seus conhecimentos e os partilhará com os novos iniciados. Dentro da comunidade todo o saber precisa ser dividido por todos que ocupam um mesmo patamar. Principalmente pela necessidade de não deixar que uma liturgia sofra interrupção, mesmo com a falta de um componente importante!

110. Qual o comportamento que o iaô deve adotar ao chegar à casa de candomblé?

O iaô deve ter, primordialmente, normas de conduta e de educação que possam ser usadas em qualquer momento de sua vida. Porém, quando chega à casa de candomblé, o iaô deve agir com a mesma disciplina que lhe foi ensinada nos seus dias de recolhimento. Ao adentrar no terreiro deve primeiramente descansar um pouco o seu corpo em local meio reservado (isto serve não só ao iaô, mas a qualquer pessoa). A seguir, ele deve tomar um banho comum, um outro de ervas, colocar sua "roupa de ração" e saudar os orixás externos, os quartos dos orixás e seu/sua sacerdote/sacerdotisa. Deve também tomar bênção aos seus irmãos mais velhos, às autoridades e aos demais irmãos. Logo após, deve se inteirar do que precisa fazer, pois numa comunidade grande como são as casas de candomblé, trabalho não falta! Um detalhe: os iniciados precisam aprender que quando adentram um terreiro estão pisando em solo sagrado, a "casa dos orixás", por isso devem estar sempre descalços, e que no topo desta casa estão os orixás, sendo o homem o seu subalterno!

111. Como deve vestir-se o iaô na casa de candomblé?

A roupa dos iniciados na religião também possui uma hierarquização. A iniciada deverá estar sempre com sua saia de baiana, camisu, calçolão, pano-da-costa e ojá na cabeça. O homem, com calçolão largo e camiseta. As roupas deverão ser sempre muito limpas e de tecido forte, sem transparência. Conforme forem acontecendo as obrigações de passagem de tempo, o iniciado irá modificando seu vestuário. A mulher poderá usar *bubá*, uma roupa em estilo africano, tipo vestidinho, branca ou estampada, e o homem, um calçolão e um bubá curtinho, tipo blusa. Para aqueles que já tenham completado mais de 21 anos de iniciação e que estejam com suas obrigações em dia, será comum o uso do *alacá*, uma vestimenta africana mais elaborada.

Este rigor, as modificações e divisões no vestuário dos adeptos da religião só são encontrados na recriação do candomblé no Brasil. Na África estas roupas fazem parte do uso diário. A saia engomada e rodada das baianas é uma incorporação luso-brasileira, vinda da época da escravidão. As senhoras, as sinhazinhas, davam para suas mucamas as saias que não mais usavam. Estas, muito jeitosamente, davam graça e enfeitavam ainda mais estas roupas. Com o tempo, tornou-se habitual seu uso para as festividades do candomblé.

112. Qual o relacionamento do iaô com as pessoas que se iniciaram juntamente com ele?

É produzido um relacionamento variado, mas eterno, entre os integrantes do grupo. Quando várias pessoas se iniciam ocupando o mesmo quarto, são chamadas de "irmãos-de-esteira". Esta iniciação produz entre eles uma hierarquização e uma aliança, que vão uni-los às vezes mais do que aos seus próprios familiares sangüíneos! Em algumas casas, é costume que se separem os iniciados pelo sexo. Mesmo assim, a iniciação será conjunta e todos serão considerados "irmãos-de-barco", mas, como não compartilharam o mesmo rondêmi, não serão chamados de "irmãos-de-esteira". Todos porém serão "irmãos", pois foram "iniciados" na mesma casa e pelo/a mesmo/a sacerdote/sacerdotisa!

Existem Axés muito antigos que são dirigidos há vários anos por algumas gerações de babalorixá/iyalorixá. Nestas casas, novos filhos vão sendo consagrados e, assim como aqueles iniciados mais antigos e pertencentes às primeiras gerações, são chamados de "irmãos-de-axé". Estes anciãos são pessoas fiéis às suas raízes e aos poderes dos seus ancestrais. É justamente pela presença destas pessoas que o candomblé não se extingue e resiste a todas as transformações. Eles recebem as novas gerações como irmãos e componentes de uma grande família que não pára de crescer! Como prêmio, dão aos seus componentes a proteção e o aconchego que procuram, e sabem que quanto mais iniciados surgirem, maior será o movimento do Axé e mais alto estará o nome da religião!

113. Como deve proceder o iaô nos dias de festa na sua casa de candomblé?

Seu procedimento deverá ser o mesmo adotado por todos os demais integrantes da casa. Ao iniciar a festa já deve estar paramentado, com suas roupas bem limpas e bem passadas, não importa se simples ou vistosas. Precisa estar com seus fios-de-conta e seu moçã, de acordo com as normas da sua casa. O iaô não deve sair do salão sem pedir licença a uma autoridade. Se o seu orixá chegar e após ser desvirado, o iniciado deve retornar ao barracão, procurando o lugar que ocupava anteriormente. No momento em que estiver no terreiro não deve conversar ou participar de cochichos. Numa festa na casa de candomblé as pessoas estão para cantar, dançar, prestigiar e agradar aos orixás que retornam ao aiê.

É normal que os dias de festividades sejam aqueles mais movimentados e de grande nervosismo para todos. É um conjunto de pessoas de diversificadas personalidades e condições sociais movimentando-se e ajudando para que tudo transcorra com perfeição. Na cozinha, um grupo prepara as comidas. Equedes, ogãs, ebômis e iaôs atarefados, num grande vai-e-vem, para que tudo transcorra na mais perfeita alegria e harmonia.

Ao término da festa das divindades, o iaô, acompanhado pelos demais, deverá esmerar-se no atendimento aos convidados da sua casa de candomblé. Neste momento, a comunidade demonstra o seu agradecimento a todos aqueles que vieram prestigiar a festa. O iaô deve inteirar-se do procedimento para ajudar e também conhecer o seu lugar dentro da religião. Precisa saber respeitar e se fazer respeitar pelas autoridades. A hierarquia é para todos. Como ela é mutável, depois de alguns anos o iaô também poderá tornar-se uma autoridade, e irá repassar o que lhe foi ensinado.

114. Como o iaô deverá se relacionar com os integrantes da sua casa de candomblé e da religião?

O iaô, como todos aqueles que vivem em comunidades ou relacionam-se em grupos, deve ter primordialmente educação e simplicidade para aprender. Ele precisa manter um bom relacionamento com todos. Algumas vezes esta relação pode tornar-se complicada, porque a hierarquia do candomblé é muito distorcida por alguns. Mas ela é também maleável, e com um pouco de boa vontade tudo é resolvido! Com o tempo, o iaô estará conhecendo as pessoas e as autoridades mais chegadas à sua casa e aprenderá a fazer as devidas saudações. Dentre os atributos de relacionamento está também a sua convivência e atenção com as divindades, quando estas se encontram no terreiro. Reverenciá-las, acarinhá-las e respeitá-las, procurando estar ao seu lado quando solicitado e satisfazendo suas ordens onde quer que estejam, são grandes provas de atenção e de delicadeza.

Nos tempos iniciais, o iaô precisa ter paciência e boa vontade para aprender tudo aquilo que lhe é devido e de direito! Não precisa adiantar seus ensinamentos, porque não traz benefícios para seu crescimento dentro da religião. Tudo lhe será ensinado no momento certo e na ocasião apropriada. É necessário passar tranqüilamente por todas as etapas para se tornar, no futuro, um grande vencedor. Mais tarde saberá transmitir e ajudar outros com o conhecimento que acumular. Enfim, para haver uma boa convivência em locais pluralizados, com pessoas de variadas idades, diferentes condições sociais e pensamentos, só é necessário um pouco de boa educação, de boa vontade e de respeito!

115. Quais são os os direitos e os deveres do iaô como um participante da comunidade?

O iaô, como um cidadão, um ser humano e por estar reivindicando um lugar na comunidade religiosa, tem o direito de ser respeitado. O simples fato de ser o iniciado a primeira pessoa na escala hierárquica da religião não dá a ninguém o direito de submetê-lo a situações vexatórias ou de humilhação. Este tipo de tratamento muitas vezes ocasiona o abandono da religião por algumas pessoas. Muitas pessoas não estão acostumadas e não aceitam este tipo de atitude. É também direito do iaô obter ensinamentos e orientação durante seu tempo de aprendizado. Estes serão conseguidos sempre através do saber do seu sacerdote e dos seus irmãos mais velhos, e de sua maior participação no dia-a-dia da casa. Seu relacionamento com os membros da comunidade fará com que conheça e saiba respeitar as funções de todos. Ele tem o dever de tomar conhecimento dos limites de sua liberdade religiosa, de conhecer os interditos da sua divindade e da religião. Precisa obedecer a seu babalorixá, seu superior hierárquico e responsável por todos da casa. E ser submisso perante qualquer divindade, seja de um iaô ou de um ebômi, porque as divindades não possuem idade cronológica! E o iaô tem o dever de respeitá-los, mas também o direito de se aproximar deles!

116. Alguns tipos de comportamentos poderão se transformar em transgressão.

Algumas ações não devem ser praticadas dentro das casas de candomblé, principalmente naquelas mais antigas e, conseqüentemente, mais rígidas. Algumas levam estas transgressões muito a sério. Vamos enumerar algumas destas atitudes transgressoras para que as pessoas as evitem e não passem por constrangimentos:

1. somente as pessoas de orixás femininos podem usar ojás com "orelhas" em ambos os lados;
2. filhas de orixás masculinos usam ojás com uma só ponta aparecendo, sempre do lado esquerdo;
3. pessoas de orixá masculino carregam a esteira apoiada sobre o ombro direito;
4. as/os filhas/os de orixá feminino levam a esteira debaixo do braço;
5. pessoas iniciadas, homem ou mulher, de orixá masculino, não levantam a esteira do chão;

6. somente as/os filhas/os de orixá feminino carregam as flores dentro da casa de candomblé e as arrumam nos vasos, para enfeitar;
7. é proibido às/aos filhas/os de determinados orixás masculinos usar brincos do tipo argola dentro da casa de candomblé. Estes somente são permitidos às filhas de Orixalá, Oxumarê, Xangô e Logunedé, porque estes orixás também fazem uso destes adornos, mas são proibidos aos iniciados de Exu, Oxóssi, Omolu, Ogum, Tempo, Iroco, Ossâim e Oxaguiã;
8. filhas/os de orixá masculino não pegam em bichos de pena nas obrigações do terreiro; somente as/os filhas/os de orixá feminino o fazem.

Estes são apenas alguns interditos que são entendidos e devem ser respeitados. Porém, só podem ser seguidos em casas onde exista um número muito grande de iniciados. Em outras, com falta de mão-de-obra humana, com certeza, muitos destes preceitos não poderão ser seguidos!

CAPÍTULO 12
O aprendizado na cozinha

É na cozinha que se sussurram os fundamentos, se escondem os segredos, mas é também de onde surgem as cores, os sabores e os perfumes que encantam as divindades e avalizam os mistérios que existem entre o orum e o aiê.

Deste local sai o ajeum, alimento e sustentáculo de homens e divindades, que congrega e une toda a comunidade!

117. O que é o ajeum?

A palavra ajeum (*ajeun*) é a contração das palavras *awa* (nós) e *jeun* ou *jê* (comer) transformada poeticamente em "comer juntos", uma refeição grupal, comunal. O horário do ajeum, no candomblé, é um momento solene, em que ocorre a reunião da comunidade em torno de um alimento comum. É um momento de confraternização, encontros e reencontros, do qual participam até mesmo os visitantes da casa. Um momento de equiparação, quando o alimento é dividido para produzir uma comunhão. As comidas servidas aos integrantes e amigos da casa podem ser feitas por qualquer pessoa que saiba cozinhar, diferentemente do que ocorre na confecção da comida das divindades.

É norma no candomblé oferecer a comida uns aos outros, com formas distintas de ofertar e de agradecer. Também no horário das refeições existe uma hierarquia. O/a sacerdote/sacerdotisa tem seu lugar resguardado à cabeceira da mesa e só participam de sua mesa aqueles por ele/a convidados, iniciados ou não. Os iaôs que estiverem de preceito comerão sentados em suas esteiras, em locais mais resguardados. Os demais sentam-se em seus respectivos banquinhos.

O termo ajeum é muito abrangente, não se refere somente à comida destinada aos homens, porque também é denominativa da comida destinada aos orixás. Para o seu preparo, porém, são exigidos alguns preceitos, tanto na montagem como na entrega. Muitas vezes o homem compartilha com o orixá o mesmo alimento que lhe é ofertado. Este momento provoca a distribuição e a movimentação do Axé da casa, fortalecendo e trazendo um maior entrosamento das forças divinas com o homem. O alimento faz o ser humano mais feliz e proporciona um melhor equilíbrio e harmonia na comunidade!

118. O que é adimu?

São as "comidas secas", também chamadas de ianlé (*iyánlé*, em iorubá) ou inhale, oferecidas às divindades, sem a utilização de imolação de animais. São consideradas "comidas secas" aquelas preparadas para os orixás que necessitem ser levadas ao fogo para cozinhar ou que podem ser preparadas manualmente, como certos tipos de farofa. Neste grupo também estão incluídas frutas, favas, doces etc.

119. Qualquer iaô poderá participar do preparo das comidas dos orixás?

Não. Cozinhar é uma das tarefas mais cotidianas e de menor valor na maioria das civilizações. Porém, no candomblé, cozinhar para as divindades é uma função primordial e um privilégio de poucos, geralmente executada por mulheres muito especiais dentro da religião. Para a confecção das comidas dos orixás uma pessoa é preparada pelo sacerdote durante um bom tempo, e esta se dedicará somente a isso dentro de sua casa de candomblé. Geralmente é designada uma mulher que seja iniciada para uma divindade feminina (iyabá), e que passará a ser chamada de *iyabassé*. Através do exercício constante desta função, adquirirá um bom conhecimento prático e técnico, tornando-se a responsável pela confecção das comidas litúrgicas. Em alguns Axés, após certo tempo de iniciação, dedicação e participação mais ativa na casa de candomblé, algumas pessoas recebem permissão para ajudar a iyabassé no preparo dos alimentos sagrados.

Embora nem todo iaô possa participar da confecção das iguarias sagradas, é necessário que todos saibam o mínimo indispensável. Numa necessidade, o sacerdote precisará recorrer àqueles que estiverem à sua disposição, porque uma casa de candomblé não vive somente de preceitos com hora e dia marcados.

120. Qual a representação de "ofertar comida" às divindades?

"Dar comida" aos orixás é um momento que produz harmonia e comunhão e que provoca um elo de ligação entre ambos. O dinamismo e a força do candomblé estão em torno das oferendas e dos alimentos. Este momento é uma forma de restituir às divindades e à terra uma parte do que elas nos fornecem. No momento da distribuição e da consagração dos alimentos é feito um intercâmbio entre os orixás e o egbé. O alimento faz parte do axé de uma casa!

(É importante um pequeno esclarecimento aos nossos leitores sobre o termo "dar comida ao orixá". As divindades não têm a mesma acepção que o ser humano no que diz respeito aos alimentos. Orixá não come, ele recebe somente a essência, o perfume! Para ele, a apresentação dos alimentos também é importante, por isso estes não precisam permanecer muito tempo, para não estragar perto de seus igbás. Após retirada, a comida é entregue à natureza, às águas ou à terra, que vão então reintegrá-la ao seu elemento, fazendo uma renovação, dando vida a novos alimentos.)

Para que se consiga a consagração dos alimentos é preciso saber fazer a perfeita combinação e a mais correta manipulação dos elementos participantes da sua confecção. É a partir desta junção que eles serão transmissores e condutores de axé. Esta combinação tem características peculiares. Cada alimento tem formas, cores, aromas e sabores próprios, que irão ativar ou trazer calmaria, dependendo de como e para quem serão preparados e ofertados. Tudo que oferecemos aos orixás tem caráter de troca, de agradecimento ou de pagamento de algo alcançado. Nossas oferendas servem ainda como prevenção contra problemas futuros, ajudando a minimizar sofrimentos ou desilusões ou trazendo energia e força para nossa lida diária!

121. Qual é o procedimento para o preparo das comidas sagradas?

Cozinhar para os orixás exige um coração purificado, um corpo limpo e muita vontade de servir a eles e à religião. Isso é necessário para que se consiga produzir uma perfeita sintonia com estas forças! Antes do início do preparo das comidas são necessários certos cuidados, como: reverenciar certas divindades e jogar água e alguns elementos na rua para apaziguar e pacificar Exu e as Iyamís, a fim de evitar interferências e perturbações desnecessárias.

Os responsáveis pela cozinha precisam estar paramentados com suas roupas religiosas e fios-de-contas para poder dar início aos quitutes dos orixás. A partir deste momento, ninguém mais sairá da casa e aqueles que chegarem não poderão entrar na cozinha. É costume em algumas casas arrumar igbás de certas divindades para colocar dentro da cozinha, procurando assim produzir um maior controle, uma melhor estabilidade e ajuda no equilíbrio geral. A cozinha precisa estar imaculadamente limpa, com as pessoas falando em tom baixo e sem conversas inconvenientes. Rusgas e desavenças precisam ser esquecidas! Ali todos devem sintonizar-se perfeitamente, pois estão a serviço dos orixás. Cozinhar para as divindades é muita responsabilidade, porque um erro pode trazer transtornos para todos! Se o erro for involuntário será perdoado, mas se ocorrer por irresponsabilidade poderá provocar muitos problemas a quem o causou ou a toda a comunidade.

Existem algumas comidas que são preparadas em locais restritos, fora da cozinha, e confeccionadas somente por uma pessoa. Outras são ensinadas pelo/a sacerdote/sacerdotisa que, no entanto, não participa de seu preparo. Alguns alimentos são feitos em fogão de carvão ou à lenha, afastado de todos. Estas comidas pertencem a divindades muito velhas, como Oxalá, aos voduns Nanã, Omolu, Iewá e a outros que exigem cuidados especiais na confecção de suas comidas, por serem arredios e de difícil trato. Se suas oferendas forem preparadas de forma incorreta poderão até mesmo repudiá-las. Um outro orixá cuja comida tem que obedecer determinadas normas no seu preparo é Oxaguiã. Cozinhar e preparar seu alaguiã exige preceito!

Cuidado redobrado deve ser tomado pelas pessoas que irão cozinhar para Babá Egum. Todos os envolvidos nesta função precisam estar com o corpo limpo antes de começar a trabalhar. O silêncio na cozinha e na casa, em geral, terá que ser total. A indumentária usada é toda branca, incluindo umbigueira e contra-egum. As mulheres devem estar com a cabeça coberta, usando ojá branco e o icodidé. As comidas são bem diferenciadas das dos orixás. As partes internas dos animais sacrificiais, os miúdos (ixés), em algumas casas, são preparadas em fogão de lenha, em panelas de barro ou de pedra, em local afastado.

Em alguns Axés, quando a mulher está menstruada não deve cozinhar ou fazer qualquer outra coisa para Babá Egum ou para Exu. (Há controvérsias!) Babá Egum e Exu são divindades que exigem respeito às suas especificidades. Têm, porém, nesta situação uma sincronia: o sangue afasta Egum, porque representa a vida; porém, atiça e esquenta ainda mais Exu.

A cozinha da casa de candomblé é a parte primordial na produção do axé. É nesse espaço físico que se produzem as oferendas que ligam o homem com as divindades. E neste cômodo todos precisam se entender, porque a comida e a bebida produzem a união, o amor e trazem alegria e confraternização!

122. Como é feita a entrega das comidas aos orixás?

Esta entrega deve transcorrer num ambiente de total harmonia, muita limpeza, fé, amor e união. No geral, todos seguem um padrão, porém cada Axé cria ou modifica seu modo de oferecer os presentes. É um ritual muito bonito, com os iniciados enfileirados obedecendo o tempo cronológico de sua iniciação, descalços, vestindo roupas coloridas ou brancas, com seus fios-de-conta. Geralmente a ordem de entrada obedece a do xirê dos orixás. Cada um carrega uma vasilha com a comida, podendo ser ou não a do seu orixá. Na frente está o/a babalorixá/iyalorixá tocando o adjá e entoando cantigas específicas para a ocasião. Compenetrados, os participantes rodeiam o centro do barracão, seguindo para o local onde serão entregues as oferendas. Cada um se abaixa ao entregar à autoridade que preside a cerimônia a vasilha de comida, que é colocada no chão, ou em cima do igbá. A seguir, todos juntos cantam para saudar as divindades, fazendo uma confraternização festiva do homem com elas. Finalizando, todos se saúdam, do mais novo ao mais velho e, em conjunto, ao/a babalorixá/iyalorixá.

Para os orixás é um momento de grande regozijo, é a reunião da comunidade num ritual em prol da harmonização e do equilíbrio de cada um e do Axé.

123. Onde devem ser guardadas as comidas que serão ofertadas aos orixás?

Tudo que se refere a orixás exige limpeza e recato. Os quitutes dos orixás, quando prontos, são arrumados em recipientes próprios e guardados em quarto limpo, arejado, afastado e resguardado de olhares curiosos. São colocados em esteiras, no chão, e cobertos com panos imaculadamente brancos ou estampados, sempre dependendo das divindades a quem serão ofertados.

124. Quais os recipientes usados para acondicionar as comidas dos orixás?

Para cada tipo de orixá existe um vasilhame próprio. Ele pode ser confeccionado com materiais e formatos diferenciados, tendo cores e tamanhos variados. Para Exu, Ogum e Obaluaiê utilizam-se alguidares de barro. Para as iyabás, tigelas arredondadas, brancas ou coloridas, de barro ou de porcelana. Para Xangô, gamelas feitas de madeira. Para Ibeji, prato de barro (*najé*) ou enfeitado/pintado com motivos infantis. Para os orixás funfuns, recipientes brancos, de preferência de porcelana. A comida deverá ser acondicionada de forma a ter boa apresentação e um aspecto bem atraente para agradar à divindade a que se destina.

125. Quais são as comidas preferidas de cada orixá?
A comida de cada orixá é preparada com temperos diferenciados. Para alguns é usado o azeite-de-oliva ou cera de ori, em outras coloca-se azeite-de-dendê (*epô pupá*). Certas comidas levam sal. Em outras é colocado muito pouco sal ou completamente retirado. O preparo de cada alimento sagrado tem seus segredos. O iniciado aprenderá todos os detalhes, sentindo a beleza e o sabor que provêm da cozinha e dos alimentos dos orixás.

Como acompanhamento essencial de todas as comidas sagradas coloca-se um acaçá, o alimento que pacifica e harmoniza.

Cada divindade tem preferência por um ou vários tipos de comida. Vamos falar das generalidades.

Exu – gosta de peterê, uma comida preparada com miúdos bovinos; aprecia também uma farofa feita com azeite-de-dendê ou azeite-de-oliva.

Ogum – sua preferência é o ixu, o inhame-do-norte assado na brasa ou cozido. Recebe também produtos da agricultura, como milho e feijões torrados.

Oxóssi – a comida predileta é o axoxó, feito com milho vermelho cozido, enfeitado com lascas de coco e, algumas vezes, com um bom pedaço de carne por cima. Aprecia também o abadô, preparado com canjica vermelha, e o dôia, comida feita com a massa do feijão fradinho.

Omolu – de gosto variado, sua preferência é o doburu (*duburu*), a pipoca; aceita o onipopô, uma comida preparada com feijão preto; o lapatá e o latipá.

Logunedé – adora omolocum enfeitado com peixe de água doce frito. Aceita os mesmos alimentos que seus pais, Oxóssi e Oxum.

Oxumarê – aprecia batata-doce; gosta de salada de frutas enfeitada com folhas de obó (rama-de-leite).

Ossâim – a ele são ofertadas espigas de milho; farofa de mel com alho e fumo de rolo; feijão-fradinho torrado enfeitado com fumo de rolo e muitas fitas coloridas.

Oxum – sua predileção recai sobre o ipeté, o omolocum e o *ádo*.

Oiá – adora acarajé, amalá e lapatá.
Obá – gosta de bolo de feijão-fradinho, acarajé e abará.
Iewá – aprecia banana-da-terra frita e um pirão de batata-doce bem molinho. (Suas comidas devem ser preparadas e ofertadas somente por mulheres.)
Iroco – muito ebô, farofa de dendê, acaçá e raízes.
Xangô – adora amalá de quiabo; pirão temperado, preparado com aipim (macaxeira); ogbè guirí; abará; ajabó. O amalá para Baru pode ser preparado com folhas-de-bredo, de maravilha, de caruru ou de língua-de-vaca.
Iemanjá – sua comida predileta é o ebô iyá, preparado com canjica, camarão seco e azeite-de-dendê ou azeite-de-oliva. Gosta muito de dôia e também do efurá temperado.
Nanã – esta vodum gosta de ebô e de doboró, preparado com feijão-fradinho. Também aceita o latipá.
Oxaguiã – sua preferência é inhame cozido pilado (alaguiã); acaçá e raízes.
Obatalá – só aceita alimentos funfun (branco), como o acaçá, alimento a ele consagrado; e o ebô; e o inhame cozido pilado; e o efurá, comida preparada com arroz branco bem cozido e temperado. (O ebô, por ser consagrado a este orixá, também pode ser oferecido a todas as demais divindades.)

No Brasil, as divindades também aprenderam a receber certas frutas e doces, por causa da nossa exuberante e pródiga natureza e pela variedade da nossa culinária.

CAPÍTULO 13
A bandeja de temperos na liturgia

No candomblé, os temperos são primordiais no preparo dos alimentos religiosos, porque são eles que colorem, dão sabor e perfumam. São estes ingredientes que levam até as divindades a essência e o aroma que proporcionam a sua união com os homens!

126. Qual o significado do azeite-de-dendê?

O azeite-de-dendê tem a função de legitimar como africana a religião dos orixás, porque é consumido exclusivamente pelo candomblé. Tornou-se, então, o símbolo do sangue africano. Sua árvore representa a própria África no Brasil.

Também chamado de *epô pupá*, pelos iorubás, ou de *mazi*, pelo povo bantu, é um óleo de cor vermelho-amarronzada, extraído por prensagem do fruto do dendezeiro.

É muito utilizado para os orixás denominados "quentes e aguerridos", que participam ativamente da casa de candomblé em quase todos os momentos, a começar por Exu e Ogum. O seu uso, contudo, não é exclusivo destes dois orixás. Também ao ser humano é dado o privilégio de saboreá-lo, como ingrediente principal ou como coadjuvante em variados tipos de comida.

Possuidor de um aroma exótico e forte, tem a relevante função de ser propulsor da energia, do dinamismo e da vitalidade da cor vermelha, representando o movimento. Mas também produz a calmaria e o apaziguamento ao ser oferecido àqueles orixás que se caracterizam pelo aspecto turbulento e aguerrido, como Ogum e Exu. Neste aspecto, o azeite-de-dendê serve como um símbolo que distingue os orixás, agindo como um divisor dentro da religião e do sistema simbólico dos orixás. De um lado, estão os denominados "orixás do dendê" e, do outro, os chamados "orixás funfuns", que não aceitam o azeite-de-dendê. Porém, dentro deste panteão existem alguns orixás que aceitam pequenas porções do azeite-de-dendê, produzindo assim um contrabalanço entre a placidez e a sua personalidade dinâmica e enérgica.

Dentro de uma casa de candomblé, além do uso na culinária, o dendê tem várias outras utilidades porque participa também da confecção de sabão e de velas; reforça alguns assentamentos; lubrifica ferramentas de certos orixás; amacia o couro dos atabaques etc.

O consumo do azeite-de-dendê reforça sempre as raízes africanas em nossas vidas, e nos permite ver essa cultura advinda de outros povos reinterpretada em nosso dia-a-dia, trazida de além-mar e nos oferecendo seu cheiro, seu sabor e todo seu encantamento mágico-sagrado.

127. Qual o significado do azeite-de-oliva?

É um produto participativo das substâncias chamadas brancas, pertencendo aos elementos frios, tidos como aqueles que acalmam e apaziguam. O azeite-de-oliva (*epô funfun*, para os iorubás e *mazi*, para a nação bantu) é muito utilizado nas comidas dos orixás funfuns.

128. Qual o significado do adim?

O adim (ou *aláàdí*) é um óleo branco extraído da amêndoa interna do caroço de dendê. É um substituto do azeite-de-dendê nas iguarias para Orixalá, sendo renegado por Exu. Assim como o azeite-de-oliva, está inserido nos elementos ditos "frios", pertencendo à cor branca.

129. Qual o significado do mel?

O mel possui o simbolismo da doçura, da delicadeza e da calmaria, proporcionando um bem-estar físico e divino. É chamado de *oyín* pelos iorubás e de uíque (*owiki*) pelos bantus, palavras que dentro da religião se referem também ao açúcar. Chamado de "o sangue das flores", o mel é considerado como o sangue vermelho do reino vegetal. Pelo seu sabor suave é chamado de "alimento dos deuses" em algumas outras religiões antigas. Personifica também a fecundidade, o amor e a feminilidade. Está associado e pertence à iyabá Oxum, mas é aceito por vários orixás, apesar de ser um poderoso interdito para o orixá Odé.

130. Qual o significado do açúcar?

O açúcar, chamado pela nação bantu de uíque (*owiki*), significa coisa doce e tem mesmo a representação de adoçar, com o objetivo de pacificar e acalmar, sendo um perfeito substituto do mel. É um elemento retirado de produtos da natureza, que podem ser cana-de-açúcar, beterraba ou outros.

131. Qual o significado do sal?

O sal (*iyò*, em iorubá, e *múngua*, na nação bantu) é a simbologia da vida, porque transmite força, produzindo atividade. É um condimento vitalizador das energias, que traz agitação e também estabiliza, faz evoluir e ajuda na manutenção do mundo. Nos seres humanos aumenta a pressão arterial se consumido em excesso, mas sua falta pode também ocasionar a morte.

Substância retirada da natureza, do reino de Olocum, desde os primórdios das civilizações é considerada essencial e indispensável a todos os tipos de seres viventes. Anterior e incentivador da criação do dinheiro, o sal já era usado como moeda de troca nas compras e vendas entre os egípcios, os romanos, os gregos e até mesmo entre as variadas etnias africanas. No antigo Egito era costume salgar os alimentos para sua melhor conservação.

Embora faça parte dos elementos frios e da cor branca, ele também pertence aos elementos tidos como fortes, excitantes e ativos, sendo parte dominante em tudo que participa. Estas características descredenciam seu uso em excesso para os orixás da criação, os funfuns. Para estes, a sua falta não traz nenhum desequilíbrio ou desestabilização, pois é parte integrante e primordial do seu axé e está relacionado e interligado à criação da vida!

O sal é proibido para Babá Egum, divindade ligada à imobilidade, à placidez e à calmaria. A Exu, porém, é oferecido em grande quantidade, por ser um elemento potencializador, que ativa as moléculas e o ajuda na produção da movimentação e do dinamismo que proporciona aos seres vivos.

Sua dosagem nas comidas sagradas deve ser pequena, somente para dar sabor e prazer. Muitos outros temperos usados nas comidas litúrgicas já contêm sal, como o camarão seco, muito utilizado nas comidas de Xangô, Iansã, Oxum e alguns outros orixás. Deve-se ter muito cuidado com o seu uso, porque o excesso de sal pode atrair a fúria de certas divindades, e a sua falta pode desagradar a outras. As divindades possuem peculiaridades que precisam ser conhecidas!

O sal é vida porque teve surgimento nas águas, o princípio do mundo. É ele que, através dos tempos, vem proporcionando vida e sabor às nossas comidas e às de nossas divindades!

132. Qual o significado da água?

A água (*omí*, para o iorubá; *essim*, para o fon, e *maza*, *amaza* ou *amazi*, para os bantus) representa o início da vida e traz o crescimento e a agitação. Dentro do candomblé, a água detém o simbolismo de pertencer ao poder dos orixás da criação e ao poder genitor feminino. Elemento indispensável a todo ser vivente, ajuda a renovar o ciclo de vida na terra. Matando a sede e participando dos alimentos, ela é também essencial ao corpo, retirando as impurezas e trazendo paz e harmonia. A água é a energia que nos revigora!

Uma terra ressecada não tem condições de criar e manter vidas ou proporcionar o equilíbrio no mundo. Somente o poder da água poderá revigorá-la, devolvendo-lhe a vida, o frescor e a umidade.

Quando jogamos água no chão, reverenciamos a terra e também devolvemos a ela o líquido que irá apaziguá-la e refrescá-la. Assim procedendo propiciamos a fecundação, a geração e o surgimento de novas formas de vida, um novo ciclo da natureza.

Todas as formas de água, sólida, líquida ou gasosa, doce ou salgada, são consideradas o "sangue branco da terra". Existe, contudo, uma distinção entre a água que brota do ventre da terra e aquela que cai do céu, a água da chuva. A primeira pertence às várias qualidades de iyabás (Oxum, Iemanjá, Nanã, Iewá etc.). A segunda nos remete a Obatalá. A água tem uma conotação ambivalente, pertence ao elemento feminino e também ao masculino, contudo, fixando-se na categoria do frio e da tranqüilidade da cor funfum.

No mesmo patamar do elemento água, podemos inserir a *água de ekó* ou *omi torô* ("água de preceito"), que é a água resultante do cozimento da canjica branca. Esta água é usada para diversos fins dentro do candomblé, seja qual for a nação, pois produz calmaria e propicia o equilíbrio das pessoas. É utilizada em banhos, na segurança dos portões dos terreiros, nos quartos das divindades etc. Temos também o *omi eró* ("água do segredo"), proveniente da maceração de folhas sagradas, usada em sacudimentos, banhos etc.

Sem a água, a vida seria impossível, porém com água em excesso o mundo não resistiria! Com seu poder e sua força, a água destrói em pouco tempo o que foi construído em anos! E isto é o resultado da falta de respeito do homem para com a natureza. Ela e as divindades estão aí nos mostrando isto a todo momento!

133. Qual o significado das bebidas alcóolicas?

As bebidas alcóolicas e fermentadas fornecem o vigor e a força que as divindades dividem com os homens. Os iorubás denominam de *otí* as diversas espécies de vinho e espumantes, e de *otí funfun* a cachaça, no Brasil. Na nação bantu, em seus variados dialetos, temos *maluvo, malavo, malufo* ou *diluvu*, nomes que caracterizam o vinho-de-palma, mas que é usado nos dias atuais para os variados tipos de vinho. Eles possuem também o vocábulo *gronga*, que corresponde a todas as bebidas alcóolicas. O consumo de bebida, na Antiguidade, simbolizava amadurecimento e ascensão social, e seu uso era restrito a locais e horas a ela destinados. Mas trazia também descontração e alegria nas reuniões familiares, religiosas e sociais.

Ofertar bebidas às divindades é também um sinal de respeito à sua senioridade, e a quantidade oferecida a eles é uma divisória comportamental, podendo trazer furor ou causar um entorpecimento. Numa perfeita divisão, os orixás "quentes e turbulentos" se utilizam do vinho tinto ou rosê, do gim etc. Os orixás "calmos e lentos" preferem vinho branco ou champanhe. O Bára segue os mesmos moldes do orixá da pessoa, porque o acompanha em suas definições alimentares. A religião, porém, possui um tipo característico de bebida, o *aruá*, que é aceito por todos os orixás, confeccionado com a fermentação de cereais e outros ingredientes.

Uma bebida pouco usada no candomblé é a cachaça e seu uso é controverso. Considerada uma bebida quente, deve ser oferecida com a devida parcimônia. Seu uso excessivo torna-se arriscado e perigoso, porque ela tem a capacidade de provocar a desarmonia e a desordem. É bebida muito apreciada por Ossâim, que, porém, a utiliza misturada com mel, adocicando-a e quebrando, assim, a sua força.

O consumo de bebidas tem a longevidade dos orixás e não é feito somente em momentos solenes e litúrgicos, mas também em dias de festa e alegria. No candomblé, até mesmo no ato da morte é comum o uso da bebida, pois neste momento festeja-se a passagem e a liberdade do Egum para o orum!

Da terra surgem os ingredientes que produzem as bebidas. Da trituração da cana-de-açúcar surge a cachaça; as cervejas provêm do trigo e da cevada; o gim surge da mistura de ervas e de cereais; os vinhos são fabricados com uvas; os licores e os champanhes, com diferentes frutas e grãos fornecidos pela natureza. Por tudo isso, as bebidas são aceitas pelas divindades!

134. Qual o significado da pimenta-da-costa?

Este pequeno grão (*atáare*, para os iorubás; *taki*, para os fons; e *kupiri*, para os bantus) é muito utilizado em quase todos os atos rituais. Seu simbolismo provém da força que produz ao ser mastigada, fornecendo proteção e defesa ao nosso corpo físico. Tem a condição de permitir que as palavras e as preces tenham poder e força nas liturgias sagradas. Também pode ser utilizada para trabalhos nefastos quando, ao ser mastigada por uma pessoa, esta invocar palavras negativas ou desejar o mal de outrem. É elemento da predileção de Exu, sendo muito utilizada em ebós, na produção de pós, nos Borís, nos assentamentos de alguns orixás e em várias outras funções da religião.

CAPÍTULO 14
Alguns símbolos importantes da religião

Existem alimentos e utensílios que se tornaram símbolos do candomblé, sem existir uma linha que os una. Todos fazem parte de rituais e fundamentos muito importantes para o ser humano, para os orixás e para a vida.

135. Qual o simbolismo do ebô?

O ebô, pela cor e pelo orixá a quem é devotado (Orixalá), representa a calmaria e a purificação. Chamado de *èbò*, pelos iorubás e *kandjika* ou *kanjika*, pelos bantus, ebô são os grãos do milho branco, conhecidos em certas regiões do Brasil como canjica, munguzá etc. É alimento utilizado em quase todos os preceitos e obrigações e faz parte do simbolismo da cor branca. Comida sacramental e primordial de Orixalá e da família funfun, é oferecido após ser bem cozido na água, sem nenhum tempero, lavado, escorrido e completamente frio. Outros orixás, como Iemanjá, apreciam o ebô, porém preparado de uma forma diferente. Para ela, o ebô é temperado com cebola, azeites (dendê ou de oliva) e camarão seco, comida muito saborosa, que leva o nome de *ebô iyá*. Juntamente com o acaçá, o ebô é a única comida aceita por todas as divindades, em reverência a Orixalá, porque, se ele come, todos os demais orixás também devem comer!

136. Qual o simbolismo do acaçá?

O acaçá representa um ser particularizado, individual. *Àkàsà*, para os iorubás, e *mavé*, para os fons, é conseguido através da trituração do milho branco, que se transforma em farinha. Com esta farinha é feito um mingau grosso, que recebe o nome de ecó (*ekó*) ao ser colocado em tabuleiro. O ecó só se transforma em acaçá após ser acondicionado em folhas de bananeira (*ewé ògèdè*) limpas e passadas levemente na chama do fogo. Estas folhas são o invólucro que transforma um simples mingau em um alimento-símbolo sagrado e consagrado! Este alimento modifica-se, então, em energia pura e essencial, e se torna parte primordial da liturgia alimentar dos orixás, tendo a condição de atrair as divindades.

Consagrado a Orixalá, é aceito por todos os orixás e até mesmo por Egum. Colocado em cima de qualquer alimento, este não será recusado pelas divindades, porque o acaçá torna esta oferenda mais forte, com ligação direta ao orum!

O uso de folha de bananeira às vezes é muito difícil em determinados locais. No Sul, no Nordeste ou mesmo em outros países, com excesso de frio ou de calor, as folhas costumam ficar ressecadas ou úmidas. Esta poderá ser trocada por uma folha que não seja venenosa, como a da mamona (ewé lárá) ou de uma árvore que não tenha espinhos. O essencial é que o acaçá seja enrolado em elemento vegetal. Seu preparo requer cuidados, pois um pequeno deslize pode desagradar a Orixalá. Seu cozimento, e até mesmo seu acondicionamento na folha, deve ser efetuado em ambiente tranqüilo e limpo.

Igualmente ao acaçá é feito também o acaçá-de-leite, preparado com leite de vaca, leite de coco, açúcar e coco ralado, seguindo as regras de cada casa de candomblé. Este tipo de acaçá é ofertado a todas as divindades e é muito apreciado pela comunidade e pelos convidados nas festividades. Um outro tipo de acaçá, o acaçá vermelho é oferecido para Exu, Ogum, Odé e outros orixás, feito com o fubá, a farinha de milho fina. Para Ogum também é ofertado o acaçá preto, feito com o feijão preto bem cozido e amassado.

137. Qual o simbolismo do ovo?

O ovo é um elemento repleto de simbologias para variados povos e possui uma grande ligação com a fertilidade e a criação desde os primórdios dos tempos. Os grandes povos antigos, como os celtas, egípcios, chineses, indianos e outros, usufruíam desta concepção porque viam no ovo representações que o ligavam ao céu e à Terra, à gestação feminina e ao vigor masculino. No candomblé, religião calcada em representatividades, o ovo tem também interpretações figurativas, sendo um elemento-recipiente que contém dois sexos, originando a partir daí um novo ser. Embora sirva como alimento, tem também a necessidade de ser alimentado para poder gerar novas vidas!

Símbolo primordial de Oxum, o ovo é elemento feminino, tendo também como prefiguração a sua ligação com Olorum, o criador.

Por seus elementos constitutivos, tem na gema a figuração do gênero feminino e da cor vermelha. A sua clara está inserida nos elementos do sangue branco do reino animal, simbolizando o dinamismo e a força masculina do poder da criação. Está associada também à proteção, garantindo a cobertura masculina sobre a feminina, fazendo a imagem simbólica do "alá branco" que cobre a vida. O ovo é a união da cor branca com a vermelha; a força masculina da criação unida com a força feminina da gestação.

O ovo possui então três grandes interpretações: sua gema está associada à terra (*ilé*) e às mães; a clara, ao firmamento, ao céu, a Orixalá; e a casca é o invólucro figurativo e representativo de Olorum, o poder supremo e etéreo que faz a união destes dois pólos da criação.

Símbolo poderoso, é por excelência um dos grandes fundamentos de Oxum e das poderosas Iyamís, representantes da fertilidade, da abundância e da magia, também utilizado por várias outras divindades, em diferentes liturgias. Com o ovo tanto se faz o mal como se consegue produzir o bem. Ele possui a propriedade de "sugar e engolir" forças negativas e de extingui-las ao ser quebrado, quando utilizado nos ebós de limpeza.

Para a produção do ovo é necessária a fecundação do óvulo pelo espermatozóide. É a união do macho com a fêmea! A existência do ser humano faz parte da união dos orixás com os ebóras, fazendo o entrelaçamento da direita com a esquerda. O ovo, então, demonstra o simbolismo do poder de Obatalá junto ao poder gerador de Oxum, ambos amparados por Olorum!

138. Qual o significado do obí?

O obí é um fruto sagrado para o candomblé, conhecido como "a fala do orixá". Seu uso é o modo mais simples e mais direto de conversar e se comunicar com as divindades. Originário da África e também chamado de noz-de-cola, o obí tem o nome científico de *Cola acuminata*. Existem obís de várias cores, mas os usuais são os brancos (*obí funfun*) e os de cor avermelhada ou roxa (*obí pupá*). Os primeiros são consagrados aos orixás funfuns e os demais consagrados às divindades que aceitam cores. Existem obís de quatro gomos, os mais usados e ideais para as liturgias dos iniciados, chamados de guibatá ou *agbatá*; os de três gomos, conhecidos como banja ou *gbanjá*; e ainda os de cinco a nove gomos, chamados igualmente de agbatá. É um dos frutos cuja utilização requer preceitos.

É utilizado na religião para quase todas as funções dos orixás, mais constantemente nas funções das iyabás. Xangô, porém, não o aceita em seus alimentos ou mesmo para conversação. Mas permite sua utilização nas obrigações de iniciação de seus iaôs. O obí também faz parte do preparo litúrgico dos futuros babalorixás. Mas o jogo com obí não pode ser feito aleatoriamente. Ele exige preparo e conhecimentos rituais para o seu uso.

Nos rituais de iniciação, confirmação e Borí, o obí é sempre a primeira oferenda. É ele que traz a marca e a representação da existência, é o fruto-ventre, aquele que faz nascer. Ao ser oferecido à cabeça e dividido, dele flui uma força que é transmitida e distribuída para a pessoa que o recebe e também para os demais. Quando consumido pelos participantes, faz a representação da purificação corporal, produz a comunhão e a interligação do divino com o ser humano.

Representação de um ser vivo, o obí é usado também para a comunicação com a ancestralidade. É utilizado para que Babá Egum possa fazer suas solicitações ou mandar suas mensagens, sendo um jogo mais cuidadoso. Como um fruto frio, pertencente ao elemento ar e designativo como feminino, ele possui características que fazem sua ligação com os ancestrais!

É fruto de grande uso na África como auxiliar na saúde, considerado um tônico para o coração. Utilizado como estimulante para as debilidades do corpo e da mente, fornece grande energia e elimina o cansaço. Age ainda sobre o sistema nervoso central, como um revitalizante do organismo. Nos dias atuais, porém, deve-se ter um certo cuidado ao adquirir o obí pois este fruto está sendo adulterado com produtos químicos para embranquecê-lo.

139. Qual o significado do orobô?

O orobô simboliza um modo de o homem se comunicar com as divindades e faz parte do grupo dos elementos energizantes e ativantes. Promove ainda agitação e movimento em tudo onde for adicionado.

Nome de uma semente africana, o orobô (*Garcinia kola*) é de uso quase diário na religião, pertencendo a Omolu, que a ofertou para Xangô. Representante vegetal do sexo masculino, é tido como um fruto quente. Em alguns Axés é usado nas consultas aos orixás, juntamente com seu contraponto, o obi, fruto frio e feminino, formando assim um par.

O orobô possui muitos usos dentro de uma casa de candomblé, sendo colocado em pós de sorte, pós de amor, no rumbê que o vodunsi bebe etc. Pode ser usado, após ralado, em cima das comidas de Xangô e de Ogum, para trazer prosperidade e sorte a quem as oferta. Dentro do igbá dos filhos do orixá Xangô são colocados vários orobôs.

Esta pequena semente consegue disseminar entre os seres humanos grandes favorecimentos, trazendo consigo o poder e a força da natureza para serem repartidos na comunidade.

140. Qual o simbolismo do atim?

Atim ou ié *(iyé,* para os iorubás; *djassí,* para o povo fon) são pós confeccionados com vários tipos de favas, folhas e outros elementos. Dependendo do uso que lhe será dado, pode ser mais conhecido como "pó de axé" ou "pó da sorte". De acordo com sua confecção, é utilizado nas funções litúrgicas da casa, nos animais sacrificiais, nas pessoas, nas residências etc. Na nação bantu é utilizada a pemba ralada, um tipo de giz natural, que é aspergida ou passada no corpo das pessoas para defesa ou proteção.

Para cada orixá é preparado um atim particularizado, confeccionado com elementos que lhe são consagrados. Existem atins feitos somente com folhas secas. Com o pó da fogueira de Xangô e outros ingredientes prepara-se um atim muito poderoso, usado para trazer sorte, proteção e revitalização dos ambientes.

Existem atins produzidos especificamente para feitiços, chamados de zorra *(zoha)* pela nação fon. São muito utilizados para afastar pessoas indesejáveis dos caminhos de uma família, provocar confusões, criar discórdias. (Um feitiço às vezes também traz soluções para muitos problemas, quando empregado para produzir resultados positivos.)

Para as iniciações, são preparados atins próprios. Eles têm por simbolismo a purificação e o objetivo de energizar o corpo físico, para ajudar a aumentar a força espiritual, facilitando então o transe. O atim é muito usado nas obrigações de sete anos. Ao receber o seu decá, o/a ebômi levará, juntamente com vários outros elementos, todos os seus atins pessoais, preparados por seu sacerdote, para que possa abrir futuramente sua casa de candomblé e fazer novas iniciações.

O atim é um pó sagrado utilizado em inúmeras circunstâncias e com diversas finalidades. Ele traz paz, harmoniza, revigora, propicia defesa e serenidade, condições tão necessárias à boa permanência do homem no aiê!

141. Qual o simbolismo do búzio?

Dentro da religião o búzio detém várias utilidades, mas seu principal simbolismo é o uso no sistema oracular, o merindilogum. Ali se transforma na fala dos orixás, transmitindo aos homens os desígnios e as vontades deles.

O búzio, também chamado de *zimbo* ou *jimbo* pelo povo bantu, e *caurí* pelos iorubás, é um tipo de concha do mar, bivalve, e muito usado, antigamente, como moeda de compra e venda na África. Utilizado nos assentamentos de vários orixás, voduns e inquices, faz a representação do dinheiro, da riqueza e da fartura. É encontrado também enfeitando roupas, na confecção de pulseiras, cordões sagrados, como os brajás, nos braceletes, em adornos de cabeça, em instrumentos musicais e em muitos outros itens. O búzio está muito ligado aos orixás primordiais, sendo considerado um descendente.

142. Qual o simbolismo da palha-da-costa?

A palha-da-costa produz um controle sobre os espíritos da natureza, esconde o sagrado da visão alheia e dá proteção àquilo ou àquele que a utiliza. Denominada *ikó*, pelos iorubás, é uma fibra vegetal extraída das folhas recém-nascidas de uma palmeira de origem africana, *igí ogorô*. Parte de vários rituais, é usada principalmente nos orixás que possuem ligação com a morte. Ajuda também na confecção de objetos que proporcionam a necessária estabilidade e as seguranças física e espiritual, que fazem parte do ciclo de iniciação, como os mocãs, os contra-eguns e as umbigueiras. A palha participa da confecção da cama do iaô, dos seus banhos, dos ossés em seus igbás etc. Em Axés mais tradicionais, é costume o uso da palha-da-costa também para confeccionar alguns fios-de-conta e os quelês dos iniciados.

É com este material que se confecciona o objeto mais sagrado e mais poderoso de Obaluaiê, o xaxará (*sàṣàrà*), e também sua roupa sagrada, axó-icó (*aṣó-ikó*), que cobre todo o seu corpo, ocultando os mistérios da vida e da morte, da doença e da cura e os poderes ancestrais. Outro símbolo grandioso, consagrado a Nanã e confeccionado com a palha-da-costa, é o ibiri (*ìbírí*).

O uso do icó, por Obaluaiê, e do mariô, por Ogum e pelas casas de candomblé, é sinal indicativo da existência de alguma coisa que não deve ser vista, que é proibida e secreta. Algo que faz parte de um mundo sobrenatural e sagrado e que deve ser tratado com muito respeito e temor!

143. Qual o simbolismo do mariô?

Um de seus principais simbolismos é a função de divisor nos terreiros, demonstrando que o sagrado e o mistério estão escondidos por trás de suas folhas. Tudo aquilo coberto com mariô não é para ser visto pelos olhos dos seres humanos! Pela sua ligação com a ancestralidade, usa-se o mariô também para evitar e afastar as perturbações espirituais malfazejas.

Mariô (*màrìwò* ou *mònrìwò*, para os iorubás, e *azan*, para os fons) são as folhas tenras do dendezeiro (*igí-òpè*) desfiadas. Seu uso é imprescindível nas casas de candomblé, tendo como uma de suas premissas ser conhecido como a "roupa que veste Ogum". Em seus paramentos, rituais e assentamentos tem presença obrigatória. Em algumas casas de candomblé é debaixo da copa desta árvore que se faz o assentamento deste ebóra. Oiá é outra divindade que também se utiliza de suas folhas. Espanando-as no ar, é como se estivesse afastando ou expulsando seres indesejáveis, ou mesmo levando seus eguns para o orum.

144. Qual o simbolismo da esteira?

Denominada como a "nata da terra", a esteira (*adicissa* ou *desissa*, para os bantus; *zán*, *aizan*, *zenin*, *zaní*, *azeni*, *zoklé*, *zocré*, para os fons; *enín*, para os iorubás) é um invólucro que protege a gestação e a geração de novas vidas e que ampara, nos rituais, todos os segredos litúrgicos da iniciação. (O nome aizan provém do vodum Aizã, "vodum que nasce do chão, que vive em cima da terra".) Parte integrante de Nanã e de Obaluaiê, é chamada também de a "cama do iaô", após ser preparada para receber e testemunhar o seu renascimento. É na esteira também que o iniciado faz as suas refeições e recebe seus ensinamentos.

Confeccionada com palha trançada, é objeto imprescindível nas cerimônias religiosas e nos rituais de todas as nações do candomblé. A esteira foi trazida ao mundo por Nanã, que a deu ao homem para que, no momento do seu descanso, protegesse e separasse seu corpo do contato com a terra. Para este vodum, o ser humano só repousa seu corpo na terra no momento de sua morte!

145. Qual o simbolismo do sabão-da-costa?

É um símbolo que tem o poder de fazer a limpeza espiritual do corpo, com a função de prepará-lo para participar dos rituais sagrados. O sabão-da-costa contém os axés dos variados componentes com os quais é confeccionado, elementos-símbolos da religião, como ervas, favas, cores elementares e outros. Este sabão poderia ser preparado dentro das casas de candomblé porque seu preparo é muito simples e assim cada grupo de iniciados faria uso individualizado, pois em sua confecção seriam utilizadas somente as ervas particularizadas de cada panteão de divindades. Existe também a possibilidade de ser preparado um tipo único, com as ervas específicas de Orixalá, que seria usado por todos da comunidade, os clientes e os amigos.

146. Qual o simbolismo do algodão?

O algodão simboliza o branco, a pureza e o início da existência. É um dos elementos primordiais que deram condições ao homem de produzir suas vestimentas e de se proteger das intempéries da natureza. O seu uso representa o aquecimento vegetal. Pertence a um Orixalá muito antigo, chamado Babá Rowu, uma divindade participante do início da criação. Como o algodão está ligado aos orixás funfun, é considerado um elemento ambíguo, pois se conecta com duas polaridades, a vida e a morte. Ele participa do nascimento, do início do iaô, mas também faz parte do momento da morte, nos rituais de Axexê.

147. Qual o simbolismo da vela?

A vela, chamada pelos fons de *mlã-mlã*, e de *muila* ou *murila* pela nação bantu, traz a simbologia da chama que clareia, que ilumina. Mas o ser humano representa também a luz para o seu orixá, porque é através do seu corpo que ele vê, come, dança e se comunica com os homens.

Nesse momento, a força das divindades transforma o nosso corpo em energia, em claridade! Dizem os antigos que iniciados da "religião dos orixás" não devem apagar velas, pois ela é considerada a "chama da vida" e deve ser consumida até o fim.

Todo cuidado deve ser tomado por quem utiliza velas, para que não ocorram acidentes nos terreiros ou nas casas, nem prejuízos, principalmente à natureza!

148. Qual o simbolismo da pedra?

A pedra (*okutá*, para os iorubás) é elemento mineral que simboliza a presença do orixá. Ela é sacralizada e transformada em poder e energia a partir do momento em que recebe elementos que participam da iniciação. Torna-se vivificada, fortalecida, sagrada, e transforma-se na representação do orixá, o seu símbolo físico. Esta pedra sagrada é chamada também de "coração da religião" ou "coração do assentamento".

A partir da sua criação, será nesta pedra que serão feitas as liturgias para as divindades. Sua morada será o igbá, um receptáculo sagrado. Em alguns Axés é costume substituir a pedra por outro elemento, que terá o mesmo significado e valor que ela.

Existem vários tipos de pedra que poderão ser consagrados às divindades: a calcificada, a porosa, a magmática – proveniente da lava do vulcão —; a de ferro; a mineralizada e outras mais. Para cada orixá existe um tipo diferenciado. As divindades funfuns gostam de okutás brancas; as iyabás, de pedras claras, de preferência com formatos feminilizados. O orixá Xangô aprecia pedras escuras, de preferência magmáticas. Ossâim e Oxóssi gostam de um tipo de pedra de difícil aquisição, a pedra calcificada. Ela é proveniente de um tipo de madeira que, quando fica muito tempo em contato com a terra, com as intempéries e demais dejetos, endurece, transforma-se em elemento pétreo, recebendo o nome de pau-pedra ou pedra-pau.

Independentemente de sua origem, a pedra, após as liturgias, se tornará muito importante para os iniciados, porque ela é a parte viva do igbá. Nossos antepassados tinham tanto respeito, apego e carinho pelas pedras das suas divindades que muitos trouxeram-nas escondidas em seus pertences, quando para cá vieram como escravos. Eles carregavam estas pedras enroladas em algodão junto ao seu corpo, para evitar que estranhos pudessem vê-las ou tocá-las!

149. Qual o simbolismo da quartinha?

A quartinha é o recipiente que guarda o líquido primordial da vida, a água, elemento que apazigua as divindades e fertiliza e refresca a terra. É uma vasilha confeccionada em barro (ou porcelana), com o gargalo estreitado e um corpo bojudo, encontrada em três tamanhos: quartinha, quartinhão e porrão. É de grande utilidade nas casas de candomblé, e se transformou também num símbolo identificatório da religião. Possui um fundamento muito forte de ligação com os homens, demonstrado pelo seu formato e por ser feita do mesmo barro com o qual este foi modelado por Orixalá. Muito utilizada nos quartos dos orixás, acompanha os igbás e o igbá orí. Elemento poroso, o barro permite a transpiração e a evaporação, fazendo com que a quartinha seja continuamente reabastecida. Em certas casas, a troca da água ocorre semanalmente.

Para os orixás mais ligados à terra, como Ogum, Obaluaiê, Oxumarê, Iroco, Xangô e outros, as quartinhas são de barro, necessitando de maior troca de suas águas. É a renovação do líquido exigida pela natureza! Para as iyabás, os orixás funfuns e alguns outros orixás masculinos não manipulados cotidianamente, utilizam-se quartinhas de louça ou de cerâmica, porque estas dificultam a evaporação. As quartinhas das iyabás têm alça, diferentemente das dos orixás masculinos, com exceção dos funfuns.

As quartinhas possuem muitas outras utilidades dentro das casas de candomblé. São usadas nos portões, com água, em formato de porrão, servindo para que as pessoas, antes de entrar na casa, se purifiquem. Participam também das cerimônias rituais de limpeza nos quartos de Exu. É muito usada para "acordar" os iniciados, servindo para acalmar e harmonizar, ajudando na mudança da posse espiritual para que o retorno ao plano físico seja mais suave. São usadas para guardar os abôs (*agbòs*), banhos purificatórios para a comunidade e também para os visitantes. Existem também porrões com banhos individuais, para utilização de cada iniciado.

Nas cozinhas, na preparação dos alimentos litúrgicos e comunitários, é usual a presença de uma quartinha. À frente das árvores sagradas, dos orixás "do tempo" e nas cumeeiras também colocam-se quartinhas. Elas servem ainda como moringa nas cerimônias internas, porque a água em seu interior permanece sempre fresca e saborosa.

Odudua, a acompanhante feminina de Obatalá no *igbadú*, é representada pela quartinha de barro e recebe o título de "mãe que guarda a água em si". Obatalá, o representante divino da água, é o sêmen da vida, que fertiliza e povoa a terra!

A falta da água ocasiona perda vital. Por este motivo uma quartinha não deve ficar seca. Se isto ocorrer, ela se torna um objeto desvitalizado e sem axé! A quartinha tem também um elo profundo com Nanã, senhora da lama, do barro que participa da confecção deste objeto.

Elemento que moldou o corpo dos homens, o barro faz um caminho inverso quando o ser humano morre e retorna à ilé, a mãe-terra. O mesmo acontece com as quartinhas dos iniciados após seu falecimento. Estas são esvaziadas, emborcadas e mais tarde quebradas, retornando ao seu elemento natural e perdendo então a individualidade e a representação da vida. Observamos, então, que a quartinha, embora seja um objeto simples, é muito importante. Ela faz parte da vida religiosa de um ser humano, o representa e o acompanha até mesmo depois de sua morte!

CAPÍTULO 15
Pequenas informações úteis

Nossa religião sempre foi aprendida na vivência do cotidiano, quando as pessoas podiam morar nas "roças" ou em seus entornos, formando uma grande comunidade, onde os ensinamentos eram transmitidos de forma oral. A teoria não substitui o aprendizado prático, mas a falta da escrita permitiu que muitos saberes se perdessem! Por isso, aqui passamos pequenas informações, que não pertencem ao segredo da religião, mas que fazem parte de dúvidas existentes. Isto poderá ajudar as pessoas a entenderem e a viverem melhor com a sua religião!

150. Como se "desperta" a pessoa que está incorporada com sua divindade?

"Despertar" uma pessoa que está incorporada é um ato muito delicado, geralmente executado pelas equedes ou por pessoas de maioridade na religião. Cada casa de candomblé tem seu modo de realizar esta função, sendo porém muito semelhantes.

As divindades não devem ser "despertadas" de qualquer maneira, aleatoriamente. Costumamos ver pessoas que "desviram" o orixá colocando-o ajoelhado. Isto não deve ser feito nem mesmo com o orixá de um iaô! Ficar de joelhos tem o significado de pagar penitência, o que não ocorre com nossas divindades, poderosas demais para serem submetidas a tal comportamento!

Para que se acorde a divindade corretamente, esta é deitada com carinho e delicadeza numa esteira, coberta com um pano branco e aspergida com água. (A água é usada quando os orixás não retornarão mais às liturgias daquele dia.) São pronunciadas determinadas palavras, conforme cada nação ou Axé, para que esta transição ocorra com tranqüilidade.

Em algumas casas é costume sentar a divindade dos iniciados com maioridade dentro da religião (sacerdotes e ebômis) em um banquinho e prosseguir como acima explicado. Em outras casas, ela despede-se dizendo seu orunkó ou ainda recitando um oriquí.

Em tempos antigos, era costume que somente as divindades dos sacerdotes fossem "acordadas" nos apotís (bancos).

151. O que são oríns?

Orím (*orín*, em iorubá; *zuela*, para os bantus; *mlán-mlán*, para o povo fon) é o nome que se dá às cantigas que são entoadas para todas as divindades. Servem para chamá-las para que participem dos variados preceitos, para que distribuam entre os homens o seu poder. As cantigas são denominadas de acordo com as cerimônias para as quais são direcionadas. Existem "cantigas de xirê", "cantigas para tirar iaôs", "cantigas para colher folhas" etc. Algumas são mais restritas e de uso exclusivo de certas liturgias, como as "cantigas de Axexê". Nada no candomblé é feito sem o uso das cantigas, porque o som tem a capacidade de movimentar-se, expandir-se, de ultrapassar as barreiras e penetrar no orum, convidando assim todas as divindades a confraternizarem entre si e também com seus filhos, promovendo um encontro comunal!

152. O que são oriquís?

Os oriquís (*oríkì*, para os iorubás) são rezas ou louvações, em forma de versos ou poemas. Eles podem ser modificados livremente, de acordo com a liturgia, ou criados. Para o povo bantu são denominados *ingorossi*, sendo declamados coletivamente. Estas rezas glorificam e exaltam os feitos e os atos das divindades e dos ancestrais, e muitas vezes denotam também a sua origem. Neste tipo de oração podem ser usadas palavras que transmitam uma intimidade maior e afetuosa da pessoa com a sua divindade, conforme a ocasião e a necessidade em que for declamada. Na África, em regiões iorubás, também eram criados oriquís para homenagear governantes, líderes, sacerdotes, reis, rainhas etc.

Após a sua tradução para o português, muitos oriquís tornaram-se meio confusos. É necessário que as pessoas percebam o sentido simbólico de cada termo ou frase, para que se descubra a riqueza do seu conteúdo, pois o oriquí é similar a um poema em que muitas coisas estão subentendidas, são subliminares!

No candomblé, cada divindade possui o seu oriquí e este deveria ser usado pelos seus iniciados quando necessitassem de auxílio, proteção ou mesmo em momentos de agradecimento. Quando recitamos um oriquí para uma divindade, ela nos responde agradecida pela homenagem recebida. Todos os candomblecistas deveriam conhecer e decorar pelo menos o oriquí pertencente a seu orixá e o de Exu, para sua defesa. Os oriquís são as orações de nossa religião!

153. O que são as adurás?

A palavra adurá (em iorubá, *àdúrà*) tem como significado "reza, oração ou súplica", e, diferentemente do oriquí, não pode ser modificada de forma alguma. Sendo usada para invocar e pedir ajuda às divindades, é um tipo de prece muito antiga e particularizada para cada orixá. Chamamos de *gbàdúrà* o momento em que realizamos as adurás aos orixás. Este tipo de reza é mais utilizada durante as iniciações, quando são realizadas diariamente, principalmente nas refeições. As pessoas iniciadas no candomblé deveriam procurar conhecer melhor as adurás, para que pudessem recorrer a elas nos seus momentos de necessidades ou de dificuldades.

154. O que é o ofó?

Ofó (*ofò*, em iorubá) são palavras ou pequenos versos que produzem o encantamento necessário para sacralizar os elementos, objetos ou instrumentos utilizados no candomblé. Com o ofó, conseguem-se extrair de simples ervas as propriedades sagradas ou terapêuticas que transformam um banho comum em águas que propiciam bem-estar ao homem, dão vigor e vibração aos objetos do cotidiano da religião etc. Estas palavras são conhecidas somente pelos sacerdotes e passadas de geração para geração, sendo transmitidas unicamente às autoridades da casa de candomblé. O ofó tem um poder fantástico, conferido pela vitalidade e pela força que emanam dos orixás e que, desta forma, maximizam e ampliam o axé.

155. O que é o orô?

O orô (*orò*, em iorubá) é um conjunto de cantigas sagradas, entoadas pela comunidade, um ritual de grande beleza, um momento de devoção e entrega total. É realizado sempre que são entregues oferendas aos orixás. Por meio do orô é que se transmite e se distribui o axé e também se sacralizam os objetos, os animais e principalmente as pessoas que dele participam. O orô geralmente segue a ordem do xirê de cada casa ou usam-se somente cantigas dedicadas a uma divindade. Existe uma outra forma de orô feita somente com orações e rezas, num estilo mais simplificado e mais íntimo. Cada terreiro tem um orô com ordem própria, contudo, num conjunto total as cantigas são geralmente as mesmas, obedecendo somente as peculiaridades de cada sacerdote. O orô é um tipo de "chamamento" para os orixás, portanto, realizá-lo ajuda no funcionamento de uma casa de candomblé, trazendo a evolução, o movimento e o equilíbrio para esta!

156. O que são os itãs?

Itãs (*ìtòn*, em iorubá) são histórias, lendas e versos que contam e reproduzem, no decorrer dos tempos, os fatos e os feitos das divindades. Ensinamentos que passam de geração para geração, conhecimentos orais que os antigos nos legaram. Servem para que possamos entender e conhecer melhor a tradição religiosa, seus simbolismos e os mitos que explicam as particularidades de cada divindade. Por meio dos itãs tiramos conclusões para termos uma vida pautada e doutrinada nos mitos. Porém, quando são transmitidos, retiram-se, acrescentam-se ou modificam-se itens que muitas vezes não condizem com a moral e com a personalidade dos orixás. Muitas lendas sofreram erros em suas traduções ou foram mostradas de acordo com entendimentos que as direcionavam a outras religiões, sendo deturpadas.

157. O que é o ké?

O ké é uma palavra que significa *som*; é a saudação individualizada emitida pelo orixá. Neste momento, ele demonstra sua identidade, tornando-se a partir daí sua marca sonora quando estiver incorporado em seu iniciado. O ritual que permite à divindade "abrir sua fala" ocorre em determinado período após sua iniciação, de acordo com cada casa de candomblé. O ké é um modo de comunicação que a divindade tem para se fazer conhecer e ser sempre reconhecida. É a sua voz dinamizada sendo exteriorizada! Este som é produzido e conseguido através da comunicação, o princípio ativo de Exu, que permite aos homens e aos orixás a condição de entender-se por meio da fala.

É pela saudação que situamos os orixás genericamente dentro de uma família, de um elemento da natureza. E até mesmo pelo temperamento identificamos se pertencem ao grupo de guerreiros ou de caçadores, se são da calmaria das águas ou do rugido das tempestades, se estão inseridos no panteão dos orixás funfun ou inclusos nos orixás vigorosos etc.

Mesmo os Babá Eguns possuem seu modo de comunicação particularizado com os homens, denominado de segí (*ségí*). Este, porém, é diferenciado do ké dos orixás, que é uma saudação de chegada e despedida. Os babás se utilizam da fala para trazer suas mensagens e ordens diretamente aos seres humanos. Pela possibilidade que as divindades têm de poder se comunicar com os homens, forma-se um elo que aproxima cada vez mais os seres humanos dos orixás!

158. Quais são as saudações gerais para os orixás?

Algumas saudações são pequenos oriquís que servem para exaltar os feitos e as qualidades dos orixás. Quando saudamos e enaltecemos as divindades, elas se sentem agraciadas e se mostram mais portentosas. Ogum se apresenta mais aguerrido; Oxóssi parece ressurgir das matas; Oxum se mostra mais dengosa e faceira; Oiá se veste com seus ventos sedutores; Obá se mostra como guerreira-mulher; Oxaguiã surge imponente e majestoso; Orixalá aparece iluminando a sala!

Quando adentram a sala, as divindades têm suas saudações particularizadas:

Ogum – Ogunhê, jésse, jésse. Patacorí, Ogum!
Oxóssi – Arole, Odé! Cokê maô!
Xangô – Obá kaô, cabiecile. Xére, xére!
Logunedé – Lóssi, lóssi!
Iroco – Eró!
Oxum – Oro, ieieu!
Iemanjá – Odôia. Eru iyá mi. Mimó!
Obaluaiê – Atotô, ajuberu!
Iewá – Riró!
Obá – Oba xirê!
Bessém – Arrô bôboi!
Nanã – Saluba, Nanã!
Ossâim – Ewe, ewe assa!
Oiá – Epa hei!
Oxalá – Epa, Epa, Babá! Xeueu! Arrula, Babá, adimula igbin!

159. O que são o dobale e o icá?

O dobale ou odobale (*dòbálé*, em iorubá) é um modo de saudação efetuada pelos iniciados de orixás masculinos, os *oborós*. Consiste em prostrar-se de bruços no chão, com os braços alinhados ao longo do corpo. Nesta posição, a pessoa encosta a testa no chão, numa reverência à terra, na frente de outra pessoa, saudando esta ou a sua divindade.

O icá (*ìká*, em iorubá) é uma forma de saudação mais refinada, executada pelos iniciados de orixás femininos, as iyabás, e que possui trejeitos bem coquetes. Alguns floreiam um pouco e fazem essa saudação com muito charme e graciosidade, numa forma de meiguice e adulação para com as poderosas mães!

160. Que pessoas devem fazer o ato de "bater cabeça"?

Todas as pessoas iniciadas no candomblé, independentemente do seu tempo de feitura! Colocar a cabeça no chão é um sinal de respeito e humildade perante *Ilé*, a terra, e as divindades. É uma reverência para com aqueles que administram o mundo e, em particular, a nossa vida.

O ato de tocar a cabeça no solo, para as autoridades, tem o significado de saudar o seu orixá e prestar homenagem ao seu grau hierárquico dentro da religião. Mesmo para um iaô se deve "bater cabeça", pois seu orixá não possui idade cronológica! Os orixás têm igualdade de poder, independentemente da idade temporal do seu filho!

Existem algumas autoridades para quem se deve prestar reverência colocando a cabeça no chão. Para outras, basta que se solicite a "bênção". Tudo depende dos costumes do Axé e da afinidade desta visita com a casa de candomblé. Conta aí também o seu tempo de iniciação, ou que seja feita uma delicada reverência à sua idade cronológica. A reverência deve ser dada a quem tem o direito e merece recebê-la!

Há casos em que existe a impossibilidade de a pessoa deitar-se no chão para "bater cabeça", como, por exemplo, a idade, o peso corporal, doenças etc. Em outros casos, porém, a vaidade fala mais alto e até mesmo por falta de humildade não permite que se proceda corretamente! Estes limitam-se a tocar levemente o chão, com as pontas dos dedos; outros, tocam nas paredes, saudando o cimento e a areia!

Talvez fosse necessária uma reciclagem, retroceder ao seu tempo de iaô. Relembrar o quão sagrados e humildes são os nossos orixás e o pouco que nos pedem em relação ao que nos dão! Muitos, talvez, não tenham recebido ensinamentos adequados ou não cumpriram seu período de aprendizado. Outros tornaram-se ebômis e equipararam-se aos orixás! Mas os iaôs estão aí para nos ensinar e nos fazer relembrar. Mas se eles, no presente, virem o errado, no futuro repassarão este mesmo ensinamento para os seus iniciados!

161. O que significa euó ou quizila?

Euó (*èèwó*, para o iorubá) ou quizila, do quimbundo *quijila*, é palavra amplamente usada pelas demais nações-irmãs e tem uma amplitude de sentidos. Seu significado principal é proibição, tabu, ojeriza, impedimento sagrado do iniciado. São consideradas no uso de determinados elementos, em comidas ou bebidas, no uso de certas cores etc. Mas essa proibição também é válida para outros âmbitos, como a castidade sexual em certos períodos. O euó ocorre até mesmo em alguns atos que possam desagradar as divindades e também ao nosso orí. Ao transgredir, a pessoa estará influenciando seu destino a traí-la e poderá trazer para si maus augúrios e até o desagrado do seu próprio orixá.

Em todas as religiões existem regras de comportamento que precisam ser obedecidas. Isso é necessário para uma boa convivência entre as pessoas. No candomblé existe um sistema profuso de proibições e preceitos. A sua diferenciação é que essas normas não são, muitas vezes, explicadas verbalmente. Terão que ser decodificadas e entendidas através da observação do comportamento dos mais antigos. Não existe regra ou uma cartilha que defina o que pode ou não ser feito, usado ou comido. O aprendizado vem por meio de um conhecimento vivenciado e oralizado, transmitido de geração para geração.

Através deste método, muita coisa foi reinventada ou modificada, sem que se conheçam os motivos verdadeiros de certas proibições.

Muitas vezes, numa casa de candomblé algumas transgressões são aceitas e até mesmo incentivadas, porque permitem que o sacerdote dê ao infrator e demais integrantes um esclarecimento pormenorizado da falta que foi vivenciada.

Para toda proibição haverá sempre uma sanção ou cobrança, que não pode ser esquecida, porque o castigo faz parte do sentido da magia da religião. Existem transgressões que, ao serem realizadas, propositalmente, só serão reparadas através de preceitos ou oferendas! Isto vai ocasionar o cumprimento de uma lei sagrada, que não deveria ter sido descumprida!

Muitos erram por achar que as proibições foram feitas para serem violadas. Não pensam que isso poderá acarretar prejuízos temporários ou definitivos, pois na religião existem quizilas que são ocasionais e outras que são para sempre. Os iniciados devem, então, procurar conhecer as interdições de seus orixás, aprender como lidar com elas e também como tratá-las. Às vezes, um simples banho de folhas consegue neutralizá-las, em outras somente através de oferendas. Se a pessoa souber viver sem ultrapassar seus limites, viverá bem neste mundo e também terá harmonia com o sagrado.

As interdições não são somente pessoais, podem ser grupais. Os iniciados de um mesmo "barco" terão proibições semelhantes e interdições particularizadas. Os filhos de um mesmo Axé seguirão as mesmas proibições do seu sacerdote e as dos seus orixás.

As interdições devem ser ajustadas no dia-a-dia das pessoas, sem transtornos. Devem fazer como dizem os mais antigos – "prove, se fizer mal, pare; é quizila mesmo" –, porque o ser humano não pode viver tolhido na sua vida particular. Muitas quizilas poderão mudar com o passar do tempo, porque elas foram necessárias somente na preservação do iaô, no período da sua feitura. Como, por exemplo, ir à praia somente depois de seis meses ou de um ano da iniciação, de acordo com cada Axé; não entrar em cemitério; não pintar e cortar o cabelo; não brincar no Carnaval; não freqüentar bares e várias outras coisas, que são temporárias.

Existem também as chamadas proibições definitivas, das quais é possível fugir, desde que os orixás aceitem, e que seja realmente necessário. Isto é conseguido através de consulta ao jogo de búzios e das determinações das divindades. Tudo deve ser feito para que eles concordem e dêem o seu aval! Esta "quebra de quizila" temporária somente será permitida nas ocasiões e no tempo determinado. Ante a necessidade, no candomblé nada é definitivo!

O tabu não pode ser desobedecido indefinidamente, certas ações ou elementos desagradam o nosso orixá, que responde perante Olorum por nossos atos. Se o ser humano erra e persiste, atinge a divindade em sua essência! E poderá transtorná-la e atrair assim o seu aborrecimento e a sua ira!

162. O que significa a ximba?

A ximba é um tipo de punição ou castigo que o orixá inflige em seu próprio iniciado, quando ele extrapola em demasia as proibições. São castigos aplicados em quem não observa e não respeita as ordens. Geralmente não advêm do/a sacerdote/sacerdotisa, que geralmente, tenta evitá-los. As divindades não necessitam consultar ninguém para aplicar um corretivo em quem merece. Este castigo agirá como freio e vai ensinar o infrator a raciocinar antes de ofender e magoar sua divindade. A ximba não é aplicada particularmente, em locais restritos ou reservados. Estes castigos são feitos para que toda a comunidade veja. Esta é uma forma de as divindades mostrarem o seu poder e conseguir a conscientização de que essa experiência poderá ser aplicada a qualquer um.

163. O que é o paó?

O paó (*pawó* ou *patéwó*, em iorubá) é um conjunto de palmas em cadência, feito nos momentos de saudação, nos agradecimentos, usado por quase todas as nações. É também um método utilizado por aquelas pessoas que precisam de auxílio, mas necessitam manter-se em silêncio, como os iniciados, em sua consagração. O paó tem ainda a simbologia de alegrar os orixás, de chamá-los para receber suas oferendas, pois produzem um som direcionado. "Bater paó" é também uma forma de trazer o orixá para mais perto da comunidade!

164. O que é o ossé?

É o ato de fazer limpeza. Esta limpeza engloba o banho que limpa o corpo do ser humano e a limpeza dos apetrechos da casa de candomblé, sendo porém mais utilizada para o ritual de lavagem dos igbás e dos elementos pertencentes aos orixás.

165. O que é o abô?

O abô (*àgbo*, em iorubá) é uma infusão preparada com ervas sagradas e outros elementos que são utilizados nos rituais sagrados. É guardado em porrões de barro e muito usado nas iniciações, nas limpezas corporais, para ajudar na saúde, em forma de beberagem etc. O correto em todas as casas de candomblé seria que cada pessoa tivesse um porrão com o seu abô particular, preparado com as folhas e os elementos de seu orixá.

166. Para que servem os breves, amuletos ou patuás?

As pessoas mais antigas da religião valiam-se muito desses pequenos objetos, que contêm vários elementos acondicionados em pequenos saquinhos. Hoje em dia não é mais costume o seu uso, talvez porque as pessoas esqueceram-se desse método tão eficaz de resguardar-se. Em algumas casas de candomblé os breves são presos nos fios-de-conta dos iaôs, com alguns componentes que fizeram parte da sua iniciação e que ajudarão na sua proteção e segurança.

Existem breves que são colocados dentro de casa, para trazer defesa e atrair prosperidade. Outros são usados atrás das portas, para cortar o olho-grande (*oju kokorò*) e a inveja. Alguns usam na bolsa ou na carteira, para o amor ou para o dinheiro. São usados também presos com pequenos alfinetes nas roupas, bem junto ao corpo, proporcionando saúde, proteção e amparo contra assaltantes e meliantes.

Dentro de alguns breves são colocadas pequenas rezas ou preces escritas em papel, pedindo defesa e companhia às forças da natureza! Tudo proveniente dos nossos mais antigos, e que surtia efeito porque era usado com muita fé e perseverança!

167. Por que os iniciados da religião se reúnem nas casas de candomblé na Sexta-feira da Paixão?

Esta é uma data eminentemente católica, que não tem nenhuma relação com o candomblé. Na época da escravidão, na comemoração da "Sexta-feira da Paixão" os senhores não trabalhavam e davam descanso aos seus escravos, proibindo-os de trabalhar, pois consideravam a data sagrada. Estes, aproveitando o dia, sexta-feira, louvavam Orixalá/Obatalá, em sua língua e com suas ações. Aproveitavam e preparavam todas as comidas que lembravam a sua terra natal. Às escondidas, ofereciam-nas às suas divindades, numa forma de redimir-se pelo pouco que podiam oferecer-lhes, e pela impossibilidade de realizar um grande banquete em sua honra. A Sexta-feira da Paixão, do catolicismo, ficou também conhecida pelos iniciados do candomblé como o "Dia do Perdão", em que todos procuram se desculpar com todos pelos erros cometidos. É uma data sem hierarquização, em que pais e filhos confraternizam na hora da alimentação!

CAPÍTULO 16
Pessoas especiais dentro do candomblé

Estas "pessoas especiais" precisam ser primeiramente descobertas! Logo após, precisam ser tratadas para ter uma existência perfeitamente coadunada com os demais habitantes do aiê.

168. O que é uma pessoa Abicu?

Os Abicus (*abiku*), para os iorubás, são crianças que combinam, antes do seu nascimento, na hora de virem para o aiê, o momento certo de retornarem ao orum. Se existe uma certeza na vida de todas as pessoas é a morte, porém não sabemos nunca o momento certo de sua chegada. Para a sociedade dos Abicus – *egbé orun* –, no entanto, esta é desejada e programada, numa forma de retornar ao seio desta sociedade o mais rápido possível. Essa não é uma forma de castigar seus pais, mas somente de retornar ao convívio, mais uma vez, dos seus companheiros. São crianças que não têm a menor intenção de viver muito tempo no aiê!

O Abicu não é um ser maligno, ele é uma criança teimosa e instável, com desejo firmado e próprio, que insiste em se manter em constante viagem entre o orum e o aiê. Por serem crianças, têm todo o cuidado e o apoio de Oiá e de Xangô. A pessoa que é Abicu parece estar cercada por um espectro negro, que atrapalha sua vida. São seus companheiros que se aglutinam em seu redor, desestabilizando sua vivência no aiê.

Quando é descoberto, através dos oráculos, que uma pessoa é Abicu, existem diversos processos litúrgicos que ajudam a impedir a sua morte precoce. Isto se consegue através de liturgias especiais, de ebós e muitas vezes da necessidade imediata de sua feitura no candomblé. Esta iniciação, porém, é produzida de forma muito diferenciada das demais. A intenção é fazer com que ele permaneça no aiê, sem que exista nenhuma brecha para que possa retornar instantaneamente ao orum. Após a realização de variadas liturgias, uma divindade que venha através dos "caminhos" do seu Odu tomará conta de seu orí e ele se tornará um iniciado como os demais do candomblé. Sua feitura, entretanto, não corresponde às regras preestabelecidas para as outras pessoas, pois a pessoa

Abicu não poderá ter sua cabeça raspada. A retirada do cabelo, dentro do candomblé, corresponde a um renascimento, a uma quebra de barreiras entre os dois níveis da existência humana. Esta quebra irá relembrá-lo dos votos que foram feitos à sua sociedade, no orum, no momento do seu nascimento! Se ocorrer a raspagem da cabeça, será muito mais fácil que seus companheiros tenham livre acesso a ele, e sua morte então poderá ser imediata! Com a sua iniciação feita adequadamente, por sacerdote habilitado, esta tênue delimitação se reforçará e se extinguirá!

As pessoas Abicus são pessoas especiais, pois existem em número muito reduzido. Talvez em um grupo de 100 pessoas encontremos apenas uma nesta condição. São pessoas que costumam ser tratadas pejorativamente e até mesmo com um certo temor por outras pessoas, por absoluta falta de conhecimento.

Uma pessoa Abicu pode ser considerada um contrasenso biológico, pois seguindo a ordem cronológica da natureza os que primeiro chegam ao aiê têm que ser os primeiros a voltar ao orum! Os netos que morrem antes de seus avós, e os filhos que morrem antes de seus pais, estão indo na contramão da natureza! No candomblé, temos a possibilidade de fazer com que pelo menos as crianças Abicus se tornem adultas e gostem de viver no aiê, cumprindo assim o seu verdadeiro destino!

169. O que é uma pessoa Abialá?

Os iorubás consideram uma pessoa Abialá quando esta nasce empelicada, ou seja, coberta com a fina membrana que forma a bolsa d'água. Também chamada de *talabí* (*tálà* = tecido alvejado + *abí* = nascer). Ao sentir as dores do parto e não tendo sido rompida esta bolsa da parturiente, o médico faz um pequeno corte com a tesoura e estoura a bolsa. O parto que ocorre logo depois é chamado de "parto seco". A seguir, essa membrana, meio ressequida, cobre a criança, tal como um véu. As pessoas nascidas deste modo são consagradas geralmente a Orixalá ou possuem um grande fundamento com essa divindade. Em sua iniciação no candomblé terão que obrigatoriamente reverenciar primeiro esse orixá.

170. O que é uma pessoa Abiaxé?

Abiaxé (*abí asé*) é a pessoa que "nasce no axé". Aquela criança cuja mãe quando foi recolhida para se iniciar estava grávida e deu à luz dentro do rondêmi. Esta criança será "irmã-de-santo" e "irmã-de-esteira" de sua própria mãe, e fará com ela as mesmas obrigações de iniciação. Mais tarde, irá acompanhá-la nas suas obrigações subseqüentes, fazendo, porém, as suas individualmente. Estas liturgias agora já terão um direcionamento aos preceitos para o seu orixá. Se for determinado pelos Odus, após certo período terá que raspar seu orí, porque este, na verdade, não foi raspado na sua feitura e nem participou de todos os preceitos. Esta criança e sua mãe, provavelmente, terão uma grande ligação espiritual e fraternal, sendo também "irmãs-de-barco" e "irmãs-de-axé". É um momento duplo, para ser festejado por todos da casa de candomblé!

Também é considerada Abiaxé aquela criança cuja mãe quando foi recolhida para ser iniciada não sabia que estava grávida. Esta criança será consagrada, intra-uterinamente, a Oxalá ou a Iemanjá, considerados o "pai e a mãe das cabeças". Num período posterior, um Jogo de Búzios deverá ser consultado para que esta criança seja consagrada a seu verdadeiro orixá. Se o jogo determinar, terá que raspar seu orí, pois isso não foi realizado na feitura de sua mãe.

171. O que é uma pessoa Salacó?

Salacó é a pessoa que nasce com o cordão umbilical envolvendo o seu pescoço. Diz-se que é pessoa de muita sorte, muito feliz e que possui um grande apego à vida, porque em sua gestação correu sério risco de perdê-la. Tem uma grande ligação com Orixalá, Oxum e Iemanjá, respectivamente o senhor da criação e duas poderosas mães. A pessoa Salacó deverá sempre reverenciar esses orixás! É necessário que o/a sacertote/sacerdotisa que vai iniciar uma pessoa Salacó tenha bom conhecimento do Jogo de Búzios, pois suas divindades são sagazes e têm grande apego a elas, dificultando as decisões.

172. O que é uma pessoa Xeregun?

O Xeregum (Sèrègùn, em iorubá) é a pessoa por quem os eguns têm grande afeto, sofrendo por isso grande assédio destes. Necessita cuidar muito bem destas forças, para que possa estar sempre em perfeita sintonia consigo mesma. Deve procurar agradar sempre a Babá Egum, para conseguir sua ajuda e assim viver com tranqüilidade e estabilidade no aiê.

173. O que é uma pessoa Xerodu?

O Xerodu (Sèrodu, em iorubá) é aquela pessoa que é muito amada pelos Odus. Justamente por isso, necessita estar constantemente cuidando e agradando muito bem estas divindades.

CAPÍTULO 17
Vestuário e paramentos

As roupas particularizam as divindades e ajudam a torná-las mais belas e radiantes, contribuindo para valorizar suas especificações e peculiaridades.

174. O que é o pano-da-costa?

É um complemento emblemático, **distintivo e obrigatório da indumentária feminina**, no candomblé. O pano-da-costa desempenha papel significativo e identifica a mulher iniciada no candomblé.

O nome pano-da-costa talvez seja derivado de certo tipo de pano que, no passado, era trazido somente de cidades do litoral da costa africana. No Brasil, porém, aos poucos, este tecido foi sendo substituído por outros que aqui existiam. Isto não modificou, contudo, a função que a ele era dada: o pano-da-costa, dentro da religião, tem o sentido primordial de proteger o corpo da mulher, de envolvê-la.

Após a feitura, quando retorna ao mundo exterior, o iaô também anda protegido pelo pano-da-costa, que cobre seus ombros. Este representa um modo de livrá-lo dos contatos externos, cobrindo seu corpo com a representação do alá.

Esta indumentária costuma ser usada enrolada acima do seio ou um pouco abaixo, caindo até aproximadamente o meio das pernas, resguardando as partes mais íntimas e mais importantes da mulher. Em alguns Axés, sinalizando um posicionamento hierárquico, as mulheres mais antigas usam o pano-da-costa amarrado na cintura, em formato de rodilha.

Nas cerimônias de Axexê, o pano-da-costa também cobre as mulheres, resguardando-as de Babá Egum. Mesmo no seu uso pelos orixás, é de **uso exclusivo das mulheres**. As iyabás o usam normalmente e os oborós usam-no amarrado para trás, atravessado no dorso ou amarrado no ombro.

A mulher africana, no passado, com sua sabedoria milenar, usava o pano-da-costa como proteção para seus seios e sua barriga, órgãos criadores e gestores de vida. Se for usado em outro tamanho ou em outro local do corpo, o pano-da-costa perde seu significado e sua função ritual! O uso de pano-da-costa é **prerrogativa somente feminina**, portanto, o seu uso por homens é inovação que ofende os preceitos da religião!

175. O que é o camisu?

É um tipo de camisa branca usada pelas mulheres, feita em tecido de algodão, com detalhes de renda, bicos ou bordados no decote. O camisu é bem comprido, muitas vezes até o meio da coxa. Antigamente, suas usuárias diziam que assim podiam usá-lo como "roupa de baixo", compondo melhor o vestuário. Peça obrigatória da roupa diária, é também usada nas vestes cerimoniais dos orixás. Alguns camisus são feitos com um decote bem acentuado, deixando os ombros das mulheres à mostra, num estilo bem africanizado, tornando-se então muito feminino, coquete e sensual.

176. O que é o calçolão?

É um tipo de calça curta, também chamada de "calçulão", bem larga, de comprimento um pouco abaixo do joelho, amarrada por um cordão ou cadarço na cintura, sem bolsos. Parte da indumentária ritual dos iniciados no candomblé, serve para o homem e para a mulher. Confeccionado geralmente com tecido de algodão, costuma levar entremeios ou bicos de renda no acabamento da bainha. Usado cotidianamente pelos adeptos, também faz parte do vestuário dos orixás. Na mulher, o calçolão compõe melhor seu vestuário, porque permite que ela se sinta mais à vontade nos momentos de dança.

177. O que é o ojá?

O ojá é uma tira de pano, branca ou estampada, com mais ou menos dois metros de comprimento, com largura suficiente para cobrir totalmente o orí. É enfeitado com rendas, bicos ou bordados, cobrindo e enfeitando a cabeça das mulheres, no dia-a-dia ou nas festas. É também utilizado nos homens, quando estes participam de obrigações rituais. Entre suas outras utilidades, os ojás servem ainda para dar mais colorido e graça aos barracões, nos dias das grandes festas. Enfeitam os atabaques, as árvores, os portais, dando maior luminosidade ao terreiro. Embelezam as iyabás com seus grandes laços ou firmam a roupa no dorso dos orixás masculinos.

Em algumas casas de candomblé só é permitido o uso do ojá pela sacerdotisa, porque para esta comunidade ele é considerado uma marca de *status* e poder.

178. O que é o singuê?

É um pedaço de tecido usado pelas mulheres de orixá masculino (oboró), por baixo do camisu, para esconder ou reduzir os seios. Serve para compor melhor o visual e resguardar o corpo das iniciadas, quando seus orixás fazem danças mais violentas. Antigamente, não era costume que as mulheres do candomblé usassem sutiã, porque o orixá não permitia e, muitas vezes, ele mesmo o tirava. Então, para se vestirem melhor, as mulheres recorreram ao uso do singuê.

179. O que é a bata?

É uma blusa semelhante ao camisu, cortada em formato godê e mais larga. Sua confecção é mais elaborada e exige um certo refinamento. Os tecidos usados são mais requintados, de cor branca ou com estampas bem miúdas.

A bata é de uso exclusivo da mulher e somente pode ser usada após a conclusão da sua obrigação de sete anos, porém não faz parte do vestuário do orixá. Esta blusa é entregue como a simbologia de um posto e considerada um marco distintivo na hierarquia religiosa. As divindades não conhecem hierarquia temporal, por isso não gostam e não vestem bata!

Certas casas de candomblé não permitem o uso da bata em alguns rituais. Por exemplo:
- nas festas destinadas ao orixá dono da casa;
- nas festas de Olubajé – considerado o "senhor da terra", Omolu é tratado como rei em todas as casas de candomblé. O uso da bata poderá ser considerado uma afronta ao seu poder;
- nas festas para Oxóssi – a bata para este orixá é um agravo. Reconhecido como o orixá "dono dos cargos", se uma pessoa usa bata em sua presença, ele considera como se esta tenha se antecipado à sua escolha;
- nas festas do orixá da pessoa – um símbolo de poder, vai causar um choque de rivalidade;
- nas festas de Xangô – orixá pertencente à realeza, não aceita um símbolo de honraria em sua presença.

Em algumas casas de nação fon, mesmo com sua obrigação de sete anos realizada, a ebômi não poderá usar a bata dentro do terreiro, pois somente a doné tem o direito de usá-la. O mesmo ocorre com o ojá.

A bata não faz parte da indumentária, nem tem como finalidade a vaidade. Ela é a premiação do iniciado do candomblé pelo cumprimento correto do seu período de iaô. A ebômi torna-se capacitada a usar sua bata quando sabe agir com humildade e dignidade, tornando-se um exemplo a ser seguido!

180. O que é o alacá?

É um tipo de traje africano, confeccionado com um tecido colorido ou branco, que rodeia todo o corpo, terminando amarrado lateralmente. No Brasil, essa vestimenta só é usada por babalorixás ou iyalorixás em grandes festividades e somente por pessoas que já tenham feito a obrigação de 21 anos de iniciação.

181. O que é o brajá?

O brajá é um colar longo, feito com fileiras de búzios enfiados dois a dois, lembrando uma escama de cobra. Fazendo seu fechamento, é costume colocar pequenas cabacinhas enfeitadas com palha-da-costa ou "firmas" coloridas africanas. Este colar é consagrado a alguns orixás e voduns ligados à ancestralidade, à terra e aos búzios, como Orixalá, Nanã, Omolu, Oxumarê, Iroco. O brajá possui conotação hierárquica e é usado sempre nas grandes festas pelos orixás ou por pessoas com graduação na religião.

182. O que é o cordão de laguidibá?

O laguidibá (*lágídígbá*, em iorubá) é um fio-de-contas que se associa à terra, aos ancestrais, conhecido como o "colar símbolo" de Omolu. Pode ser confeccionado com rodelas de chifre de búfalo ou com pedaços arredondados da casca da semente interna do coquinho da palmeira. Existem cordões de laguidibá que são produzidos alternando-se rodelas pretas com contas brancas. Este fio-de-contas faz parte também dos paramentos de Nanã, Iroco e Oxumarê, divindades pertencentes ao panteão de Omolu. Oxalá também usa cordão de laguidibá, sendo este confeccionado com rodelas de marfim ou pedaços de conchas. Este cordão demonstra o grau hierárquico elevado de quem o usa.

183. O que é o runjeve?

É um fio-de-contas que os iniciados das nações Fon e Nagô-Vodum recebem ao fazer a complementação de suas obrigações rituais, aos sete anos. Representa a ligação do homem com o divino e simboliza a maioridade dentro da religião, não tendo, contudo, o sentido de *status*.

Para sua confecção, usam-se miçangas amarronzadas, contas cilíndricas de coral e uma conta azulada, o seguí (*sègí*). Estas três cores têm simbologias na religião: o coral representa o sangue, a vida; o marrom, a força da terra; e o seguí, o azul celestial. O runjeve só pode ser confeccionado pelo sacerdote ou por pessoa de sua confiança, com graduação dentro da casa. Porém, o seu fechamento só é realizado pelo babalorixá.

É proibido o empréstimo do fio-de-contas particularizado a qualquer pessoa, e deve ser usado com seriedade e dignidade, não como um cordão de enfeite. Ogãs e equedes não recebem runjeve, porque este colar faz a consagração do nascimento do iaô. Estas autoridades foram somente sacralizadas, não passaram por rituais de renascimento, como os iaôs.

Todos os iniciados, independentemente de sua divindade, recebem seu runjeve ao atingir sua maioridade religiosa, porque este pertence a todos os orixás. Porém, o runjeve é primordialmente do domínio de três divindades: Oiá, Oxumarê e Omolu. Estas divindades possuem uma ligação com a vida e com a morte e fazem um elo de união do aiê com o orum, que é a representação maior do runjeve.

Simbolizando uma nova idade, um recomeço mais fortalecido, o runjeve é único, particularizado e intransferível, e vai acompanhar a pessoa em sua partida para o orum, no momento de sua morte.

CAPÍTULO 18
Sociedades secretas e confrarias divinas

As Sociedades existem para permitir que determinados cultos fiquem circunscritos somente em certas parcelas da civilização. Algumas, porém, abriram-se para tornar-se mais sociais e políticas, e menos religiosas. Outras, voltaram-se só para a manutenção da doutrina e da ordem religiosa.

184. O que é a Sociedade Geledê?

É uma sociedade secreta muito fechada, constituída em sua base principal somente pela presença feminina. Os homens têm alguma participação, chegando até mesmo a administrar certos rituais. Porém, para participar de seus festivais, necessitam usar máscaras e roupas femininas, igualando-se assim às mulheres. Este artifício tem o intuito de saudar e apaziguar as grandes mães, para manter o equilíbrio e a harmonia entre o homem e a mulher. Mas o alicerce fundamental desta sociedade são as mulheres, que têm por finalidade o culto às *Iyá agbá*, mães-velhas ancestrais poderosas. Seu emblema máximo são os pássaros, que fazem a simbologia do filho gerado no ventre da floresta.

A finalidade principal da sociedade Geledê é revitalizar o poder gestacional da mulher e celebrar cultos às ancestrais femininas, veneradas coletivamente. Participam destes rituais todos os orixás femininos e os espíritos de todas as mulheres.

Iyamí Oxorongá é a representante máxima e central do poder coletivo feminino e o redistribui às demais iyabás, consideradas "os ventres que povoam o mundo". Odudua, Iemanjá, Oxum, Oiá, Obá, Iewá e Nanã estão no topo desta Sociedade. As mulheres que encabeçam essa Sociedade recebem o nome de *iyalaxé*, possuidoras e transmissoras do axé, ou de *iyalodê*, título máximo feminino dentro da comunidade.

185. O que é a Sociedade Ogboni?

A Sociedade Ogboni é a sociedade responsável pelo culto coletivo dos ancestrais masculinos, presidida por Babá Oró, que é cultuado e reverenciado por homens. Oró é uma força divina que somente participa das manifestações de culto aos mortos. Esta Sociedade, na África, é uma das fraternidades mais poderosas. Seus integrantes, utilizando-se de máscaras sagradas, conseguem o que desejam, manipulando e controlando o poder masculino da comunidade, fazendo com que tudo se enquadre nas normas da ética e da moral iorubá. Babá Oró é a divindade que preside e presta ajuda para as finalidades políticas e comunitárias, estando mais condicionado e ligado à sociedade. Ao contrário de Babá Egum, que está direcionado às questões familiares particularizadas e individuais.

186. O que é a Sociedade Elecó?

Elecó (*Elééko*, em iorubá) é uma sociedade feminina composta somente por poderosas feiticeiras. Suas participantes são amazonas aguerridas, exímias no manejo de vários tipos de armas. Sua líder é uma das iyabás mais velhas do panteão feminino, Obá, a grande e poderosa guerreira. Esta iyabá pertence também ao grupo das grandes mães veneráveis, senhoras da magia e do encanto.

187. O que é a Sociedade Gonocô?

Não encontramos informações que confirmem o grupo Gonocô como uma Sociedade secreta iorubá. Mas no Brasil, em tempos longínquos, existia em Salvador, Bahia, um culto direcionado a um irunmonlé, Babá Igunucô, que era realizado dentro da mata, num bambuzal, em local bem afastado da zona urbana. As pessoas recorriam a este Babá pedindo-lhe ajuda e orientação, ofertando-lhe muito ebô e acaçá. Não sabemos dizer se nos dias atuais ainda permanece este ritual, porque poucas referências encontramos sobre esta divindade. Sua presença, porém, faz parte da religião, e ele está pronto a ajudar quem a ele recorrer!

188. O que é a Sociedade dos Oxôs?

Os Oxôs participam de uma confraria sem denominação e são tidos como feiticeiros poderosos. Eles pertencem a uma sociedade que representa o poder místico masculino. São considerados o contraponto das Iyamís! Embora tenham um caráter mais ameno que o delas, quando desagradados costumam usar seu poder e sua cólera para ocasionar instabilidade, desajuste e desarmonia nas funções litúrgicas. São eles também que transformam os elementos da natureza, provocando as catástrofes e a desordem. Os representantes dos Oxôs são as divindades mais velhas de cada panteão, que têm ligação com a terra e a turbulência. Exu, Ogum, Obaluaiê, Oxaguiã, Oxetuá, Oxóssi e Babá Okô são alguns participantes desta confraria poderosa.

189. Quem são os Ajás?

O termo Ajá é a contração do termo Ajagun (*Ajàgun*, traduzido em iorubá como guerreiro, lutador), que é dirigido às divindades aguerridas, impetuosas e muito temidas. Três grandes divindades são chamadas de Ajás ou, mais sutilmente, de "Guerreiros Brancos": Ajagunã, orixá do panteão de Oxaguiã; Jagun ou Ajagun, pertencente à família do vodum Omolu; e Ogunjá ou Ogum Ajá, um orixá do panteão de Ogum. No panteão feminino temos também as *Ajagun-obínrin*, como Obá, e algumas qualidades de Oiá, Oxum e Iemanjá.

Irascíveis, os Ajás revidam a toda violação de regras, à falta de zelo e à desobediência do homem perante as normas da ética e da moral religiosa. Ao encontrarem o desequilíbrio e a desarmonia, eles provocarão a discórdia e um turbilhão de acontecimentos nefastos. Compreendidos como se fossem guardiões, estes guerreiros representantes da Corte do Orum estão sempre prontos a mostrar aos seres humanos os seus erros, as suas faltas. Seus ensinamentos, porém, costumam ser de uma forma muito brusca, mas servem para que não sejam esquecidos por quem os sofreu! O castigo quando provém de um pai evita que os filhos repitam erros que lhes poderão ser fatais!

190. Quem são as Ajés?

As Ajés (*àjẹ́*) são feiticeiras poderosas, representantes do mistério do poder feminino. Neste grupo estão inclusas as iyabás mais velhas de cada panteão, sendo chamadas também de Iyamí Agbá ("minha mãe velha"). Rabugentas e vingativas, gostam de promover a discórdia e o desequilíbrio a quem as desobedecem ou ofendem. Mesmo quando o ser humano deseja agradá-las, se este produzir um pequeno deslize, poderá ocasionar instabilidade e causar sérios danos. Elas não costumam aceitar os erros dos homens, porque consideram que estes possuem a liberdade de realizar o que desejam e, portanto, precisam pensar melhor nas conseqüências de seus atos.

CAPÍTULO 19
Nações

Todas as nações trouxeram particularidades para o Brasil. A fon, com seus voduns e seus segredos. A bantu, "nação-mãe", com seus inquices, tão nossos amigos! Os iorubás, com seus orixás e seus ancestrais divinos. Todas deram suas contribuições para o Brasil, seja na modalidade falada ou escrita da nossa língua, na medicina popular, no ensinamento dos segredos das suas ervas, na dança, na música etc. Agradecemos também a culinária colorida, cheirosa e saborosa!

Nação Bantu

191. Como são chamadas as divindades da nação bantu?

As divindades da nação bantu são chamadas de **inquices**, vocábulo derivado de *nkisi* que, pode ser traduzido como "ser sobrenatural" ou como "espírito que auxilia". Seja qual for a tradução, o inquice é aquele que está entre nós para nos ajudar. Tal como os orixás e os voduns, estas divindades também dominam uma força da natureza, possuindo contudo suas próprias folhas, seus metais, suas pedras, suas cores etc. Sendo assim, não podemos traduzir estas semelhanças como igualdade, pois estas divindades têm particularidades e peculiaridades independentes. Podem existir até mesmo coincidências, mas, insistimos, cada uma tem suas características e personalidades individuais. Mas convém dizer que quem é responsável por tal semelhança é a própria natureza, visto que todas as divindades, separadamente, respondem e cuidam de cada elemento que dela faz parte!

Os inquices recebem alimentos diferenciados, sempre preparados com muito rigor e beleza. Seus rituais têm uma profunda seriedade e grande beleza plástica. Eles gostam de vestimentas muito coloridas, estampadas. Aqueles que se utilizam de saias, usam-nas sem muita roda e um pouco mais curtas que as dos orixás, deixando livres seus movimentos.

Os atabaques que os chamam são tocados com as mãos, sem o uso de varetas, e entoam cantigas rápidas e muito alegres. Os inquices não são tão sociáveis quanto os orixás, eles têm um comportamento um tanto arredio. Neste ponto se assemelham um pouco com os voduns, que também não têm muita proximidade com os homens. Isto talvez se derive do pequeno número de festividades das casas destas nações, o que proporciona pouco contato entre as divindades e os seres humanos.

192. Quais são as divindades da nação Bantu?

Sem fazer qualquer correspondência ou assemelhação entre as divindades, vamos enumerar os inquices da nação bantu, procurando seguir a ordem do Jambereçu. Abrimos com Aluvaiá, o comunicador, que responde pelas encruzilhadas. A seguir, Roximucumbe, o senhor da guerra e dos caminhos. Cabila, o caçador, habitante das florestas. Gongobira, caçador e pescador. Catendê, o senhor das ervas, das folhas. Zaze Luango responde pela justiça entre os seres humanos, pelos raios das tempestades. Caviungo, inquice da saúde, ligado também à morte. Angorô/Angoroméa respondem pela comunicação, a representação do arco-íris. Quitembo, responsável pelas mudanças no tempo. Matamba, guerreira, senhora dos ventos e também ligada à morte. Quissimbi, senhora da fertilidade, da beleza, poderosa mãe das águas doces. Caitumbá, a grande mãe, senhora das águas salgadas. Zumbarandá, a mãe mais velha dentre todas, senhora da lama, entrelaçada com a morte. Vunje/Vúngi, representação da juventude, da alegria, das brincadeiras. Lemba Dilê, inquice jovem ligado à criação do mundo, pertencente às cores branca e prata. Lembaranganga ou Gangarumbanda, divindade velha, do início da criação, usuária da cor branca. Zambi, senhor supremo, o grande criador. Esta nação engloba vários países e cidades, como Angola, Congo, Luanda etc., portanto, o mesmo inquice recebe às vezes mais de um nome. Por isso, enumeramos os mais comumente conhecidos.

Os inquices, seres proprietários da natureza e as primeiras divindades a aportar no Brasil, amam os homens e querem ajudar, indiscriminadamente, a todos que a eles chegam com fé e com o coração limpo!

193. Como se denominam os/as sacerdotes/sacerdotisas desta nação?

A mulher que responde pela casa da nação bantu é chamada de *mameto ria nkise* ou mameto-de-inquice e o homem denomina-se *tateto ria nkise* ou tata-de-inquice. As palavras mameto e tateto provêm do quimbundo *mam'etu* e *tat'etu*, respectivamente, nossa mãe e nosso pai.

194. O que é o Bengué Camutuê?

É o ritual de raspagem da cabeça, um ato litúrgico efetuado no momento da consagração do iniciado, o muzenza. A confirmação de que, a partir daquele momento, aquela pessoa pertence à casa e possui uma nova família.

195. O que vem a ser Dijina Muzenza?

Esta liturgia é uma festa semelhante ao "Dia do Orunkó", dos iorubás, que faz o encerramento das obrigações de feitura, solenidade em que o inquice diz a todos o seu nome.

196. O que é o Jamberessu?

É a roda dos inquices, seguindo uma ordem de chegada, num ritual de cantigas e danças. Momento em que eles vêm ao terreiro para confraternizar com seus filhos. Eles dançam, conversam e recebem as homenagens destes e de seus convidados. Inicia com Aluvaiá e encerra com Lembaranganga.

197. O que é Kassambá Muvú?

É a liturgia da obrigação de sete anos de iniciação, a transmissão de um cargo de poder que vai possibilitar que o/a muzenza receba o direito de se tornar um *tata nkisi* ou uma *mametu nkisi*. A partir daí, o iniciado já terá a condição de abrir sua própria casa de candomblé.

198. O que é a Cucuana?

Junção de duas palavras, *kúuku* – cozinha – e *wáana* – família (cf. *Novo Dicionário Banto do Brasil*, Nei Lopes, p. 85) –, é traduzida como "cozinhar para a família". Assemelhada ao olubajé dos iorubás, Cucuana é uma festa denominada "a refeição da comunidade". Uma confraternização do inquice Caviungo com seus filhos, com a comunidade e com os visitantes, que resulta em um grande banquete! Através da música e da dança reúnem-se diversos inquices aos iniciados, transformando-se então em uma festa grandiosa de uma poderosa família!

199. O que é Nkudiá Mútue ou Quibane Mútue?

É uma cerimônia litúrgica semelhante ao Borí do iorubá, quando a cabeça do iniciado recebe alimentos e fortalecimento, proporcionando a este o restabelecimento do equilíbrio e uma rearmonização com o meio ambiente.

200. O que é Vumbi/Vumbe?

Palavra de origem quicongo, *evumbi*, designa a pessoa morta. Mas o termo Vumbi também é utilizado, em algumas casas, para designar o ritual que se realiza após a morte do iniciado. Nas casas de candomblé de Angola este ritual se denomina *Camucando* ou *Camucondo* e tem o objetivo de fazer o espírito do morto aceitar sua nova condição e ser encaminhado a um novo plano.

Nação Fon

201. Como são chamadas as divindades da nação fon?

As divindades desta nação chamam-se **voduns** e dividem-se em famílias, de acordo com a sua especificidade e também pela sua ligação com os elementos da natureza. Os voduns são cultuados aos pés de grandes e antigas árvores, algumas até centenárias. Este igbá natural chama-se *atinsá* e mantém escondidos os fundamentos destas divindades. Estas árvores recebem cuidados especiais e estão permanentemente enfeitadas com ojás e laços, particularizando-as.

São poucos os integrantes do terreiro que têm acesso a estes locais. Isto ocorre porque esta nação dá grande valor ao fator hierárquico, e a contagem de tempo de iniciação é muito respeitada! Por isso, falar de voduns e da nação fon exige cautela, porque todo conhecedor desta nação passou por grandes preceitos sagrados e secretos, e sabe que seus fundamentos devem ser resguardados e somente revelados a quem os merecer, e no momento certo!

As casas de nação Fon também têm muitos outros compartimentos, como todas as casas das demais nações: cozinhas, quartos para acomodar os filhos da casa, quarto e sala para receber visitantes, locais reservados para as liturgias etc.

Os voduns são considerados ancestrais remotos divinizados e, como os homens, podem ser jovens, velhos, crianças, femininos, masculinos, tendo pertencido a famílias reais e ilustres. Costumam ser um pouco rudimentares, embrutecidos e até meio violentos em suas danças, e não possuem muita aproximação nem intimidade com os seres humanos. Quando desobedecidos ou provocados, zangam-se facilmente e não possuem comportamentos com características humanizadas, como os orixás. Os nomes dos voduns, e até mesmo seus rituais, alimentos, folhas, cantigas, emblemas etc. são bem distintos dos das demais divindades.

Por gostarem muito de dançar e, para ter maior liberdade de movimentos, os voduns usam roupas que os deixam bem à vontade, como chapéu, um simples camisu, saias coloridas, estampadas, com pouca roda, sem muitas anáguas, num estilo bem africanizado! Alguns usam uma espécie de cinta de pano amarrando a saia, logo abaixo da cintura. Quando estão no salão do terreiro, dançam permanentemente de frente para os atabaques, nunca dando as costas para estes, em respeito e em reverência àqueles que os chamam e os trazem de volta ao convívio com os seus filhos!

Os voduns são muito arcaicos, não costumam aceitar modernidades, apreciando as coisas mais rústicas, como máscaras, grandes vasos de madeira ou de barro. Gostam de talhas, de cabaças coloridas. Amantes da natureza, mesmo em seus alimentos exigem somente produtos da terra, como raízes, folhas, favas. Quando chegam nos terreiros gostam de aguardar o momento de adentrar o salão numa sala bem reservada e especial. Neste local, eles conversam entre si numa linguagem rústica, ("trocam língua", no falar da comunidade), fumam um cachimbo, tomam uma bebida especial, cantam, alguns brincam e até mesmo compartilham uma certa liberdade com a comunidade.

202. Quais são as famílias dos voduns?

As famílias dos voduns reúnem divindades de um mesmo estilo e são patronas de um mesmo elemento. À Família Dambirá ou de Dã (água, ar e terra) pertencem Bessém, Iewá, Dangbé, Doqüém, Acotoqüém etc. À Família de Sakpatá (terra e ar) pertencem Naê, Dadarrô, Ajonsu, Graga Otolu, Avimaje etc. À Família dos Caviúnos e Heviossô (fogo e água) pertencem Gbadé, Sogbô, Acorumbé, Kpossú, Loco, Xoroquê, Averequete, Azirí Tobossi, Aizã, Possu, Bogum etc. A Família dos Nagô-Vodum engloba os orixás que foram aceitos pelos voduns em sua nação, como Ogum, Odé, Oiá, Oxum, Iemanjá, Oxaguiã, Orixalá etc. Algumas destas famílias de voduns pertencem às nações fons existentes no Brasil, como o jeje-mahi, jeje-savalu, jeje-mina, jeje-modubi, jeje-aladano.

203. Como são chamados os sacerdotes ou sacerdotisas desta nação?

Na nação jeje-mahi os sacerdotes são chamados de acordo com o vodum a que pertençam. Se o vodum da sacerdotisa e de seu iniciado pertencer à família de Bessém, a sacerdotisa se chamará *mejitó*. Se ambos pertencerem à família Heviossô, a sacerdotisa se denominará *doné* e o sacerdote, *doté*. Se a sacerdotisa fizer parte da nação Nagô-Vodum, se chamará *gaiaku* e o homem, *rumbono* (*humbono*), título dado ao primeiro iniciado em uma Casa e também usado para nomear um sacerdote. Diferentemente, na nação jeje-mina, do Maranhão, dá-se o nome de *nochê* à mulher e de *tochê* ao homem.

Não se conhece o termo masculino correspondente a mejitó. Talvez porque a base desta nação tenha sido matriarcal, sendo desconhecida a existência de um sacerdote nos tempos antigos. Somente mulheres eram gaiaku e mejitó e só a elas cabiam as transmissões dos segredos de uma para outra, por meio de rituais. Em nossas pesquisas, fizemos uma descoberta que irá gerar alguma polêmica: em certas cidades da África, o nome gaiaku é usado para o sexo masculino! Não se sabe se no Brasil ele passou a ser utilizado pelas iyalorixás pelo seu vocábulo *iyá*, denotativo de mãe, ou se já era utilizado assim pelos descendentes africanos, em suas cidades de origem.

204. O que é o rumpame?

O rumpame (*hùnkpámè*) é o grande espaço físico de um terreno, o sítio sagrado onde estão localizados o abassá (*agbasá*) – o terreiro, o barracão –, os atinsás, as moradias etc. É no rumpame que muitas pessoas residem, e onde se produz o contato mais direto com as forças da natureza. No rumpame, os voduns retornam ao seu passado, porque ficam diretamente ligados à terra, à água, às matas e aos animais, permitindo e proporcionando ao ser humano desfrutar melhor de sua companhia!

205. O que são os atinsás?

São árvores antiqüíssimas, que estão contidas em áreas cercadas e delimitadas por pequenos canteiros, delicadas cercas, pedras etc., em local afastado. Elas são preparadas ritualisticamente para se tornar a morada sagrada de alguns voduns, que recebem ali as suas oferendas. É em volta dos atinsás que os voduns dançam e relembram momentos passados, se reencontram com os homens e com eles confraternizam. Os atinsás vivem adornados com ojás e são muito venerados e respeitados, pois são os legítimos representantes da ancestralidade. Em suas raízes repousam a história e a luta de uma nação e de uma casa de candomblé que está há várias gerações povoando a religião com novos iniciados!

Para o povo fon todas as árvores são sagradas porque assemelham-se com o ser humano: a sua copa representa a cabeça; os seus galhos lembram os braços; seu tronco, o tórax; e as raízes personificam as pernas e os pés. As árvores simbolizam a continuidade da vida!

No passado, as casas da nação fon eram construídas em grandes terrenos (*humpames*) e em fazendas (*nakundá*) onde existiam rios, fontes, cachoeiras, matas e muita terra para plantar suas árvores e suas ervas. Muitos que se iniciavam continuavam ali morando, criando assim uma grande comunidade. Nessa imensidão de terra, existiam, e ainda existem em alguns Axés, árvores imensas, algumas até centenárias, como a gameleira, o iroco, a jaqueira, a mangueira, a cajazeira, a figueira e o fícus, que se transformam em morada dos voduns.

Com a chegada do progresso, a perda de grandes áreas de matas, a maior aproximação com o povo iorubá e seus costumes e a vida agitada e sem grandes facilidades, em muitos Axés alguns atinsás cederam a vez para os igbás particularizados. Atualmente, somente os grandes e os mais antigos Axés do Brasil conservam seus atinsás, mas algumas casas estão tentando resgatar este modo centenário de cuidar dos voduns. Com tantas modificações produzidas e introduzidas, a pureza das nações está ficando cada vez mais comprometida.

206. O que é o Jebereçu?

É um ato litúrgico realizado quando a pessoa vai mudar de Axé e entrar para uma nova casa de candomblé. A partir do Jeberuçu o iniciado terá ainda que passar por vários e novos preceitos ritualísticos, para que possa seguir as normas e determinações da casa e, assim, sentir-se integrado à ela.

207. O que é o Ageuntó?

É um preceito realizado no ato das iniciações e também nas grandes obrigações de contagem de tempo. Uma consagração oral que proporciona a união do corpo físico ao sagrado, trazendo fortalecimento e segurança às pessoas iniciadas.

208. O que é o rumbê?

É um líquido sagrado, preparado pelo sacerdote e exclusivo desta nação, que o vodunsi ingere nos momentos de sua iniciação. O rumbê (*rungbe*) equivale a um juramento sagrado, a passar a pertencer e a participar de uma nova família e a um comprometimento com a casa de candomblé. (Muito se fala do rumbê, porém poucos sabem como prepará-lo, porque este ritual faz parte dos grandes segredos do povo fon.) O rumbê também pode ser administrado às pessoas mais íntimas e mais amigas da casa, permitindo que estas a partir daí possam participar de algumas liturgias internas. Para tomar o rumbê, porém, será necessário que estas pessoas obedeçam a certos preceitos e a um perído de repouso. Receber o rumbê é um grande privilégio dentro da religião!

209. O que é o Mixaô?

O Mixaô é um "orô de corpo" preparado com ingredientes próprios de cada orixá, um poderoso segredo da nação savaluno e um dos preceitos mais importantes do Kwe de Sakpatá, no Rio de Janeiro, também usado no Axé Kavok. É um ritual de fortalecimento para a estrutura corpórea, interna e externamente, nos atos de iniciação e nos rituais de contagem de tempo de feitura. Considerado um ato sagrado e de grande fundamento, o conhecimento dos seus elementos é de propriedade do doté/doné ou de pessoas de sua extrema confiança.

210. O que é o Credezen?

É um fundamento obrigatório da nação fon, realizado em toda pessoa iniciada desta nação. Também chamado de "Panela Sagrada", é um tipo de alimento ingerido diariamente, por tempo determinado, e que permanece próximo ao vodunsi. Terminado o prazo, suas sobras serão levadas e entregues à natureza.

211. O que é a "Prova do Zô" ou "Prova de Fogo"?

É um preceito efetuado para comprovar o poder dos voduns, quando incorporados em seus filhos. A "Prova do Zô" é um ritual realizado com os voduns da família Heviossô, que não é feito publicamente e não pode ser revelado a qualquer pessoa. Neste ritual, quem está à prova é o vodunsi, comprovando que o vodum está em completo domínio de seu filho!

212. O que é o Zandró?

É um preceito comandado pelo sacerdote, em que se louvam os voduns com cantigas e lhes são entregues oferendas. Este ritual realiza-se no dia que antecede as grandes matanças ou festividades, e possibilita que os voduns participem e possam também vir dançar. É um momento de louvação e de reverência aos voduns e que produz grande intimidade e interação, harmonizando as divindades com seus filhos. Permite também que eles coletem e manipulem melhor a força e a energia dos alimentos sagrados que lhes estão sendo ofertados. Nesta ocasião, os voduns são convidados para virem novamente no dia seguinte receber seus sacrifícios rituais, quando a liturgia será mais complexa e mais completa. Algumas casas aproveitam este dia também para reverenciar e agraciar os atabaques. Em tempos antigos, o Zandró era realizado de madrugada, um dia antes da festa. Em nossos dias, porém, com as dificuldades da vida moderna, alguns terreiros optaram por fazê-lo algumas horas antes da festa. Logo após o Zandró é feito o Andê.

213. O que é o Andê?

É um tipo de comida litúrgica, de grande segredo, e pertencente aos fundamentos da nação fon, que dá nome a uma festa ritualística, realizada para Ajansu e sua família. O Andê antecede a festa de determinados voduns. Este preceito é feito por uma pessoa graduada da casa e que tenha posto hierárquico na cozinha. No seu preparo, são utilizados animais, grãos e favas. A seguir, o alimento é levado para o atinsá de Ajansu, onde também serão reverenciados Nanã e Sakpatá. Este ritual precisa ser realizado à luz do Sol, porque este vodum pertence à luminosidade e à claridade deste astro poderoso. Logo após, acontece a festa, com toques e cantigas e com a presença dos voduns, dos filhos da casa e dos convidados.

214. O que é o Polê?

O Polê (*kpólè*) é um ritual de saudação aos atinsás realizado ao raiar do dia, e que reúne os voduns em volta das árvores na época das festividades da casa. É um ato de respeito e reverência a um novo amanhecer, realizado com o acompanhamento das autoridades da casa.

215. O que é o Rudjê?

É um ritual feito na festa de "obrigação de sete anos", quando se confere "posto" ou "cargo" aos iniciados que a ele têm direito.

216. O que é o Grá?

É um preceito pelo qual o iniciado da nação fon passa, que antecede suas obrigações e que só pode ser feito em casas onde exista um grande terreno, com mata fechada. Nos dias atuais isto já não é tão fácil de encontrar, porque os terreiros estão cada vez mais próximos das grandes cidades e o Grá gosta de matas grandiosas. Mas ainda existem alguns Axés antigos com espaço suficiente para a realização deste ritual.

Estes terreiros precisam ter uma boa infra-estrutura e também que o sacerdote responsável tenha grandes conhecimentos deste fundamento.

O Grá é uma divindade que aparece somente na época da iniciação dos vodunsis e que tem uma força brutal e incontrolável.

Permanece no controle do vodunsi por vários dias e, neste período, vive no meio das matas.

Para defender-se ou para alimentar-se carrega em suas mãos um pedaço de pau, e come o que encontra pela frente, como ervas, raízes ou pequenos animais, que são por ele abatidos. Antigamente, era costume, em algumas casas, que, à noite, o Grá fosse colocado em um aposento reservado e afastado da comunidade, para resguardar e dar repouso ao iniciado.

Em sua ira, o Grá não responde por seus atos e são poucos os que conseguem controlá-lo e lhe impor limites, pois ele não gosta de ser contrariado, desafiado e nem de ser comandado. Por isso, está constantemente acompanhado e vigiado por ogãs ou equedes especialmente preparados para lidar com ele. Ao se sentir atacado, agride, para se sobrepor e se impor, e age como um animal selvagem: sem pensar.

Se as pessoas que pertencem à casa se encontram com o Grá dentro do terreno, precisam conhecer rituais e cantigas utilizadas para afastá-lo. Ele só aceita ser guiado através de algumas fórmulas religiosas usadas por aqueles que o acompanham. Mesmo assim, nunca se deixa controlar totalmente.

Esses dias em que o Grá fica no mato servem para extrair toda a fúria, a ira, a raiva, enfim todos os sentimentos negativos que se encontram latentes no subconsciente do ser humano.

Passado esse período, as autoridades trazem o vodunsi da mata. Ele passará então por ebós próprios para a ocasião. Depois, será levado para dentro do barracão, onde o/a doté/doné o aguarda. Muitas vezes, irado, o Grá ainda tenta atacar aquela pessoa que ele reconhece como a autoridade máxima da casa, mas é contido pelos demais. Ao som de cantigas, e já extenuado pelo tempo em que viveu errante nas matas, ele é vencido e cai. Nesse momento, o vodum se apossa do iniciado e a emoção e a alegria tomam conta de todos. Uma das primeiras etapas da iniciação foi vencida!

O ritual do Grá é repleto de simbolismo e traz inúmeras e variadas explicações. Nos permitimos fugir um pouco das demais e dar a nossa visão. O Grá mostra o lado selvagem e primitivo do homem e a sua ira incontrolável, a revolta pelo cerceamento à sua liberdade e, principalmente, a sua luta contra o poder e o domínio. Ele só é vencido quando o inconsciente selvagem é sobrepujado pelo sagrado, que surge e se instala definitivamente.

Esta força também pode ser o conflito entre o espiritual e o humano, um choque do subconsciente. Este libera então uma nova força, que procura controlar a pessoa, ressurgindo a parte animal do homem, gerando e libertando seus ímpetos truculentos e raivosos. Mas a partir do desaparecimento do Grá, a parte sagrada é predominante, e a parte animal do iniciado conseguirá ser mais contida e mais controlada, pois foi neutralizada.

217. O que é o Dangbê?

É um local sagrado e dedicado a Dã, onde se realiza o culto à terra e à família deste vodum. O Dangbê faz parte dos preceitos que dão força e energia à infra-estrutura das casas fons. Em alguns Axés é arrumado em lugar um pouco destacado e protegido, próximo à entrada do barracão. Muito reverenciado diariamente, uma vez por ano é realizada uma festa para presenteá-lo e homenageá-lo, o mesmo acontecendo nas grandes obrigações do Axé, pois a terra precisa estar continuamente sendo apascentada e agradada. Este ritual é muito pouco comentado e propalado porque faz parte dos saberes secretos do povo fon. Para sua confecção somente os mais antigos da casa ou da religião participam. Os grandes conhecedores desta liturgia não costumam passar adiante os seus conhecimentos, só o fazendo às pessoas especiais, que precisem e mereçam sabê-lo! É o saber passado do sacerdote para futuros sacerdotes!

218. O que é o Boitá?

O Boitá (*Gboitá*) é uma grande festa realizada no mês de janeiro para Bessém, com a participação de todos os voduns. Em algumas casas é costume o vodum usar roupas de cor branca, e em outras usar roupas estampadas. Nesta data, é realizada a devolução à natureza de determinados elementos que durante todo o ano participaram das liturgias do Axé. Estes são levados por um iniciado do vodum Gu e entregues aos pés de Ajansu, o Senhor da Terra, acompanhado de rezas e cantigas. É um momento de alegria, a seguir complementado com o oferecimento de alimentos e frutas a todos os participantes, promovendo uma confraternização geral. Nesta festa, em alguns terreiros, se enfeitam os atinsás com ojás e se penduram nas árvores grandes quantidades de frutas, que depois serão distribuídas.

219. Qual a representação de Aizã dentro da casa de candomblé fon?

Aizã (*Ayízan*, *ayí* = terra e *zan* = esteira, cobertura) é vodum muito respeitado e reverenciado na nação jeje. É a representação da crosta terrestre, simbolizando a proteção, a cobertura da terra. Aizã é, por isso, chamada de "a nata da terra". Considerada uma energia feminina muito atuante nas casas, seu assentamento é arrumado quando uma nova casa vai ser aberta, em local próximo à entrada dos terreiros. Porém, precisa ser bem preservado, pois é muito necessário para dar uma boa estrutura ao terreiro. Neste local reverenciam-se a terra, a vida, a morte e toda a ancestralidade. É ali que a terra será "alimentada"! Um dos segredos da nação para a sua confecção é o número reduzido de pessoas especiais a serem convidadas pelo sacerdote. Mesmo assim, os participantes permanecem durante este ato de cabeça baixa, em posição de reverência, entoando rezas e cantigas específicas para a ocasião. O assentamento de Aizã é cuidado periodicamente, reforçando e renovando sua força com oferendas por pessoa especialmente designada para esta função, e que seja de absoluta confiança da comunidade. Entre os fons existe um ditado muito antigo que mostra claramente a grande importância que provém de Aizã: "A casa que tem Aizã balança, porém não cai"!

220. O que é o ritual do Curram?

O Curram (*Kuhàn*) é um um conjunto de rezas que une a comunidade e acontece geralmente no dia anterior às festas. Momento dedicado para a saudação, é realizado em local reservado e os próprios voduns é que fazem a liturgia. Todos os participantes vestem-se de branco, e o cerimonial não é muito longo. Em algumas casas, este ritual acontece somente algumas horas antes das festividades e, logo a seguir, os voduns já adentram o terreiro. Surgem dançando, paramentados para a festa pública, com suas roupas coloridas. É um ritual também muito utilizado quando vai ser confeccionado o runjeve.

Nação Efon (Efan)

A nação Efon (pronuncia-se efan) pertence ao grupo das nações iorubás e seus participantes foram trazidos da cidade de Ekiti-Efon, localizada na região de Ijexá, na Nigéria. É considerada, dentro do candomblé, uma grande nação, pois tem como rainha e soberana a poderosa iyabá Oxum e Oloroquê, seu pai, como rei. Acompanhando estes, mais dois grandes orixás, Oxaguiã e Logunedé, como seus príncipes. Conceituada como uma das nações mais ricas pela própria regência de Oxum, é também uma das mais tranqüilas, pois vai prosseguindo em sua luta para manter-se estável na religião, sem grandes alardes. Os efons possuem preceitos suaves e singelos, porém muito poderosos. É um povo ponderado, equilibrado, que sabe fazer o que é necessário para conquistar a paz e a harmonia entre os seres humanos.

Em sua vinda para o Brasil, e ao desligar-se de sua terra permanentemente, os efons perderam muito de seus fundamentos e conceitos, passando então a se unir e a adotar os conhecimentos de nações diferenciadas e provenientes dos povos iorubás. Permaneceram cultuando seus orixás ao modo do povo iorubá, mantendo porém certas peculiaridades próprias que se mantêm secretas aos olhares externos. Essa nação é uma das que guardam os maiores segredos, pois sua rainha possui poderes inimagináveis, até mesmo perante os demais orixás. Com toda a magia de Oxum e de Logunedé, a nação efon transformou-se naquela que mais conhece encantamentos e feitiços relacionados com as Ajés e os Oxôs, e também com as árvores, símbolo destes. Seu orixá supremo, Oloroquê, está também ligado ao poder místico e é denominado "senhor das alturas", simbolizado pelo topo das árvores, em cujos galhos recebe os pássaros, representantes do grande poder das Ajés, que têm como rainha a sua filha Oxum!

Ao simbolizar também a renovação e o renascimento, Oxum nos mostra que, apesar das modificações ocorridas no Efon, a nação está sempre procurando se aprimorar e evoluir em seus conceitos e conhecimentos. Enquanto todos os iaôs de qualquer casa de candomblé utilizar o icodidé, símbolo primordial da grande mãe desta nação e adotado também pelas demais nações, o axé de Oxum continuará elevando o nome dos efons! Aqueles que pensam que esta nação está extinta, enganam-se, ou talvez tenham esquecido que seus filhos são geridos e comandados por uma poderosa mãe. E, o mais importante: enquanto existir orixá, nação nenhuma se acabará!

Em uma frase, os iniciados do efon traduzem o desejo maior de todo ser humano: "Os filhos de Efon são iniciados para a felicidade!" Então, que estes tragam a felicidade e a união para todas as nações-irmãs!

Nação Xambá

Os xambás (ou *tchambá*) são provenientes da região dos Achanti e, no Brasil, se fixaram principalmente nos estados do Nordeste, em especial nas cidades de Olinda, em Pernambuco, e Maceió, em Alagoas. Embora tenha ficado muito distanciada das demais ao chegar ao Brasil, essa nação ainda assim conseguiu preservar e manter suas tradições. Cultua voduns e orixás conjuntamente, como Nanã, Iewá, Obaluaiê, Avrequete, Ogum, Oxum, Odé, Orixalá e outros. Ainda existem algumas casas desta nação que procuram seguir a linha estabelecida por seus fundadores no século passado.

Esta é mais uma nação pertencente ao candomblé que precisa que seus filhos lutem por sua preservação, unindo-se às demais para reverenciar o esforço e a luta de nossos antepassados e também para continuar mantendo viva a cultura africana e a "religião dos orixás"! Seus conhecimentos e saberes não devem ser perdidos. É uma dentre tantas outras que merece ser estudada e respeitada por todos os adeptos e historiadores.

CAPÍTULO 20
Alguns instrumentos musicais do candomblé

Todos os instrumentos sonoros utilizados na religião são sacralizados e consagrados, e recebem oferendas e outras liturgias. Por este motivo têm que ser mantidos bem resguardados e protegidos de mãos estranhas e despreparadas. Os instrumentos sagrados não podem ser utilizados para outros fins que não os religiosos.

Adjá

O adjá (*adjarí* ou *adjarím*) é um instrumento de metal, formado de uma, duas ou três sinetas, com badalos. Pode ser confeccionado em alumínio, ferro, folha de flandres, cobre ou latão dourado. Instrumento do povo iorubá, foi também aceito e incorporado às demais nações-irmãs.

Dependendo do material com o qual é confeccionado, identifica-se logo para qual orixá está sendo destinado. Para Exu e Ogum são consagrados os de ferro; em material dourado são dedicados para Oxum, Logunedé; os prateados, para orixás funfun e Iemanjá; os de cobre são usados para Xangô, Iansã etc.

Instrumento participante de variadas liturgias, sinaliza que quem o utiliza é pessoa com poder de autoridade e graduação dentro da religião. É muito utilizado para convocar os orixás, que imediatamente respondem ao seu som encantador, quase mágico. Possuidor de grande força e poder, ajuda a movimentar o axé dos terreiros. O adjá é tocado também nos momentos das oferendas, nas cerimônias privadas ou públicas, na condução e no manejo das divindades, nos momentos das danças no terreiro. Faz parte também do paó, conjunto de palmas cadenciadas, muito executado nos momentos cerimoniais. O adjá faz parte do dia-a-dia de qualquer casa de candomblé, seja qual for a nação, pois ele promove a ligação das pessoas com as divindades.

Agogô ou Gã

É um instrumento feito de ferro, com duas campânulas de tamanhos diferentes, tendo sonorizações variadas. Existem alguns agogôs que possuem três ou quatro bocas. Por ser confeccionado em ferro (*gã*) é consagrado a Ogum, fazendo parte também dos seus adornos, no seu igbá. Ossâim tem também o agogô como objeto participante do seu assentamento.

Comprovando a sua valorização dentro da religião, é costume em muitos Axés que os agogôs, quando se tornam envelhecidos, quebrados ou sem uso para as funções, sejam colocados junto aos demais elementos de Ogum e de Ossâim.

O agogô só deve ser batido com vara de aguidaví e não de ferro, pois não é aconselhável percutir ferro com ferro. Este método cataliza um som que desagrada o orixá Ogum, podendo trazer discórdia e confusão. É este instrumento que inicia os toques dos orixás nas festas das casas de candomblé, seguido imediatamente pelo rufar dos atabaques. É ele que vem à frente, adentrando o barracão, juntamente com os integrantes da casa, saudando e chamando as divindades. O agogô é também utilizado na sassanha, para marcar o ritmo. Seu uso precursor identifica os ritmos que são chamativos e direcionados para cada divindade. Ele introduz o ilu de Oiá, o alujá de Xangô, o igbi de Orixalá e assim por diante, sendo acompanhado imediatamente pelos atabaques.

Aguidaví

Pequenas varas de goiabeira ou de ipê, descascadas e lixadas pelos ogãs, usadas para tocar em alguns instrumentos, como atabaques, agogô, gã etc. Para o maior atabaque, o rum, são utilizadas varas mais grossas; as mais finas servem para os menores atabaques, o rumpí e o lé.

Assanguê

Um tipo de chocalho, confeccionado com uma cabaça originária do fruto da árvore cabaceira, muito comum no Norte e no Nordeste do Brasil. Esta cabaça é revestida com uma rede de cordas, enfeitada com pequenas sementes conhecidas como lágrimas-de-nossa-senhora, miçangas, búzios ou conchas. Instrumento de marcação do ritmo, na nação fon, é iniciador das festividades juntamente com o agogô, acompanhando todos os toques durante o decorrer da celebração.

Oguê

O oguê (ou arô) não pode ser denominado propriamente um instrumento musical, pois é um símbolo direcionado para um orixá. É um par de chifres de boi, de touro ou de búfalo preparado ritualmente para fazer a convocação da presença de Oxóssi, e também utilizado para Oiá.

Ao serem percutidos um contra o outro, produzem um som indicativo ao orixá caçador da sua vitória sobre a caça. O oguê possui o simbolismo de ter pertencido a um animal caçado que se transformou em alimento para o mundo.

Só pode ser tocado por pessoas selecionadas, que tenham um grau hierárquico na religião, de sexo e de orixá masculinos. Não deve, de forma alguma, ser brandido por pessoas consagradas a Oxóssi.

Nas festividades, estes chifres marcam o ritmo e seu som "vai buscar" o poderoso orixá da caça. Por meio do som do oguê, Oxóssi faz coreografias que nos remetem à sua vida na mata e às suas caçadas. Inebria a todos com sua presença marcante, seu semblante fechado, arredio, dançando com seus volteios graciosos, às vezes rudes, às vezes sensuais e voluptuosos.

Nas cumeeiras dos barracões das nações Iorubá e Nagô-Vodum geralmente são usado dois oguês, lembrando a realeza de Oxóssi e trazendo defesa, segurança e prosperidade.

Atabaques

Os atabaques estão classificados como membranofones, que são os instrumentos cobertos por uma membrana que, ao ser tocada, vibra e emite sons. Construídos com ripas de madeira unidas por cordas, são tambores altos, finos, recobertos com couro de animal em sua boca superior, tendo sua boca inferior descoberta. Pela nação bantu são chamados de *ngoma,* e de *huntó,* pelos fons.

Para seu uso na religião, o encouramento é feito com o couro retirado de animais que foram sacrificados para os orixás. Podem ser envernizados, encerados ou pintados nas cores dos orixás a quem se destinam. Estes serviços são executados somente por pessoas do sexo masculino e iniciadas para orixás masculinos, devidamente preparadas.

Para poderem ser destinados ao uso litúrgico e ritmar as festas dos orixás, os atabaques devem primeiramente passar por rituais de sacralização. São lavados com ervas, recebem comidas específicas e são dedicados a um orixá. Só participam desta liturgia as pessoas de maior importância hierárquica dentro da casa de candomblé e os seus utilizadores, os ogãs.

Logo após, os atabaques descansam por alguns dias, cobertos com panos brancos, em local resguardado. A seguir, já poderão ser levados para o barracão e começar a cumprir suas funções públicas e privadas. Anualmente, quando os sacerdotes se recolhem para fazer obrigações, o atabaque também recebe oferendas conjuntamente, inclusive participando do seu Borí.

Nas festas da casa de candomblé são enfeitados e "vestidos" com ojás em volta de seu corpo, na cor predominante do orixá dono da festa. Ocupando lugar de destaque no salão da casa de candomblé, são protegidos e assentados em banco especialmente desenhado e construído para seu perfeito encaixe, chamado de *pepelê*.

Eles podem ser percutidos com a mão, dependendo dos variados toques para os orixás e também de cada nação, ou batidos com varinhas chamadas de aguidaví. Nas nações congo e angola, os atabaques são tocados com as mãos. Os mais conhecidos e usados em todas as nações são o rum (*hun*), o rumpi (*hunpí*) e o runlé (*hunlé*) ou lé, do povo fon.

O maior de todos é o rum ou ilu (*ìlú*, da nação iorubá), que possui um som mais grave. Seu tocador é chamado de runtó e alabê, respectivamente. É prerrogativa do rum fazer constantes improvisos, trazendo maior beleza ao seu toque, sem estabelecer padrões musicais, pois é ele que administra os demais.

O rumpi (*hunpí, hunpeví*) ou ilu otum (*ìlú òtún*) é o de tamanho médio, possuindo um som intermediário, mais leve. O runlé ou lé (*hunlé, omélé*) ou ilu ossí (*ìlù òsì*) é o menor de todos, tendo som mais agudo.

Os atabaques são reverenciados, assim como seus tocadores, por toda a comunidade e, principalmente, pelos orixás. É o seu toque e o seu rufar que produzem o som que, em conjunto com as músicas, as danças, o canto e as palmas vão buscar as divindades, criando e mantendo uma comunicação física e divina!

Batá

O batá pertence a um grupo de atabaques pequenos, em número de três, que recebem o nome de batá, abatá e olubatá. Encourado nas duas extremidades, é tocado somente com as mãos e é de uso obrigatório nas festividades e nos preceitos religiosos do orixá Xangô. Esse tipo de atabaque é muito utilizado no xangô de Pernambuco, nome dado no Nordeste às religiões que têm base africana. O batá também recebe sacralização, tendo rituais próprios, e somente deve ser manuseado e tocado por homens. É costume pintá-lo de branco e vermelho, cores de Xangô. É usado em algumas festas para Oiá e nas funções de Babá Egum.

Babalajá

Confeccionado com cascos de igbins e tendo a representação central de Olorum, o babalajá é considerado um emblema muito poderoso de Obatalá. Serve somente para as louvações a esse orixá.

Seu som e seu simbolismo são tão profundos que, ao ser chacoalhado pelos sacerdotes, *todos* os orixás se manifestam em seus filhos, em respeito à grande divindade.

É objeto que fica guardado e coberto com um pano branco no quarto dos orixás funfuns. Em algumas liturgias para Orixalá, o babalajá é trazido para o terreiro, pelo orixá. Com o término dessa função, retorna imediatamente para seu local de origem.

Somente às pessoas que possuem grau hierárquico dentro da religião é permitido tocar ou segurar o babalajá, pela grandeza de seu poder e de sua força sobrenatural.

Calacolô

O calacolô (*kalá-kolò*, em iorubá) é um instrumento musical sagrado, feito de ferro bruto. Muito utilizado para se evocar o orixá Ogum e como adorno em seu assentamento. Ele é formado de duas bandas de gã, unidas uma a outra por uma fileira de argolas. Quando são percutidas, estas bandas produzem um som alto e penetrante que faz com que os filhos do orixá percam o domínio sobre si, ocasionando a chegada de Ogum. Este instrumento é mais usado para trazer Ogum para dançar no terreiro nos toques de "orô maior", que são as comemorações das obrigações temporárias, após a de "7 anos". Não deve ser tocado, em hipótese alguma, por iniciados de Ogum, porque seria um contra-senso a própria pessoa chamar o orixá em sua cabeça! Este é um dos poucos instrumentos sagrados que pode ser tocado por mulher. Mesmo assim, em casos de necessidade, e somente pela iyalorixá da casa ou por uma pessoa iniciada para Iemanjá, desde que esteja com suas obrigações de sete anos completadas.

Caxixi

Feito com cabaça recoberta de fibra natural entrelaçada, este instrumento tem no seu interior pequenos seixos, conchas ou sementes duras, que produzem um som parecido com o do chocalho.

Muito utilizado nos candomblés da nação angola nos momentos litúrgicos e nas festas, substitui perfeitamente o adjá. Os candomblés iorubá e fon também se utilizam do caxixi em seus cerimoniais.

Xequeré

O xequeré (ṣékéré, em iorubá) faz parte dos instrumentos que ajudam a reconstruir os rituais religiosos afro-brasileiros. É confeccionado com um tipo especial de cabaça muito encontrada no Nordeste, a de pescoço longo. Em seu interior estão sementes secas que produzem um som semelhante ao do chocalho. Só pode ser manuseado pelas pessoas que tenham sido preparadas para o uso dos instrumentos sagrados, ou por certas autoridades da casa de candomblé. Um iaô não pode pegar nem tocar o xequeré, pois estará passível de severa repriménda. Muito utilizado nas funções de todos os orixás, faz parte também dos assentamentos de algumas divindades, como Exu, Ossâim, Ogum, Iewá.

Xére

O xére (ṣérè, em iorubá) é um instrumento geralmente confeccionado em metal prateado, latão ou cobre. (Aqueles cromados ou feitos em metal prateado são mais utilizados para Xangô Airá.) No seu interior são colocadas pequenas sementes endurecidas, pedrinhas ou conchas. Serve para chamar e anunciar a presença de Xangô nos seus rituais e é também colocado no seu assentamento. Em algumas funções, o xére pode substituir o adjá.

Nas festividades deste orixá, principalmente na "roda de Xangô", as casas iorubá e nagô-vodum trazem para o barracão, numa gamela enfeitada, o xére, o adjá e outros instrumentos, que são ofertados às autoridades para brandi-los. Fazem assim uma união geral, reverenciando a Corte Suprema e Xangô, possibilitando então uma dança conjunta das divindades com os homens.

É um elemento indicativo de poder hierárquico por quem o maneja, sendo utilizado de preferência por homens. Excluindo-se a iyalorixá, a única mulher que pode manejar o xére deve ser uma iniciada de Iemanjá, com maioridade na religião. O som do xére nos remete ao ribombar dos trovões, ao barulho das tempestades, lembrando o caráter rude e voluptuoso de Xangô.

CAPÍTULO 21
Toques do candomblé

As variadas nações-irmãs possuem uma riqueza musical muito grande e cada divindade tem seu toque característico. Isto não inviabiliza que elas se utilizem dos ritmos de outras divindades, e que também dancem, rememorem e confraternizem entre si e também com os seres humanos!

221. O que é o xirê?

A palavra xirê, contração dos termos em iorubá *sè*, fazer, e *irè*, brincadeira, diversão, pode ser traduzida como "fazer festa, brincar". Um congraçamento, um encontro, o xirê é a roda onde os orixás se encontram para dançar e brincar! Ocasião em que o rufar dos atabaques e o canto das pessoas conclamam e convidam os orixás para que venham à festa que seu povo lhes oferece! O xirê tem uma ordem seqüencial de chegada dos orixás conforme cada casa. É também chamado de *odorozan/adorozan* (*odohozan*), pelo povo fon, ou *jamberessu*, pelo povo bantu.

Em algumas casas fon não é hábito fazer o odorozan, porque as saudações são feitas pelos próprios voduns. São eles que abrem e fecham as festividades, não os vodunsis. Um vodum puxa uma cantiga e a seguir todos adentram o salão para dançar e conviver com os seus filhos e amigos. Momento de felicidade para todos que pertencem e participam da religião! É o retorno das divindades para reviver seus feitos passados, agora incorporados em seus filhos. Descontraídos, eles fazem representações de guerras, de caçadas etc. Os voduns femininos trazem sua brejeirice, a meiguice, mostram o lado materno; outras, porém, são guerreiras, voluptuosas, sensuais, ou de caráter tempestuoso.

No xirê, os iniciados entram no terreiro puxados pelos atabaques e, logo após, os orixás surgem felizes e agradecidos por estarem novamente entre os homens, e também por poder se confraternizar, se reunir. As **cantigas do xirê** mostram os aspectos mais relevantes dos orixás, designando a menor ou maior ascendência de um sobre os demais, mesmo dentro de seu panteão. Indica também o poder, o temperamento e a personalidade de cada orixá. Quando uma casa realiza um xirê, ela está produzindo renovação, trazendo para dentro dela a força e o poder dos orixás, permitindo assim que o axé se espalhe e se multiplique!

Acacá

Um ritmo antigo (*akaká*), pertencente à nação fon.

Adarrum

Toque poderoso da nação fon, o adarrum (*adahun*) é extremamente rápido, representando o encontro das nações e fazendo a união das divindades. É o convite para que todos compareçam à festa que seus filhos lhes oferecem! Ao chamado do adarrum respondem orixás, voduns e inquices. As divindades não fazem distinção de nação, são irmanados pela força da natureza. Todos dançam juntos, num belíssimo espetáculo de congraçamento, num bailado que mistura os passos dos guerreiros aos galopes dos caçadores. O adarrum encanta com as danças que mostram a beleza da iyabá voluptuosa, em contraste com a meiguice e o charme de uma outra iyabá, que é outra mãe/feiticeira. Mostra o encontro do indomável e do truculento com a refinada calmaria e tranqüilidade das divindades funfuns. Neste toque, os deuses mostram aos homens que, mesmo providos de regiões distintas, continuam juntos, para auxiliá-los. E que só deixarão de ajudá-los quando estes pararem de confiar neles e de reverenciá-los!

Agabí

Um dos toques preferidos, na nação Iorubá, para os orixás mais agitados e aguerridos, como Oxóssi, Xangô, Ogum e Iansã, que apreciam ritmos movimentados. Ele é dançado muito rapidamente, de modo até meio convulsivo. O corpo é jogado graciosamente para frente e para trás, como se estivessem em um combate e fossem tombar, porém sem cair. Os orixás guerreiam sem armas, estão ali somente para relembrar seus feitos e encantar os seus filhos! Muito tocado nas casas de candomblé iorubá e nagô-vodum, e também nas demais nações-irmãs.

Agueré

É um toque para os orixás caçadores, Oxóssi e Logunedé, das nações Iorubá e Ijexá, respectivamente. O agueré (*àgèrẹ́*, em iorubá) é dançado com muita elegância e cadência, ressaltando o porte refinado e majestoso dessas divindades. Ele tem a função de promover a união e é reconhecida pelo povo do candomblé como o ritmo que "chama a vida e a movimentação" para as casas de candomblé. Seu principal utilitário, Oxóssi, é orixá que ama a vida, desprezando a morte, e que considera essencial festejá-la continuamente!

Ajagum

O ajagum (*ajagun*, em iorubá) é um ritmo dedicado para o orixá Ogum, na nação iorubá, dançado também por Ajagunã, um tipo de Oxaguiã da família dos funfuns. Este toque desperta o instinto guerreiro destes orixás!

Alujá

Toque de movimento rápido, que transmite muita energia, o alujá (*àlújá*, em iorubá) está relacionado com Xangô. Demonstra o caráter másculo e vigoroso desse orixá, e é o ritmo principal da "roda de Xangô". Também é tocado na "roda de Airá", porém com mais suavidade. Para que Xangô dance durante esse toque, o atabaque maior, o rum, precisa ser tocado com grande vigor, para que vibre com mais intensidade que os demais. São feitas muitas variações nos seus toques, produzindo uma riqueza de tonalidades, o que ocasiona uma dança repleta de beleza e simbolismos.

Arrebate

Um toque especial para chamar o inquice Zaze, uma divindade assemelhada com Xangô, em suas festividades.

Avamunha/Ramunia

Um ritmo com muitos nomes, como avania, avaninha ou *hamunyia*, tocado nas aberturas e nos encerramentos das festas das nações fon e iorubá, para saudar todas as divindades. A avamunha é um bailado composto de 21 tipos de passos, porque o seu ritmo possibilita a marcação de todos os toques do candomblé. É um ritmo utilizado também na abertura dos Sirruns, o ritual fúnebre da nação fon. Muito apreciado por Iroco, Omolu, Oxumarê, Iewá e Nanã, é conhecido principalmente como "a marcha de Iroco". Este ritmo o traz de volta à terra, para que dance com muita alegria, sentindo prazer em estar novamente junto com seus irmãos, seus filhos e seus amigos!

Barravento

Toque da nação bantu, batido nos atabaques com as mãos, é um ritmo ligeiro para Matamba, Luango e Roximucumbi, inquices assemelhados com os orixás Oiá, Xangô e Ogum.

Batá

Toque rápido, direcionado para as divindades Xangô, Ogum e Obaluaiê.

Bravum

Ritmo muito usado nas nações fon e nagô-vodum, de uso primordial para Bessém e Iewá, que convida todos os voduns a participar e dançar.

Cabula

Ritmo da nação bantu dedicado para os inquices Cabila e Roximucumbi.

Daró

Um toque muito rápido, próprio para Oiá, também conhecido como ilu, ou "quebra-pratos". É um ritmo muito trabalhoso para os atabaques e cansativo para os ogãs. Os atabaques precisam ser rufados com energia e velocidade, para dar maior beleza aos movimentos ligeiros, sensuais e impetuosos de Oiá. Este toque produz e simboliza uma dança guerreira, fazendo esta iyabá relembrar antigas divergências! Através dos gestuais rápidos e espalmados, ela faz também a evocação dos ventos e das tempestades. Seus braços abertos e estendidos fazem a representação da liberdade e produzem ainda uma delimitação de distância para as más influências.

Darrome

Ritmo consagrado ao vodum Bessém, da nação fon.

Ibim

O ibim (*ìgbín*, em iorubá) é um toque característico dos iorubás, para Orixalá. Ritmo muito lento, cerimonioso e majestoso, bem de acordo com o próprio orixá, possui as características do seu bicho predileto, o igbim. Também é dançado por Nanã, sendo percutido nos atabaques com aguidavis. Neste ritmo, Orixalá dança curvado e apoiado em seu opaxorô, embaixo do seu alá, seguido por vários orixás, que dançam segurando a barra de sua saia. Alguns orixás, como Xangô, com o decorrer da festividade, muitas vezes o carregam nas costas.

O ritmo suave do ibim acompanha lentamente os passos miúdos do Orixá Maior. Embora alquebrado pela idade imemorial, ele dança feliz, em união e confraternização com os homens. Expressa assim seu amor e se entrega física e religiosamente aos seus filhos no aiê!

Ijexá

O ijexá (*ijè̩ sá*) é um ritmo muito sensual e lânguido, consagrado ao orixá Oxum, na nação ijexá. Ao dançá-lo, esta iyabá é sempre acompanhada por Logunedé, Ogum, Oxóssi, Ossâim ou Oxaguiã. Balanceado e calmo, é considerado muito elegante e refinado. É apreciado também por Orixalá e Iemanjá, divindades dos ritmos mais suaves. O ijexá possui várias cantigas que são direcionadas e dedicadas para quase todos os orixás. Oxum, ao dançá-lo, massageia subliminar e dengosamente a barriga, denotando seu título de "senhora da fertilidade". Em certos momentos, torna-se sinuosa, com meneios, transmitindo a sutileza do ser feminino. Ela demonstra nos passos da dança a sua realeza e todo o encantamento e a doçura da dança feminina!

Ijicá

Toque de ritmo mediano, da nação iorubá, o ijicá (*ìjiká*, em iorubá) é dançado principalmente por Nanã e Iemanjá e também por Ogum e Oxóssi. Conhecido como um "toque de orô maior", é exclusivo das pessoas que possuem cargo nas casas de candomblé e que tenham poder hierárquico dentro da religião!

Modubí/Mudubí

Toque da nação fon, dedicado para Iewá.

Opanijé

Toque maior, na nação iorubá, o opanijé pertence a Obaluaiê e suas cantigas são de grande fundamento. Nanã e Iemanjá ao dançarem com ele representam a sua proteção, traduzida numa forma acarinhada de fazê-lo esquecer seu sofrimento. Com esta dança, Obaluaiê ressalta a sua força. Numa forma bonita e simples, através de alguns passos, ele sinaliza todas as partes do corpo humano. Por fim, aponta para o orum e para o aiê, seu principal elemento. Neste gestual, está transmitindo ao homem que ele, como vodum, permite e participa da ligação entre a terra e o divino.

Quando Obaluaiê está dançando, os demais orixás participam também, vindo compartilhar com ele a alegria de estar novamente confraternizando com os homens. A assistência e os convidados elevam as mãos, em reverência ao seu poder, pedindo-lhe o seu axé e sua proteção!

Quiribotô

Toque muito usado para Nanã, na nação Iorubá.

Sató

Um ritmo próprio para os voduns, que dançam com alegria, batendo os braços e fazendo movimentos com os pés, como se estivessem espalhando a terra. É uma dança muito graciosa, que relembra a criação do mundo.

Tonibobé

Um toque para Xangô, na nação queto.

Vivauê

Um toque, na nação fon, para Omolu.

222. O que são "cantigas de oiê"?

São cantigas específicas usadas na confirmação e na transmissão de cargo, como as "cantigas" dedicadas para ogãs, equedes e ebômis. Na roda de "cantigas de oiê" só entram pessoas que já possuam cargo ou as que forem convidadas. As demais devem permanecer em volta, cantando e dançando, para enaltecer os que foram escolhidos pelos orixás para trabalhar pela sua casa, para ajudar seu próximo e também para engrandecer e enobrecer a religião.

223. O que são "cantigas de fundamento"?

São cantigas muito arcaicas e sagradas, usadas em momentos solenes ou na invocação de orixás muito antigos e portentosos. São também aquelas escolhidas pelos orixás na iniciação de seus filhos, que se tornam emblemáticas para ambos. As pessoas não devem cantar as "cantigas de fundamento" de seu orixá, porque são cânticos que servem para convocá-lo, e ninguém canta para chamar seu próprio orixá! As cantigas provocam a união com o divino e conclamam as divindades. Mesmo desconhecendo o significado do que estão cantando ou se a pronúncia ou a palavra estão corretas, a melodia da música e a sua colocação no tempo certo irão produzir uma sintonia. Por isso, é preciso que haja um aprimoramento das pessoas, para que saibam distingui-las e conhecer o momento adequado para cantá-las. Isto evita discórdias e dissabores entre os iniciados e os orixás.

CAPÍTULO 22
Ferramentas, símbolos e emblemas

As ferramentas personificam e pluralizam as qualidades, inserindo as divindades nos vários elementos e compartimentos da natureza. Estes símbolos carregam toda a magia das divindades!

224. O que representa o ogó?

Símbolo ritual de Exu, o ogó faz a representação do falo, um símbolo da sexualidade masculina, representação da dinâmica e da movimentação, atividades inerentes a esse orixá. O ogó é o único emblema utilizado pelas divindades que simboliza e demonstra o poder da masculinidade. É através da interação de Exu com a fertilidade, e de sua indução ao ser humano, que o homem vivencia e pratica melhor sua atividade sexual e reprodutiva. Este emblema é muito usado em seus assentamentos, sempre ereto, sendo um símbolo fálico, e não tendo qualquer sentido de vulgaridade ou de imoralidade.

225. O que representa a espada?

Fabricada em ferro ou alumínio, a espada é considerada um símbolo de poder real, e aquele que a empunha demonstra caráter portentoso e potencial bélico. Principal símbolo de Ogum, o orixá da guerra e da ferramentaria, é com a espada que ele desbrava o mundo, abrindo caminhos e cortando as dificuldades. Nas festas faz parte dos seus paramentos, quando, num bailado de combate, demonstra suas qualidades de guerreiro. Mas a espada também é usada por orixás de diversos panteões, inclusive por algumas iyabás, como Oiá, Oxum Opará, Iemanjá Ogunté. Obá, a iyabá belicosa por excelência, e Iewá, vodum guerreira por natureza, também fazem uso da espada nas suas vestimentas e em seus assentamentos. São mulheres poderosas, guerreiras incansáveis, companheiras de Ogum e de outros orixás nas suas guerras. Ajagunã, poderoso guerreiro da família funfun, também se utiliza de um tipo de espada, o alfanje, que carrega na mão direita, junto com seu escudo. Na nação Bantu, Roximucumbi e Matamba são inquices que portam com galhardia a espada.

226. O que é o tacará?

O tacará ou tracá é uma espécie de adaga, algumas vezes confeccionado num formato serpenteante, muito usado nas nações Fon e Nagô-Vodum para Bessém e para Iroco. Pode ser feita em latão dourado ou em bronze.

227. O que representa o ofá?

O ofá, ou damatá, é um distintivo, instrumento de trabalho dos orixás que estão ligados à caça e às matas. É de uso obrigatório nos rituais e nos assentamentos de Oxóssi e o identifica como representante maior dos caçadores. Formado por um arco e uma flecha, pode ser confeccionado em madeira ou em metal. Pertencente a um tempo em que o homem caçava seu próprio alimento, o ofá vem de uma época muito rudimentar. Também usado por Ogum, orixá primordialmente agricultor e caçador, mais tarde transformado em guerreiro, e por Logunedé, caçador e pescador. O ofá se transformou no símbolo dos orixás que provêm seu povo de alimentos e que atuam como seu protetor e defensor.

228. O que representa o iruquerê?

O iruquerê (*ìrùkèrè*, em iorubá) é um cetro de grande poder, representativo da ancestralidade, dedicado a Oxóssi. Produzido com pêlos do rabo de touro ou búfalo, complementa a vestimenta de Oxóssi e é também colocado em seu assentamento. Como todos os emblemas dos orixás, o iruquerê passa por rituais que fazem a sua consagração. Ele é considerado um símbolo ancestre, vinculado à magia da floresta, morada de seres e animais encantados. É através desse símbolo que Oxóssi, Logunedé e outros orixás ligados à mata e à caça controlam, apaziguam e afastam as forças sobrenaturais. Ao ser espanado por Odé em sua dança, faz um simbolismo de limpeza dos infortúnios da comunidade.

229. O que é o bilala?

É um tipo de chicote usado por Erinlé, divindade do grupo dos *odés*, confeccionado em couro de boi ou de búfalo. É um símbolo do caçador, usado obrigatoriamente em suas vestes, na época de suas festividades.

230. O que representa o oxê?

O uso desta ferramenta demonstra majestade e realeza, truculência e virilidade. Em suas festas, principalmente na "roda de Xangô", este orixá carrega o oxê (òṣè, em iorubá) em sua mão direita como um cetro poderoso. Machado de duplo gume, símbolo masculino, quase sempre feito em madeira, é de uso exclusivo da divindade. Sua confecção na madeira se produz por causa de sua intrínseca relação com as grandes árvores, principalmente com as imensas palmeiras. Mas este cetro também pode ser produzido em metal ou em folhas-de-flandres, materiais moldados a partir do seu elemento primordial, o fogo.

231. O que representa o abebé?

O abebé (abẹ̀bẹ́, em iorubá) é objeto distintivo do poder das mães ancestrais e possui uma similaridade com o abano. Ele tem como princípio a representação do objeto arredondado, assemelhando-se com o ventre feminino, símbolo por excelência do poder gerador. É utilizado somente pelas iyabás, mas Oxalufon, em algumas festas, o carrega, pela sua condição de gerador, criador e mantenedor da vida, e em reverência às mulheres.

Pode ser confeccionado em folha de alumínio, de flandres, em cobre, latão etc. Seu formato pode ser ovalado ou arredondado, recebendo desenhos em suas bordas. Às vezes é mais estilizado e tem como enfeites alguns objetos identificadores. Para Oxum, coquete e vaidosa, o abebé serve também como espelho, para que ela possa se ver refletida, e é feito em material dourado, sua cor preferida. Para Iemanjá e Oxalufon, usa-se metal prateado ou pedaço de couro branco. Todos levam pequenos enfeites, como espelho, meia-lua, peixinhos, corações etc. Esta ferramenta também é muito produzida em miniatura, para ser distribuída em dias de festas, ou para ser colocada nos assentamentos das divindades.

232. O que representa o iruexim?

O iruexim (iruẹṣin, em iorubá) serve como um cetro para controlar e administrar os eguns, limpar os ambientes e também para movimentar os ventos e as tempestades. Emblema com formato de um espanador, feito com cerdas do rabo de boi ou de touro, é utilizado por Oiá e pelo inquice Matamba em suas danças. É objeto de grande poder e magia. Por isso, não deve ser tocado ou manuseado por pessoas não iniciadas e que não tenham maioridade na religião. Não devem também ficar à mostra no dia-a-dia. Vincula-se com a ancestralidade, através dos pêlos dos animais, elementos que fazem parte do passado e do presente e simbolizam a descendência.

233. O que representa o xaxará?

O xaxará (*sàṣàrà*, em iorubá) é um dos emblemas mais poderosos de Omolu. É respeitado como um objeto mágico e de poder sobrenatural. Quando manuseado por este vodum tem a possibilidade de limpar o ambiente, afastando doenças e impurezas espirituais. Confeccionado com as nervuras de folhas de palmeiras, recebe como enfeites miçangas, búzios, laguidibás etc. e tem uma certa semelhança com uma vassoura. Por ser um bastão cerimonial e pertencente a Omolu, não pode ser manuseado por pessoas não iniciadas e nem por aquelas que ainda não tenham graduação na religião. As ferramentas e os emblemas das divindades são poderosos e, por isso, não devem estar à mostra e nem ser tocados à toa. O xaxará, porém, é muito temido pela simbologia da sua ligação com a ancestralidade e com Omolu, com a saúde e com a doença, com a vida e com a morte, o que lhe confere um poder sobrenatural muito grande!

234. O que é o brajá?

O brajá é um longo colar, confeccionado com pares de búzios abertos, que são encaixados uns nos outros. Forma um fio semelhante a uma "escama de cobra" ou mesmo a uma "espinha de peixe" e é vinculado primordialmente a Bessém. Os voduns que fazem parte de sua família também o usam, como Nanã, Omolu, Iewá. Alguns orixás também carregam este colar em suas indumentárias, como os orixás funfuns, porque os búzios concentram em si a representação da ancestralidade e do poder.

Este fio-de-contas possui grande simbolismo no seu modo de uso, porque, diferentemente dos demais, é usado cruzado diagonalmente. Isto faz a ligação do ancestre (o passado, representado pelas costas, o atrás) com o descendente (o presente, representado pelo peito, a frente) e produz uma sinergia com seu usuário. Participa também do entrosamento das mães-poderosas com os orixás-filhos, interligando o lado esquerdo com o lado direito. O seu uso é indicativo de que a pessoa já galgou degraus na hierarquia dentro de uma casa de candomblé.

235. O que representa o ibirí?

O ibirí (*ibírí*, em iorubá) é um cetro sagrado, confeccionado com palha-da-costa, que recebe como enfeites búzios e miçangas. Símbolo maior de Nanã, faz parte do seu corpo, tendo surgido com ela! Transformou-se em seu ancestral e é onde está contido todo o poder e axé desta poderosa vodum. Preparado com folhas de palmeiras, árvore ancestre por natureza, o ibirí quando embalado em seus braços se transforma na representação de seu filho Omolu. É um emblema que carrega todo o simbolismo da ancestralidade e da descendência; ele representa tanto a mãe como o filho! Objeto sagrado, só pode ser feito por pessoa que esteja preparada e que saiba como interagir com as representações sagradas e perigosas. Deve estar sempre guardado e protegido de pessoas estranhas à religião. Também recebe preceitos e passa por rituais específicos, para que possa espalhar e dividir seu poderoso axé ao ser utilizado por esta mãe ancestre.

236. O que é o atorí?

São varetas de madeira retiradas de galhos medianos da goiabeira, do ipê branco ou do pé de café. Após serem raspadas e preparadas, às vezes são pintadas de branco. Muito utilizadas por Oxaguiã em seu igbá ou em ocasiões especiais, como na sua festa, o "Pilão de Oxaguiã". O atorí é um emblema dignificante da vida vegetal, porque representa o poder, a realeza e a ligação deste orixá com as árvores e com a ancestralidade.

237. O que é o capacete de Oxaguiã?

É um capacete branco, que faz parte da indumentária deste Oxalá jovem porque seu comportamento aguerrido lhe confere o direito de usar capacete. Pode ser confeccionado em tecido de algodão e bordado com búzios e miçangas, em formato de coroa, para indicar a sua realeza, ou em forma de capacete militar.

238. O que representa o pilão?

Símbolo de Oxaguiã, o pilão é feito de madeira e pode ser pintado de branco ou envernizado. Tem como componente básico um socador chamado de mão-de-pilão. Este objeto é também consagrado para determinados tipos de Xangô. Pertence à Antiguidade e nos remete a uma era em que não havia instrumento para a maceração dos grãos e o preparo dos alimentos. O pilão faz também relembrar os rituais de passagem das estações do ano, quando a natureza se prepara para ajudar o homem. São épocas de ciclos: o de preparação da terra, a seguir o tempo do plantio, o manejo e os cuidados e, logo após, a colheita. Todas estas etapas são acompanhadas e administradas por Oxaguiã, também um dos orixás da agricultura!

239. O que representa a mão-de-pilão?

Emblema usado por Oxaguiã, representa a sua ligação com a agricultura. A mão-de-pilão tem como simbologia a fartura dos alimentos que provêm da agricultura. Serve também para o preparo do inhame pilado, uma comida ritual e sagrada desse orixá, em suas festividades. É confeccionada em prata ou em metal prateado. Nas festividades, ele carrega a mão-de-pilão juntamente com seus instrumentos de guerra, o alfanje e o escudo.

240. O que representa o opaxorô?

Objeto sagrado de Orixalá, o opaxorô (*òpáṣóró*, em iorubá) é um cajado feito com uma haste de metal, que recebe alguns enfeites. Em sua parte superior ostenta um pássaro e tem pequenos objetos pendendo, como moedas, sinos, pombinhos etc. Cetro poderoso e melindroso, recebe cuidados e preceitos especiais, precisando ficar resguardado e coberto com um alá, permanecendo sempre na posição vertical. Quando Oxalufon dança em suas festividades, o opaxorô lhe acompanha, mostrando-se como o símbolo dos orixás funfuns. Este cetro é a sua ligação com a ancestralidade. Ao ser tocado no chão pelo orixá faz uma junção do aiê com o orun, unindo a morada dos homens com a morada dos seres sagrados, integrando então o homem à sua essência ancestre.

241. O que representa o alá?

O alá carrega o segredo da vida e da morte, do início e do fim. Ele simboliza a eternidade, quando protege Orixalá, e a continuidade da vida, quando se projeta em todos os iniciados que estão embaixo dele. Feito com um grande pedaço de pano branco, é estendido acima da cabeça da divindade. Tem como representação a idéia do infinito, do orum. Seu simbolismo, nas festas, é resguardar o orixá das impurezas do mundo, mostrar a sua supremacia e o profundo respeito que devemos a toda a ancestralidade, ali representada por Oxalufon!

CAPÍTULO 23
Algumas árvores sagradas

As árvores são tidas como o primeiro bastião das religiões, se transformando em morada para muitas divindades. O respeito a elas é essencial, pois a continuidade da religião e da vida dependem de sua existência!

Apaocá

Conhecida popularmente no Brasil como jaqueira, a árvore apaocá (*apáòká*, em iorubá) faz parte da família das Moráceas. Tem o nome científico de *Artocarpus integra* e é árvore muito sagrada para a nação Nagô-Vodum. Apaocá é também uma divindade reconhecida como a mãe de Oxóssi, que se mesclou a esta árvore e fez ali a sua morada. É aos pés desta árvore que ela é reverenciada e onde são colocadas suas oferendas. Consagrada também a Exu e a Xangô, apaocá faz parte do elemento fogo; é uma folha masculina, muito utilizada para banhos nos filhos desses orixás. Estes, porém, não podem comer seus frutos.

Acocô

O acocô (*akòkò*, iorubá) é árvore frondosa que foi trazida da África e ambientou-se plenamente no Brasil. Tem o nome científico de *Newbouldia laevis*, e é consagrada para Ossâim, Xangô e Ogum. É uma folha masculina e pertence ao elemento terra, sendo chamado pelo povo fon de arrorô (*ahoho*). Tem participação especial nos rituais de iniciação, sendo colocada embaixo das esteiras dos iaôs, nos banhos, e pode ser usada por qualquer pessoa, independente do orixá. Após seca, é colocada nos defumadores. Juntamente com outras folhas, é colocada para enfeitar o chão dos barracões nas festividades. É costume dos candomblecistas carregarem sempre uma folha na carteira de dinheiro, porque dizem que ela atrai a prosperidade!

Iroco

No Brasil, iroko (ìrókò, em iorubá) é nome dado às espécies de gameleiras ou figueiras, da família das Moráceas (*Ficus doliaria*) aqui encontradas. É uma folha quente, pertencente ao gênero masculino e ao elemento fogo. É muito aceita por Exu, Iroco e Oxalá, sendo muito utilizada nas iniciações e nos banhos dos filhos destes orixás. É uma folha que possui horário para ser colhida e, dependendo desse horário, será consagrada a várias divindades. Por exemplo, se for colhida após o meio-dia é consagrada somente a Exu.

A árvore iroco é muito respeitada também por ser a moradia de uma poderosa divindade, Iroco, que não criou fronteira com a natureza e amalgamou-se à árvore, ficando conhecido como "o vodum que é da árvore e a árvore que é vodum"! A gameleira possui madeira branca, leve e resistente, sendo indicada para a confecção de pequenas canoas. É também muito utilizada para a produção de utensílios domésticos, como colheres-de-pau e, principalmente, a gamela, utilizada para os alimentos de Xangô, orixá muito ligado às árvores.

Dendezeiro

Trazido da África, o dendezeiro (*ìgi òpè*, em iorubá) veio junto com os escravos, carregando consigo todos os simbolismos e propriedades que possuía em sua terra. Planta primordial dentro de uma casa de candomblé, é árvore que serve a vários orixás e de quem tudo se aproveita. O seu tronco tem profunda relação com Orixalá, o princípio criador, pois é dele que surgem as folhas, os filhos-descendentes. De suas folhas mais novas e tenras é feito o mariô, que veste Ogum e Ossâim. Da parte central de suas folhas saem taliscas, para enfeitar o inhame-de-Ogum. Das suas palhas sai o *ikó*, a palha-da-costa, que protege e resguarda Omolu. O ibirí, de Nanã, e o xaxará, de Obaluaiê, utilizam também elementos do dendezeiro para sua confecção. Mas o elemento que lhe dá denominação é o óleo que se extrai de seus caroços, o azeite-de-dendê (*epò pupá*). Colorido, perfumado, inebriante para as divindades que o utilizam, e também para o homem, que o consome na culinária doméstica. Das partes internas de suas amêndoas é retirado um outro óleo, branco (*adí* ou *aláàdí*), exclusivo para Oxalá, porém interdito para Exu. Do dendezeiro se retira também um tipo de vinho chamado *emu*, conhecido no Brasil como vinho-de-palma, proibido para Orixalá e seus iniciados. Os seus coquinhos (iquins) são usados para previsões, no Oráculo de Ifá. Com tantas propriedades, dentro do reino vegetal o dendezeiro é tido como uma árvore plural, pois contém variadas utilidades e facetas!

Obó

Denominada *euê obó* (*ewé ogbó*, em iorubá), é chamada popularmente de rama-de-leite ou folha-de-leite, tendo sido trazida da África pelos escravos. Pertencente ao elemento terra, é uma folha masculina, consagrada a Ossâim e Oxóssi. É conceituada como a "primeira folha que Ossâim deu para Oxóssi". Seu uso é mais verificado nas iniciações dos iaôs ou em banhos rituais. Por ser uma trepadeira, muitas vezes esconde-se no meio da folhagem das árvores, sendo difícil de ser encontrada. Dizem que o obó só se "mostra" para quem merece colhê-lo!

CAPÍTULO 24
As divindades

As divindades africanas, mesmo com grandes semelhanças entre si, possuem personalidades e gostos diferenciados. Estas pluralizações fazem o universo singular da nossa religião, em que cada ser divino é individualizado, e isto faz do seu filho uma pessoa única! As características e a personalidade de cada "filho de orixá" são dependentes da influência dos orixás e do Odu pessoal, mas também de fatores biológicos, educacionais e ambientais. A junção destes vários elementos compõe o ser humano e pode ajudar ou modificar a sua estada no aiê.

Exu

No início era o infinito, o branco etéreo, o silêncio, a imobilidade. De repente, à frente de Olorum, surge um pequeno monte de terra avermelhada, mexendo-se incessantemente. Era Exu (*Èṣù*) que chegava, antes mesmo de possuir forma! Olorum sopra sobre ele seu hálito sagrado e poderoso (o *emí*), insuflando-lhe a vida. Produz-se a partir daí o movimento, a agitação, a energia. A mobilidade surge com a chegada de Exu! Passou a ter existência a proto-criatura, o primeiro ser criado! Mesmo se transformando em muitos, seu princípio e sua origem são uma só.

Exu representa a mobilidade de Olorum, tornando-se assim o seu contraponto e o princípio ativo de todas as coisas criadas por ele. Olorum deu a Exu a cabaça (*adô*) com o poder controlador e a força que lhe capacita a todos ajudar e a tudo resolver. Isto o torna um orixá consagrado como o princípio dinâmico, transportador e organizador. Sem classificação e sem ficar restrito a nenhuma categoria dos panteões de orixás, está presente em todos esses grupos como o acréscimo, o *Um* que veio para somar e multiplicar!

Cada ser vivo, cada elemento da natureza e também cada orixá tem um Exu particularizado, porque sem sua presença e sem seu dinamismo e impulsionamento seria impossível a existência. Possuindo um poder de ação ilimitado, ele age sobre a riqueza e a pobreza, o sucesso e o fracasso, a saúde e a doença e também a vida e a morte. É também astucioso, interesseiro e malicioso, mas prestativo e generoso quando as pessoas lhe agraciam, ou quando lhe interessa! Exu é único, mas possui a duplicidade em suas ações, agindo para o bem ou para o mal, de acordo com sua conveniência. É através deste caráter contraditório que surge sua grande semelhança com o ser humano. Quando Olorum deu-lhe esta assemelhação foi para que ele pudesse conhecer melhor o homem e, assim, auxiliá-lo, quando este necessitasse ou merecesse. Ele se ligou então ao destino e ao orí de cada pessoa, inserido inclusive na vida alimentar, através da boca, onde se transforma também no poder comunicador. É Exu quem gerencia e administra a vida dos homens no aiê, até o dia em que estes retornarão ao seu elemento natural e ao Criador!

Quando os primeiros missionários cristãos começaram a sua catequização no Brasil, sentiram o grande poder que Exu exercia entre os adeptos do candomblé. Começaram a execrá-lo e a transformá-lo em um ser maligno e perigoso, e sincretizaram-no com a figura do Diabo do catolicismo. Nos dias atuais, com mais entendimentos e esclarecimentos, não é mais aceita essa assemelhação distorcida da figura de Exu, que aparece com chifres, rabo e um tridente na mão! O Diabo é aquele ser que está ligado somente ao mal, em antagonismo com o Deus cristão, que é aquele que só pratica o bem. Já Exu não é o oposto de Olorum, nem o agride com suas ações! Ele é parte do início da existência, e uma de suas funções é intercomunicar Olorum com os homens e com os orixás, e também as divindades entre si. Tendo permissão para fazer a ligação do orun com o aiê, ele chega aos pés de Olorum, sempre intercedendo em nome dos orixás e dos homens.

Exu age sempre ajudando o lado mais fraco, para que haja equilíbrio entre os homens. Se notar prepotência e vaidade, defeitos que abomina, ele poderá causar desestabilização, porque sabe que o homem usa estes predicados para desdenhar dos outros e impor a sua superioridade. Exu possui também grande vaidade, mas relacionada somente à parte pessoal, quando enfeita-se para ser notado.

Senhor dos percursos, é ele quem proporciona caminhos propícios para a perfeita concretização dos desejos dos seres humanos. Acompanha sempre o movimento subjetivo do homem, a ida de um lugar para o outro, e permite que este consiga alcançar seu ponto ou objetivo. Exu, porém, se interpõe quando surgem as dificuldades e os perigos!

Por estar sempre cruzando os caminhos do mundo, gosta de ser homenageado nas ruas, nos encontros e nas divisões das encruzilhadas. Estes são locais de grande confluência de forças e poderes, onde se encontram energia e agitação.

Para o candomblé iorubá, Exu é elemento masculino, independente do orixá do iniciado. Ao ser assentado, é único, não forma par. Até mesmo seus símbolos demonstram isso, pois têm representação de elementos fálicos, como o pênis ereto, lâminas apontadas para o alto, bastões com formato peniano etc. Exu é um orixá *olodê*, "aquele que mora do lado de fora", como Ogum, Ossâim, alguns tipos de Odé etc.

Na ordem do xirê dos orixás, Exu é louvado, cumprimentado e depois enviado ao orum para convocar os demais orixás. É chamado de *assiwaju* ("o que vem na frente"), pois é sempre o primeiro a ser convidado e a receber oferendas, para que colabore e não permita que forças externas e perturbadoras venham instabilizar e comprometer o equilíbrio e a harmonia. Estas forças poderosas, como os Eguns, as Iyamís, os Oxôs, os Jagúns, podem colaborar ou tornar-se perigosas se não forem antecipadamente presenteadas e apaziguadas. Então, se faz necessário agradar Exu para que possamos nos manter sob a sua guarda e a sua proteção.

Como Elebó, é ele quem leva as oferendas e os sacrifícios, juntamente com Oxetuá, para o orum. É através do ritual do Ipadê que Exu se transforma no encarregado de levar, de intercomunicar e de espalhar o axé das divindades entre os homens. Isto permite que a união se estabeleça e se propague, produzindo harmoniosa convivência e a continuidade da vida no aiê.

Exu tem várias definições e várias funções que lhes são dadas como um adjetivo, mostrando suas características, que enumeramos a seguir:

Exu Iangui (*Yangì*) – o primeiro Exu criado, o Exu agbá, ancestre (representando coletivamente todos os exus individuais).

Exu Lonan (*Olóònòn*) – "senhor de todos os caminhos".

Exu Odará (*Odara*) – o Exu do branco, "senhor da felicidade", que proporciona a calmaria. Ligado a Orixalá e a Oxaguiã.

Exu Alê (*Alè*) – "senhor das ruas", dos grandes movimentos, das catástrofes (pertence à nação Efon).

Exu Ina – "senhor do fogo" (louvado no Ipadê).

Exu Aquessã (*Akesan*) – "senhor do Jogo de Búzios", ligado a Orunmilá e Ifá. O auxiliar do Bára do sacerdote.

Exu Larin-otá – o "senhor da fala", que concede ao homem o poder da comunicação. "Amigo de quem é seu amigo."

Exu Elepô – o Exu do azeite-de-dendê.
Exu Ojixebó (*Òjíṣẹ́ Ebó*) – o mensageiro encarregado de levar os sacrifícios rituais, e nossos pedidos, diretamente ao orum.
Exu Eleru (*Elèrù*) – Exu do carrego, quem leva para longe os males que atrapalham os caminhos do ser humano. Ligado a Babá Egum.
Exu Olobé (*Ologbẹ̀*) – "senhor da faca". Exu reverenciado no início dos sacrifícios, quando ocorre o uso do metal. Muito ligado a Ogum.
Exu Ocotô (*Okoto*) – "senhor da evolução". Possibilitador da multiplicação e do aprimoramento do ser humano. Muito relacionado com Orunmilá.
Oxe Oritá Metá – Exu que vigia as encruzilhadas de três pontas, onde recebe seus ebós, observa e inflinge seus castigos aos faltosos.
Exu Elebara (*Elégbára*) – "senhor do poder", o Exu da transformação. Administrador das longas estradas. Companheiro fiel de Ogum, ligado muito diretamente a Iemanjá.
Exu Oduxô (*Òdùṣò*) – "vigia dos Odus", vigia e controla o babalaô na leitura dos oráculos, não permitindo que este sacerdote dê informação errada ou falsa ao consulente.

É muito raro encontrar pessoas iniciadas e consagradas para Exu, porque poucas qualidades deste orixá podem ser "feitas". Em alguns casos, ele é assentado, e o orí da pessoa é entregue a outro orixá, como Ogum ou Oxaguiã, mas será sempre reverenciado. Alguns Exus não podem, de forma alguma, ser relacionados aos seres humanos, tornando-se somente protetores e guardiões. É necessário grande conhecimento do Jogo de Búzios para entender bem esta iniciação.

Bem diferenciada da feitura dos demais orixás, seu iaô é recolhido no mesmo local dos demais, no rondêmi, só tendo seus preceitos principais realizados em local separado, particularizado. Nas festividades, após paramentado, Exu participa das danças junto com os demais orixás.

Para acordar seu iniciado, o método é o mesmo usado para todos os demais. As pessoas iniciadas do orixá Exu costumam ficar estigmatizadas pelos desinformados, sendo consideradas como pessoas negativas, que só praticam o mal! Estes desinformados precisam também saber distinguir o que é Exu orixá e o que é Ecurum!

A divindade assemelhada ao Exu dos iorubás, na nação Fon, é Légba. Sua semelhança provém do fato de que, como Exu, ele é também o transmissor de mensagens dos voduns e o senhor dos caminhos e das encruzilhadas. Possui inclusive características humanas, sendo mentiroso, trapaceiro, moleque e representante do bem e do mal. (Este nome ficou meio desvirtuado por alguns, que o ligam ao termo "léba", sinônimo popularesco de Pomba-gira, e totalmente incoerente com o candomblé.)

Na nação bantu, os inquices que mais se parecem com Exu são Aluvaiá e Bombogira (do quimbundo *pambu-a-njila*), masculino e feminino, respectivamente. Ambos têm as mesmas prerrogativas e domínios do Exu dos iorubás. (O termo Bombogira deu origem à denominação Pomba-gira, uma entidade feminina da umbanda, que tem controle sobre as encruzilhadas e os caminhos.)

Exu é muito festejado às segundas-feiras, mas pode também ser agraciado a qualquer dia e a qualquer hora, pois seu tempo é o agora, o presente.

Se o ser humano precisa de ajuda ou está desorientado, isto pode ser provocado pela sua desatenção ou pelo seu esquecimento de agradar a Exu. Ele é o organizador e o mantenedor, mas o homem deve provê-lo de todos os elementos que o ajudem a colocar as coisas no seu devido lugar. Através de oferendas, é conseguido o restabelecimento da ordem e do equilíbrio do homem com seu ambiente, com seus semelhantes e com seus orixás. Caso contrário, ele torna-se neutro, permitindo que toda a anormalidade externa possa tomar conta da situação, provocando de vez o caos, com a perda de energia e de axé.

Grande apreciador de comidas bem temperadas e cheirosas, Exu é um orixá que gosta de coisas requintadas. Mas também se satisfaz com a simplicidade de oferendas que foram conseguidas com grande dificuldade!

Alguns Exus apreciam o azeite-de-dendê, cuja cor é o símbolo da agitação e do dinamismo. Outros têm preferência pelo azeite-de-oliva, representando o branco e a calmaria. Seus fios-de-contas trazem suas características, utilizando todas as cores, exceto o branco, que simboliza o imobilismo, a inércia! Exu retrata a movimentação e a própria existência do ser humano, e o homem precisa dele para sobreviver... e bem!

Generalidades do orixá:
Como são chamados os seus filhos: *Exussi*
Dia da semana: *segunda-feira*

Elementos: *fogo ou terra.*
Símbolo: *ogó*
Metais: *ferro e cobre.*
Cores: *azul-escuro, vermelho* e *estampados*
Folha: *loquinho*
Bebidas: *vinhos* e *bebidas destiladas*
Bichos: *cabritos, galos, preás, igbim*
Saudação: *Laroiê, Exu!*

Seus filhos:

Os filhos de Exu são pessoas que possuem personalidade e caráter ambíguos, não obedecendo aos conceitos que a sociedade aceita como normais. As regras para eles têm brechas por onde seu senso de moralidade encontra saída; o que para alguns não é correto, para os filhos de Exu poderá ser o caminho ou a solução. Estão sempre à procura da evolução, utilizando-se de sua perspicácia e malícia para consegui-la por meio da ajuda daqueles que o rodeiam. Funcionais, usam da amizade e, às vezes, até da intriga, para alcançar seus objetivos. Matreiros, brincalhões, moleques, animados, são espertos e de pensamento ágil. Apreciam os momentos em que podem descontrolar o ambiente onde se encontram, provocando confusão, brigas, intrigas. Ao vislumbrar alguma forma de obter lucro, não hesitarão em utilizá-la. Mesmo sabendo que às vezes poderão não alcançar o que desejam, já antevêem uma outra solução que lhes trará maior benefício. Independentemente do sexo, são grandes amantes, impetuosos, fogosos e gostam muito de fazer amor. Adoram a noite, gostam de beber e comer bem, de festas, de confraternizações, de viver a vida. Vestem-se de forma sedutora, porém sobriamente. Às vezes tornam-se insolentes e desrespeitosos, porque não ligam para as convenções sociais.

Bára

O Bára (ou Bará), para o povo iorubá, é o Exu individual das pessoas, representando a parte física do homem, o esqueleto energético. É denominado "morador do corpo" (*ungbò ará*) ou "rei do corpo" (*obá ará*). É aquele que proporciona a força, os movimentos, que rege os órgãos internos e imprime e introjeta a energia no nosso organismo. Representa a carapaça protetora que produz dinamismo e propulsiona e permite que a pessoa evolua, sendo também quem faz a intercomunicação do homem com o seu orixá.

É cultuado privativamente pela pessoa para quem foi assentado, quando passa a ser considerado por este como Bára-aiê. Seu assentamento pode ficar, se necessário, no mesmo local onde está o igbá do orixá do iniciado.

Na época da feitura, de acordo com cada Axé, o sacerdote poderá determinar ou não a sua confecção, porque o seu preparo demanda despesa. Mas ele será reverenciado no agbá Exu ou no ojubó da casa de candomblé. Após arrumado, seguirá as mesmas normas e características do orixá da pessoa.

Por ser particularizado, o Exu Bára, após assentado, tem que permanecer sempre próximo àquele para quem foi assentado. Ele é o sentinela de quem cuida dele, e seu nome não deve ser alardeado, porque pessoas mal intencionadas, através dele, podem praticar maldade para o seu possuidor.

Mesmo os iniciados consagrados para o orixá Exu possuem e assentam o seu Bára, porque ele é independente de qualquer orixá. O orixá está ligado ao divino, a Olorum; o Bára está ligado à parte física! É um guardião do corpo físico, um protetor, sendo assim, parte inseparável do homem! Ele precisa ser agradado constantemente com oferendas de ajabó, frutas, doces (evita-se ofertar o mel, porque esse alimento adoça e acalma demais Exu!). Também um pouco da nossa comida favorita, água de coco, acaçás, ebô, caldo-de-cana (Exu adora!). Tudo que a nossa boca come, nosso Bára também come! Quando a pessoa oferece um banquete para o Bára, deve provar um pouco de cada comida ofertada, porque assim estará participando de uma refeição comunal com ele.

No ato do Borí, o Bára também se alimenta, para evitar uma descompensação e produzir um equilíbrio entre a cabeça física e a cabeça espiritual, fortalecendo tanto o corpo físico como o corpo astral. Restabelece-se então o elo entre a pessoa no aiê e seu duplo no orum. Assim, também cuidamos do corpo que o Bára possui: o nosso!

Ecurum

A palavra ecurum, icurum ou acurum (*iku*, *eku* ou *aku* = morte, e *orun* = o firmamento, céu) tem o significado de "mortos astrais", "mortos sagrados". Os ecuruns (*ekurun*) são os nossos antepassados, ancestrais divinizados. Aqueles que, segundo o espiritualismo, voltam à terra para auxiliar o ser humano e conseguir a sua elevação a um plano superior. Nesse grupo estão incluídos Exus, Pomba-giras, Caboclos-de-pena, Caboclos-boiadeiros, Baianos, Pretos-velhos, Bejada etc.

Pertencentes à umbanda, estas entidades servem para o candomblé como um suporte, ajudando as nossas divindades. Possuem também um grande poder e auxiliam nas necessidades dos seres humanos. São brasileiros, criados da junção dos filhos da terra, os índios, com os africanos que aqui chegaram trazendo seus ancestrais!

Os Caboclos, "donos da terra", têm o poder de curar com as suas ervas, suas folhas, suas raízes, aliados ao fato de possuírem facilidade na comunicação verbal, por falarem a nossa língua. Existe também o contato físico, pois quando estes "baixam" nos terreiros todos podem levar a eles suas queixas e seus problemas. Eles têm muita disposição para ajudar aos que os procuram. Conversadores, cantadores, truculentos, viris, possuem gestuais característicos, tendo uma postura altaneira e soberba.

Outros grandes representantes dos ecuruns são os Pretos-Velhos, simbolizando o entendimento, a fragilidade, a paz, muito ligados ao catolicismo. Sintetizam a bondade e a caridade, a religiosidade de nosso povo. Através de sua sabedoria tornam-se muitas vezes os psicólogos dos necessitados, pois sabem escutar e orientar todos que os procuram. Ancestrais poderosos, servem a todos no geral, e aos necessitados em especial!

Os Exus Tranca-rua, Tiriri, Ventania, Veludo, Morcego e vários outros, assim como as diversas Pomba-giras: Maria Padilha, Sete-saias, Cigana-da-estrada e muitas outras, são considerados, na umbanda, como eguns e chamados de **entidades**. Estão mais ligados às ruas, às encruzilhadas, aos caminhos, à ordem e à desordem, estando em todo lugar e a toda hora. São a força de ligação entre os homens e as divindades. Não são diabos, nem demônios, não possuem rabo, chifre e nem usam tridentes! As Pomba-giras não usam biquinis nem minissaias; no seu tempo essas vestimentas não existiam! Não possuem coroa, pois não são rainhas! Os Exus e suas companheiras são entidades ambíguas, pois mostram-se amigas, mas são também traiçoeiras, interesseiras. Em compensação, se bem agradados, criam uma relação de reciprocidade com o homem. Todos têm por Exu uma mistura de respeito e temor, mas é preciso que se entenda que é somente através do seu movimento, da sua agilidade e do seu dinamismo que o mundo e os seres vivos têm existência e mobilidade.

É importante frisar que estas entidades não podem ser assentadas como Exus dos orixás do candomblé, muito menos como Bára orí das pessoas iniciadas. Estas entidades são bem distintas dos Exus orixás, tendo níveis hierárquicos, tratamentos e rituais diferenciados. As pessoas trazem em seus caminhos **divindades** e **entidades** que precisam ser cuidadas e também louvadas, mas cada um dentro de suas origens e especificidades. Todos estão aí para ajudar o homem a viver bem e a caminhar com segurança.

Ogum

Ogum (*Ògún*) é o senhor das cidades de Ondô e de Irê, e orixá que pertence ao princípio da criação. Ele venceu a Idade da Pedra e a Idade do Ferro quando passou a utilizar elementos destas Eras que ajudaram no engrandecimento e no progresso da civilização. Possui adequadamente o nome de *asiwajú*, "aquele que vem na frente", "aquele que abre os caminhos", que pertence ao nascente, ao futuro, ao desenvolvimento, sendo considerado o orixá da evolução. Ogum é o *irunmolé* provedor dos ferramentais que possibilitaram ao homem criar utensílios que o ajudaram a viver inserido em uma comunidade, dentro das sociedades.

Na nação Fon existe um vodum de nome Gún ou Gú, que possui características muito parecidas com a de Ogum. Na nação Bantu, o inquice que mais se assemellha a ele é Roximucumbi.

Em seus itãs, Ogum ora aparece como filho de Iemanjá e Orixalá, ora como de Odudua com Orixalá. Aí se explica a sua grande ligação com os seres humanos, provinda de ambas as mães, consideradas "mães míticas" de todos os seres. Confirma também a sua ampla ligação com as árvores, proveniente de seu pai, o criador ancestral funfun, que tem nestas um simbolismo de seus descendentes.

Senhor do ferro e dos metais, das ferramentarias, é aquele que trouxe conquistas para o ser humano, participando e colaborando como criador de variadas profissões. Tido como o patrono dos mecânicos, dos engenheiros, dos físicos, dos agricultores, dos soldados, é reconhecido como o orixá organizador de diversas funções que ajudaram a terra a progredir.

Ao criar as ferramentas e os instrumentos para cuidar da terra, Ogum criou o homem agricultor, ensinando-o a produzir e a trazer o sustento de sua família e também de toda uma comunidade. Quando criou as máquinas que permitiam cortar e talhar a madeira, permitiu ao homem a profissão de marceneiro, artesão, construtor, carpinteiro, escultor. Ao talhar a flecha e dobrar um arco, ensinou o homem a se abastecer da caça e da pesca.

Assim, Ogum foi abrindo um grande leque de profissões, o homem evoluiu e a terra prosperou. Por possibilitar todas estas conquistas, é a ele que o ser humano recorre quando necessita obter seus bens materiais.

Muito ligado a Exu, de quem é irmão e um grande companheiro, ambos são os guardiões das estradas e das casas. Protetor e senhor dos homens e de seus caminhos, recebe também o nominativo de "senhor dos pés" (*olu essé*), parte do corpo que permite ao homem se locomover. Pela sua habilidade com os metais, Ogum sofreu uma grande evolução, que transformou e fundiu o outrora agricultor com o guerreiro e o caçador que vivem em movimento pelas estradas do mundo. Em relação às suas andanças, tem o simbolismo do caçador solitário, daquele que anda pelas montanhas, florestas, e que domina todos os seus mistérios e segredos.

Contudo, Ogum é considerado principalmente um orixá guerreiro, conquistador, tido como violento, rude e de índole enfurecida. Isto é perfeitamente entendido, pois todo conquistador é, antes de tudo, um desbravador, que consegue seus troféus à custa da derrota de outros. Para esta divindade, a posse e o ganho fazem parte de sua personalidade, porque além de ser ele um "orixá de época", é também pertencente às tradições primitivas. Ogum vem de um tempo em que a guerra existia sem cessar e por qualquer motivo, mas era necessária primordialmente para permitir a liberdade de cidades e pessoas.

No seu tempo, Ogum guerreava contra reinos opressores, devastava e saqueava. Na atualidade, o orixá participa conosco de outras guerras, ajudando-nos em nossa luta diária pela sobrevivência e pela superação dos nossos problemas, e também nos nossos duelos físicos e espirituais.

Ogum pode ser chamado de um orixá plural, pois também está inserido na produção de alimentos, sendo um dos pioneiros na agricultura, com Oxaguiã e o orixá Ocô, e também na vida na mata, com Oxóssi. Por sua maleabilidade e pelas possibilidades que deu ao homem, ao criar as ferramentas, tornou-se um desbravador na grande produção dos alimentos, na caça e na pesca.

Seus instrumentos, que dão vida à terra e fazem esta produzir, tornaram-se seus símbolos e não podem faltar em seus assentamentos, como pequenas enxadas, ancinhos, enxós, arados etc. ou miniaturas de lanças, flechas, espadas, torqueses, varetas, bigornas etc., fazendo uma representatividade das suas habilidades e atividades.

Ogum tem seu assentamento colocado ao ar livre, pois não gosta de limites, não aceita a contenção de suas ações e é também o vigia e o guardião interno da propriedade, juntamente com Exu, que age externamente. Por esta característica é chamado de orixá "olodê", ou seja, "senhor do exterior".

Na feitura de seus iniciados, Ogum demonstra a sua posição fronteiriça, só cedendo seu lugar a Orixalá. Num barco será dada prioridade de iniciação ao filho de Ogum, porque é ele o patrono da tesoura e da navalha que participam do ritual.

Muito embora Ogum seja o símbolo do ferreiro, não admite a fricção de metal com metal, pois o faz lembrar da guerra e do contato de espada com espada. Em consideração a ele, nas casas de candomblé não se devem amolar facas nem atritar metais. Proibição principal para seus filhos, que, ao agir assim, conseguirão atrair para si a ira e a truculência desse orixá. Seus iniciados também devem evitar passar por trilhos de trem que formem cruzamentos; novamente ferro sobre ferro! Nas encruzilhadas, é preciso que se evite passar pelo centro do cruzamento, local favorito de Ogum e onde seu poder está concentrado. É a partir deste lugar que seu poder se redistribui para os caminhos.

Por ser um orixá desbravador e viver em contendas, Ogum utiliza-se de elementos das matas para se vestir e se proteger. Contudo, não possui a vaidade humana e nem dela sente necessidade, sendo por isso o mariô a sua vestimenta preferida. O mariô é confeccionado com as folhas novas do dendezeiro e lhe foi dado por Obaluaiê. Quando veste o mariô, Ogum mostra o seu poder, porque a palha cobre o mistério e seu uso esconde a existência de algo grandioso e perigoso! A força principal de Ogum é a coragem; ele não teme o desconhecido e enfrenta até mesmo a morte, sendo um dos orixás saudados com cantiga especial nos rituais de Axexê.

Em suas danças, ao som dos atabaques e de suas cantigas, ele rodopia, guerreia, faz mesuras de homem primitivo, mas inebria a todos com seu carinho e seu amor rudimentares. Nas cerimônias rituais, o seu alimento preferido é o inhame (*iṣù*), uma das mais antigas e principais raízes da agricultura.

São muitas as qualidades de Ogum em seu panteão, contudo relacionaremos somente as mais conhecidas:

Ajô – o guardião das casas de candomblé.

Arê – ligado a Oxum e a Iemanjá e também às águas. É o "senhor da cor dourada".

Ogum Ajá ou **Ogunjá** – faz parte do grupo dos Ajás, os "Três Grandes Guerreiros Brancos" (Ajaguná, Jagum e Ogunjá). Alguns itãs dizem que seu nome vem de *Ogun jê ajá* ("Ogum que come cachorro"), relacionando o orixá a esse tipo de oferenda, que é utilizada em terras iorubás. No Brasil, para a feitura desse Ogum fazem-se preceitos com esse animal e outros rituais, em que não acontece o seu sacrifício.

Mejê – ligação com Iemanjá e Oxóssi.

Alabedé ou **Abedé orum** (*Àgbèdè òrun*) – reconhecido como o ferreiro mais velho e forjador das armas dos grandes caçadores. Denominado "guerreiro do orum", é companheiro de Obatalá.

Oromina – ligado a Exu e Xangô.

Warín – mora nas águas, junto com Oxum.

Olorum deu aos orixás várias determinações, mas deu uma incumbência muito especial a Ogum: ser amigo e benfeitor do ser humano, e proporcionar a este a segurança e a proteção em seus caminhos!

Generalidades do orixá:
    Como são chamados os seus filhos: *ogunssi*
    Dia da semana: *terça-feira*
    Elemento: *terra*
    Símbolo: *espada*
    Metal: *ferro*
    Cor: *azul-escuro, branco, verde*
    Folhas: *peregum, panacéia, abre-caminho*
    Bebidas: *vinho branco*
    Bichos: *galo, cabrito, pequenos roedores e caça*
    Saudação: *Ogunhê!*

Seus filhos:
Os filhos de Ogum costumam ser atléticos, vigorosos e musculosos. Dinâmicos, impulsivos, intransigentes e, em alguns momentos, mostram-se violentos, sem saber equilibrar a convivência social.

Viris e sensuais, fascinam seus/suas parceiros/as, não demonstrando porém muita dedicação ou valorização.

Muito extrovertidos, gostam de brincar, de rir, de comer bem, de beber. Apreciam viver junto a outras pessoas que tenham o pensamento semelhante ao seu, porém sem se intimidar com as divergências que as diferenças trazem. Contudo, esquentados como são, ofendem-se com facilidade. Mas com a mesma rapidez, conseguem esquecer os incidentes. Dependendo do ocorrido, ficará a mágoa; essa os filhos de Ogum não esquecem, pois não costumam perdoar as ofensas doloridas!

Cuidadosos e observadores, não procuram briga, mas não correm dela, porque não têm medo de nada e são poucos os que se atreverão a contestá-los.

Empreendedores e muito ativos, são trabalhadores incansáveis. Cada dia para eles é como se tivessem que enfrentar e vencer grandes batalhas.

Bons chefes de família, boas mães, trabalham incessantemente para prover sua prole de todas as necessidades, dentro daquilo que lhes é possível.

Ossâim

Originário de Iraô, na fronteira da Nigéria com o Benim, Ossâim (*Òsanyìn*), também chamado de *Babá Ewê*, o "Pai das Folhas", é uma divindade imprescindível em qualquer liturgia.

A nação Fon tem um vodum muito poderoso, chamado Agué, com características análogas às de Ossâim; na nação Bantu é o inquice Catendê quem mais se assemelha com este orixá.

Sem a sua presença e a sua permissão para o uso das folhas nas funções sagradas, a religião não teria continuidade, ou talvez não existisse.

Os orixás necessitam interrelacionar-se, fazendo uma troca de forças e de conhecimentos, reforçando o equilíbrio e a harmonia, produzindo o axé, que faz acontecer o movimento e a atividade no mundo. O axé das folhas é distribuído aos orixás após ser vivificado e repotencializado por Ossâim, através de seu *ofó*, palavras sagradas e recitadas que "acordam" a magia e o poder das folhas. Estas palavras produzem um encantamento especial, que tem o poder de liberar das plantas a sua seiva curativa e litúrgica usada em todas as cerimônias dentro da religião.

As pessoas iniciadas para Ossâim precisarão se aprofundar grandemente no conhecimento das plantas e de seu uso, pois é do meio deles que surgirá um Olossâim, ou Babalossâim, o futuro "sacerdote das folhas", cargo somente de iniciados do sexo masculino. Esta pessoa precisará entender o quão grande será a sua responsabilidade!

Estamos num momento em que é grande a destruição indiscriminada das matas pelo homem. Existindo até mesmo a extração desregrada das folhas e das ervas por alguns adeptos do candomblé. Isto tudo é uma grande ofensa a Ossâim! O homem precisa das matas, do ar puro que dela provém, dos alimentos que ela produz e das curas que ela permite. Um ser humano mais consciente, com uma visão de futuro, precisa ajudar a natureza, repovoando as florestas, agradando e também agradecendo a esta divindade por tudo que retiramos de seu *habitat*!

Junto a Ossâim, o pequeno Aroni habita as matas, sendo conhecido como o seu curandeiro. É ele quem lhe ensina o poder medicinal de suas ervas, mas, em compensação, desconhece as palavras mágicas que este orixá utiliza para despertar liturgicamente os poderes delas. É aí que reside a primazia de um sobre o outro: Aroni conhece, Ossâim cura, e os dois se complementam!

Sincreticamente, alguns tentam simbolizar Aroni com as lendas brasileiras, assimilando-o com o Saci Pererê, pois, tal como este, Aroni só tem uma perna e pita um cachimbo. As semelhanças, porém, não passam daí! Aroni não faz travessuras, não esconde nada, não dá susto e nem faz parte de histórias infantis!

Precisamos tratá-lo como parceiro importante, e necessário, de uma grande divindade. Aroni, tal qual as árvores, só possui uma perna mas, como estas, tem séculos de existência e sabedoria! Ossâim tem também um outro companheiro inseparável, Oxóssi, orixá caçador, morador das matas e também grande conhecedor dos segredos das folhas.

Pouco se sabe sobre Aroni, muita coisa é dita, porém sem fundamentos ou com invencionices. Mas o certo é que não se deve negligenciá-lo, pois ele está inserido no núcleo das divindades. Nas liturgias sagradas para Ossâim, se não se souber reverenciar Aroni, poderão surgir intervenções negativas que atrapalharão o bom andamento dos trabalhos.

Como todos os orixás, Ossâim não veicula e nem distribui seu axé sozinho. Ele precisa da dinâmica de Exu para movimentar o axé de suas folhas. Precisa também que Orunmilá determine às divindades as folhas corretas a serem usadas em cada situação ou necessidade. Sendo assim, verificamos que Exu e Orunmilá, embora possuidores de grande poder, dependem também de sua ajuda, pois sabem o valor de seus conhecimentos, de seus ensinamentos e da força de suas ervas.

Estas três divindades se complementam e se interligam no destino dos iniciados, através do oráculo. Orunmilá é o *portador* de todo o conhecimento e da sabedoria; Exu é o *dinamismo*, o movimento da vida; e Ossâim é a *força do axé que vem da terra*. Juntos fazem a representação das três cores primordiais, a branca, a vermelha e a preta, elementos que reunidos conduzem e distribuem o axé.

Ossâim é orixá que vive nas casas de candomblé na parte externa, ao relento, protegido pelas suas árvores. Em seu assentamento é primordial a existência de uma haste de ferro com sete pontas. Na parte superior desta haste é colocado um pequeno pássaro, de ferro, denominado *vivi*, que é o símbolo do seu poder, o seu vigia. É ele quem guarda o seu adô, a cabaça onde Ossâim esconde todo o seu conhecimento sobre as folhas e as plantas. Por meio deste pássaro é feita a representação do segredo e da relação que Ossâim tem com as Iyamís, pois elas escondem-se na sua floresta e precisam utilizar-se de suas árvores para a pousada dos seus pássaros. Os vagalumes, ou pirilampos, moradores das matas, são seus parceiros e companheiros, iluminando seus caminhos e dançando no ar para distraí-lo, sendo considerados insetos sagrados para ele.

Generalidades do orixá:
    Como são chamados os seus filhos: *ewessi*
    Dia da semana: *quinta-feira*
    Elementos: *terra e matas*
    Símbolo: *ferramenta de metal*
    Metal: *ferro*
    Cores: *azul, verde, branco*
    Folhas: *todas, especialmente obó (rama-de-leite)*
    Bebidas: *aruá, vinho branco*
    Bichos: *de caça, como capivara, preá-do-mato, paca; codorna, galo arrepiado, galo carijó, galinha-d'angola*
    Saudação: *Ewe, ewe, assa!*

Seus filhos:
Os filhos de Ossâim geralmente são constituídos de uma silhueta longilínea e delicada, com um porte altaneiro e atraente. Equilibrados, de caráter forte, não demonstram suas emoções ou seu favoritismo por alguém ou por alguma coisa que seja de seu interesse. São bons articuladores, ardilosos, observadores e manipuladores no meio em que vivem.

Ignoram estigmas e são também muito tolerantes com os erros alheios, evitando fazer julgamentos.

Não são prepotentes, sendo, por vezes, até mesmo submissos.

Calculistas e frios, procuram tirar proveito de determinadas situações em benefício próprio.

São, porém, bondosos e generosos com seus amigos, mas demonstram logo a estes que não aceitam intromissão em sua vida particular e, principalmente, na sua liberdade, que prezam acima de tudo.

Caridosos, por vezes esquecem deles mesmos, pois devotam-se excessivamente ao seu próximo. Preocupam-se mais em ajudar, não se importando de que forma e em que momento. Porém, ao se preocuparem com as pessoas, esquecem de cuidar e de preservar sua própria saúde, que, num futuro mais tardio, costuma tornar-se muito sensível e delicada.

Não se prendem muito a valores materiais, necessitando somente do suficiente para viver bem.

Excelentes estudiosos, de qualquer campo relacionado à parte física e mental do ser humano. Gostam da solidão para seus momentos de meditação, quando então se tornam muito introspectivos.

As plantas e as flores, especialmente, são o seu *hobby* e a sua predileção, sendo para alguns o meio de ganhar a vida. Através de sua percepção apurada e de seu gosto refinado, com elas faz fluir seu dom inato da criação e da inovação. Costumam usá-las tanto no sentido terapêutico, ajudando os seres humanos, como no sentido estético e decorativo, embelezando pessoas e ambientes.

Até para com os animais têm um estilo próprio, já que estes os obedecem e parecem entendê-los perfeitamente.

Oxóssi

Oxóssi (Òṣọ́ọ̀sì) é orixá reverenciado com o nome de Alaketu, o "senhor de Ketu", cidade onde foi rei em tempos imemoriais e onde teve o seu culto mais propagado. É considerado, dentro do panteão iorubá, um dos orixás mais importantes e essenciais à continuidade da vida. Oxóssi pertence à família dos *odés*, os caçadores, porém, existem algumas divindades do seu panteão que não são caçadores, como Otim, Erinlé, Logunedé e mesmo Ogum. Estes orixás têm profunda ligação e semelhanças entre si, porém guardam diferenciações em pequenos detalhes e minúcias, que explicaremos adiante. Os odés são poderosos caçadores e guardiões das florestas e da caça. Do meio deles alguns se tornam também protetores e vigias do grupo. Desde o início dos tempos são os caçadores que ensinam, ajudam e permitem ao homem levar o alimento para casa e para a sociedade.

Oxóssi foi um dos primeiros orixás trazidos para o Brasil pelos escravos, e seu culto tornou-se tão enraizado e conhecido que mesmo aqueles que não são seus iniciados o reverenciam. Isto é explicado pelo fato de estar muito relacionado com a fartura e a alimentação. Mas também, e principalmente, com a sua principal característica, a **liberdade**, objetivo central dos negros africanos escravizados, que a ele sempre recorriam em seus rituais. Até hoje é costume, no Brasil, que todas as casas de candomblé iorubá tenham em Oxóssi o seu patrono. Em muitas delas, ele é considerado como o "dono" de suas cumeeiras, independentemente do orixá "dono" do Axé!

Agindo assim, os escravos encontraram um jeito de rememorar aqui seu tipo de vida da África e de fundar uma nova nação Keto, que, sem sentir, reproduz o modo como viviam os caçadores. Estes estavam sempre em busca de novas paragens, de novos campos, novas possibilidades e, quando encontravam um ponto certo para acomodar seu povo, ali se instalavam. A partir daí, logo surgia uma nova aldeia, um vilarejo e uma nova cidade. Do meio dos odés, o mais valoroso era nomeado, então, como o chefe dos moradores atuais e também dos futuros que ali se instalassem. Os caçadores tornaram-se então aqueles que ajudaram o ser humano a conhecer o que é uma comunidade, a abundância, o progresso, a riqueza e que também ensinaram ao homem a conseguir e manter o seu sustento, sempre visualizando o futuro. Foram eles que criaram a caçada, a primeira forma de sobrevivência que o homem conheceu para prover a si e aos seus com os alimentos necessários para a subsistência.

Pode-se dizer que Oxóssi foi o precursor do poder administrativo e o gestor da ordem policial nas matas e nas florestas, pois eram os caçadores que guardavam as aldeias e as cidadelas dos ataques dos inimigos e dos animais. Para que pudessem agir assim, somente os caçadores mais poderosos possuíam o direito de usar armas. Estes eram escolhidos geralmente dentre os mais fortes e valentes. Os mais antigos e sábios eram denominados de Oxôs (òṣó ou ṣó), feiticeiros, guardiões e principalmente protetores. Eram os Oxôs que diuturnamente usavam seus conhecimentos das plantas e das flores, e também os segredos das matas, para ajudar as pessoas em suas necessidades. Os demais caçadores reconheciam que toda a sabedoria estava contida na longevidade daqueles que já viveram e lutaram muito!

Os Oxôs formam uma espécie de fraternidade que tem Oxóssi como seu principal líder, e são a correspondência masculina da sociedade secreta das Ajés. Estas poderosas senhoras têm como animal simbólico os pássaros, animais também dedicados a Oxóssi, o que produz uma grande ligação entre ambos. As aves possuem a representação de não terem barreira e nem fronteira e, com sua liberdade no ar, parecem tocar nos dois pólos da existência, o orun e o aiê. Pertencem também ao poder criador feminino e suas penas fazem o simbolismo dos orixás-filhos. Os pássaros são animais que vivem no ar, bailando ao sabor da brisa e do vento de Oiá, a senhora dos espíritos e mãe dos Eguns, e que tem ampla relação com Oxóssi. Estes dois orixás, em conjunto, comandam também os espíritos moradores das florestas. São também ligados por laços amorosos, pois Oiá é uma de suas companheiras.

Oiá ajuda Odé na manutenção e na eclosão de novas matas, conduzindo em seus ventos, e através de seus pássaros, as sementes e o pólen que ajudarão na germinação e no nascimento de novas espécies vegetais. Esta iyabá guerreira também auxilia Oxóssi no combate aos inimigos de seus filhos, tanto no lado material quanto no espiritual. Como representante dos Oxôs, Oxóssi tem a prerrogativa de proteger o ser humano e se interpor contra os malefícios enviados por seus inimigos, através das Ajés.

Oxóssi é o melhor arqueiro do grupo dos odés, considerado como o "orixá da riqueza e do progresso", pelo que produz na caça, na pesca e na plantação. Por meio desta evolução, se une com Ogum, seu irmão, um desbravador ligado à agricultura, à caça e aos elementos de metal, e a Oxaguiã, o guerreiro branco da família de Orixalá e senhor da agricultura. Ogum produz e fornece as ferramentas que preparam a terra para o cultivo e também as armas para a defesa, a caça e a pesca. Considerado pelo povo iorubá o "senhor dos cereais", ele também precisa de Oxaguiã para este cultivo e seu processamento no pilão. Estes três orixás poderosos se unem em prol de uma grande missão: trazer evolução e ajuda aos seres humanos e ao planeta!

Além dessa ligação, Oxóssi e Ogum possuem características semelhantes, porque têm a mesma ânsia de liberdade e a vontade de conhecer, desbravar e conquistar novas terras. Mas Oxóssi se distingue de Ogum em alguns pormenores. Ele se liga diretamente às terras virgens que estão esperando ser descobertas e habitadas por seu povo; são novos campos para caça, novos rios para pesca e novas terras para plantar! Ali, ele finca suas raízes enquanto a caça e a pesca são favoráveis; quando estas rareiam, o mundo é seu, busca novas paragens! Ogum, porém, não se fixa permanentemente num local, porque está sempre em busca de evolução, de guerras que tragam soluções, resolvam diferenças! Neles, estas características são mais visíveis e mais ocorrentes porque têm aspectos etários semelhantes, são rudes como os homens das matas e possuem a mesma personalidade libertária. Em conjunto, eles produzem a união da atividade mais antiga do homem, a caça, com uma outra mais atual, a busca pela sobrevivência através da luta armada! Os dois se completam e se entendem, mesmo com todas as diferenças!

Pela sua interação com a terra, Oxóssi pertence ao grupo dos *onilés*, os "senhores da terra". É ele que promove a lei do equilíbrio da natureza, só permitindo que o homem usufrua do estritamente necessário para a sua sobrevivência. Fornece a caça, a pesca e também o cultivo, para que a renovação seja uma constante. Quando ocorre a falta sazonal de um tipo de alimento, Oxóssi logo fornece outra fonte de sustento. Através deste sistema, ele permite que a terra descanse, para se renovar, retomar energia. Se isso não ocorresse e o homem só usufruísse de seus benefícios, a terra já teria perdido seus elementos e nutrientes necessários para sobreviver e produzir em grande quantidade.

Oxóssi é um orixá muito sensível, com um sentido de proteção pessoal muito apurado, esquivo e mesmo fugidio, estando sempre à espreita, preparado para agir. Seu maior prazer é a contemplação, tornando-se em conseqüência disso um bom observador. É orixá que ama o ar livre, não aceita cerceamento e nem imposição de limites, gosta do movimento, tal como Exu, seu irmão. Juntamente com ele, Ossâim e Ogum compõem o único grupo de orixás que têm todas as suas ferramentas confeccionadas em ferro bruto. O uso deste material justifica a sua ligação com os elementos da terra e o seu entrelaçamento com o caráter rudimentar e embrutecido destes orixás.

Com Ossâim sua ligação é mais generalizada, pois o "senhor das folhas" ensinou a Oxóssi o nome e o uso das ervas, assim como lidar com os poderes terapêuticos e litúrgicos destas. Aprendeu os mistérios das matas e principalmente as palavras mágicas necessárias para "acordar" e liberar o axé das folhas. Conheceu o uso correto das ervas, aprendeu a distinguir as que curam das que podem até provocar a morte, pois na caça e na pesca elas são necessárias! Oxóssi, Ossâim e Iroco são moradores e grandes protetores e administradores das florestas e de todos que nelas habitam.

Oxóssi possui grande relação com os espíritos que habitam as árvores, os *iwins*, seres divinos representantes de Obatalá e dos orixás funfun no centro da mata. Este seres encantados promovem o interrelacionamento entre Obatalá e Oxóssi no âmago da floresta, relacionando ambos com a ancestralidade. É por esta ligação que ele ficou conceituado, pelos iorubás, como "princípio da ancestralidade" e o primórdio do Axexê dos filhos de Ketu. E isto é também confirmado pelos itãns, que dizem que o primeiro ritual de passagem da vida para a morte foi realizado para um odé, e comandado por Oiá.

A palavra iorubá axexê (*aṣèṣè*) é possivelmente uma corruptela da palavra ajejê (*àjèjé*), que é o nome da trouxa onde eram colocados os instrumentos utilizados nas caçadas e também os alimentos da preferência do caçador morto. Esse embrulho era oferecido no centro da floresta onde, durante alguns dias, era realizada uma "vigília para o caçador", com rituais. O fato de participar do Axexê, porém, não liga Oxóssi com a morte, pois este orixá não a teme! Odé é a própria representação da vida, pois tornou-se o início e a perpetuação dos filhos de Ketu!

Oxóssi teve vários relacionamentos amorosos, porém sua grande paixão foi Oxum, a mais bela entre as belas, uma das líderes das Ajés. Do amor de Odé Erinlé com Oxum Ieiepondá nasceu Logunedé, que é o resultado da união do poder supremo das Iyamís aliado ao poder dos Oxôs. Surgiu, assim, o grande mago! Valente, sedutor e arisco como o pai; belo, sensual e generoso como a mãe! Conhece bem os poderes ambivalentes da floresta e da caça, assim como os poderes das águas doces e da pesca. Acima de tudo, comanda a força da magia e da feitiçaria. É o orixá da beleza, da sedução e da riqueza, predicados herdados de seus poderosos pais!

Um elemento que auxilia na perfeita união de Oxóssi com Oxum é o mel, líquido amarelado e muito precioso. Oxum é a "senhora do mel" e vê na ligação de Oxóssi com este produto um grande antagonismo: as abelhas, suas produtoras, lhe pertencem e são o símbolo dos caçadores, porque trazem nos ferrões a representação das suas flechas. Mas o mel que elas produzem é o principal interdito de Oxóssi! Concomitantemente, estes pequenos e produtivos insetos são também os representantes dos antepassados femininos dentro das florestas. Simbolizam, assim, a junção dos Oxôs com as Ajés, por meio da união de Oxóssi com Oxum.

Outra iyabá poderosa, Obá, surge em seus caminhos como a caçadora-guerreira, sua companheira inseparável dentro das matas. Obá nutre por Oxóssi um amor silencioso, mas é a mulher guerreira por natureza ajudando o caçador-feiticeiro no dia-a-dia. Essa dupla não forma um casal, é simplesmente a união de dois aventureiros amigos atrás da caça e da pesca. Já o seu relacionamento com Iemanjá é mais carinhoso, maternal e até mesmo protetor. Tido como filho desta e de Orunmilá, herdou certas características destes pais: como sua mãe, é calmo, observador e profundamente amigo de seus filhos, chegando a ter ciúmes destes. Porém, os seus maiores atributos são a coragem, a inteligência e a sabedoria que seu pai mítico lhe proporcionou e que usa para ajudar o ser humano.

Por ser um orixá com amplo leque de ligações com as diversas divindades do panteão iorubá, Oxóssi faz parte do dia-a-dia do homem. Esta proximidade permite que ambos se intercomuniquem até mesmo através de simbologias. Um destes símbolos é o oguê (*ogè*), chifres de touro que, friccionados um contra o outro, produzem um som poderoso, que se transforma numa onda de comunicação com este orixá. (Aos filhos de Oxóssi é proibido brandir os oguês, pois estes servem primordialmente para convocá-lo.) O oguê contém força indescritível e se relaciona com o passado e com o futuro, pertencendo à ancestralidade e à descendência. Pelo seu formato cônico, assemelha-se ao ocotô (*òkòtò*), um símbolo do crescimento e da evolução.

Outro emblema importante dos odés é o eruquerê (*ìrukerè*), também conhecido como "espanta-mosca", um símbolo de poder real, na África. Objeto considerado portador de poderes mágicos, é muito utilizado pelos caçadores, com o intuito de administrar os seres que habitam e protegem as florestas. Preparado com vários elementos que o sacralizam, como animais, oferendas e ervas, este cetro é feito por pessoa de grande responsabilidade na casa de candomblé, que tenha conhecimentos para lidar com os poderes sobrenaturais. Confeccionado com pêlos do rabo do touro ou do búfalo, é enfeitado com alguns adornos e tem um grande simbolismo, pois os pêlos representam a ancestralidade e os espíritos da mata. Através do eruquerê, Oxóssi se interliga a Oiá, que usa emblema semelhante, o eruexim, possuidor dos mesmos objetivos. Mas o principal instrumento de Oxóssi, como caçador primitivo, é o ofá (ou damatá), o arco-e-flecha, de quem é o único dignitário, pois seu uso é recorrente somente entre os odés. É com este objeto que ele se torna o principal responsável por alimentar e abastecer seu povo.

Nas festas dos terreiros, quando vem dançar o aguerê, sua dança favorita, traz sempre seus emblemas e seu instrumento de caça. Em determinados momentos de sua dança, aparece conduzindo uma espingarda de madeira. Esta arma não entra como um de seus símbolos, porém seu uso não é errado, já que traz a representação dos caçadores que utilizam armas de fogo nas suas funções. Mas não acreditamos que utilizá-la seja do agrado deste orixá. Em épocas longínquas, os caçadores penetravam na floresta e se amalgamavam, se misturavam a ela, para precaver-se e também surpreender a caça, pois o arco e a flecha não fazem barulho. E atingem o seu alvo único! Ao contrário dos caçadores modernos, com suas armas poderosas, que caçam e matam indiscriminadamente, desagradando e atraindo a ira de Oxóssi e dos odés!

Profundo amante de boas comidas, Oxóssi gosta imensamente de carne, o que o diferencia de muitos outros orixás, mas também recebe com muito agrado os alimentos em grãos, provenientes da agricultura.

A nação bantu possui um inquice bastante assemelhado com o Oxóssi dos iorubás, que é chamado de Cabila. Este também é a divindade da fartura, da bonança, protetor dos caçadores, a quem permite caças abundantes. Reconhecido como o curandeiro das florestas, provê e ensina ao homem o poder curativo das plantas. Tal como Oxóssi, liga-se mais ao controle e à guarda das matas e de seus mistérios, e também à caça e à pesca. Para a nação fon, o vodum correspondente, e também representante dos caçadores, o provedor da alimentação, chama-se Aganga Otolú ou Graga Tolú.

A família de Oxóssi é grande, mas vamos falar um pouco sobre alguns:

Aqüerã – o "senhor da fartura". Possui fundamento com Ossâim e Oxumarê. Mora na parte mais profunda das matas e veste-se com a cor azul-clara. Seus bichos são soltos na mata, após determinados rituais na casa de candomblé.

Danadana – tipo de Oxóssi que tem ligação com Exu, Oiá, Ossâim e Oxumarê. Não tem o menor temor dos Eguns nem da morte. Veste-se com roupas azul-claras.

Otí – um odé guerreiro, recebe suas oferendas juntamente com Ogum. É um Oxóssi muito velho, de gênio difícil, que não aceita provocações e desaforos, e muito menos que seus filhos o desobedeçam. Veste azul-claro ou roupas estampadas nas cores azul e vermelho. Seus fios-de-conta são azuis.

Walé ou **Alê** – uma qualidade de Oxóssi muito velha, rude. Come junto com Exu e Ogum. Não gosta de contato com mulheres e veste-se de azul-escuro.

Oreluerê/Oluerê ou **Onipapô** – um dos companheiros de Odudua, na sua chegada ao aiê. É considerado o primeiro odé que percorreu o mundo para fazer o reconhecimento da terra e dar o seu aval, para que ela pudesse servir de habitação às divindades e aos homens.

Ibuna/Ogunlodê – chamado de "Oxóssi da palmeira".

Wáwá – o caçador das planíceis do orun, um odé funfun muito velho, de grande relacionamento com Obatalá.

Mutalambô (bantu) – interliga-se com Aluvaiá.

Gongobila (bantu) – relacionado com Lembaranganga e Quissimbi.

Agradecemos a Olorum por ter enviado um filho tão poderoso para ajudar o homem na Terra. Ele não é somente o caçador físico, mas também o caçador moral, espiritual e psicológico. O orixá que ama o ser humano e que traz para seus filhos a felicidade, exigindo deles uma boa formação e uma boa índole como seres humanos. Tudo para permitir que tenham a paz interior resguardada e preparada para vencer obstáculos e dificuldades. Que o poderoso caçador dê sempre a seus filhos a condição de auxiliar e ensinar seus semelhantes a trilhar o caminho da evolução. Okê, arole!

Generalidades do orixá:
 Como são chamados seus filhos: *odessi*
 Dia da semana: *quinta-feira*
 Elemento: *terra*
 Símbolos: *ofá, oguê, eruquerê*
 Metal: *ferro bruto*
 Cores: *azul-claro, todos os tons de azul, verde*
 Folhas: *obó (rama-de-leite), capeba*
 Bebidas: *vinho branco, aruá*
 Bichos: *galo, faisão, passarinhos*
 Saudação: *Okê, arole, Odé!*

Seus filhos:
 Os filhos de Oxóssi são, antes de tudo, pessoas apaixonadas pela vida e que procuram vivê-la o mais intensamente possível. Muitos procuram criar para si, e também para aqueles que os acompanham, momentos de aventura, um escape, evitando assim cair na mesmice, pois não su-

portam a rotina. Independentes, amantes da liberdade, são naturalmente inquietos, quase hiperativos. Possuem raciocínio rápido, são espertos, inteligentes e determinados. Ótimos alunos, pois aprendem de variadas formas, ou seja, somente escutando, observando ou pressentindo; são também excelentes professores. Mas as pessoas precisam saber como retirar deles os ensinamentos, pois estes são instintivos, momentâneos e até mesmo passageiros. Criativos e originais, gostam de procurar sempre novas atividades, através das quais possam mostrar seu potencial artístico e eclético. Um interessante costume dos filhos dos odés é observar mais do que ser observados, agindo como se estivessem à espreita, de tocaia.

São pessoas sensíveis, emotivas, mas que não demonstram estes sentimentos, pois têm medo de, ao sentirem-se frágeis, perder o domínio das situações. Procuram ouvir opiniões e conselhos, mas não costumam acatá-los; seguem mais a sua própria vontade. Amigos sinceros, costumam ser generosos, e os necessitados têm neles sempre um porto seguro. Procuram resolver os problemas com tranqüilidade e calma, porém, se não conseguirem seu intento desta forma, transformam-se de maneira inimaginável, com atitudes que não condizem com sua posição, com seu caráter ou mesmo com o seu temperamento diário. Da mesma forma como se enfurecem, retornam à sua personalidade anterior e agem como se nada tivesse acontecido!

Os filhos de Oxóssi gostam de zelar pelos amigos e pela família, mesmo que estes exijam mais do que ele possa oferecer. Possuem um grande senso de proteção e de responsabilidade para com seus familiares, mas não hesitam em promover mudanças bruscas no seu estilo de vida. Existe uma característica dos filhos de Oxóssi que já virou um ditado popular: "ninguém consegue segurar ou dominar um filho de Oxóssi!" Batalhadores, geralmente evoluem tendo como base seu próprio trabalho. Primam pelo requinte, pela sofisticação e pela elegância, porém sem muito luxo. Não gostam de coisas rebuscadas ou vulgares. Existe uma coisa muito importante que os filhos deste orixá precisam evitar: os vícios, sejam eles quais forem. Estes desagradam a Oxóssi, que não os aceita!

Obaluaiê

Conhecido também como Omolu pelo povo iorubá, este poderoso vodum é oriundo da Família Dambirá, da nação Fon, reconhecido pelo nome de Sakpatá. Ao ser trazido para o Brasil, foi aceito e passou a ser venerado também pelos iorubás e pela nação Nagô-Vodum, tal como sua mãe Nanã e seus irmãos Iewá, Iroco e Bessém, recebendo cuidados e rituais com variadas distinções. A nação bantu tem o inquice Caviungo ou Cavungo com características assemelhadas, pois é também ligado à terra, ao calor, às doenças, mas que recebe preceitos e fundamentos diferenciados. Cada nação tem um modo distinto de tratar as divindades, embora elas possuam grandes semelhanças. Isto não dá ao homem o direito e a possibilidade de esclá-los e de tratá-los como o mesmo em todas as nações. Suas individualidades e personalidades devem ser respeitadas!

Obaluaiê é uma divindade poderosa, associada à terra, à saúde e à riqueza para o povo iorubá e tem o seu nome traduzido como "rei senhor da terra" ou "senhor de todos os espíritos da terra". Seu nome mais poderoso é Xapanã (*Sànpònná*), que deve ser usado mais restritamente, com o devido cuidado. Evitando falar seu nome, muitos o chamam de Ainon ("dono/senhor da terra"), outros preferem o termo carinhoso de "Velho", "Tio" ou mesmo de "Amolu". Está ligado instrínseca e concretamente à terra quente, à crosta terrestre, endurecida e seca, tendo em seu contraponto Nanã, sua mãe, que está mais direcionada ao núcleo da terra, à parte inferior e úmida do planeta. Ele responde também pela umidade que emana da terra e que propicia a gestação vegetal, ajudando assim na manutenção da vida. Por meio desta ligação, Obaluaiê é considerado pertencente ao grupo dos *onilés*, os "donos da terra", tendo domínio completo tanto sobre sua parte externa, física e viva, como pela sua parte cósmica, sagrada. Através desta sua ligação com a terra, é chamado de "senhor das pedras", pelo povo fon. As pedras são elementos que vivificam as divindades, após receberem liturgias. (Na nação Iorubá, este título pertence a Xangô.)

Omolu é conhecido também como *ilé igbona*, "senhor das terras quentes", ou *babá igbona*, "pai da quentura", garantindo através do calor todas as manifestações de vida na Terra: humana, animal ou vegetal. Outro nome que possui é o de *olodê*, o "senhor do exterior", aquele que fica do lado de fora tanto no momento em que o Sol está no seu ápice, ao meio-dia, ou na hora considerada fria, à meia-noite, horário que pertence às divindades mais poderosas e perigosas. Assim, Obaluaiê rege o horário em que o calor é mais forte, quando a temperatura da Terra e do solo chega a extremos. Advém daí a proibição de que o homem se exponha ao Sol neste horário. Surge então a interpretação de que Obaluaiê é o próprio Sol, e que provê o planeta do calor necessário para a existência da vida.

Porém, em algumas ocasiões, ele extrapola esse poder, como forma de castigo ou de penitência. Isto ocorre quando o homem o desagrada e pratica queimadas, derruba florestas, desequilibrando assim o meio ambiente e desregulando o termômetro atmosférico. Como conseqüência, tudo isso destrói a proteção que o planeta tem para se resguardar contra os raios solares. Obaluaiê então provoca descontroles, destruições, alterações climáticas que forçam o ser humano a repensar seu modo de cuidar da "mãe-terra".

Por meio do seu relacionamento com a quentura, liga-se também com a febre que afeta o ser humano. A febre é geralmente o sintoma de uma doença, tanto física como psíquica ou emocional, e Obaluaiê rege os efeitos e as curas das doenças. É ele quem traz a enfermidade, como é também quem proporciona seu alívio e sua extinção, porque possui o conhecimento sobre as formas curativas que sanam as doenças. Se o ser humano procurasse seguir sua vida com os devidos cuidados e precauções, ele diminuiria as possibilidades de contrair qualquer moléstia, pois não é este vodum quem "fabrica" as doenças, é o homem que, com seu descuido e sua desobediência, as produz e contrai!

Também o suor está sob sua regência, sendo um sintoma indicativo de que a febre está se extinguindo. Rege também o suor produzido pelo calor do Sol sobre a pele, ou aquele proveniente dos desgastes físicos de um corpo debilitado. Observamos, assim, que Obaluaiê produz, então, sentidos antagônicos da saúde: causa o calor e, logo após, o frio, que vem trazer a extinção da doença!

Recebendo o codinome de "médico dos pobres", vem em resposta às necessidades do ser humano e traz o alívio àqueles que precisam do seu auxílio. Obaluaiê cuida tanto do interior do corpo do homem, como ajuda também no trato da parte externa, da pele, estando muito ligado às coceiras, às alergias, aos comichões e às queimaduras. Rege ainda as perturbações nervosas, os problemas mentais, produz a ansiedade, a aflição, elementos que descontrolam o bom funcionamento do organismo, causando então um ciclo vicioso de doenças! Nenhuma divindade está tão relacionada ao corpo físico do ser humano quanto Obaluaiê! Por cuidar tanto da saúde e do corpo do homem é considerado uma divindade muito misericordiosa para com este!

Através do seu apadrinhamento, os cientistas e os estudiosos evoluem. Estes são ajudados por Obaluaiê em suas descobertas e na criação de composições farmacêuticas que permitam a cura ou o alívio para as doenças e epidemias. Se é ele quem dá a doença, será também quem trará a cura ou quem ensinará como preveni-la!

Fazendo a representação das epidemias e das doenças eruptivas, como catapora, varíola, sarampo etc., surgem as pipocas (doburu/buburu/guguru) que são a ele ofertadas. Elas, ao eclodirem do milho quente, simbolizam as erupções que explodem no ser humano. Esta foi a forma que o homem encontrou de mostrar a esse vodum que o seu sofrimento é compartilhado, mas que também se utiliza do seu poder para se livrar dos males, assim como ele teve o amor e a dedicação de Iemanjá!

Pelos itãs, Obaluaiê é sempre rememorado como a divindade com muitos ferimentos e que procurou subsistir independentemente, através do isolamento, carregando consigo as cicatrizes de grandes sofrimentos. Ao ser recolhido da beira da água por Iemanjá, muito depauperado e com diversos ferimentos causados por peixes, siris e caranguejos, Obaluaiê foi por ela acolhido e tratado como filho. Iemanjá, para recompensá-lo de tantos sofrimentos, procurando fazê-lo esquecer e tentando agradá-lo, deu a ele imensa fortuna em pedras preciosas e em riquezas que trazia do fundo do mar. Ela fazia para ele uma cama de pérolas, para que dormisse em cima da opulência! É por isso que Obaluaiê recebeu, entre outros, o título de Jehosu (*Jerrosú*), "o senhor das pérolas". Alguns de seus oriquís (*oríkì*) são bem elucidativos sobre esta sua condição: "Ele dorme sobre o dinheiro e mede suas pérolas em caldeirões!" e "Meu pai dança sobre o dinheiro!". Estes versos demonstram que Obaluaiê, nos primórdios da criação, era uma divindade mais relacionada com a abundância, sendo reconhecido até mesmo como o "senhor da riqueza". Com as modificações do mundo, pelo medo de sua ira e pelo reconhecimento do poder que as suas ações extremadas podem promover, tornou-se mais cultuado e relacionado com as doenças e com a morte.

Com o corpo coberto pela palha e com seu jeito sombrio, sério e solitário, Obaluaiê transmite um certo medo e incute respeito. Mesmo em seu trato com Iemanjá, que ama, respeita e venera, mantém um ar solitário e uma certa reserva. Porém, não permite que o homem tenha pena dele! Seu sofrimento cessou no momento em que suas feridas foram curadas e cicatrizadas! Poderoso, muito cauteloso e paciente, procura ajudar a todos que dele se aproximam, mas não aceita, em hipótese alguma, que transgridam suas leis e interdições, tornando-se violento e assustador.

Todos os materiais que protegem os interiores, sejam eles humanos ou abstratos, pertencem a Obaluaiê. Como exemplos temos: a pele, que cobre e abriga os nossos órgãos; o barro, que produz vasilhames que protegem os alimentos; a palha (*ikó*), que resguarda o nosso corpo do contato direto com o solo e também os produtos fabricados com ela, como, tapetes, esteiras etc. (Daí provém um outro título que ele recebe, o "senhor da tecelagem".) Até a vestimenta que cobre seu corpo é confeccionada em palha-da-costa e recebe o nome de "axó icó" (*aṣó ikò*). Esta roupa é composta de um tipo de chapéu todo trançado, denominado de *filá*, que desce cobrindo seu rosto e parte do seu dorso, e uma pequena saia, também de palha-da-costa, que completa este vestual.

O uso da palha-da-costa esconde o poder sagrado de uma divindade, reúne o oculto com o proibido, e encobre o sobrenatural. Tudo que tem ligação com o passado, com a ancestralidade e com a morte utiliza essa palha para ser ocultado. Esta cobertura serve também para ocultar os ferimentos do rosto e do corpo de Obaluaiê, ou para encobrir, miticamente, seu brilho intenso. Historicamente, este tipo de roupa é designativa dos cuidados que são dados a todos aqueles que têm um poder real. Os representantes da realeza, considerados descendentes dos deuses, costumam esconder seu rosto para não serem vistos por seus súditos.

Obaluaiê possui ligação com as árvores, símbolos do nascimento/renascimento, que regeneram-se continuamente, produzindo um ciclo de vida e de fecundidade permanentes. Através delas, Obaluaiê se interliga com o poder feminino. É por meio desta ligação que ele se associa às Iyamís e à cor vermelha, representação do sangue e da gestação, fenômeno feminino que fornece renovação à terra.

Muito é falado sobre as discordâncias entre Obaluaiê e Xangô, quando um se torna oponente do outro. O que há realmente são diferenciações: enquanto Xangô representa a vida, o calor e o fogo, Obaluaiê sintetiza o frio da morte, a sensibilidade e a debilidade do corpo por meio das doenças. Mas ele é também o senhor da terra quente, do calor abrasador. São sentidos antagônicos na mesma divindade: ele causa o calor da febre, mas também traz o frio que vai aliviá-la e acalmá-la! Assim, pode-se dizer que não há rivalidades entre ambos, o que há são interpretações diferenciadas para diferentes lendas. Isso é comprovado pelo uso do orobô, fruto que no passado era de domínio exclusivo de Obaluaiê, que ainda o utiliza, mas que o concedeu a Xangô para torná-lo a sua representatividade, pois é um fruto pertencente aos elementos quentes.

Obaluaiê possui um símbolo portentoso que o caracteriza, o xaxará (*sásárá*), feito com as nervuras das folhas novas das palmeiras. O xaxará é enfeitado com pequeninas cabaças que representam a contenção de remédios ou substâncias poderosas para produzir feitiços ou outros fundamentos. E também servem para espalhar e para limpar as doenças do mundo, ou para proporcionar a cura e trazer a tranqüilidade. Ornamentado com miçangas, o xaxará leva também búzios, que são pequenos moluscos que representam a existência da vida no interior da terra, muito ligados à ancestralidade e à evolução. Obaluaiê é reconhecido também como o patrono dos búzios, no Jogo de Merindilogum.

Um outro ornamento muito importante desse vodum é o brajá, colar feito com carreiras de búzios superpostos. Ele é usado em par, cruzado no peito, interligando o lado esquerdo com o direito; a parte frontal com a parte traseira, unindo o pai com a mãe e os ancestres com a terra. Sua mãe Nanã e seus irmãos Iewá, Bessém e Iroco, participantes da família Jí (ou Unjí) e o orixá Ossâim usam este fio-de-contas poderoso e de conteúdo hierárquico. O xaorô (*saorò*) também é pertencente a esta divindade. Colocado no tornozelo do iniciado serve como vigilante e indicador dos movimentos do iaô. Foi dado a Obaluaiê por Iemanjá, para que ela pudesse acompanhar seus movimentos e o localizasse quando precisasse. O xaorô possui ainda o simbolismo da transmissão do som, substituindo a voz que, em certas ocasiões, é interdita para os adeptos da religião. Usar o xaorô é trazer a sutileza do que é divino, sem a necessidade de palavras.

Possuidor de vários símbolos, Obaluaiê tem no cordão de laguidibá seu principal fio-de-contas e também seu identificador. Feito com rodelas de casca de certas árvores, com a casca da semente de um coquinho ou com lascas do chifre do búfalo, é um colar que representa o poder, a ligação da força vital com os elementos da terra. Na África, este fio-de-contas é usado no dia-a-dia pelos filhos de Obaluaiê e demais religiosos, porém no Brasil alguns Axés só costumam concedê-lo ao iniciado após a obrigação de sete anos. Em outras casas, porém, ele é entregue aos "omolussis" no ato da feitura, para ser usado como um fio-de-contas.

O uso maior do laguidibá ocorre na grande festa da divindade, o Olubajé, em que até os iniciados de outros orixás costumam colocá-lo, em honra a este grande vodum. Nesta festa, Obaluaiê mostra que o homem deve ser amigo dos seus semelhantes, não devendo nunca negar-lhes alimento ou água, com perigo de estes lhe faltarem, se assim proceder. É por isso que todos são convidados para sua mesa, para comer e beber com ele, independente de sexo, cor, orixá ou nação pertencente. Esteiras cobrem a terra, e nestas são colocados os recipientes com as comidas de todos os orixás, cuidadosamente preparadas para esta ocasião. Em volta da "Mesa do Olubajé" senta-se um grupo de filhos-da-casa, no chão ou em banquinhos, para servir aos convidados as comidas. Estas são colocadas em folhas de mamonas, limpas e secas, e degustadas com as pontas dos dedos, cada um fazendo seus pedidos ao orixá. A bebida ofertada é o aruá, preparada especialmente para a ocasião com preceitos e cuidados especiais, como nos ensinaram nossos ancestrais. Os demais iniciados, junto com os orixás presentes, após comerem, dançam e cantam em volta desta mesa.

O intuito maior do Olubajé, além de homenagear Obaluaiê, é servir também para irmanar e unir os voduns e os inquices com os orixás, estes com os homens e os homens entre si, pois nada une mais os seres do que a comida e a bebida arrumadas numa grande mesa! A música e a dança, como complementos, ajudam a produzir a alegria! Após suspensa a mesa, as divindades retornam ao barracão para dançar com Obaluaiê ao som dos atabaques e das cantigas. Neste momento, todos saúdam o vodum, jogando muito buburu nas divindades e nos participantes, limpando o ambiente e as pessoas, trazendo assim harmonia e pacificação para todos. A nação bantu tem um ritual semelhante ao Olubajé, que é a Cucuana. A nação fon realiza o Andê, que é feito internamente, somente com os voduns, que a seguir surgem na sala, para dançar e também confraternizar com os homens.

Anteriormente à colocação da mesa existe a saída do Sabejé, cerimonial realizado por uma iniciada filha de Iemanjá ou de Nanã. Neste tabuleiro está uma grande quantidade de buburu, que é ofertado a cada pessoa, e esta deposita uma quantia qualquer em dinheiro, como agradecimento. Estas pipocas poderão ser comidas, passadas no corpo ou mesmo guardadas por quem assim preferir.

Existe um outro ritual muito significativo e bonito de Obaluaiê, porém pouco visto nos dias atuais. Denominado **peregrinação**, é realizado por seus filhos em determinados períodos – geralmente 7, 14 ou 17 dias que antecedem o Olubajé – por algumas casas de candomblé, para angariar ajuda para a festa. Um/a filho/a de Obaluaiê sai a pé, por volta de seis horas da manhã, acompanhado/a de alguns ogãs, equedes ou ebômis (exceto os iniciados para Xangô ou para Orixalá).

Em outros tempos, era costume que essas pessoas saíssem nessa caminhada descalças. Isto era possível porque as ruas e as estradas antigamente eram de pedras ou de terra. Atualmente, com as ruas asfaltadas, as pessoas dificilmente conseguirão andar descalças, principalmente nos períodos de temperaturas mais elevadas. Para não melindrar esta divindade, as pessoas costumam utilizar-se de sandálias de couro ou de palha, minimizando assim a infração religiosa.

Nesta peregrinação, a pessoa carrega na cabeça um tabuleiro onde está um assentamento deste vodum, com pipocas em seu entorno. Seus acompanhantes carregam um saco de estopa, para receber as oferendas. Ao chegar às casas de candomblé são recebidos pelas autoridades da casa, que os esperam no portão, junto a uma quartinha com água. A seguir, são levados ao centro do barracão, onde depositam o tabuleiro. O/a babalorixá/iyalorixá faz as honras e, no geral, são entoadas rezas e cantigas. Após as liturgias, suprimentos lhes são entregues e geralmente é servido um lanche ou almoço, pois eles precisam esperar passar o meio-dia sempre dentro das casas, para poderem retornar à rua. Antigamente era comum, após a chegada desses peregrinos, que o/a sacerdote/sacerdotisa abrisse obis e orobôs à frente do tabuleiro, como forma de oferenda ao vodum. Algumas casas estão procurando fazer o mesmo atualmente, porque esta tradição precisa ser resgatada pelos mais velhos, para que os mais novos aprendam e dêem continuidade a esse dogma da nossa cultura religiosa.

Esse cortejo percorre geralmente grandes distâncias e várias casas, mas deve retornar à sua própria antes das 12 ou das 18 horas, conforme as normas do Axé. Tudo que foi arrecadado é usado para ajudar a casa de candomblé. Quem recebeu foi Obaluaiê, que repassa todo o montante, seja em dinheiro ou em mantimentos, para sua casa. É costume dizer que essa peregrinação é usada para Obaluaiê "arrecadar esmolas". Essa divindade não necessita de esmola! Ela é possuidora de grande riqueza, conseqüentemente, seus iniciados também não precisam dela! Este procedimento é somente um teste à fé e à devoção do ser humano para ajudar àqueles que têm necessidade no momento. É também uma forma de a divindade testar a boa vontade, a união e a fraternidade dos iniciados dentro da religião!

Generalidades do vodum:
    Como são chamados seus filhos: *omolussi*
    Dia da semana: *segunda-feira*

Elemento: *terra*
Símbolos: *xaxará*
Metal: *chumbo*
Cores: *branco, preto, vermelho, marrom*
Folha: *mamona*
Bebidas: *aruá*
Animais: *cabrito, galo, galinha-d'angola (em alguns Axés)*
Saudação: *Atotô!*

Seus filhos:

Os filhos de Obaluaiê são geralmente pessoas muito reservadas, calmas, pacatas, que possuem uma existência sóbria, capazes de se abster da própria vida em prol de outros. Esquecem até mesmo de seus interesses, dedicando-se a ajudar outrem, mesmo sem usufruto próprio. Isso não lhes tira a independência e a ânsia de liberdade, o que ocorre de tempos em tempos, quando gostam de sair sem destino, numa espécie de peregrinação, de rememoração do seu vodum. Estão sempre insatisfeitos, mesmo quando tudo lhes corre bem! Procuram sempre conquistar mais do que já possuem, e mesmo conseguindo não se satisfazem. É característica dos filhos de Obaluaiê ter uma ambição extremada.

Diz-se que eles possuem tendências masoquistas. Não é bem assim! O que existe é uma grande necessidade de serem mais compreendidos e menos subjugados, menos subservientes. O fato de aceitar viver mais em prol dos outros, mais modestamente, os torna subalternos. Seu caráter pacato e não adepto da violência o transforma em alvo fácil de pessoas déspotas, que não demonstram amor ao seu próximo. Porém, seu comportamento humilde muitas vezes tem um objetivo determinado, pois um filho de Obaluaiê não gosta de sofrer, a vida é que, às vezes, não lhe foi muito pródiga em melhorias. Mas ele pode, como todos, em algum momento, tornar-se poderoso e conseguir uma situação material digna e próspera, é só querer. Como diz o ditado "o fim justifica os meios": ele se obriga a aceitar todos os percalços para usufruir no futuro.

Inteligentes, excelentes alunos da vida, são bons observadores e assimilam tudo que vêem com facilidade. Geniosos, só são violentos quando necessário. Não se esquecem das mágoas sofridas e reprimidas, mas não fazem disso um vale de lágrimas. Seguem em frente e somente quando necessário libertam seus ressentimentos; se não for necessário, estes ficam guardados em algum canto do passado, porém são eventualmente relembrados. Possuem um semblante carrancudo, mas são generosos com quem de imediato criam algum elo de afinidade, e sinceros, honestos e bondosos com os amigos. Sua sinceridade às vezes assusta, mas quem os conhece bem, sabe entender e aceitar. Costumam ser pessoas sempre prontas a ajudar respeitosamente, mas que também se melindram com a maior facilidade. Neste momento, a independência e a liberdade lhes dominam e eles se entregam a esta propriedade. Aí, o mundo é todo seu!

Oxumarê

Oxumarê é uma divindade inserida no panteão das divindades do céu e da terra, que foi adotada pelo povo iorubá. Este vodum recebe, na nação fon, o nome de Dan ou Bessém, e é originário da região dos Mahis, atual Benin. Faz parte da Família Dambirá e, na nação jeje-mina (*Ewe*), chama-se Dambalá Aidô Huedô ou Dambelá/Dambará, que se reduz para Dan ou Dá, a cobra, sua representação mítica. Na nação Bantu, existe o inquice Hongolô, que tem características semelhantes às de Oxumarê. Esta divindade em sua parte feminina tem o nome de Angoroméa e, na masculina, Angorô. Sua principal função também é trazer movimento, transformação, dando continuidade à existência do homem e do mundo. Tal como o vodum possui também duplicidades. As diferenciações os distinguem dentro das nações!

Por sua evolução, este vodum é considerado, em sua nação, como o provedor de riquezas ao mundo e ao homem. Para os iorubás, a divindade da riqueza é Babá Ajê Xaluga (*Ajè Ṣàlugà*), pertencente ao panteão dos Oxaguiã.

Associado ao dinamismo e à contemporaneidade, Oxumarê retrata a movimentação e a continuidade, e é simbolizado miticamente pela forma de uma cobra. Animal indivisível, a cobra é um ser único e, ao unir sua cabeça à cauda, transfigura-se na figura do círculo perfeito, transformando-se então no símbolo da continuidade. É o princípio unindo-se ao fim! Ao fechar este círculo, Oxumarê ajuda a manter em equilíbrio e segurança o globo terrestre, produzindo dois movimentos que permitem a existência do Universo: a rotação e a translação. O primeiro, produz os dias e as noites, e o segundo ocasiona as quatro estações do ano, tornando esta divindade o "senhor do tempo", o controlador da evolução do homem e do mundo. Este círculo também representa a união do passado com o futuro, dos antepassados com os descendentes.

Através do arco-íris, Oxumarê é a aparição simultânea do Sol e da chuva, e personifica o elo que liga o céu com a terra. (O arco-íris resulta do reflexo dos raios do Sol nas gotículas de água suspensas no ar, que são coloridas com as cores do espectro solar.) O arco-íris traz a boa notícia do fim de uma tempestade, e indica o retorno do Sol e a volta da vida à normalidade. O resultado dessa calmaria é a distribuição do axé de Olodumare pelo mundo, trazendo a fertilização do solo, a geração e a manutenção da vida e a distribuição de riquezas.

Oxumarê regula as chuvas, faz a sua distribuição por todo o planeta e depois as transforma em nuvem, para que possam cair novamente sobre a Terra, em um eterno ciclo. Assim, ele também administra as estiagens e as secas e tudo que delas advêm. Por meio das chuvas pode trazer a pobreza, quando estas ocasionam as inundações e as enchentes e, na falta destas, produz a seca, causando a morte e a perda das plantações. Mas Oxumarê também proporciona a abundância no cultivo, quando a chuva cai na proporção certa, gerando a bonança e a prosperidade. Após as grandes pancadas de chuva, quando surge o arco-íris, este indica que Oxumarê apareceu na Terra! Ele vem abrilhantar o céu e mostrar a sua força! Já fertilizou a terra, pois trouxe consigo o poder do calor de seu irmão Omolu, para aquecer e ajudar na germinação de novas vidas vegetais!

Oxumarê é também a divindade dos opostos, dos contrastes, dos pares, porque ele tem domínio sobre os ciclos da vida e da natureza que não conseguem ser administrados pelo homem. Ele controla as chuvas e as secas; a noite e o dia; a Lua e o Sol; o bem e o mal; a vida e a morte; o macho e a fêmea; a saúde e a doença; o material e o imaterial; o céu e a terra etc.

O vodum Dan é o imutável enquanto arco-íris, mas torna-se perigoso em sua forma de cobra. É quando troca o céu pela terra e pela água, transmutando o divino para a forma material. Divindade que rege a energia das sete cores, é a cobra colorida e poderosa que enfeita o céu e também as águas, quando se reflete nestas. Este seu reflexo é a correspondência de Iewá, sua irmã, que se mostra na Terra, correspondendo à parte branca do arco-íris. A sua forma de cobra não é um elemento traiçoeiro, mas a sua maior proximidade com o homem. E este precisa saber como tratá-lo e cultuá-lo, para poder receber suas benesses. Dan não costuma desculpar com muita facilidade os erros, as falhas imprudentes e a desobediência do ser humano, sendo muito fiel àqueles que o veneram e que agem corretamente com ele. Muito orgulhoso, é convicto em suas vontades, não admitindo que após tomar suas decisões ocorram mudanças. Não aceita desobediência!

É costume de Oxumarê confundir as pessoas para que elas procurem evoluir e aprender, refazendo assim seu ciclo de existência com maior aprimoramento. Por isso, é sua norma, nos jogos de búzios, tal como Iewá, camuflar-se, esconder-se, só mostrar o que deseja que seja visto. Ele sinaliza que os babalaôs (*bokonos*, na nação fon), e até mesmo os/as babalorixás/iyalorixás, devem conhecer muito bem o que estão fazendo, e que necessitam manter um aprendizado contínuo e evolutivo. Oxumarê foi um poderoso babalaô do início da criação, também reconhecido como o patriarca destes, um mensageiro dos desígnios divinos. Pelo seu poder da camuflagem e da dissimulação, por não se mostrar inteiramente, é aceito como orixá, mas tendo que receber seus preceitos e fundamentos como vodum, mesmo em casa de candomblé iorubá.

Senhor das sinuosidades, é o regente dos meandros (curvas) dos rios, que lembram o rastejar das cobras e, numa incongruência, é também o responsável por tudo aquilo que é alongado e afiado, como os cetros, as plantas trepadeiras, as palmeiras.

O ritmo predileto de Oxumarê é o bravum, quando ele sinaliza, a todo momento, intercaladamente, com os dedos indicadores, a terra e o céu. Nesta simbologia está nos mostrando que rege os dois locais e que por isso permite a existência da ligação entre os dois mundos. Através do uso do brajá e do laguidibá fica confirmado o seu entrelaçamento com a evolução, a sua ligação com os antepassados, porque os búzios e os chifres são elementos relacionados com a terra, com a vida e com a morte. Em suas danças, leva nas mãos o ibiri, elemento símbolo de Nanã, ou uma haste de ferro moldada em forma de cobra. E veste-se com roupas coloridas, como o seu arco-íris!

Oxumarê, Dan ou Bessém é a divindade da continuidade, é quem faz a união dos seres humanos com os seres divinos por meio da ligação do aiê com o orum!

Generalidades do vodum:
    Como são chamados seus filhos: *danssí*
    Elemento: *terra, ar*
    Dia da semana: *terça-feira*

Símbolos: *arco-íris, cobra*
Metais: *ouro, prata, latão*
Cores: *amarelo/preto, amarelo/verde*
Folhas: *jibóia, cana-do-brejo, mutamba*
Bebida: *aruá*
Animais: *galo, bode, cabra*
Saudação: *Aho bo boy!*

Seus filhos:

Seus filhos geralmente são pessoas muito "antenadas" e ligadas em tudo ao seu redor. Obstinados, lutadores, muito perseverantes em seus intentos, são capazes de mover-se em um piscar de olhos, transportando-se para outras paragens, ou de fazer mudanças radicais em sua vida financeira, familiar ou amorosa. Não pensam nem medem esforços para conseguir alcançar seus objetivos, porque almejam sempre mais do que já possuem. Costumam agir traiçoeiramente com aqueles que o desagradam, pois são muito desconfiados. Entretanto, são amigos daqueles a quem se apegam. Gostam de ostentar belas jóias e de viver bem, rodeados de conforto e opulência. Se possuem uma condição social melhor, gostam de se sobrepujar aos participantes do seu ambiente, porém não titubeiam em usar essa sua condição na ajuda aos que necessitam. Sem esperar por um retorno futuro! Esbeltos e longilíneos, têm um porte elegante, olhar aguçado e penetrante, como as serpentes. Irônicos, debochados, curiosos, faladores, sua arma mais perigosa é a língua!

Xangô

Xangô (*Sàngó*) é orixá que tem dois aspectos: o divino/mítico e o histórico. Sua linhagem divina provém diretamente de Odudua. Pela parte histórica, é tido como filho de Oraniã com Torossí, uma linda filha do rei Elempé, da nação Tapá (ou Nupê). Seu pai fundou a cidade de Oyó e, posteriormente, passou este reino para Dadá Ajaká, seu filho mais velho. Mais tarde, Xangô transformou-se no soberano ancestre e divino desta cidade, tornando-se, então, o terceiro rei na dinastia de Oyó. Após algum tempo, Dadá retornou ao trono e, logo após, foi sucedido por Aganju, o quinto Alafim de Oyó. Miticamente, Xangô tem como mãe a iyabá Iamassê Malê, divindade do panteão de Iemanjá e, como pai, Oraniã.

Neste livro, entretanto, só trataremos do orixá Xangô, da sua parte divina e de como ele é visto dentro das casas de candomblé. A parte histórica preferimos deixar a cargo dos historiadores e dos antropólogos.

Para o povo fon, o vodum que mais se parece com Xangô é chamado de Badé ou Sobô. Na nação Bantu, o inquice Nzaze-Loango é o que mais se aproxima das peculiaridades deste orixá.

Xangô é o orixá que representa a quentura, o fogo que mantém a vida! Este dinamismo o torna também uma divindade erótica, sensual e atraente, se apresentando com um porte majestoso que inebria e encanta. Por sua ligação com este elemento, é chamado de "Obá Ina", o rei do fogo, sendo representado pela cor vermelha, símbolo do movimento e do sangue. Através do fogo, aproxima-se de Exu, também o orixá do calor, da ousadia e da virilidade. Possui até mesmo alguns traços da sua personalidade, sendo, porém, mais controlado, mais comedido e mais equilibrado que Exu.

É o senhor da justiça e das leis, sejam religiosas, civis ou até mesmo morais. É juiz, advogado e também promotor, pois tanto pune quanto absolve! Não aceita injustiças nem maldades, sendo muito severo, irascível e enérgico, mesmo com seus filhos. Gosta de ser respeitado e obedecido, principalmente com relação aos seus interditos; o que ele não gosta seus filhos não devem comer ou fazer! Em contrapartida, é muito amigo de seus filhos e também daqueles que são seus amigos, porque gosta muito dos seres humanos, independentemente dos seus defeitos. Se dependesse de Xangô, não haveria a morte (Iku), e se ele pudesse daria vida eterna aos homens! Por este motivo é tão idolatrado pelas pessoas, que sempre lhe pedem que afaste a morte dos seus caminhos. Entre os seus adeptos é costume "chamarem" Xangô para dentro de suas casas, pedindo que ele traga vida e saúde! Seus iniciados, em caso de doença grave, com a autorização do orixá e do sacerdote, costumam dormir com seu *ocutá* (pedra) embaixo do travesseiro, para auxiliá-los e para afastar as enfermidades e até mesmo a morte. Mesmo os filhos do vodum Badé ou do inquice Nzaze-Loango costumam agir assim. Xangô é tão respeitado pelos iorubás que mesmo nas cerimônias de Axexê usam o seu fio-de-contas como proteção!

Embora seja reconhecido como um conquistador de terras e guerreiro, é também um grande sedutor, tendo tido várias companheiras. Dentre elas, Obá, Oxum e Oiá. Com Obá, guerreira amazona e justiceira, mais velha que ele, Xangô levou vida regrada e calma, sem sentir o grande ardor da paixão. Até que conheceu Oxum, por quem se apaixonou perdidamente. Mas, logo a seguir, surgiu Oiá, esposa de Ogum, por quem se tomou de amores e se tornou, a partir daí, sua companheira das guerras e das tempestades. Oiá é a senhora dos raios, dos temporais e dos ventos. Xangô é o orixá iluminado pela própria natureza, o responsável pelos trovões que rasgam o céu e clareiam a terra! Xangô grita e ressoa pelos céus, Oiá brilha e agita, desfazendo a escuridão!

Através dos seus ventos, Oiá empurra as nuvens carregadas de energia até Xangô, para que ele descarregue toda sua ira e jogue na terra seus raios, fazendo assim os homens visualizarem o seu poder. Esse encontro de energias costuma produzir, com a queda dos raios na terra, pedras incandescentes denominadas edun ará (*èdùn àrá*), a "pedra viva do raio". Esta pedra é a sua ligação com o magma, o fogo que surge do seio da terra. Neste momento, ele se entrosa também com Iewá, a divindade das nascentes de água, estando aí incluídas as águas termais que brotam do fundo da terra, e os *gêisers*, águas ferventes que esguicham com força do seio da natureza.

Com Iemanjá, Xangô tem um relacionamento muito importante, num contexto maternal. A esta divindade ele presta toda reverência, tendo inclusive o seu igbá colocado junto ao dela. Também em suas festas, principalmente na "Roda de Xangô", Iemanjá é participante ilustre, quando é convidada a dançar juntamente com ele, sendo então muito amparada e mimada por este filho. Esta ligação é tão acentuada e definida, que se projeta para os seres humanos. As pessoas filhas de Xangô costumam chamar de mãe àqueles iniciados filhos de Iemanjá, por total respeito a essa poderosa mãe. Por meio de Iemanjá, Xangô torna-se, então, meio irmão de Obaluaiê!

Quando se diz que Xangô e Obaluaiê são inimigos, pode-se dizer que isto é blasfêmia, porque os orixás não conhecem este sentimento! Os itãs fazem menção do orobô como o culpado por esta desavença. Porém, este fruto continua consignado a Omolu, que, fraternalmente, o divide com Xangô! Existe, sim, uma diferença conceitual, pois eles pertencem a elementos distintos: um se liga ao calor da vida e o outro, embora ligado ao calor do Sol, também está relacionado à doença e à imobilidade da morte. Esta pretensa inimizade é desmentida nas festividades, quando acontece a "Roda de Xangô", em que se reverencia Omolu com cantigas. Este poderá se apresentar, de acordo com cada casa. Nas iniciações, quem precisa assentar Xangô também terá necessidade de assentar Omolu. Esta divindade tem o simbolismo do calor solar que esquenta a crosta da Terra. Xangô, porém, é a representação física do magma, do calor que provém do interior, do núcleo da Terra, que ajuda esta a manter-se com a temperatura necessária para a existência da vida. Os dois produzem o equilíbrio do calor, esquentando o solo na dose certa!

Pela sua interação com os seres humanos, Xangô gosta de vir dançar, nos terreiros, em dias de festa. Em suas danças, utiliza-se de gestos simbólicos muito sensuais, rudimentares e ousados. Puxado pelo som do seu instrumento principal, o xére (sèrè), e ao ritmo vivo e aguerrido do alujá, ele dança ostentando na mão o seu oxê (òsè), o machado de dupla lâmina. Um outro ritmo muito apreciado por Xangô é o tonibodé, de pouco uso atualmente nas casas de candomblé. Em determinado momento, no ápice do alujá, quando ergue seus braços para o alto e rodopia várias vezes, "distribui" prosperidade para todo seu povo. Em outros momentos, dança aos tropeços, como quem vai cair, mas conservando o equilíbrio, com uma coreografia que parece estimular todos a brincar e a aceitar os tropeços da vida, tendo porém o cuidado de respeitá-los e de aprender com eles. Com esta dança, Xangô nos ensina a viver com alegria e sem medo, nos convidando a, junto com ele, olhar de frente para a vida e transformar as dificuldades do dia-a-dia em uma carga de energia positiva.

Nas festas, o xére só deve ser tocado por homens; a única mulher a utilizá-lo é a iyalorixá da casa de candomblé ou mulheres iniciadas para Iemanjá. Este tipo de instrumento não deve ser usado aleatoriamente, pois é de uso precípuo para sua invocação.

Nas festividades, é costume Xangô sair juntamente com Oiá carregando o ajerê – um fogareiro de barro com brasas – na cabeça. Este ritual tem a simbologia da erupção do vulcão. O ajerê é arrumado com preceitos, cantigas especiais e só adentra o salão após as luzes serem apagadas. Após as danças, é levado por Xangô para fora do barracão. Nesta entrega, observa-se o perfeito entrelaçamento dessas divindades com o fogo e com Exu. As pessoas iniciadas de Xangô e de Oiá não conseguem participar desta festa, pois o orixá imediatamente se apossa deles. Em suas festas, Xangô usa tipos de roupa diversificados. Alguns usam saia curta e ojás cruzados no tronco, outros usam calçolões e um ojá amarrado no peito, com laço nas costas. Estas vestes são usadas de acordo com a qualidade do orixá, ou conforme as normas da casa de candomblé. Carregam uma pequena bolsa, *labá*, cruzada no peito; uns usam coroa, outros, uma rodilha na cabeça.

Até mesmo o igbá de Xangô é diferente dos demais, pois é arrumado em uma gamela de madeira. Existem gamelas claras, outras avermelhadas e também pintadas de branco. Tudo dependente do tipo de Xangô que ali será arrumado. Mas o preponderante nos igbás são as pedras, as favas (alibê, amburama, jucá) e orobôs. Em datas especiais usa-se um fogareiro com brasas incandescentes, o calor da vida, perto de seu igbá! É exigida a presença do igbá de algumas iyabás, principalmente o de sua mãe, Iamassê Malê.

O quiabo, tido como o primeiro legume que surgiu na face da Terra, é exclusivo de Xangô e a sua comida favorita, em forma de amalá, servido bem quente. Este é o único orixá que só aceita comidas quentes! Em casos raríssimos, e somente alguns tipos de Xangô, podem aceitar comida fria. Os principais temperos deste prato também são elementos considerados "quentes", como o gengibre, o amendoim, a castanha-de-caju, a pimenta-branca etc.

Nas casas de candomblé é costume "rodar o amalá", no jargão candomblecista, geralmente às quartas-feiras, conclamando a presença do orixá para trazer prosperidade, saúde e vida para todos da comunidade. Esta liturgia é acompanhada pelo toque do xére e por cânticos. A oferta do amalá é um procedimento único, que demonstra também uma deferência toda especial ao lado sensual e másculo de Xangô, pois as mulheres que participam do amalá dançam para agradá-lo, numa demonstração de que a sensualidade do ser humano também faz parte do orixá.

Existem várias qualidades de Xangô, porém, vamos enumerar somente algumas:

Ogodô/Agodô – orixá muito velho e calmo nos seus movimentos, mas igualmente truculento como os demais. Liga-se a Orixalá, Iemanjá e Nanã e veste-se de branco, pois é divindade que pertence ao início da criação. Relaciona-se também com as águas doces e com a iyabá Oxum. É orixá de uma palavra só, que não possui meio termo. Por este motivo, seus filhos devem "andar em linha reta"! É muito dedicado àqueles que possuem cargos hierárquicos, como os sacerdotes, ogãs e equedes. (Por ser um soberano, Xangô tem boa afinidade com as pessoas que possuem altos cargos.) Festeiro, adora uma fogueira em suas solenidades, porém, nada deve desagradá-lo, porque se isso ocorrer, ele vai embora e não retorna ao salão. Ogodô prefere uma festa com poucas pessoas, mas que sejam do seu agrado, a uma multidão que o desagrade! Nas suas festividades, no momento do cortejo, ele, cavalheirescamente, coloca sua mãe Iemanjá na frente, e as demais iyabás seguindo-a. Os outros convidados, a seguir, e ele vem atrás, com Oxaguiã e Orixalá fechando a roda.

Baru – este orixá em alguns Axés não é "feito", por ser considerado muito quente, tornando-se então perigoso para ser "dono de orí". Abrutalhado, chega a ser descontrolado. Possui grande ligação com Exu. (Até mesmo o seu amalá é diferente dos orixás deste panteão, sendo preparado somente com folhas de aipim [mandioca em algumas regiões e, em outras, macaxeira], de bredo-de-santo-antônio, de caruru ou folha-de-maravilha.)

Afonjá – Xangô muito velho, ranzinza e brigão. Sua comida, suas roupas, frutas e doces devem ser de cor clara para acalmá-lo e agradá-lo. É costume, para produzir a paz e a tranqüilidade, manter perto de seu igbá uma bandeirinha branca.

Orungã – uma divindade do panteão de Xangô, de rara beleza e com grande poder de sedução e atração. Pelos itãns, é filho de Aganju com Iemanjá. Ligado diretamente à quentura e à terra ressecada, é tratado como o "senhor do Sol" pelos iorubás. Considerado o "proprietário" das palmeiras mais altas, de onde são retirados os ikins e a madeira que fabrica o tabuleiro utilizado no Jogo de Ifá. Extremamente relacionado a Orunmilá, é tido como seu primeiro aluno e sacerdote na adivinhação. Em conjunto, repassaram conhecimentos e saberes para os seus primeiros discípulos, para estes distribuírem suas doutrinas pelo mundo.

Era consenso, até alguns anos atrás, que Airá e Aganju, por pertencerem à família de Xangô, fossem qualidades destes. Aos poucos, através de conclusões e pesquisas realizadas por babalorixás e religiosos interessados em trazer mais esclarecimentos e verdades ao povo do candomblé, descobriu-se que ambos são divindades muito antigas e que possuem panteões próprios. Quando nos referimos à idade dos orixás, não fazemos referência ao tempo cronológico, porque o tempo do orixá é diferente do nosso. A idade deles, imemorial e impossível de se determinar, só é baseada naquilo que está relacionado com a sua personalidade e a sua índole. Leva-se em conta ainda suas características físicas, os costumes, o modo de trajar, o jeito de ser e até mesmo de andar.

Os *Airás* são irunmolés muito velhos, oriundos da região de Savé, no Benin, que estariam incutidos no panteão dos Xangôs somente através da parte divina, sem terem conteúdo histórico. Embora pertençam à família da cor vermelha, do elemento fogo, se encontram incutidos também no grupo dos funfuns, ligados diretamente ao grupo dos Oxalás. Como esses, se utilizam da cor branca. Carregam em seus fios-de-conta alguns seguís, canutilhos na cor azul-escura, representação da terra, em homenagem a Odudua. São orixás lentos, calmos, com danças bem suaves, que não gostam de tumulto ou confusão, apreciadores do silêncio, tal como Orixalá. Sua principal alegria é viver rodeado pelas iyabás, principalmente Iemanjá e Oxum, a quem respeitam muito! Até mesmo em sua alimentação, demonstram esta preferência, pois fazem questão de que os quiabos do seu amalá sejam cortados somente por mulheres, filhas de iyabás! Geralmente vestem-se de branco, porém em algumas casas de candomblé utilizam-se também de cores claras.

A mãe mítica de Airá é denominada de "orixá Mama" e seu pai é Oluxanxê (*Òlúṣanṣè*), nome que não deve ser pronunciado em conversas fúteis.

Os Airás são sete e recebem o nomes de Ibona, Abána, Abomim, Ajaussi, Telá, Itinjá, Itinlé. Não usam coroa, como Xangô, pois não são reis, e preferem usar em suas cabeças uma rodilha feita de pano. Na parte da alimentação também não aceitam alguns bichos que são da preferência de Xangô. Mesmo inseridos no grupo do branco, os Airás aceitam um pouco de azeite-de-dendê em suas obrigações, para introduzir o movimento e o dinamismo!

Aganju é um orixá que também faz parte do grupo de Xangô, sendo muito amado e respeitado. Segundo os itãns, seria seu sobrinho, porque é filho de Dadá Ajaká. Aganju é divindade quente, arredia, irada. É ele quem personifica a erupção do vulcão, reinando em suas crateras. Transforma-se no calor que surge do fundo da terra ou do mar, com grande poder de destruição, mas que também produz a vida. Em alguns locais, algum tempo após as erupções vulcânicas a vida ressurge! Neste instante se rememora o mito de que, vez por outra, Aganju gosta de aparecer, através dos seus vulcões, para remodelar e reorganizar a Terra. A lava que sai do fundo da terra, após resfriada, é rica em carbono e sais minerais, tornando-se então o seu axé particular, que vai ajudar na criação de novas vidas em novas terras. Por esta sua característica, é conhecido como o "protetor dos vegetais novos", que ressurgem da terra. É a sua ira violenta sendo acalmada e utilizada pelos homens!

A partir do momento em que as casas de candomblé passaram a olhar e a tratar Aganju com carinho e zelo, sempre procurando acalmá-lo e inserindo-o no contato com os homens, esse orixá abrandou-se e passou a compreender melhor os seres humanos. Mas estes cuidados não o transformaram em um orixá ingênuo ou infantil, nem tiraram suas características e peculiaridades; somente foi criada uma outra interpretação e também uma outra forma de agradá-lo e cultuá-lo. Para apaziguá-lo e reverenciá-lo, os seres humanos começaram a lhe ofertar frutas e doces. Colocaram no seu igbá, de presente e para distraí-lo, bolas de gude, pipas, balões, piões, carrinhos, contribuindo assim para trazer para perto dele os Erês do grupo de Xangô e também os Ibejis, filhos de Xangô e Oiá. Tudo para abrandar sua ira, pois ele precisa ser tratado com cuidado e carinho constantes, mas sem melindrá-lo. Tudo isso para que não traga transtornos à casa, principalmente nos dias de festa! As casas de candomblé que possuem o assentamento de Aganju costumam colocá-lo no ponto mais alto da casa. Em alguns Axés é tradição arranjar um tronco de árvore bem alto, colocá-lo em pé e escavar no seu topo um buraco, ali alojando o seu igbá.

Este orixá possui também a sua "Fogueira", tal como Xangô e Airá. E esta leva os mesmos elementos, tendo, porém, diferença nos ritmos e nas cantigas. Airá e Xangô também participam desta festa, quando os três dançam juntos, unidos. O mesmo acontecendo na "Fogueira de Xangô" e na "Fogueira de Airá". Na "Roda de Xangô" e na "Roda de Airá", cada um destes orixás tem também cânticos e ritmos diferenciados: o alujá tocado para Xangô é mais rápido do que o de Airá, que é bem lento, porém todos dançam juntos. Um orixá participa da festa do outro, respeitando as peculiaridades!

Nada que se relacione ao frio, à imobilidade ou à estagnação é aceito por Xangô. Por isso esta divindade quer manter-se bem distante de Iku, a morte, pois não admite a impotência, a tranquilidade, a serenidade, o silêncio e nada privado de calor ou que demonstre "falta de vida, de movimento". Quando seus filhos adoecem e sente a aproximação da morte, Xangô procura dar toda a assistência e trazer possibilidades de cura. Porém, para evitar uma instabilidade, em conseqüência do confronto das forças da vida (Xangô) com a força da morte (Iku), debilitando ainda mais o ser humano, e sabendo que é chegado o momento deste partir para o orum, Xangô se exime da tentativa de influenciar. Contudo, permanece ao lado de seu filho até o momento em que ocorre a perda da vida! Xangô não abandona o seu filho enquanto este conservar o *emí* (respiração)! Este orixá tem, primordialmente, o homem como seu protegido e só o deixa quando Iku o leva pelas mãos, entendendo então que seu filho dormiu no aiê e vai acordar no orum!

Generalidades do orixá:

Como são chamados os seus filhos: *obassi*
Elemento: *fogo*
Dia da semana: *quarta-feira*
Símbolo: *oxê, pilão*
Metal: *bronze*
Cores: *vermelho e branco*
Folhas: *obó, bilreiro, nega-mina, louro, iroco branco*
Bebidas: *aruá, vinho branco*
Bichos: *ajapá (cágado), carneiro, galinha-d'angola*
Saudação: *Obá Kaô, Kabiecile! / Airá ô alê!*

Seus filhos:

Os filhos e filhas de Xangô são sempre altivos, talvez por se saberem filhos míticos de um rei! Não gostam de ser contrariados ou comandados por quem não saiba exercer autoridade e ter liderança. Muito severos e enérgicos, sabem porém ser benevolentes e pacientes, quando necessário. Pessoas justas, agem muitas vezes com certa imparcialidade. Quando o assunto se relaciona com justiça, obrigações ou deveres, podem tornar-se violentos, coléricos e ultrapassam todos os limites da boa educação. Mas não guardam rancor, pois vivem de acordo com a instabilidade do seu humor. No convívio social são conversadores, charmosos, sensuais, sempre chamando a atenção do sexo oposto, porque costumam ter um forte apelo sexual. Encantadores, conseguem atrair para si grupos que produzem e conduzem a alegria nas festas. Entretanto, possuem um equilíbrio frágil e assim se desarmonizam facilmente. Às vezes, acontece de uma simples "fagulha" produzir um imenso "incêndio", já que não são muito bons para lidar com pessoas e situações extremas.

Trabalhadores e batalhadores, não dispensam porém os momentos de descanso, quando procuram estar sempre na companhia de outras pessoas, porque o grande medo dos filhos de Xangô é a solidão, o esquecimento. Eles necessitam estar sempre sentindo o calor e a presença humana junto de si. Tal como seu orixá, eles não gostam de nada que lembre o frio, a doença, o distanciamento. Hospital e cemitério são lugares que os inquietam!

São excelentes pais e mães, mas sem apego em demasia, procurando dar aos seus filhos liberdade com responsabilidade, dengo sem chamego e muito, muito amor, mas sem cobranças!

Iroco

Iroco (*Iròcò*) é o nome do vodum, da nação Fon, que mora em uma árvore sagrada que recebe o seu nome. É muito reverenciado e cultuado também pela nação Nagô-Vodum. Ligado ao "tempo", é muito temido por todas as nações, pois é imprevisível e inconseqüente, precisando ser constantemente controlado e vigiado. Mas também não se sente preso a nenhuma delas, pois seu ciclo é temporal!

Filho de Nanã, é irmão de Oxumarê, Iewá e Omolu, formando a família Jí, ou Unjí, da nação Fon.

Atualmente, a árvore iroco talvez só seja encontrada no continente africano, sobressaindo no centro da floresta pelo seu tamanho e longevidade, sendo árvore ímpar e de estilo portentoso. No Brasil, criaram-se assemelhações dela com outras de porte frondoso, geralmente da família das gameleiras, como a gameleira branca, o fícus e a figueira.

Utilizam-se também a jaqueira, a mangueira, a cajazeira, a aroeira e outras árvores de grande altura e copa majestosa que, após serem consagradas à divindade, se chamarão "árvore de Iroco" e também "árvore de Olorum". Mas Iroco não é a árvore, nem a árvore é divina! Somente ao receber o axé e a energia de Iroco, esta se tornará a morada e o local onde ele deverá ser reverenciado.

Á arvore ficus recebe o nome de "árvore de Olorum" pela capacidade de produzir raízes aéreas, que surgem de cima para baixo. Elas caem dos galhos e, no chão, procuram as árvores próximas, onde se enroscam, transformando-as em suas filiais. Por causa destas raízes que "vêm do céu, do alto", ao contrário das demais árvores, esta transforma Iroco na divindade que permeia a ligação, pelo ar, do orum com o aiê! Mas esta morada também é o endereço de outras divindades, de espíritos divinos ligados à magia, à feitiçaria etc.

Iroco mora na árvore porque é do tempo, do espaço amplo, da liberdade, e prefere viver ao ar livre, na natureza. Ao mesmo tempo, gosta de viver perto de seu povo. Por isso, seu assentamento é feito quase sempre em uma gamela de madeira avermelhada e colocado aos pés de uma grande árvore, dentro do terreiro, para ser visto e reverenciado por todos! É um igbá permanentemente enfeitado com ojás brancos, de morim, tecido de sua preferência e marca registrada do seu caráter simples, e da sua ligação com os orixás funfuns. Estes ojás são colocados preferencialmente por iniciados do sexo masculino. Como árvore, o iroco é muito respeitado e temido no período noturno, porque é a morada preferida de vários tipos de espíritos muito poderosos. Por este motivo, os iniciados do candomblé não devem passar por baixo dela nem agraciá-la neste período.

Contam os itãs que foi embaixo de um pé de iroco que o primeiro Axexê foi realizado. Por ter sido o primeiro ritual ligado à morte feito no seio da floresta, este só poderia ocorrer sob uma árvore sagrada, cujo patrono tivesse também ligação com a vida e com a morte, os dois extremos da existência. Neste seu relacionamento com os extremos, Iroco interage muito bem com Omolu, o senhor da terra e participante da morte.

Iroco possui grande respeito e cumplicidade com Ossâim, o senhor das folhas; com Oxóssi, dono das matas; e com Logunedé, divindade da mata e da magia — orixás que o ajudam e que lhe devotam imenso afeto. O seu *habitat* o relaciona intrinsecamente com o elemento terra e impulsiona a sua união com os orixás da agricultura, entre eles Ogum, Okô, Oxaguiã. Com Xangô tem excelente relacionamento, tendo cedido a este a madeira com que é confeccionado o seu assentamento.

Embora tenha muita similaridade com a cor branca e com os orixás funfun, Iroco se incute também na cor vermelha, que faz um elo entre ele, as poderosas Iyamís e Oxum, a senhora do sangue menstrual, e a maior representante destas. Esta ligação é promovida no seio da mata, onde as "poderosas mães" reinam juntamente com seus ícones, os pássaros, e precisam das grandes árvores para acolhê-los e servir-lhes de abrigo. Porém, a iyabá preferida de Iroco é Iemanjá, a quem devota um carinho profundo e com quem tem grande afinidade. É para ela que Iroco se curva humildemente!

Representante maior do poder ancestral masculino, Orixalá considera Iroco um de seus descendentes, pois ambos se ligam afetuosamente com as árvores. Seu principal cetro, o opaxorô, faz a representação subjetiva de Iroco, pois este forneceu um galho de suas árvores para a confecção deste opá, o apoiador que ajuda Orixalá a se firmar, e que se transformou em um cetro real. Em reverência e respeito a Orixalá, demonstrando sua antiguidade e seu relacionamento com a ancestralidade, Iroco se veste de branco. O uso desta cor serve, inclusive, para aplacar e conter a impulsividade de Iroco e seu temperamento tempestuoso.

No livro *Os nagô e a morte*, Juana Elbein relata que "Iroco é o Oxaguiã do âmago da floresta". Iroco é o representante de Orixalá no interior da floresta, veste-se de branco, é guerreiro e também pertence aos elementos ar e terra e ao movimento, tal como Oxaguiã, o mais jovem dos Oxalás. Oxaguiã vive fora das matas, então Iroco o representa e é o símbolo deste orixá e de seu panteão no seio da floresta!

Por ser bem aceito e desejado em todas as nações-irmãs, Iroco é reconhecido como uma divindade que não tem fronteira e que abraça todas as nações! Não se deve esquecer que Iroco está ligado à árvore e é uma divindade do mundo, porque as árvores pertencem igualmente a todos os panteões! Porém, ele tem seu próprio povo: os seus filhos! Em suas aparições nas festas, Iroco gosta de vestir-se com saia, um ojá atravessado no peito e amarrado no ombro esquerdo, tal como Oxóssi, Oxaguiã, Orixalá. Seu fio-de-conta é rajado de verde, entremeado com preto ou marrom.

Quando essa divindade chega ao barracão traz com ele uma grande energia! Vem para juntar-se aos orixás, voduns ou inquices e, em conjunto, fazer o que mais gosta: festejar e dançar, sentindo-se bem com a alegria de todos ao seu redor! Seu toque preferido é o avania (vamunha ou avamunha), que dança com alegria e paixão, um tipo de marcha através da qual conclama que todos se juntem a ele. Porém, Iroco possui uma curiosa peculiaridade: é um vodum "fujão". Mesmo em seus momentos de grande felicidade, quando está junto aos seus, não permanece muito tempo no mesmo local e na cabeça de seus filhos. É preciso que as pessoas saibam agir com muito tato, mimo e até mesmo bajulação para fazê-lo permanecer dançando, senão ele retorna para sua morada, para a liberdade! Mesmo nas suas iniciações ou em outros preceitos, é necessário que tudo seja feito com certa rapidez. Em alguns casos, ele é consultado e determina o momento certo para suas obrigações, escolhendo até mesmo a árvore onde terá seu assentamento inserido.

A feitura de seus iniciados é melindrosa e detalhada, iniciando-se em mata cerrada, de grandes árvores, em local alto, com clima ameno. Até o horário é determinado pela divindade! Torna-se necessário o uso de muita reverência e persuasão para trazê-lo e fazer a finalização dentro da casa de candomblé. Isto é conseguido através do toque constante do xére, para distraí-lo e agradá-lo, pois esta divindade gosta de ser mimada e atendida em seus pedidos.

Suas comidas costumam ser simples, porém bem trabalhadas e de aspecto aprimorado. Iroco dá preferência aos alimentos que provêm diretamente da terra. Estes deverão ser-lhe ofertados externamente, nas matas.

As favas são usadas em abundância nas suas obrigações e na confecção de seus pós de sorte e encantamento. Assim como as folhas, de preferência as consideradas "frias" (*eró*). Em contraponto, a folha da árvore que leva seu nome é considerada muito quente. Precisa ser colhida com rituais e em horários preestabelecidos, porque é também consagrada a outras divindades, como Exu, se for colhida após o meio-dia.

Oloroquê, o rei da nação Efon (efan), é um orixá muito antigo e respeitado, que, como Iroco, tem grande relacionamento com as árvores e com a ancestralidade, se utilizando igualmente da cor branca. Eles, contudo, estão dissociados, porque possuem liturgias e rituais distintos e personalidades bem diferenciadas.

Oloroquê é conceituado, na nação Efon, como o pai de Oxum, a rainha desta nação.

Na nação Iorubá existe uma divindade feminina, Apaocá, que também tem grande correlação com as árvores. Pertence ao panteão de Iemanjá e é considerada a mãe de Oxóssi. Diferentemente de Iroco, está amalgamada à árvore e não pode ser dissociada desta. Iroco, porém, é independente; a árvore é o seu reino e também a sua morada, mas ele pode ser iniciado nas pessoas a ele consagradas. Talvez estas sejam as duas únicas divindades que se unam tão intrinsecamente com as árvores!

Na nação Bantu existe o inquice Tempo (*Kitembo*) ou Catendê, cujo assentamento também é feito aos pés de uma árvore, preferencialmente a mangueira ou o fícus. Mas Tempo não é tratado como uma divindade-árvore e não se utiliza exclusivamente da cor branca, como acontece com Iroco. Tempo é inquice considerado "o senhor dos dias", pois o **tempo** pertence a Tempo! Tempo é também o senhor da razão, da cura e da solução! Somente os seus preceitos e suas louvações são realizadas aos pés da árvore sagrada que serve de abrigo para seu assentamento. Em frente a esta árvore-moradia e no alto de seu cimo fica presa, num mastro, uma bandeira branca, confeccionada em morim, trocada anualmente, nas suas festas. Esse é um símbolo e um marco identificatório de uma casa da nação bantu!

Iroco é divindade bem distinta das demais, e raramente, nos dias atuais, vista nas festas das casas de candomblé. Porém quando surge é uma alegria e uma honra para a casa recebê-lo. Este vodum diz que não existe "nação pura" e que justamente por isso ele visita todas!

Certamente seu ditado é verdadeiro, e é preciso que todas as nações aceitem isso e procurem se irmanar. Todos os adeptos sabem que o purismo no Brasil foi e é impossível, e que cada nação já se utiliza de um pouquinho dos variados elementos de suas nações-irmãs. É justamente por isso que a religião sobreviveu e vai continuar sobrevivendo!

Irrequieta, esta divindade só quer ajudar para que os homens se irmanem e vivam bem no aiê. Iroco, o grande vodum que mora na árvore e que também é uma árvore, usa suas raízes e o vento das matas para movimentar-se pelos quatro cantos do mundo, visitando constantemente seus filhos e seus amigos! Eró! Eró!

Generalidades do vodum:
    Como são chamados os seus filhos: *irocossi*
    Elementos: *terra e ar*
    Dia da semana: *terça-feira*
    Símbolo: *espada*
    Metal: *prata e estanho*
    Cores: *branco*
    Folha: *iroco*
    Bebidas: *cachaça com mel, vinho branco*
    Bichos: *pombo, galo, bode, galinha-d'angola*
    Saudação: *Eró!*

Seus filhos:

A primordial característica da personalidade dos filhos de Iroco é a de não se adaptar a locais fechados, que se transformam em clausuras para eles. A liberdade, o movimento, o juntar-se a outras pessoas é tudo aquilo que eles mais amam. É muito bom tê-los como amigos, porque são inimigos perigosos, mas com um bom atenuante: não costumam guardar rancor! São charmosos e irreverentes, mas também muito teimosos, ranzinzas e irritadiços.

Inteligentes, gostam de transmitir ensinamentos, sendo muito eloqüentes e atualizados nas informações do seu meio social. Não são porém muito confiáveis para escutar confidências, porque não conseguem guardar segredos: a mata tem ouvidos! Gostam de beber e comer bem e de vestir-se refinadamente, porém com simplicidade.

Brincalhões, não costumam permanecer muito tempo no mesmo local, estando sempre em movimento, procurando novas paragens e amizades. Inquietos, o mais apropriado é que seja combinado um momento certo para se estar com eles; mesmo assim isto será por pouco tempo! São fujões; quando se procura por eles, já estão longe!

Logunedé

Cultuado no território de Ilexá, na região Ijexá (Nigéria), Logunedé (*Lógunèdẹ*) é tratado, no Brasil como orixá menino. Contudo, no panteão das divindades é um orixá-filho, que deve ser olhado e cuidado com muita meticulosidade, porque possui dupla regência. Filho de Erinlé com Oxum Ipondá (*Iyêyê Ipondá*), Logunedé é orixá da fartura, da riqueza e da beleza, qualidades e atributos herdados de seus pais.

Possui o poder da atração, da doçura, o charme e o carisma de sua mãe Oxum. Carrega em si também a astúcia e a bravura do caçador e a paciência do pescador, recebidos de seu pai. Mas tem sua própria característica: o poder da feitiçaria, da magia e da riqueza, sendo um grande conhecedor da medicina das folhas. Gosta de internar-se nas matas à procura de lagoas límpidas e profundas, sendo reconhecido como o "príncipe das águas azuis".

O grande fundamento de Logunedé está em ser um orixá meta-metá, ou seja, ele acondiciona três características: a de seu pai, o caçador; a de sua mãe, que controla as águas doces; e a sua própria, como encantador das matas e das florestas. Seu diferencial e seu segredo residem nesse tríduo aspecto! Por esta junção de predicados, tem um caráter imprevisível, impetuoso e moleque, mas em contrapartida é belo, sedutor e garboso, qualidades de seu pai Erinlé, que apesar de caçador possui o refinamento e a delicadeza de um rei. Até a sua morada e a sua alimentação seguem, em certas ocasiões, o padrão de seu pai, quando então alimenta-se de caça, raízes e frutas. Possuidor de sensibilidade apurada, tem bom gosto, ama a música e a dança, é meigo e sensível – características de sua mãe. Junto a ela alimenta-se de peixes, adoçando seus momentos com o sabor do mel, vivendo em seus rios mansos ou em lindas cachoeiras turbulentas.

Logunedé é considerado o mais belo dentre todos os orixás-filhos. É chamado de príncipe e possui o título de *omó aladê*, o "filho coroado", na nação fon. Divindade do encanto, ele rege os feitiços do amor e da ternura. Deslumbra e enfeitiça todos com sua candura e delicadeza. Produz a magia da vida, trazendo alegria, e ainda é matreiro e malicioso! É através da sutileza e da astúcia que consegue seduzir e se fazer aceitar nos domínios das Iyamís, mães-ancestres do poder feminino, aprendendo com elas os segredos da magia e da feitiçaria. Possui, ainda, grande ligação com Ossâim e Aroni, que lhe ensinaram a utilização mágica das ervas, e também o poder da cura pelas folhas. Este convívio duplo lhe foi proporcionado através de seus pais.

Por viver em constante movimento e mudança, tem também uma conexão com Exu, o senhor da astúcia e da transformação, tão ou mais arisco que Logunedé. Por ser a própria mobilidade, é Exu quem permite a este orixá transitar e penetrar no mundo de sua mãe, no de seu pai e no seu próprio. Tal como Exu, Logunedé tem o simbolismo do filho-criado! Habitante do seio da floresta, a neblina é a representação da sua presença. Esta, tal como ele, inebria e encanta a todos, quando cobre as árvores e a água, num embranquecimento sutil e mágico, escondendo totalmente a divisão dos elementos e unificando a água e a terra.

Considerado o orixá da transformação, um de seus animais sagrados é o camaleão, animal que tem o poder de disfarçar-se de acordo com o ambiente onde se encontra. Outros animais que têm simbolismo com Logunedé são o pavão e o faisão, espécimes de extrema beleza e porte majestoso.

Logunedé oscila entre duas polaridades diferentes, a mata e a água, o que o torna a balança da natureza, transformando-o no equilíbrio dinâmico. Seus progenitores são orixás que transitam entre a guerra e a calmaria, a truculência e a doçura. Sendo assim, ele precisou adquirir esta neutralidade, tornando-se o "senhor da harmonia". Com o equilíbrio adquirido, conseguiu impor-se em sua formação e assimilou perfeitamente o poder de seus pais, representados e contidos nele. Pode-se dizer que Logunedé é uma divindade híbrida, ou seja, nascida da união de elementos de naturezas diferentes (a terra com a água; a caça com a pesca). Por ser denominado de o "senhor do equilíbrio perfeito", tem no cavalo-marinho o seu representante-símbolo.

Este animal tem a simbologia do equilíbrio e da ereção, independentemente dos movimentos das marés, encontrando-se continuamente em perfeita postura. São também animais belos, exóticos, dóceis, tranqüilos! Predicados inerentes a Logunedé, formados pela calmaria de Oxum, juntamente com a agitação e o vigor de Oxóssi, e contrabalançado com a parte da própria condição jovial deste orixá. Apesar destas diferenciações, ele consegue manter-se constantemente em harmonia e sintonia, adaptando-se perfeitamente às condições que se lhe apresentam.

O cavalo-marinho é um animal que tem em sua constituição física duas representações importantes: sua cabeça é semelhante à de um cavalo, elemento masculino, mas carrega também a barriga da gestação, característica feminina e predicado primordial de Oxum, o que torna o hipocampo o simbolismo perfeito de Logunedé. Nesse tipo de animal, a tranqüilidade provém do macho, pois é ele quem vai gestar os filhotes, que lhe são entregues pela fêmea.

É a natureza fazendo a transmutação do animal macho em fêmea, permitindo que ele carregue dentro de si os filhotes que, no entanto, foram gerados pela mãe com sua ajuda!

A iniciação dos filhos de Logunedé é melindrosa, exigindo muita cautela e bom conhecimento. Seu grande diferencial é reconhecer qual o "princípio genitor" que está na regência! Surge aí a sua complexidade, que o distingue dos demais orixás! Uma das dificuldades na feitura de seus iniciados está em conseguir encontrar dentro das matas um de seus domínios, a "lagoa azul". Cria-se, então, uma lagoa, artificialmente, através de algum recipiente grande, que receberá um tom azulado, conseguido com o auxílio do pó de wáji. Esta lagoa é necessária e imprescindível, para que ele se refresque e relembre o seu *habitat* natural!

Por ser um orixá muito instável, seus iniciados precisam ter a cabeça bem equilibrada e estabilizada para conseguir que ele fique de posse do seu filho o maior tempo possível.

Logunedé é orixá que gosta muito de música e dança. Em suas festas, dança como sua mãe Oxum, no ritmo ijexá, com graça e suavidade, demostrando a sensualidade feminina, porém conservando o porte masculino e majestoso de seu pai. Quando dança o adarrum ou o agueré, move-se como Oxóssi, com vigor, relembrando as caçadas e as investidas pelas matas.

Ele pode ser agraciado às quintas-feiras ou aos sábados, dias dedicados também aos seus pais, no Brasil. Muito melindroso, sensível e perfeccionista, não aceita erros em seus preceitos ou na produção de seus presentes. É necessária muita calma e paciência, evitando desagradá-lo!

Possui gosto alimentar similar ao de seus pais. Suas oferendas e os sacrifícios são primeiramente apresentados à sua mãe Oxum, para depois prosseguir com seus rituais.

As cores da preferência de Logunedé são o verde, o azul-turquesa, o amarelo-ouro e o branco. Ele não aceita o marrom e o vermelho, cores que devem ser evitadas também por seus filhos. Veste-se com saiote e ojás cruzados no peito, e gosta muito de adornos, como braceletes dourados.

Carrega numa das mãos um ofá e na outra um abebé dourado, trazendo ainda uma capanga e um berrante.

O inquice Terecompenso, da nação bantu, e o vodum Avrequete, da nação Fon, possuem muitas similaridades com Logunedé, tendo porém características, liturgias e rituais próprios.

Logunedé deveria ser seguido como exemplo pelo ser humano: é centrado e equilibrado em suas ações e respeita as diferenças que existem em qualquer segmento da sociedade. Assim, ele ensina que é possível usufruir dos ensinamentos que surgem das transformações!

Generalidades do orixá:
   Como são chamados os seus filhos: *logunssi*
   Elementos: *terra e água*
   Dia da semana: *quinta-feira e sábado*
   Símbolo: *ofá*
   Metal: *bronze e ouro*
   Cores: *verde, azul-turquesa, amarelo-ouro e branco*
   Folhas: *alecrim-do-mato, cipó-caboclo, fava-divina*
   Bebidas: *aruá e vinho branco*
   Bichos: *tatu, galos, galinha-d'angola, bichos de caça (masculinos)*
   Saudação: *Lossí, lossí, Logun! Oluáô, Logun!*

Seus filhos:

Os filhos de Logunedé costumam ser muito reservados com suas particularidades, não falando de sua intimidade a muitas pessoas. Muito educados, gostam de tagarelar quando o assunto lhes agrada. Apreciam festas, conseguindo monopolizar as atenções, pois são muito divertidos e engraçados.

Graciosos, vestem-se coloridamente, porém com muita sutileza e elegância. Vaidosos, procuram se apresentar bem, de modo a ser notados onde estiverem.

Sensíveis, inteligentes, com raciocínio rápido, "pescam" as coisas no ar. Mas não aceitam críticas; estas os magoam quando feitas aleatoriamente. Seu humor não é fixo, pois são pessoas instáveis, dependendo a sua permanência em determinados locais das pessoas com quem estejam. Tenazes, persistentes, nunca desistem de seus objetivos, mas não se depreciam ou se "vendem" para alcançá-los.

Vivem em constante movimento, mas com certa serenidade e sensatez. Procuram sempre coisas novas, pois gostam de viver bem. Possuem grande sensibilidade a tudo que é belo; gostam muito de objetos de arte e até mesmo de um certo luxo.

Meigos, dóceis e excessivamente carentes, fazem de tudo para tirar proveito destes predicados e enfeitiçar seus amigos, conseguindo assim também a transformação dos inimigos em companheiros fraternos!

É através da mistura do amor com a magia que Logunedé consegue fazer com que seus filhos tenham uma vida harmoniosa e se tornem pessoas mais equilibradas!

Oxum

Oxum (*Oṣun*) é a deusa da beleza e da meiguice, a mulher-menina vaidosa e sedutora, a divindade do amor. É homenageada ao ter seu nome ligado a um rio africano que banha as regiões de Ilexá, Ijebu e Oshogbo, na Nigéria. Rainha da nação Efan, onde reina absoluta, em Ekiti-Efon. Juntamente com Iemanjá, Oxum possui, entre os iorubás, o título de iyálodê (*ìyálódè*), o posto mais alto entre todas as mulheres de uma comunidade.

A divindade Azirí, vodum da nação Fon, possui grandes assemelhações com Oxum, pois também está ligada às águas doces e à gestação. Na nação Bantu direciona-se à Quissimbi, poderosa inquice.

Filha favorita de Iemanjá e Oxalá, segundo alguns itãs, Oxum recebeu de sua mãe rios, cascatas, cachoeiras, córregos e todas as águas doces que tivessem movimento, juntamente com a ordem de mantê-las incólumes para o uso do ser humano, e de fazer uma perfeita distribuição pelo mundo, reinando com sabedoria. É por meio das suas águas que as terras são fertilizadas, produzem alimentos e permitem a manutenção da vida no planeta. Este líquido precioso mata a sede e sustenta vidas. As águas também carregam os plânctons, algas e sais minerais, substâncias que nutrem várias formas de microorganismos, formando a partir daí uma vasta cadeia alimentar na natureza.

Oxum também ganhou de seus pais jóias, metais e pedras preciosas para que se enfeitasse. Isto lhe possibilitou ser chamada de "senhora da riqueza", título que ela ostenta com muita graça e charme. Em suas festas, mostra-se elegantemente trajada e com muitas jóias, principalmente pulseiras (*idés*) de cobre ou ouro, sua marca registrada. O chacoalhar delas produz um tilintar semelhante às águas correndo entre as pedras. Em suas terras de origem, o metal a ela dedicado era o cobre, pelo brilho avermelhado, por ser muito abundante e também o mais valioso da região. Quando foi trazida para o Brasil, o ouro aqui era o metal dominante e o mais precioso e vistoso, passando então a ser dedicado a ela, que aceitou utilizá-lo, sem porém abandonar o cobre de seus paramentos. Utiliza-se também do bronze e do latão, metais representantes do elemento vermelho e considerados o "sangue dos metais".

O mel é outra substância que faz um simbolismo com o sangue. Tendo o codinome de "sangue das flores", é o alimento favorito de Oxum, que por causa desta preferência é chamada de "senhora do mel". Este elemento representa a doçura, o apaziguamento e a calmaria, sendo muito utilizado em suas funções. Produto das abelhas, estas fabricam o mel com o pólen que retiram das flores, que são também consagradas a essa rainha. Estes presentes da natureza a enfeitam e a consagram como a mais graciosa divindade, sendo considerada a mais linda entre as mais belas!

Divindade símbolo da feminilidade e da jovialidade, Oxum é muito alegre, gosta de dançar, de festas e principalmente de doces e bolos, que estão sob seu domínio. Essa adoração por bolos e doces origina-se também de sua ligação com as crianças e com o orixá Ibeji, de quem é guardiã. Senhora protetora da maternidade, guarda e protege as crianças desde o ventre da mãe até o nascimento, e as acompanha em seu crescimento, até que adquiram certa independência e saibam utilizar-se da comunicação. Oxum é também a protetora das crianças que estão sendo geradas, evitando seus abortos e as complicações na gestação, ajudando no nascimento e provendo um bom parto para as mulheres. Age também, através de rituais específicos, nas crianças-abicu que chegam no aiê com tempo escolhido para retornar ao orum, doutrinando-as e ensinando-lhes como aqui permanecer e ter boa existência junto a seus pais terrenos.

Sua ligação com a maternidade e o nascimento torna Oxum o orixá responsável pelo sangue que corre no corpo dos seres vivos e que mantém, revigora, dá energia, sustenta a vida e é seu poderoso axé. Reconhecida como a "senhora da fertilidade", é a protetora da barriga e do útero, tendo poder sobre a fecundidade, a gestação e o parto, e respondendo principalmente pelo sangue menstrual. O sangue é tão vital, que é o sangue dos animais imolados que energiza e dá vida à pedra das divindades. Grande mãe por excelência, está inserida no grupo das mães ancestrais do orum, junto a Nanã, Iemanjá, Oiá. Nos assentamentos das iyabás e também nos igbás dos orixás da criação, de formato arredondado e com tampa, está simbolizada a barriga, o útero protegido, que recebe e contém uma nova vida.

Símbolo primordial de Oxum, o icodidé é usado nas iniciações dos iaôs e em variados rituais, posteriormente. Ao transformar o sangue feminino em penas matizadas de vermelho que simbolizam e atraem a vida, Oxum provou a fertilidade do sangue. Em reconhecimento e respeito ao poder gerador feminino, até o poderoso senhor do branco, Obatalá, usa o icodidé, fazendo plausível a união do ancestral-pai com a descendente-filha, Oxum, e com seus futuros filhos recriados, os iaôs. Através do icodidé, Oxum pode ser considerada como a primeira iyalorixá do mundo, quando produziu o primeiro iaô, ao pintar, colocar oxu e uma pequena pena na cabeça de uma galinha. A partir daquele momento, o icodidé se interligou também com Exu, pela sua cor e pelo dinamismo que produziu. Foi Oxum quem colocou o oxu, porém foi Exu quem o fixou, mostrando a necessidade de sua intervenção para que tudo passasse a ter existência! Ele também aceitou compartilhar com Oxum e com as mulheres os segredos que conhecia!

Oxum foi parceira de Orunmilá, Xangô e Ogum, mas foi com Oxóssi que ela possuiu uma ligação mais forte, sendo este considerado seu grande amor e companheiro. Ela fornece as águas para as florestas e os animais desse caçador, permitindo assim o equilíbrio da natureza. Com Ossâim e Iroco, ela criou uma cumplicidade, e estas divindades permitem que ela utilize suas folhas medicinais e as de encantamento. Seu poder gestacional também age na terra, que, após ser fertilizada e fecundada pelas águas, cria abundância e traz prosperidade para a agricultura. É por meio destes atributos que Oxaguiã, Babá Okê e Ogum, orixás guerreiros e patronos da terra, se aproximam de Oxum.

Como mulher poderosa, participa do panteão das Iyamís, as mães ancestres, e em seu aspecto mais velho faz parte do grupo das Ajés, as feiticeiras poderosas que, se não forem bem agraciadas, tanto promovem a paz como também a guerra ou a desarmonia. Como *Eleiyé* (proprietária dos pássaros), está ligada às aves e ao ovo, símbolo de fecundidade, passando a ser chamada de *Iyá eyín*, a "senhora/mãe dos ovos". Este elemento possui a propriedade de quebrar forças contrárias e destruidoras que são atraídas e "aprisionadas" dentro dele, transformando o ovo em um escudo de proteção. Contudo, também pode ser utilizado por pessoas inescrupulosas para produzir malefícios, pois está ligado tanto ao bem quanto ao mal.

Inconstante e movimentada como suas águas, Oxum se apresenta ora meiga, dócil e coquete, ora voluptuosa, guerreira ou sensual e até irada e rabugenta. Estes predicados fazem parte de suas variadas qualidades. Algumas apresentamos a seguir:

Abalu – uma Oxum muito velha, briguenta, severa e autoritária, que gosta da solidão. Em suas festas costuma apresentar-se usando leque. Vive no fundo dos rios, nos cantos mais escuros. Relaciona-se com as Iyamís, Orixalá e Iemanjá.

Iêiê Pondá – uma guerreira que vive nas matas, na beira dos rios, com Erinlé. Tem ligação com os Eguns e com a ancestralidade, sendo intuitiva, observadora e muito desconfiada.

Opará – jovem guerreira, companheira de Ogum, relaciona-se muito bem com Oxaguiã, o guerreiro do grupo dos orixás funfuns.

Igemu ou **Ijimu** – ligada ao feitiço e à fecundidade. Muito velha, não gosta de movimentação, morando por isso no fundo dos rios. Convive com Orixalá e com Obaluaiê, tendo ampla relação com a vida e com a morte e estreita ligação com as Iyamís.

Iêiê Káre – uma das mais belas, é guerreira muito sensual, porém agressiva, que mora na beira dos rios e das cachoeiras, e que se utiliza do arco e da flecha. Vive nas matas e tem grande fundamento com Oxóssi, Oxalá e Iemanjá.

Iyá Mapô – uma das Oxum mais velhas, denominada "senhora da vagina". É a responsável pela vinda do ser humano ao mundo através do parto normal, sendo a divindade que administra a barriga, os órgãos reprodutores internos e o órgão genital feminino. Seus fundamentos são pouco conhecidos no Brasil, porém ainda tem seu culto em Igbeti, na África.

Ayalá (ou *Íyanlá*) – a mais velha divindade do panteão de Oxum, é considerada a "grande mãe". Mora no fundo dos rios, é feiticeira, guerreira poderosa, a "senhora da bigorna" e esposa de Alabedé, o Ogum mais velho do seu grupo. Ambos vestem-se de branco e têm profundo relacionamento com Orixalá e a ancestralidade. É considerada uma das grandes mães ancestrais e uma das maiores Ajés.

Existem muitas outras qualidades de Oxum, porém todas caracterizam-se pela feminilidade, sensualidade e maternidade, e gostam de se embelezar e se mirar nas águas, como se estas fossem espelhos. Estes estão entre seus presentes favoritos, que ela gosta de receber nas águas correntes e limpas, com o dia amanhecendo. Muito feminina, adora jóias, bijuterias, pulseiras de metal amarelado, perfumes, leques, batons, sabonetes, pó-de-arroz, pentes, bonecas, pequenos enfeites etc. Sempre enfeitados com fitas coloridas e flores amarelas.

Em suas festas, gosta de dançar o ijexá, o que faz com muita leveza e graça, remexendo os ombros sedutoramente, com um ar solene e altivo, e até com um certo pedantismo, sem contudo perder a elegância. Veste-se femininamente, com saia, camisu, pano-da-costa, laçarotes no peito e, na cabeça, um chorão. Carrega sempre um abebé dourado ou de cobre em uma das mãos, mesmo que na outra leve uma espada ou alfanje de guerreira (ou seu ofá de caçadora).

Numa singela homenagem, podemos dizer que tudo que aqui foi escrito, relacionado à mãe Oxum, surgiu dos momentos em que observamos nossa mãe e avó, a iyalorixá Iyá Ominibu. Coquete, mimosa, sedutoramente feliz e com a graça pertencente às filhas desse orixá, ela serviu como exemplo e paradigma do que é uma verdadeira filha de Oxum. Sua bênção e seu axé!

Oxum, a senhora da cabaça,
a cabaça que representa o mundo,
o mundo que é gerador de vidas,
as vidas que surgem das barrigas,
as barrigas que são regidas por Oxum.

Oxum, a divindade que permite a continuidade e a manutenção da vida no aiê, pela gestação e também pelo controle do bom uso das águas doces!

Nossa homenagem e nosso respeito a todas as sacerdotisas, mães por excelência, por devoção e por natureza. Mães de filhos gerados por elas, e também de filhos gerados por outras mães!

Generalidades do orixá:
Como são chamados os seus filhos: *oxunssi*
Elemento: *água*
Dia da semana: *domingo*
Símbolos: *abebé, adaga, espada*
Metais: *cobre, bronze, ouro, latão*
Cor: *amarelo-ouro*
Folhas: *oriri, colônia, saião*
Bebidas: *vinho branco, aruá*
Bichos: *galinha-d'angola, cabra, galinhas*
Saudação: *Ore Yêyê ô!*

Seus filhos:
Os filhos e filhas de Oxum costumam ser carinhosos e calmos. Diplomatas, são gentis, evitam melindrar os amigos, mas para os inimigos guardam momentos irados e impulsivos. Vagarosos, tendem a

ser preguiçosos e lentos em seus afazeres, mas jamais se esquecem de suas obrigações. Possuem personalidade forte, lutam sempre por seus interesses com muita obstinação para alcançar seus objetivos e tentar ascender na vida. Vaidosos ao extremo, adoram jóias e perfumes. Mesmo quando trajam-se com simplicidade, conseguem mostrar-se elegantes. Apreciam festas e confraternizações e procuram aproveitar tudo o que a vida pode lhes proporcionar de bom. Gostam de ambientes refinados, procurando fazer de sua casa um modelo de beleza, praticidade e modernidade.

Embora de aspecto sensual, voluptuoso e muito coquetes, os/as filhos/as de Oxum não gostam muito de chamar a atenção, nem de chocar as pessoas, dando muito valor à opinião alheia. Procuram viver mais reservadamente, o que muitas vezes não conseguem, pois dominam os ambientes somente com a sua presença. Têm grande apego às comidas bem temperadas e bem elaboradas, pois o visual para eles/as é imprescindível. As pessoas deste orixá, quando mais velhas, tornam-se rabugentas e austeras, mas sempre mantendo a emotividade e a sensibilidade, a tranqüilidade e a serenidade, características dominantes dos filhos de mãe Oxum!

Oiá

Considerada, na África, deusa do rio Níger, Oiá (*Oya*) é talvez, dentre as divindades femininas, a que possui o maior número de adjetivos que a qualificam ou enaltecem. Dentre seus títulos, podemos citar "senhora dos corais", "senhora dos ventos", "senhora dos nove mundos", "senhora das tardes cor-de-rosa", "senhora dos raios", "mãe dos Eguns", "mãe dos Ibejis", "mulher-búfalo", "rainha dos Eguns" e outros. A nação bantu tem o inquice feminino Matamba que possui características bem parecidas com as de Oiá, também ligada aos ventos. Na nação fon, os voduns mais assemelhados com a Oiá dos iorubás são chamados de Avejidá e vodum Jó ou Ijó.

Oiá é a iyabá representante do amor ardente e impetuoso, da paixão carnal, sendo assim reconhecida como a mais voluptuosa e sensual dentro do panteão feminino iorubá. Ela desconhece o amor direcionado somente à procriação. Seu temperamento inquieto e extrovertido produz a imagem de uma mulher destemida e guerreira, companheira de vários orixás.

Dominando os ventos, transforma-os em tempestades, tufões, furacões e ciclones, mas também possibilita que o ar que respiramos torne-se puro e limpo, equilibrado na quantidade exata de oxigênio necessária à vida na terra e nas águas. Os seres vivos devem sua existência ao ar que ela fornece. Por meio da sua instabilidade, Oiá transforma o ar em vento e ajuda os insetos e os pássaros que bailam em seus domínios a carregarem a vida de uma flor a outra, através do pólen. Mas, de repente, com uma mudança radical de temperamento, transforma uma simples brisa em um estrondoso furacão. Com este comportamento, ela transforma singelas marolas em ondas avassaladoras que, em pouco tempo, dizimam vidas, construções e florestas. Oiá é o imprevisível, o impossível tornando-se possível, o acaso em certeza!

Ela se relaciona amplamente com todos os elementos da natureza: água, ar, terra, fogo e também com as matas. Seu vento movimenta as águas; ajuda a revolver as terras, possibilitando a agricultura; atiça o fogo; dá vida à imobilidade; oferece ao homem sua energia, a energia eólica, sem custo algum. É através dos seus ventos que Oiá se interliga e penetra nos Nove Oruns, porque seu ar não encontra barreiras para circular e percorrer todas as dimensões sagradas.

O fogo é também um de seus símbolos mais marcantes e um elemento primordial, porque o homem conseguiu, através dele, um grande progresso em sua existência. Ele permitiu ao ser humano melhorar a sua alimentação, ajudou em sua labuta diária, deu condições de sobrevivência e possibilitou ao homem suportar as intempéries da natureza. Enfim, o fogo sustenta a vida! A brasa do carvão, fervente e pujante, possui também o simbolismo do calor da paixão, do amor necessário às espécies, que esquenta e impulsiona o coração! A produção e o uso do fogo pertencem, em conjunto, a Oiá e a Xangô, não sendo possível delimitar a sua posse. Se não existir o vento, a madeira não queima! Se não tivermos madeira, não existe o fogo! É daí que advém a impossibilidade de dividir os direitos, pois sem uma das duas divindades não existiria o fogo. Porque o fogo só existe pela união do ar com a madeira, do etéreo com o material!

Embora companheira de Xangô, pertencendo e possuindo elementos idênticos, como o fogo, o movimento, os raios e o trovão, possui pólos distintos e antagônicos: Oiá relaciona-se bem com os Eguns e com a morte, que têm a simbologia da imobilidade, do frio e da inércia, atributos que Xangô renega e dos quais exige distância! Apesar destas distinções e do comportamento belicoso que ambos possuem, permanecem em total harmonia, respeitando um ao outro. Oiá se sente uma igual quando junto a Xangô, fazendo com que surja o relacionamento e o equilíbrio estável entre o homem e a mulher. Essa iyabá projeta a emancipação feminina desde o início dos tempos!

Nas suas festividades participa junto a Xangô do ritual do ajerê, o "pote do fogo". É por isso que se diz que, em determinados momentos, ambos tranformam-se em um só, tornando-se quase impossível separá-los, como se eles fossem os dois lados de uma mesma moeda! Uma união visível também nas noites de tempestade, quando Xangô "grita" no estrondo do trovão e Oiá responde, "brilhando" através dos seus raios e relâmpagos, no céu.

Essa aiyabá (rainha) é divindade inteligente, que não só conquistou como também aprendeu muito com vários outros companheiros, além de Xangô. De cada orixá ganhou ou tomou um poder, o que os tornou parceiros na igualdade. De Xangô, sua grande paixão, como já vimos, ganhou o poder de iluminar o céu. Ogum, seu eterno apaixonado, forjou para ela a espada e lhe deu o direito de usá-la. Ensinou-lhe ainda a arte de lutar e não deixar-se abater ou ser derrotada nas disputas. Na fabricação das armas, utensílios agrícolas e outras ferramentas, essa iyabá poderosa ajudava Ogum a manter viva e acesa a chama de sua forja, por meio do manuseio do fole, um de seus símbolos, que produz artificialmente o vento.

Oxóssi, seu companheiro das matas, lhe ensinou os segredos da floresta, a arte da caça e também conhecimentos sobre as plantas e as ervas. Do seu relacionamento com Logunedé aprendeu a pescar e a utilizar os poderes advindos da floresta. Mas ensinou a ele que a sua magia e o seu encantamento, em união com o ar e a brisa comandados por ela, produziriam a neblina, elemento da natureza que fascina quem a vislumbra na floresta. É o encanto produzido por dois seres especiais que se camuflam no coração da mata!

Com Oxaguiã, o guerreiro branco da família dos Oxalás, conheceu a agricultura e a guerra. Mas também recebeu apoio em seu caráter belicoso, pois este lhe deu o direito de usar o escudo para se proteger do ataque de seus inimigos. Com Exu, seu companheiro de andanças, conheceu os segredos das ruas e das estradas, viajando e percorrendo com ele o mundo. Aprendeu como manusear e utilizar o fogo em suas magias e feitiços. Como Exu, Oiá é considerada orixá-filho, e este relacionamento fez surgir uma ligação com os Ibejis e os Erês, todos em conjunto, personificando o movimento e o dinamismo. Exu é aquele que permite, ajuda e impulsiona Oiá na interligação dos nove mundos (oruns), porque tem o poder de estar presente em todos os compartimentos e funções, como senhor único do livre acesso.

Com Obaluaiê, ela aprendeu a lidar com a morte e conquistou o poder de controlar e encaminhar os mortos aos seus lugares. Quando Oiá dança, movimentando os braços abertos, é como se estivesse, num simbolismo da sua função e por meio dos ventos, encaminhando e enviando os Eguns para o orum. São seus filhos, poderosos e grandes auxiliares dos homens na Terra! Os itãns nos ensinam que Oiá gerou nove filhos, sendo oito mudos, e um com um tipo de fala grosseira, truncada, de tom inumano, como se viesse do fundo da terra. Esse recebeu o nome de Egum. Segundo os mitos iorubás, Oiá foi quem criou o ritual do Axexê, num momento de muita dor e muito amor. A partir daí, Olorum lhe deu o controle sobre todos os espíritos dos mortos, os Eguns, e ela transformou-se na mãe que leva os mortos do aiê a tornarem-se novamente filhos recém-nascidos no orum!

Em razão disso, nos cultos a Babá Egum ela é homenageada e reverenciada como "senhora e mãe dos Eguns". No Axexê, em certos momentos, somente a sua presença é permitida, e ela é uma das poucas iyabás a comparecer neste ritual, assim como nos cemitérios, nos enterros dos iniciados. A sua ligação com a morte produz seu entrelaçamento com a ancestralidade, relacionando-a intrinsecamente com Orixalá, senhor do ar, de quem é uma das filhas preferidas. Juntamente com ele, Oiá administra os espíritos dos mortos. Pelo seu poder e senioridade, produtor da vida e condutor da morte, Orixalá e ela participam e penetram no igbale dos Eguns porque estes são também seus filhos, "vivem aos seus pés"!

Apesar de ter sido parceira de orixás de diversos panteões e dos muitos poderes adquiridos, ela não perdeu uma de suas principais características: a de saber vencer e não ridicularizar o inimigo perdedor. Guerreira irascível e portentosa, não humilha nem tripudia o inimigo abatido, sendo generosa quando necessário. É a iyabá que mais traços humanos possui e que mais se aproxima do homem, pois tal como ele tem entrelaçamento com a vida e com a morte. Possui inclusive a mesma natureza do ser humano e o entendimento do que é o encontro homem-mulher, sem sentir a obrigatoriedade da procriação, estando mais ligada com a essência da paixão física e passageira e com as necessidades psicológicas e físicas dos seres humanos.

Oiá é solta e livre como o vento, proporcionando muita liberdade a seus filhos. Ela não se sente presa à sua prole nem à sua parte familiar, mas ao mesmo tempo não os abandona, nem os relega a segundo plano. É mãe, sem deixar de ser mulher e independente! Muito segura de si, vive sempre à procura de novos rumos e diversões diferentes. O cotidiano e o marasmo não fazem parte do seu dia-a-dia! Esta iyabá não está ligada, historicamente, ao poder feminino da gestação. A maternidade não é seu foco principal, como ocorre com algumas iyabás, porém, é inconteste a sua participação no grupo das mães primordiais! É costume dizer que as mulheres iniciadas para Oiá são "lutadoras, guerreiras, batalhadoras". Bem diferente do perfil das filhas de Oxum e de Iemanjá, por exemplo, que são conhecidas como "boas mães, excelentes esposas" etc. Oiá torna-se, então, a personificação da mulher moderna, atual, que luta e trabalha junto com o homem, para construírem e manterem uma família!

Alguns itãs a indicam como filha de Oxum, o que a aproxima do elemento água. Ambas são participantes da irmandade das Iyamís e transformam-se em *Eléyes*, as "proprietárias dos pássaros" – Oxum é a "senhora dos pássaros" e Oiá, a responsável pelo vento que os conduz! Outra mulher poderosa que se relaciona muito bem com Oiá é Obá, iyabá considerada como sua irmã mais velha. Esta possui temperamento e índole completamente opostos ao de Oiá. Embora seja também uma divindade aguerrida e valente, Obá é menos sociável e flexível, apreciando a solidão e o silêncio, ao contrário de sua irmã, extrovertida, alegre, jovial e também muito generosa e amiga.

Em certos momentos, Oiá desrespeita as regras pelo simples sabor de viver o impossível, pois para ela nada é proibido. Por esta atitude, tornou-se a "mãe dos nove oruns" – Iyá mesan orun (*Ìyá mésàn òrun*) – e das nove crianças celestiais, recebendo o título de "a mãe das nove crianças" – *Iyá omó mesán* –, nome que aglutinado se transformou em Iansã. Para Oiá, o que ela não consegue com sua fúria e sua luta persegue através da sedução ou do seu poder de encantamento! Ela, que já venceu Ogum, Xangô, Oxóssi, Obaluaiê, Oxaguiã e outros orixás, não tem limites, como os ventos. Possui um poder imenso e sabe muito bem como usá-lo!

Uma de suas prerrogativas é a condição que tem de controlar tudo aquilo que é imaterial, intangível, como o seu vento. Assim, tem a responsabilidade de administrar e proteger todos os espíritos, concedendo-lhes a mobilidade e a existência. Junto com Orixalá e

Oxaguiã tem o controle dos *iwins*, espíritos moradores das árvores; com Exu, Obaluaiê e Ogum, se liga aos espíritos dos exteriores, das ruas; com Oxóssi, Ossâim, Iroco e Logunedé administra os espíritos das florestas e das matas; com Oxum, Obá e Iewá tem o poder sobre os espíritos dos rios, córregos, cachoeiras, lagoas etc. Oiá utiliza o bailado dos seus ventos para transportar essas criaturas poderosas de um lado para o outro, seja através da mais frágil brisa ou do mais forte vendaval.

O uso do eruexim (*èrùèṣim*), seu principal emblema, insere Oiá nos mistérios inerentes à floresta. Este emblema foi-lhe dado por Oxóssi porque tem poder de autoridade sobre os habitantes das matas, e lhe proporciona controlar melhor os ventos. O eruexim é feito com pêlos da cauda do búfalo, que representam a ancestralidade, o filho-criado, tal como as escamas dos peixes, as folhas das árvores e as penas dos bichos para as demais iyabás. Oiá utiliza-se também dos chifres do búfalo. Por esta utilização, diz um itã que ela se transforma em búfalo! Desmistificando um pouco as lendas, essa concepção é figurativa, demonstrando que Oiá é mulher que não aceita ser controlada, nem que lhe coloquem rédeas. É uma desbravadora, livre de limites impostos por quem quer que seja e seus caminhos são amplos e longos. Ela entrega-se prontamente aos seus desejos. Como o búfalo, está sempre à procura de novas paragens! Como as borboletas e andorinhas, seus bichos por excelência, domina os espaços aéreos e a todos encanta com suas manobras delicadas!

Em suas festas, como toda iyabá sedutora e vaidosa, traja-se muito bem. Gosta de saias bem rodadas, engomadas, que a façam destacar-se das demais! Utiliza pano-da-costa, ojás coloridos ou brancos, laços, fios-de-conta de coral e monjoló, um tipo de colar africano confeccionado com pedras retiradas de lava vulcânica. Adentra na sala para dançar ao toque do ilu ou do daró, agitando seus braços, majestosa e voluptuosamente, com muita graça e sensualidade. Geralmente é acompanhada e cortejada por Oxóssi, Xangô, Ogum, Obaluaiê, Logunedé, Oxaguiã. Aí também estão incluídas algumas iyabás, fazendo assim um lindo cortejo e um feliz congraçamento entre as divindades!

Oiá a todos encanta quando chega no terreiro, dança e oferece a todos acarajé (*àcárá*) bem-feito e com o aroma do azeite-de-dendê! A guerreira tempestuosa, porém coquete e muito sensual!

Generalidades do orixá:
   Como são chamados os seus filhos: *oiássi*
   Elementos: *fogo e ar*
   Dia da semana: *domingo*
   Símbolos: *eruexim, espada*
   Metal: *cobre*
   Cores: *branco, vermelho, marrom*
   Folhas: *bambu, sensitiva, bradamundo*
   Bebidas: *champanhe*
   Bichos: *cabra, galinha-d'angola*
   Saudação: *Epa heyi, Oya!*

Seus filhos:
   Os filhos de Oiá costumam ser dinâmicos, irrequietos, possuindo grande energia e imenso vigor. Mostram-se excêntricos, às vezes até mesmo exibicionistas, e gostam de vestir-se provocativamente, com cores fortes e chamativas; alguns optam por roupas ousadas e vistosas. São pouco sociáveis em determinados ambientes, pois querem ser conquistadores e dominadores, possuindo um orgulho exacerbado, que muitas vezes os destoam dos demais. Não aceitam desaforos nem desacatos pessoais ou que sejam dirigidos a pessoas de sua consideração. Neste momento, mostram-se verdadeiramente e tornam-se coléricos, provocando grandes confusões. A amizade para eles é algo muito sério, que deve ser conservada a qualquer custo e de qualquer maneira.
   São generosos ao seu modo, sem permitir aos amigos que penetrem na sua intimidade. Extremamente apaixonados em seus relacionamentos, podem ser muito volúveis e instáveis. As mulheres filhas de Oiá não costumam se prender em demasia aos afazeres domésticos e à prole. Independentes, guerreiras e muito batalhadoras, procuram mais prover a família de subsídios para uma vida confortável do que mostrar a sua presença constante. Procuram transmitir aos filhos a sua independência, educando-os para entenderem que cada pessoa tem sua própria vida com obrigações e que devem saber como dirigi-la, sem prejudicar a si mesmo ou aos outros. Em outros momentos, estas mulheres se revertem para dentro de sua família, quando transformam-se em autoridade e utilizam-se de firmeza para com os filhos e até mesmo para com os seus companheiros. São mulheres que preferem educar a aceitar que outros venham fazer o seu papel, já que não aceitam intromissões nem opiniões alheias em sua vida familiar.

Coquetes, sedutoras, maliciosas, mulheres na acepção da palavra, algumas costumam ser volúveis, pois sentem-se livres para novos relacionamentos, mas sem deixar que estes atinjam sua vida particular e amorosa. Elas são libertas como o vento!

Obá

Obá (Ọbà) é uma divindade iorubá feminina, de idade avançada, guerreira poderosa, com um temperamento forte, e também uma grande feiticeira. Na Nigéria, um rio caudaloso e perigoso demonstra bem o caráter irrequieto desta belicosa iyabá e a homenageia, levando seu nome. A sua importância no cerne da religião é conseguir comprovar a força da mulher e mostrar que quando ela vai à guerra é para vencer! Em conjunto com o homem, pode prover sua casa e seu povo de alimentos. Ela mostra que, na luta diária, os dois sexos participam de batalhas vencidas instantaneamente ou que perduram por muito tempo. Mostra também que com perseverança e coragem elas serão debeladas incontestavelmente. A mulher, geralmente, é quem produz e consegue um elemento para vencê-las!

Corajosa e destemida, Obá tem características que a assemelham e a ligam a outras divindades femininas, como Oiá e Iewá. Ambas são mais jovens, porém, também possuidoras de gênio irascível e incontrolável, guerreiras, truculentas, lutadoras e não hesitam e nem se acovardam em contendas. A poderosa Obá, porém, consegue ser ainda mais voluntariosa, irada e temperamental, pois tem a seu favor a visão e a experiência que a idade lhe dão, além da volúpia inata da mulher guerreira, sempre pronta a combater. Não se deve olhar a sua maturidade de forma jocosa ou como uma fraqueza, porque foi através desta senioridade que ela se tornou a líder das mulheres combatentes e aguerridas.

Obá é considerada uma das melhores guerreiras amazonas da Sociedade Elecô, sociedade africana que não aportou no Brasil, estritamente feminina e presidida por ela. Estas mulheres não aceitam a submissão nem o comando dos homens, embora possam tê-los como companheiros ou associados. São guerreiras que têm poderes sobrenaturais e grandes afinidades com as Ajés e com Iyamí Oxorongá, divindades ancestrais da magia, da feitiçaria.

Embora seja uma divindade que não aceita a companhia masculina, porque não admite ter que se submeter ao domínio físico do homem, teve alguns companheiros. Esposa e companheira de trabalho de Ogum, junto com ele participou das guerras, tendo cada um perspectivas e vontades diferentes: ele ia à guerra com motivos concretos, para abrir novos caminhos e conquistar novas possibilidades. Obá ia à guerra porque gosta, sente-se atraída pelo combate ou pela derrota do inimigo. De Oxóssi foi acompanhante inseparável de aventuras e caçadas, nutrindo por ele um amor silencioso. Nos terreiros, quando se incorpora em suas filhas, dança para ele e com ele! Foi também a esposa mais velha de Xangô, por quem era perdidamente apaixonada, mas este a menosprezou em detrimento a Oiá e a Oxum!

Nos dias atuais são muito poucas as pessoas iniciadas para esta iyabá, pois sua feitura precisa de muitos cuidados. Exige principalmente que o olhador tenha profundo conhecimento dos grandes e antigos orixás.

Em algumas casas de candomblé, quando essa divindade surge no jogo, o sacerdote logo recorre a outros orixás, como Oiá, Oxóssi ou Xangô para que um destes aceite tomar conta do orí da pessoa. Contudo, se Obá não ceder a cabeça de seu filho, o sacerdote precisará seguir três caminhos: ser humilde e buscar o aprendizado; mandar que a pessoa procure alguém mais preparado; ou recorrer a outro mais sábio. Tudo isso para permitir que a feitura seja correta e haja positividade na vida da pessoa. Procura assim uma forma de aliviar e ajudar o iniciado, pois é um orixá turbulento e que geralmente não proporciona uma vida muito tranqüila aos seus filhos! Isto corrobora o dito de que "Obá é difícil no seu conhecimento, e mais difícil no seu trato"! É importante frisar: se os que detêm o conhecimento não souberem ou não quiserem transmiti-lo, este saber irá se perder e, no futuro, esta divindade não mais terá iniciados ou, se tiver, estes serão consagrados erradamente, faltando fundamentos essenciais e importantíssimos!

O gosto pela batalha é o que movimenta Obá e lhe garante muita liderança. É neste ambiente que gosta de ser admirada e idolatrada, sentimentos pouco experimentados por ela, que é mais reconhecida como conservadora, recatada, taciturna e arredia. Prefere então a ação, quando é admirada, pois não é admirada pela beleza ou por atrativos físicos. Gosta da solidão e de locais afastados, onde pratica a meditação e a contemplação. Mostrando-se muito contida em seus atos, é generosa e caridosa, em certos momentos.

Obá pertence aos elementos terra e fogo, o que é demonstrado pela sua preferência pelas cores de tons mais severos, como o vermelho-escuro, vinho, marrom. Seus fios-de-contas são rajados em amarelo, marrom ou avermelhado, de acordo com cada Axé.

Tal como as demais iyabás, usa ojá, camisu e saias muito rodadas para deixar seus movimentos livres. Estes, contudo, são mais usados para as contendas do que para a diversão. Em algumas casas de candomblé, porém, não é costume o uso do camisu em Obá. Usa-se amarrado um ojá no peito, terminando com um laço nas costas. Quando incorporada em sua iniciada, Obá não gosta de adê com "chorão" cobrindo seu rosto. Carrega vigorosamente a espada e o ofá na mão direita e, na esquerda, um escudo. Armas essenciais da guerreira e caçadora! Sua ligação com as mulheres é tão grande que só aceita que seus alimentos rituais sejam entregues por estas, dentro de gamelas de formato arredondado, enfeitadas com ojás coloridos.

Esta iyabá não aceita a injustiça com o ser humano, seja na parte social, jurídica ou religiosa, e está sempre ao lado do que for mais justo e correto. Não gosta de ações ou pessoas que tragam prejuízos a outrem, acreditando que o ser humano deve buscar ser feliz, mas sem tornar infeliz o seu semelhante. Por este entendimento e comportamento, é uma divindade leal para com seus objetivos, que não perdoa nem ajuda aqueles que fogem dos seus princípios morais. Com seus filhos, porém, torna-se bondosa e, embora reconhecendo seus erros, procura perdoá-los, porque o amor que sente por eles é cego. É a guerreira seguindo o instinto feminino, transformando-se em mãe!

Generalidades do orixá:
    Como são chamados os seus filhos: *olobás*
    Elementos: *terra e fogo*
    Dia da semana: *quarta-feira*
    Símbolos: *a espada, o ofá e o escudo*
    Metal: *cobre*
    Cores: *vermelho, vinho, marrom*
    Folhas: *iroco, mutamba, nega-mina*
    Bebidas: *vinho branco, aruá*
    Bichos: *galinha-d'angola, cabra, galinhas*
    Saudação: *Obá xirê!, Obá xi!, Obá xilê!*

Seus filhos:
As filhas de Obá conseguem, em sua grande maioria, ser atraídas por brigas e confusões. Apesar de gostarem de aventuras, não partici-

pam de competições porque correm o risco de perder, e isso elas não aceitam. Mesmo sentindo atração pelas contendas, são proibidas de possuir ou chegar próximo a armas brancas ou de fogo, porque Obá não permite que suas filhas envolvam-se com objetos de guerra! Também não aceita que suas filhas permaneçam em locais onde apareçam esses tipos de armas, porque elas correm o risco de passar por situações que poderão se transformar em tragédia.

As pessoas consagradas a essa divindade têm grande senso de justiça e amizade, mostrando-se às vezes severas e carrancudas. Consideram a estima e a afeição sentimentos que vencem qualquer obstáculo. Mas, quando ofendidas profundamente, tornam-se rancorosas; procuram a qualquer momento vingar-se de quem as magoou! Seus iniciados ou as pessoas que ela considera amigas não devem participar de falcatruas ou de ações que tragam prejuízos a outras pessoas. Obá não as perdoará, nem fará nada para ajudá-las, sendo adepta da máxima "quem fez deve pagar".

Algumas filhas de Obá se sentem carentes, depreciadas e necessitam constantemente de palavras ou atos que levantem o seu moral, injetando-lhes auto-estima e valor. É costume dizer-se que suas filhas dificilmente se casam e têm filhos. Mas existem as exceções. Quando isso ocorre, costumam ser muito felizes nos relacionamentos. Dentro desta perspectiva, entram elementos que ajudam na personalidade desta pessoa, como a educação, o modo de ver a vida e de lidar com o seu próximo! Muito difíceis no trato, costumam ser implicantes, pois não aceitam barulho, não gostam de vulgaridades, de palavreados populares, como as gírias e os palavrões. As futilidades mundanas não as atraem e também não gostam muito de diversões, apreciando mais os locais refinados e sossegados, com pouco movimento.

Seu gosto discreto também se reflete no modo de trajar, requintado, mas conservador e tradicional. Estudiosas e sábias, sentem-se realizadas quando conseguem transmitir para os demais os ensinamentos que adquiriram.

Iewá

Divindade feminina da guerra e da caça, cultuada no rio Iewá, na África, é dotada de raríssima beleza e seu nome pode ser traduzido como "senhora da beleza, da graciosidade"! Ela possui como principais atributos a possibilidade de se esconder, de se modificar. Senhora da comunicação, recebeu de Olorum a condição de ensinar ao ser humano as diferenciações que se completam e se complementam, como o frio e o calor, a noite e o dia, o bom e o mau etc. Conhecida como "a senhora da saúde", consegue transformar a doença em saúde ou vice-versa. Patrona da sensibilidade e "senhora da visão", permite ao homem a condição de se beneficiar e apreciar a beleza que o rodeia! A nação Bantu tem o inquice feminino Kissanga, que possui as mesmas características de Iewá.

Filha de Nanã, irmã de Omolu, Oxumarê e Iroco, é um vodum bem aceito nas casas de candomblé de quaisquer nações. Sua presença é uma honra para qualquer anfitrião!

Não é muito fácil encontrar nos dias de hoje iniciados de Iewá, talvez pelo pouco conhecimento que se possua sobre ela, talvez pelo seu dom de se disfarçar muito bem. Iewá é arredia, só se mostra quando e para quem ela quer! Portanto, é necessário que o olhador tenha boa vidência e excelentes conhecimentos e sabedoria. Ela é a divindade que consegue iludir, transformar-se e disfarçar seus atributos e a sua personalidade, mesclando-se com outras divindades, confundindo o babalorixá ou o babalaô que tiver pouco conhecimento desta sua arte. Em alguns momentos mostra-se como Oiá, em outros como Iemanjá ou Oxum!

Por viver nas águas cristalinas e nas nascentes, a feitura dos seus consagrados é trabalhosa e precisa ser iniciada no seu *habitat*, para depois prosseguir internamente. Seu assentamento é um dos mais complexos e refinados, sendo por isso também chamada de "senhora das pedras preciosas e dos brilhantes".

Os conhecimentos sobre essa divindade perderam-se com o tempo, e seu saber principal não foi transmitido, acabando-se com os mais antigos. Os preceitos necessários para a iniciação dos filhos de divindades mais raras, que não foram ensinados, causam a ignorância, o desconhecimento e, o que é pior, as inovações ou deturpações que colocam a perder toda a tradição milenar da religião e desses orixás. Estes preceitos serão aplicados no orí de seres humanos, um ato de extrema responsabilidade, tanto para quem ensina como para quem vai utilizar e aplicar os ensinamentos! Pertencente a vários elementos e a vários locais da natureza, Iewá possui características distintas e personalidade difícil de ser entendida e assimilada.

Em alguns itãs de origem iorubá é tida como filha de Odudua e de Obatalá; em outras lendas, de Nanã com Sapatá. Assim, Iewá tanto pertence ao elemento ar, por parte de seu pai Obatalá, como ao elemento terra, através de Odudua ou de Nanã. É uma divindade poderosíssima, soberana, que tem ligação com voduns, inquices e orixás muito poderosos! É inserida no elemento água, principalmente a água da chuva, e também na faixa branca do arco-íris, relacionando-se com Oxumarê e apresentando a sua relação direta com a divindade suprema do branco. Isto lhe possibilita suprir a terra constantemente de água, mostrando a versatilidade de sua transformação e a sua adaptação aos variados ambientes. Divindade aguerrida, é uma das amazonas do grupo das deusas guerreiras que não aceitam a presença e o domínio dos homens em seus territórios.

É também caçadora, juntamente com Oxóssi e outros odés, ajudando na proteção da mata e dos animais, mantendo-se porém independente. Para ela, a caça e o uso da floresta só devem ser permitidos quando utilizados para o sustento do ser humano. Iewá não aprova e não permite a caçada por puro esporte! Quando isto ocorre, ela, em conjunto com Oxóssi, Ossâim, Iroco e Ogum, provoca castigos, promove alucinações e confusões para os transgressores de sua lei, e estes são considerados como agressores e devastadores da natureza. Também não aceita a má índole, nem gosta das deturpações de caráter do homem, como as injustiças, as traições, as mentiras. Não permite, em hipótese alguma, em sua presença ou próximo ao local onde estiver seu igbá, desarmonia, ofensas, barulho e, principalmente, conversas ligadas à vida íntima de cada um. É a guardiã da ética, da moral e do bom comportamento!

Carrega sempre consigo uma pequena cabaça, denominada *adô*, onde estão seus pós de encantamentos e outros poderes somente utilizados nos momentos de perigo e grande necessidade. Tendo a possibilidade da transformação e de iludir os seres humanos, em certas ocasiões se apresenta como uma mulher encantadora, que só se mostra especificamente quando quer e para quem a merece! Em outros momentos, é misteriosa, com grande perigo em seu tratamento, mostrando-se enfurecida e raivosa.

Tudo que é realizado em intenção a Iewá precisa ser feito com zelo, capricho, requinte e até mesmo um certo luxo. Apesar de seu jeito belicoso e de seu comportamento amazônico, ela possui um gosto refinado e tem grande sensibilidade no trato com o ser humano. Dona de um caráter perfeito, tem sabedoria e muita sensibilidade artística, regendo o lado emocional, a subjetividade, a intuição e a fantasia do ser humano, controlando e governando o lado sonhador deste.

É uma iyabá que não demonstra ter grande atração pela parte masculina, pois é muito reservada. Pouco se conhece de sua ligação com outros orixás. Apesar de ser dotada de rara beleza, não possui a feminilidade e a doçura de Oxum e a graça sensual de Oiá, e não demonstra a rudeza ou a aparência taciturna de Nanã. Iewá tem a beleza fria da neve branca! Senhora da virgindade, é uma das grandes protetoras das mulheres e defensora daquelas que se mantêm puras e castas, mas que procura ajudar também as que tentam a procriação. Este seu comportamento, e mesmo o de algumas de suas filhas, não pode classificá-las como lésbicas. Elas somente são mais recatadas e sensíveis; o comportamento e o domínio masculino assustam Iewá e suas devotas!

Seus alimentos rituais são confeccionados com liturgia própria e perfumados com o azeite-de-dendê! Sua comida deve ser preparada e ofertada por mulheres, e seus pratos necessitam de uma apresentação requintada. Se forem feitos descuidadamente, serão recusados e ofenderão à divindade. E ninguém deseja ver Iewá enfurecida!

É uma divindade tão poderosa para o povo Nagô-Vodum que todos a reverenciam, ficando de pé ao vê-la dançar. As mulheres, ao pronunciar seu nome, inclinam a cabeça, em sinal de respeito e reverência. Gosta muito de usar roupas com cores fortes e quentes, e, às vezes, com cores mais suaves, bem de acordo com sua personalidade controversa! Percorre desde o amarelo-forte, o coral, o vermelho até o rosa, o azul, o azul-turquesa e o branco. Até suas contas são de cores vivas, rajadas de tons amarelos com vermelho ou somente vermelhos, de acordo com cada casa de candomblé.

A dança de Iewá é muita harmoniosa. Em certos momentos, ela movimenta-se com calma e majestade, porém, de repente, passa a dançar com muita energia e voluptuosidade, transformando a dança num bailado com muito sincronismo e beleza.

Diferente de outras iyabás, Iewá não usa camisu, preferindo um ojá amarrado no peito. Também não gosta de laço na cabeça, usando um conjunto de tiras trançadas, lembrando uma cobra, e caindo pelas costas. Suas saias são mais simples, sem muito volume e não muito rodadas. Gosta muito de brajás, palha-da-costa, búzios e cabaças, todos usados em abundância em suas roupas. Carrega nas mãos o tracá (ou tacará), uma pequena adaga muito utilizada também por Bessém, um alfanje, o ofá ou uma espada. Em seu adê não é colocado o chorão, para que seu belo rosto fique à mostra!

Generalidades do vodum:
   Como são chamados os seus filhos: *eIewás* ou *euacis*
   Elementos: *ar, terra e água*
   Dia da semana: *quarta-feira*
   Símbolos: *arco-e-flecha, adaga*
   Metal: *cobre*
   Cores: *amarelo-escuro, coral, vermelho*
   Folhas: *vitória-régia (oxibatá), palmeirinha*
   Bebida: *vinho branco*
   Animais: *galinha-d'angola, cabra, pombo*
   Saudação: *Riró!*

Seus filhos:
   Os filhos e filhas de Iewá costumam ser elegantes, de boa aparência, delicados, sensíveis e requintados. Geralmente são mulheres as escolhidas para serem suas filhas. Isto ocorre porque talvez ela exija minúcias comportamentais que os homens não conseguiriam manter, ou que não possuem.
   Seus adeptos precisam levar uma vida pacata e límpida, precisando observar algumas renúncias.
   São pessoas extremamente educadas, dignas, de bom gosto, que não compactuam com baixarias e vulgaridades.
   Apesar desse refinamento, são consideradas truculentas e complicadas nos relacionamentos, pelas suas exigências morais e éticas do comportamento humano e social. São intolerantes com a falsidade, com a mentira e com a hipocrisia. Os erros de postura na convivência homem-mulher também não são aceitos por seus/suas filhos/as, pois quando se relacionam amorosamente costumam ser fiéis, fazendo tudo para que a relação se mantenha estável.
   Procuram sempre estar atentos à modernidade, a novidades, antenados para o amanhã, por meio de estudos e pesquisas, transformando-se muitas vezes em pessoas intelectualizadas.
   Adeptas da solidão e da meditação, gostam mais de observar do que ser observadas. No meio de uma multidão, conseguem manter-se tranqüilas, embora rodeadas de pessoas.

Extremamente apegadas à vida religiosa, sensitivas, atingem um alto grau de vidência e percepção, devendo utilizar esse dom sempre para ajudar seu próximo.

Ibeji

Os Ibejis são orixás-criança, gêmeos, mas que são venerados como uma só divindade. Como o próprio nome indica – *ibi*, nascer; *eji*, dois –, são aqueles "nascidos em dupla", patronos de tudo que forma ou tem duplicidade, como os casais, os sentidos opostos, e principalmente os gêmeos. O ser humano também possui a regência de Ibeji, porque tem duplicidade na sua personalidade e no seu caráter. A dubiedade também está no dia, que depende da noite para surgir; na doença que se instala quando a saúde se debilita; no bem, sempre em paralelo com o mal e em várias outras formas. Tudo que tem existência possui seu duplo. O próprio ser humano, ao nascer, já vem preparado para conhecer a morte!

Os Ibejis representam ainda os opostos que andam juntos, como o homem e a mulher, que se atraem e se complementam. Até as pessoas de mesmo sexo precisam ter características diferentes, para se entenderem e se atraírem!

Este relacionamento de Ibeji com o duplo é simbolizado por Oiá e Xangô, seus progenitores. Oiá é quem move o vento, que tanto atiça como apaga o fogo, elemento de Xangô. E o calor do Sol, que abrasa Xangô, dilata e movimenta as moléculas do ar, produzindo o vento de Oiá.

Ibeji representa também o início, trazendo o desabrochar de novas vidas. É a duplicidade regendo a vida! Os Ibejis são dedicados, também, simbolicamente, a Oxum, a responsável por gerar, aparar e amparar todas as crianças, tanto no orum quanto no aiê. Contudo, é prerrogativa de Oiá a geração e os cuidados com os filhos gêmeos! Através desta junção, eles também passaram a ser saudados e a participar de todas as festividades para Oxum, com um ritual próprio, denominado "Mesa de Ibeji", onde estão presentes caruru, doces, balas, frutas, refrigerantes, flores e muita alegria.

Dentro da nação Bantu, o inquice análogo a Ibeji tem o nome de Vunje ou Mabaça; na nação Fon, o vodum assemelhado a ele é chamado de Hoho.

Os gêmeos, no contexto iorubá, pertencem ao grupo de crianças nascidas em condições especiais, como os abiaxés, os salacós, os abialás, as talabís, os abicus. São pessoas singulares que, dentro do candomblé, requerem tratamento diferenciado e que precisam ser cuidados por um sacerdote que tenha profundos conhecimentos sobre eles, na religião.

Os iorubás, na sua crença religiosa, acreditam que os gêmeos são inseparáveis, não aceitando assim que estes possuam seu doble (*enikejí*) no orum. Para eles, os gêmeos já são o duplo um do outro, aqui no aiê. Por isso, quando ocorre a morte de um dos dois, os iorubás afirmam que poderá ocorrer um desequilíbrio na família. Para compensá-lo, passam a cultuar uma estátua de madeira, que toma o lugar daquela criança que se foi. Este emblema retoma, então, o vínculo quebrado, trazendo de volta o equilíbrio. Em reconhecimento a essa prática, entende-se melhor o simbolismo de Ibeji na forma de duas estátuas de madeira. Estas representam duas crianças postas lado a lado, a fusão de dois seres!

Ibeji traz a personificação da inocência, da matreirice, da inconseqüência, mas simboliza também o equilíbrio e a ponderação. Por estar ligado à infância e a tudo de puro e belo que esta possui, é considerado o "orixá da alegria". A sua regência está voltada para as brincadeiras e para a energia e a sagacidade de todos que se preocupam em preservar a criança que cada um tem dentro de si.

Personificando a parte infantil do ser humano, que evolui continuamente, Ibeji tem o poder do crescimento e da transposição de barreiras, trazendo com ele a capacidade de fazer a vida fluir tranqüilamente, permitindo que o homem alcance a prosperidade e o progresso. Representante legítimo da fertilidade e da virilidade, concebe em si a propriedade de tornar o mundo mais povoado, em um sentido benéfico, pois traz a alegria, a amizade, a fraternidade e a cumplicidade entre os homens.

Contudo, Ibeji não é somente doçura e meiguice, muito pelo contrário. É orixá poderoso e perigoso, pois no seu afã infantil não reconhece limites e transgride as regras, não aceitando ofensas sem responder à altura. Isto o faz ser reconhecido, respeitado e também temido pelos homens e demais orixás. Se contrariado ou relegado a segundo plano, seu castigo será aceito até mesmo pelos *irunmolés*. As divindades mais velhas são quase sempre mais ponderadas, agem racionalmente e até com certo paternalismo, porém Ibeji não é assim; ele age num impulso, num rompante difícil de ser contido. Característica encontrada comumente nas crianças!

Uma coisa que pode irritá-lo sobremaneira são os apitos e os assobios. Porém, num contrasenso, os apitos fazem parte do seu mundo infantil e lhe são dados como presentes. Os assovios, porém, ele considera como sons dos pássaros, animais pertencentes às Ajés e aos orixás que possuem ligação com a morte, como Iku. Por estas divindades Ibeji tem respeito e temor!

Como os demais orixás, Ibeji, para ter evolução, produzir e distribuir seu axé, possui um Exu próprio, Idoú Obó (*Idowu Ogbo*), que recebe oferendas juntamente com ele. Possui também um Erê, assim como todos os orixás, que o acompanha e o ajuda em seus momentos de necessidade, ou que lhe serve como companheiro.

Atualmente, é uma raridade nas casas de candomblé ver um iniciado de Ibeji! Como acontece com vários outros orixás, a religião está correndo o risco de perder o saber e o conhecimento para sua feitura, que, diga-se de passagem, não é das mais fáceis.

Muitas pessoas referem-se a Ibeji como se este fosse um orixá inferior, secundário. Isto não é verdade! Ibeji é a força mais pura que existe na natureza. Ele representa a inocência e a energia das crianças, seres que ainda não foram contaminados pelos dissabores, problemas e maldades que os adultos criam para a sociedade. Agradar Ibeji é agradar Olorum e também todos os orixás, pois estes dependem de sua inocência e de sua impulsividade para ajudar o homem no seu caminhar pela Terra!

Generalidades do orixá:
Como são chamados os seus filhos: *bejí*
Dia da semana: *domingo*
Elementos: *ar* e *terra*
Símbolo: *estátuas de madeira*
Metal: *estanho*
Cores: *todas as cores, em tons suaves; exceto preto, roxo* e *marrom*
Folhas: *jasmim* e *alecrim*
Bebidas: *água de coco, aruá*
Animais: *garnizé, frangos-de-leite*
Saudação: *Bejí Eró!*

Seus filhos:
Os filhos de Ibeji possuem temperamento jovial e um pouco inconseqüente, com mudanças freqüentes de comportamento e opinião. Levam a vida a sério, mas com a mais tranqüila descontração. Costumam ter uma aparência infantil e não demonstram a verdadeira idade.

São brincalhões, irrequietos, teimosos e muito brigões. Esbanjam energia e possuem uma certa dificuldade em permanecer muito tempo no mesmo local. São muito criativos e fantasiosos, podendo descambar para a mentira com muita facilidade.

Em certas ocasiões demonstram um comportamento bem infantil, seja através de brincadeiras ou fugindo à responsabilidade. Sensíveis, costumam se magoar e se decepcionar facilmente, sendo a própria representação do ditado popular "fazem uma tempestade em um copo d'água"!

Adoram estar no meio de muitas pessoas, em festas, em eventos, com alegria e descontração. Possessivos e ciumentos, não pensam; explodem num impulso instantâneo, mas, passado algum tempo, tudo é esquecido. Adoram animais, e estes se tornam muitas vezes seus companheiros inseparáveis.

Pelo seu modo peculiar de ver e aproveitar a vida, são pessoas que se conservam eternamente jovens!

Iemanjá

Divindade iorubana, Iemanjá (*Iémójá*) é cultuada pelo povo Egbá, grupo étnico da Nigéria, que se encontra localizado perto da cidade mítica de Ifé. Neste local é reverenciada e recebe seus presentes num rio que leva seu nome. No passado, com as guerras intertribais, esse povo precisou transferir-se para outro lugar e instalou-se em Abeokutá, também na Nigéria, onde continuou a fazer o seu culto a Iemanjá, em um dos afluentes de um rio que corta essa cidade, chamado Ògùn.

Abê é o vodum feminino que tem mais semelhanças com Iemanjá, na nação Fon. A "grande mãe" e a divindade das águas salgadas, para os bantus, é Kaitumbá ou Ndandalunda.

No Brasil, Iemanjá transformou-se na "senhora dos mares", talvez devido à grandeza oceânica de nosso país, mas é também a rainha dos lagos, das lagoas e da junção do rio com o mar – daí o ser chamada de odô-iyá (*odò iyá*), "a mãe dos rios". Pode-se dizer que onde existir água, Iemanjá reinará! Por estar presente em quase todas as águas, ela acolhe e protege também os seus habitantes, advindo daí o seu nome Yeyê omó ejá (*Yèyè ómó ejá*), "mãe dos filhos peixes".

Reconhecida como a "mãe de todos os orixás", recebe e acolhe com amor mesmo os que não foram gerados por ela, mas que foram entregues a seus cuidados. Sua premissa principal é o poder e o título que lhe foram concedidos por Olorum, o de "mãe de todas as cabeças" (*iyá ori*). Este título tornou-a responsável pelo equilíbrio emocional, psicológico e espiritual do ser humano, provendo o homem da harmonia necessária para ter uma boa existência e convivência no aiê. Juntamente com Babá Ajalá, Obatalá considerado o "pai de todas as cabeças" (*babá ori*), é reverenciada na cerimônia do Borí.

Sua importância é tão grande que todos os iniciados, mesmo aqueles que não a têm como seu orixá principal, possuem uma ligação especial com ela, pois ao ser considerada a mãe de todos os orixás, torna-se avó de todos! E todas as pessoas iniciadas no candomblé, em um período de sua evolução religiosa, terão que assentar Iemanjá porque ela faz parte da corte dos orixás que reinam em todas as cabeças. Assim, ninguém merece mais do que ela o poderoso título de a "Grande Mãe" (*Nlá Yágbá*)!

Iemanjá representa a água que refresca e dá vida à terra, que ajuda na procriação e na geração de novos seres. A água que apascenta, que acalma; a que cai do orum e depois a ele retorna, para descer novamente em forma de chuva — a "água divina e sagrada" de Olorum. Como representação feminina, é primeiramente a mulher bonita, mas é também filha, mãe e esposa, símbolo mítico do papel inerente a todas as mulheres. Em uma outra fase, é guerreira, batalhadora, conquistadora e se transforma, quando necessário, em amante ardorosa, meiga e sensual. Quando associada aos rios, Iemanjá mantém relacionamento com a agricultura, que precisa da água para subsistir e produzir, o que a aproxima de orixá Okô, o "patrono da agricultura". Na parte da agricultura, interliga-se também com a colheita, principalmente a dos novos inhames, prato predileto de Oxaguiã, seu filho mítico.

No oceano, Iemanjá controla as marés através das fases da Lua e com a força do vento, que agita suas águas e faz com que elas se mostrem ora calmas, ora tenebrosas e temerárias. Em alguns momentos, tornam-se destrutivas, mas Iemanjá procura abrandá-las, propiciando aos pescadores abundância e variedade de alimentos para sua sobrevivência e seu custeio. É nas profundezas do mar que ela guarda suas riquezas e suas jóias, reinando com seu pai, Babá Olocum!

Nas lagoas e nos lagos, dentro de grandes florestas, interage com seus outros filhos que regem o comércio: são caçadores, pescadores, agricultores, guerreiros e guerreiras incansáveis, magos poderosos, grandes feiticeiras. Relaciona-se então com Babá Ajê Xaluga, Oxóssi, Ossâim, Logunedé, Ogum, Iroco, Oxumarê, Oxum, Iewá, Obá, e interage em suas variadas funções! Em uma forma mais idosa, a de Iyamí, tem relacionamento mais aprofundado com Logunedé, Ossâim e Oxóssi, obtendo deles conhecimentos e segredos das folhas e das árvores para suas magias e encantamentos. Como participante do grupo das Iyamís, Iemanjá está incluída no seleto grupo das veneráveis Grandes Mães, relacionando-se também com os Oxôs, os grandes feiticeiros das matas. Dentre estas mães, liga-se com Oxum, sua filha mais bela, que possui o controle sobre as águas doces e as cachoeiras, conhecida como a grande "Senhora dos Feitiços"!

Em territórios iorubás, essas mães-velhas encabeçam também a Sociedade Geledê, exclusiva das mulheres. Essa sociedade tornou-se muito restrita no Brasil, talvez ainda existindo nos recônditos do país. Mas essas Iyás velhas e poderosas são constantemente lembradas, saudadas e cultuadas nos nossos rituais, principalmente no Ipadê de Exu.

Iemanjá protege os recém-nascidos, inclusive os abicus, aqueles que já vêm para o aiê com uma data predeterminada entre eles para voltar ao orum. Como mãe-protetora, apazigua-os e tenta modificar essa situação, através de vários rituais, afastando-os e defendendo-os da morte (Iku), ligando-se assim com Oiá, a mãe dos "filhos-abicus". Outra grande mãe, Iamassê Malê, da família de Iemanjá, é a mãe de Xangô, o orixá que faz surgir do fundo do mar o fogo, em forma de vulcão, demonstrando a possibilidade da união de dois elementos da natureza tão poderosos. É Iemanjá abrandando com suas águas o furor de Xangô! E Xangô paparica, reverencia e idolatra essa mãe, dançando com ela, e para ela, em suas festas!

Através de Nanã, Iemanjá conheceu e adotou Obaluaiê, abandonado por esta sagrada "avó" da religião. Criado e tratado por Iemanjá de seus males corporais, de suas feridas, ele respeita sua verdadeira mãe, mas idolatra e venera a "senhora dos mares" e sua grande protetora. Para fazer-lhe um mimo e agradá-lo, numa forma de diminuir e reparar seu sofrimento, Iemanjá colocou Obaluaiê para descansar e dormir em uma cama feita com pérolas e fios de palha-da-costa! É a mãe acalentando seu filho, ajudando-o a se sentir melhor e ensinando-o como dividir suas posses e seu poder!

Ligada à procriação e à gestação, Iemanjá possui uma grande relação com os orixás funfuns. Esse relacionamento é visualizado através da união indissolúvel de Obatalá com *Yemowo*, divindade funfun do grupo de Iemanjá. Talvez este seja o único casal a praticar a monogamia dentro dos grupos de orixás! Pois Iemanjá é uma iyabá que só aceita o sexo para procriação, negando-o como diversão e prazer. Partindo desta premissa pode-se entender porque ela considera uma afronta, um desrespeito gravíssimo, a prática do ato sexual na beira ou dentro de suas águas, sejam do mar, dos rios e até das lagoas. Até mesmo o simples ato de namorar nestes locais é para ela um agravo. E seus filhos, principalmente, não devem desagradá-la!

Em alguns momentos aparenta ser uma velha, em outros, nova; às vezes é calma, às vezes, irascível. Assim é Iemanjá! No seu panteão temos diversas divindades, com personalidades, características, gostos e formas diferenciadas de culto. Vamos enumerar algumas:

Iyá Olocum – uma das Iemanjás mais velha, utilitária da cor branca e interligada aos orixás da criação.

Acurá (*Akurá*) – uma divindade alegre, graciosa e gentil, que gosta de dançar. Dedica-se ao bem-estar e à saúde das crianças, protegendo-as da morte. É companheira de Oxum, pela sua interação com os Ibejis e com as crianças pequenas. Não gosta de feitiços, preferindo dedicar-se a cuidar dos enfermos, com a ajuda dos poderes de Omolu e Ossâim, ambos conectados também em ajudar o homem a ter uma vida saudável. Recorrem a ela todos que têm problemas de saúde.

Sobá ou **Sabá** (*Iyásabá*) – altiva, voluntariosa, perigosa. Companheira de Orunmilá. Por sua ligação com o senhor da sabedoria e do destino, seus filhos possuem a dádiva de grande facilidade no entendimento/interpretação e no manuseio do jogo de búzios. Se forem dedicados, serão grandes olhadores!

Auoiô ou **Toió** (*Awoyò*) – a mais velha de todas, mora no fundo do mar. A mais vaidosa e a de características mais femininas – é costume se dizer que esta Iemanjá gosta de usar sete saias, para dar maior volume aos seus movimentos e, assim, assemelhar-se às ondas do mar! Gosta de viver sempre bem arrumada e coberta de jóias. Usa os adornos de Olocum: pérolas, conchas, búzios, madrepérolas, e também os raios do arco-íris enfeitando a sua cabeça! Veste-se de branco, pois tem ligação com Orixalá e Oxaguiã, sendo louvada nas festividades do "Inhame de Oxaguiã".

Iyá Ogunté – a "Guerreira de Olocum". Amazona belicosa e incansável, muito severa, possui gênio violento. Rancorosa e sempre pronta a participar de qualquer guerra, principalmente no que se relacionar com seus filhos. Ligada a Oxóssi, é, de acordo com alguns itãs, a parceira de Ogum Alabedé, o "guerreiro de Obatalá", com quem recebe seus presentes. Reina no mar, nos rios, nas lagoas e também nos montes, pois gosta de matas isoladas e de ficar nos pontos mais altos, admirando o oceano. É também a "senhora dos corais e da madrepérola". Tem em seu poder instrumentos de guerra forjados pelo marido, principalmente a espada. Este casal é tido, nas lendas iorubás, como os pais de uma das divindades do panteão de Oxaguiã, o orixá guerreiro da família dos Oxalás. Ogunté usa em suas vestimentas e adornos as cores verde ou azul bem clarinhas, quase translúcidas.

Oloxá – é divindade que mora à beira dos lagos e das lagoas, e no encontro do rio com o mar, em locais mais profundos (*ibù*). Ela sai de sua lagoa somente para se encontrar com o senhor dos mares, Olocum, com quem forma o casal progenitor de Babá Ajê Xaluga. Muito bondosa para os pescadores, os protege e ajuda ao trazer-lhes abundância em seu trabalho no mar.

Emaleô, Maleleô ou **Maleô** – uma das Iemanjás mais velhas. Altiva, sisuda, tem um semblante fechado. Vive na solidão do fundo das florestas, nos bosques fechados, nos mananciais, nas lagoas e nos lagos. Possui grande entrosamento com Oxóssi, Ossâim e Logunedé, aprendendo ou ensinando a eles o uso e o poder de suas folhas para encantamentos e magias, pois ela está inserida no grupo das Eleiyés. Poderosa feiticeira, liga-se também a Oxum.

Sessu ou **Assessu** – "senhora das águas turvas". Divindade muito temida, relacionada ao ritual do Axexê e com Iku, tem ligação com Obaluaiê e Nanã. Vive nas partes mais profundas, escuras e frias dos rios e dos mares, e é chamada de a "mensageira de Olocum". Introspectiva e carrancuda, é muito metódica e paciente, sendo conhecida pela sua lentidão para atender aos pedidos de seus filhos e fiéis. Tem grande entrosamento com Ogum, a quem acalma em seus momentos de ira. Embora pertencendo às águas muito frias e à calmaria, esta Iemanjá recebe suas oferendas juntamente com Ogum, comprovando a união da inércia com o movimento!

Por reinar em vários tipos de água, Iemanjá tem a companhia de vários orixás que pertencem a elementos que se encontram próximos do seu. Sua ligação será muito grande com um tipo de Ogum, de Oxóssi, de Iroco ou de Ossâim que viva em faixas de matas ou florestas muito próximas ao mar, formando baías ou enseadas, cujas águas terão um tom esverdeado, pelo reflexo das folhagens. Em alto-mar, em locais de menor profundidade, a água será de um azul-claro, ligando, então, Iemanjá com uma divindade do panteão de Orixalá. Nas enseadas perto de rochas minerais ou magmáticas, a água será escura. Nesse local,

Iemanjá está relacionada a uma qualidade de Ogum, de Xangô e de Exu. A partir destas informações, podemos visualizar o quanto Iemanjá está integrada, inserida e firmemente relacionada com todos os orixás!

Embora goste de vestir-se de branco, Iemanjá aceita também cores bem clarinhas. Em algumas casas usa camisu, saia, pano-da-costa, ojá amarrado no peito, com laço para frente, e outro ojá na cabeça, com laçarote para trás. Usa adê com "chorão", com contas de cristal. O cristal transparente usado em seu fio-de-contas representa os elementos ar e água. Em suas danças, faz movimentos com as mãos semelhantes às ondas do mar. Segura na mão direita seu alfange e, na esquerda, o abebé, geralmente feito de metal prateado, substituído às vezes por um leque feito de conchas. O seu abebé ou o leque tem o formato circular, porque simboliza a sua ligação com a barriga e com a gravidez, ingerências da mulher. Seu igbá é feito geralmente em uma tigela branca, rosa, azul ou verde, em tons claros. Alguns tipos de Iemanjá são assentados em gamela, como Iamassê Malê e Iyalujá (ou Iyalojá), a "senhora do xére".

Gosta de receber seus presentes nas águas: perfumes, sabonetes, espelhos, bijuterias, jóias, artigos de toucador, água de cheiro etc., tudo que lembre o universo feminino! Também gosta que sejam enfeitados com fitas e flores, e também com alguns doces e frutas! Iemanjá gosta de ser mimada e admirada. Aprecia com carinho as pessoas que, ao pôr do Sol, caminham bem próximas à sua água, na areia molhada. Nesse momento elas devem pedir sua ajuda e soluções, contando-lhe seus problemas! Faz bem jogar moedas no mar, para agradá-la, pedindo-lhe que retribua com prosperidade e riqueza.

Para finalizar, precisamos deixar bem patente que Iemanjá, no candomblé, não é sereia, nem Janaína, nem N. Senhora! Não é branca, nem alourada, muito menos doce moça singela e bondosa. Iemanjá é orixá, linda negra africana, mãe, mulher e guerreira. Sagrada rainha e mãe dos orixás! Evitemos o sincretismo, que só confunde cada vez mais a todos!

Generalidades do orixá:
Como são chamados os seus filhos: *iemanjassi, iyá*
Dia da semana: *sábado/domingo*
Elementos: *água* e *ar*
Símbolos: *abebé, leque, alfange*
Metal: *prata*
Cores: *branco, rosa, verde e azul-claro*

Folhas: *alfavaca, macaçá (catinga-de-mulata), capeba*
Bebidas: *champanhe, vinho branco, aruá*
Bichos: *pata, cabra, bode, galinha, pombo* ou *galinha-d'angola*
Saudação: *Odô fẹ̀ iyabá (Odò fẹ̀ ìyábá), (traduzido como "amada mãe do rio" ou "o rio ama a mãe").*
Odô iyá (Odò ìyá) ("mãe do rio").
Omi ô ("salve as águas").

Seus filhos:

Os filhos e filhas de Iemanjá são pessoas muito protetoras e rigorosas, com tendências maternais. Tratam as pessoas como se estas dependessem dos seus cuidados, exigindo em troca um tratamento do mesmo modo. Têm um senso de ordem muito grande e a hierarquização é para eles fundamental, pois faz parte da sua vida. Instáveis, irritam-se facilmente quando desobedecidas em suas vontades. Preocupam-se com seu próximo e costumam ser generosos com quem gostam, ou quando é de seu interesse. Alguns são traiçoeiros, como o mar de Iemanjá, e conseguem enganar as pessoas com seus sorrisos francos e abertos! Voluntariosos, conhecem sua importância no grupo em que se inserem, dando suporte e auxiliando naquilo que for necessário. Não costumam ser vaidosos, mas gostam do que é belo e útil, apreciando uma vida confortável, sem extravagância. Testam as amizades, fazendo-as revelarem realmente quem são, procurando encontrar pontos fracos que possam desestabilizar a relação. Se isso ocorrer, os filhos de Iemanjá dificilmente darão o perdão; a amizade poderá continuar, mas o deslize não será esquecido! No geral, são pessoas de bom coração, sempre dispostas a ajudar o seu semelhante.

Nanã

Pelas características nômades, incentivadas pelos conflitos internos ou pelas dominações, algumas nações africanas criaram um ambiente propício para a disseminação e a incorporação de divindades entre eles. Com mudanças e diversificações, estas forças da natureza foram sendo assimiladas, readaptadas e reorganizadas dentro de diversos panteões. Assim ocorreu com Nanã (*Nàná Bùruku*), vodum muito antigo, ligado à terra ou, mais especificamente, à lama, que acabou também sendo integrada a outras nações.

Nanã é também chamada de Nã, sufixo ligado à palavra "mãe" em várias cidades africanas. Segundo algumas lendas do povo fon, esta divindade é tida como o Deus supremo desta nação; em outras é considerada a criadora do mundo. Pela sua posição dentro da religião, Nanã foi adotada também pelo candomblé iorubá, no Brasil. Nanã é, para eles, uma das divindades mais antigas dentre aquelas ligadas à água, e também a precursora das que detêm o poder da gestação. Senhora suprema dos ancestrais, tem domínio universal sobre as águas paradas e lamacentas dos pântanos e dos manguezais.

No alvorecer da criação, quando a terra se uniu com a água imóvel e fez surgir a lama propicial, criou o elemento essencial para a modelagem dos seres vivos. Ao conter o segredo da lama, Nanã, conhece o início, o meio e o fim de todo ser vivente. E esta sua água parada que, ao primeiro momento, apresenta-se como substância morta, encobre e camufla vários tipos de vida, também está sob a proteção e os cuidados de Nanã.

Esta senhora introjeta e permite a saúde e a manutenção de uma boa existência. Até no momento da morte ajuda o homem a retornar às suas origens, quando recebe seus corpos em suas terras. Mesmo ligada à morte, não é a mãe ou a condutora dos mortos, nem a sua representação. Ela foi designada apenas para que ajudasse na criação dos seres vivos e para que, através da morte, renovasse o mundo, fazendo uma transformação natural e provocando o surgimento de novas vidas.

Os domínios de Nanã expandem-se desde a superfície dos lodaçais até a parte interior e úmida da terra. É no seu ventre que ela faz a deterioração daquilo que será devolvido à mãe-terra depois da morte, promovendo a reintegração. Deste modo, ela recicla também seus principais elementos, numa renovação constante, num entrelaçamento com Onilé (iorubá) ou Aizã (fon), divindades que têm domínio sob o solo e a crosta terrestre. Os elementos água e terra, representantes da fertilidade e da gestação, veiculam o axé feminino. Nanã, mãe primitiva por excelência e avó por senioridade, também contribui para o sustento do homem. Chamada de "proprietária dos grãos", propicia ao ser humano a alimentação, fecundando em suas terras os grãos e as sementes, ajudando na geração de novas plantas.

Somente Nanã conhece os mistérios de processar e transformar o seu reino. E é necessário que isso ocorra constantemente em seu *habitat*, para mantê-la sempre apaziguada. Para ela, se não houver a morte, não existirá a continuação da vida, movimento que permite equilíbrio no planeta Terra. Os iniciados no candomblé, após a sua morte, devem ser colocados na terra, para não transgredirem o ciclo natural da criação, que é o retorno à lama de que fomos criados.

Nas liturgias de Nanã e nos elementos que lhe dão poder, observa-se a sua antiguidade. Antecessora à Era da descoberta e do uso dos metais, ela não os aceita em seus rituais e nem próximos aos seus objetos. Até mesmo pela sua personalidade, conservadora e irredutível! Em suas obrigações só são utilizados utensílios fabricados em madeira ou em barro. Esta diferenciação, entretanto, não produz inimizade ou divergência entre Nan e Ogum, o senhor dos metais, porque ambos respeitam as formas de culto e as épocas de cada divindade.

Em compensação, vivendo no núcleo das matas e dos alagados, é a iyabá que mais conhece o uso terapêutico e ritual de ervas e de plantas que ajudam na saúde dos homens ou nos feitiços. Por meio de certas folhas, ela tem o poder de criar ou retirar malefícios!

Ela condena as pessoas que só querem prejudicar seu próximo com maldades ou feitiçarias, os que não sabem distribuir amor e fraternidade e os que não ajudam os menos favorecidos e os doentes. Torna-se então inimiga desse tipo de pessoa! E se incumbe, então, de dividir esse malefício, pois quem pratica ou deseja o mal, não ficará impune à sua justiça! Nanã não livra desse ato nem seus próprios filhos! Porém, para aqueles que se enquadram em seus parâmetros e procuram viver de acordo com suas regras e dogmas, ela proporciona condições para viverem dignamente. Por este seu sentimento é chamada de "orixá da justiça" (*òrìsà láarê*) pelos iorubás, pois pertence a um tempo em que a "palavra" era a "honra"! Não aceita e não perdoa também aqueles que desrespeitam os segredos e os juramentos religiosos ou morais.

É reconhecida como a "divindade da opulência" e "senhora dos cauris", pela sua ligação com os pequenos crustáceos moradores das terras úmidas. Estes, sem vida interna, transformam-se em símbolo da prosperidade. Já foram, em tempos longínquos, utilizados como moeda ou objeto de troca, na África. Representam os filhos que Nanã traz incutidos em si, pois nasceram em seu reino e são seus descendentes diretos.

Seu principal colar, o brajá, é todo confeccionado com pares de cauris, sendo usado por seus filhos Omolu, Oxumarê, Iewá e Iroco e também por alguns outros orixás, em honraria a ela. Ao ser usado cruzado diagonalmente no peito do iniciado, faz um entrelaçamento simbólico do presente com o passado; une também a mãe e os filhos; o lado esquerdo (feminino) com o lado direito (masculino). Seu cetro primordial, o ibiri (*ìbírí*), feito com palha-da-costa, também é enfeitado com búzios e é reconhecido como seu descendente, porque nasceu com ela, está contido nela e carrega todo seu poder. Foi Nanã quem deu existência ao ibiri e partilha com ele o seu axé! Ele representa a sua ligação com a ancestralidade e também com os seus descendentes. Quando Nanã o posiciona em sua mão direita, é como se ele se tornasse a extensão de seu braço, como se fizesse parte de seu corpo. E ela o embala como a uma criança!

Possuidora de idade imemorial, Nanã é considerada uma *iyalodê*, fazendo parte também da sociedade secreta Geledê, que congrega as supremas governantes do poder feminino, as *iyá-agbá*, as matriarcas, mães velhas. Possuidoras do poder místico e indesvendável da fecundidade e da fertilidade feminina, estas mulheres ligam-se também com as árvores e os pássaros. Por meio destes elementos, Nanã tem um entrelaçamento afetivo com Iroco, seu filho e senhor das árvores, que permite e produz o abrigo para os pássaros, emissários das Iyamís, e também com Iewá, a caçadora poderosa, sua filha, participante do grupo das *Eleiyés*.

Quando trouxe para o mundo e para os homens a esteira, ela deu ao ser humano um local onde este pudesse repousar seu corpo, sem entrar em contato direto com a terra. Considerada como a "nata da terra", a esteira cobre e protege tanto a terra como o homem, porque o ser humano só entrega o seu corpo à terra após a morte! Confeccionada com palha, ela é também a "mesa" e a "cama" do iaô, onde este se alimenta e também se prepara para renascer, tornando-se um novo descendente de Nanã! Para os iorubás, a esteira pertence a Obaluaiê, filho mítico de Nanã, que foi adotado por esta nação. Para o povo fon, a esteira é reconhecida como propriedade de Aizã.

As liturgias para Nanã exigem um forte respeito às tradições e à hierarquização, porque seus preceitos e fundamentos são muito complexos e precisam de grande conhecimento. Exigem grande equilíbrio e perspicácia, pois ela provoca situações que requerem essas qualidades dos sacerdotes. Divindade cujos fundamentos são do povo fon, ela poderá ter iniciados de outras nações, sendo necessário, porém, que seus rituais sejam realizados com base em sua nação de origem. Em compensação, se a iniciação de uma Nanã for "bem feita", no dizer do candomblé, significa crescimento, paz e prosperidade para seu iniciado e para a casa de candomblé. Sua feitura é controversa e perigosa, porque exige sacrifícios pessoais de todos os participantes, como abstinência de bebidas alcoólicas e de sexo alguns meses antes da iniciação. Ela não pode ser iniciada em pessoas do sexo masculino e também não incorpora com freqüência em suas filhas. Por ser muito justiceira e ter comportamento de padrão exemplar, exige vida primorosa para suas iniciadas, sendo rigorosa e perfeccionista. Senhora do silêncio e da madrugada, não aceita que suas liturgias sejam realizadas à luz do dia, porque aprecia o momento em que o orvalho umedece a terra e o sereno refresca e a fecunda, propiciando assim ciclos eternos de vida. Para Nanã, a água na terra significa apascentá-la, auxiliando, assim, no equilíbrio e na harmonia do mundo.

Ao chegar às festas, Nanã imediatamente recebe homenagens, porque sua aparição costuma ser rara. Gosta muito de dançar apoiada em seu cetro, e seu ritmo preferido é o sató. Seus movimentos são lentos e precavidos, lembrando o andar vagaroso de uma anciã, porém levemente embalados pelo ritmo. Em alguns momentos necessita de auxílio, mas continua apresentando o porte digno e majestoso de uma senhora portentosa. Carrega o ibiri com suavidade e doçura. Embora use saia, Nanã não usa camisu e seu laço é amarrado para trás, características semelhantes às dos orixás da criação!

O inquice feminino Zumbarandá, da nação Bantu, é semelhante a Nanã, também ligada aos pântanos e à descendência, e é uma divindade muito velha e muito temida. Os nomes das divindades são denotativos de grande poder, o que pode ser condutor também de certo perigo ao pronunciá-lo. No caso de Nanã, aconselhamos utilizar o sufixo Nã (mãe) ou o termo "Avó". Os mais antigos costumavam chamá-la carinhosamente de "Missim".

Independentemente da nação, todas as divindades são poderosas, mas também muito amigas dos seres humanos e gostam de atendê-los e de agradá-los. E Nanã, mãe ancestre, está sempre pronta a atender àqueles que lhe pedem auxílio, e procura provê-los de uma boa permanência no aiê, junto aos seus familiares e amigos!

Nã, a "vó" que domina e tem o segredo da vida e da morte!

Generalidades do vodum:
    Como são chamados os seus filhos: *nanãssi*
    Elementos: *água* e *terra*

Dia da semana: *segunda-feira*
Símbolo: *ibiri*
Metal: *não os utiliza*
Cores: *branco, azul, roxo*
Folhas: *fortuna, samambaia, manacá, melão-de-são-caetano, taioba*
Bebidas: *aruá*
Animais: *cabra, galinha-d'angola, rã*
Saudação: *Salúbá, Nanã! Aho bo boy, Naê!*

Seus filhos:

As filhas de Nanã são pessoas que denotam e exigem muito respeito, tratando todos com muito carinho, sendo extremamente gentis. Calmas, são benevolentes, com um porte que transmite dignidade. Gostam de ficar sentadas e quietas em locais reservados. Nestas ocasiões, voltam suas lembranças e recordações do passado, pois têm uma boa memória. Seu semblante taciturno, fechado, em alguns momentos rabugento e ranzinza, transforma-as em "velhas antes do tempo". Algumas têm um temperamento introvertido, porém pacífico.

Muito trabalhadoras, são incansáveis. Contudo, não se apressam para nada, nem mesmo para seus afazeres diários. Amigas, cultivam com carinho suas amizades, por quem têm grande apego. Mas se forem traídas, machucadas ou melindradas, não esquecem facilmente, tornando-se vingativas ou guardando rancor por muito tempo.

Mesmo vivendo com a evolução do dia-a-dia, são tradicionalistas e metódicas e procuram não evoluir radicalmente no seu modo de viver. Agem com equilíbrio, porque não gostam de mudanças bruscas. Embora gostando de viver bem, não são ambiciosas e preferem a simplicidade. Mas adoram ser mimadas e acariciadas, tratadas com dengo, como se fossem *vovós de todos*. Pacientes com as crianças e com os mais jovens, gostam de educá-los, de ouvi-los, e os tratam com carinho e compreensão, pois gostam de aprender com a juventude! Preferem ficar em sua casa, sempre muito limpa e acolhedora, a estar na rua. As filhas de Nanã costumam ser muito procuradas pelos iniciados das várias nações de candomblé porque são pessoas de uma boa índole e de personalidade agradável e acolhedora, que procuram transmitir com prazer seus ensinamentos éticos e morais.

Oxaguiã

Senhor dos contrastes, poderoso estrategista e astucioso, Oxaguiã (*Òrìṣà Ogiyán*) é o guerreiro jovem da família dos orixás funfuns. É saudado como Eleejigbô (*Eléèjígbò*), o "senhor de Ejigbô", na cidade de mesmo nome, na Nigéria. No Brasil possui diversos codinomes, muitos que são utilizados para apaziguá-lo: Orixá Oguiã, Oxalaguiã, Oxaguim, Xaguim, Oxodim. São vários nomes para um grande guerreiro!

Filho de Oxalufom, o senhor da cidade de Ifon, é tratado como o mais novo dos orixás do panteão do branco, mas isto não o transforma em um jovem! Nenhuma divindade integrante deste grupo é considerada jovial, porque são pertencentes à época da criação, o que os torna possuidores de idade imemorial. Oxaguiã só é menos ancião que seu pai! É um orixá que possui grande fundamento e enredo espiritual, e que se torna perigoso para o observador inexperiente, pois mostra suas duas faces: a da paz e a da guerra. Cabe ao babalorixá descobrir e decifrar o que a divindade está mostrando. Além disso, Oxaguiã é um grande dissimulador, que gosta também de provocar conflitos, enganar e testar! Para a iniciação de seus filhos todo cuidado e saber são poucos, porque sua "feitura" necessita de cuidados muito especiais, em que tudo obedece a horários e momentos estipulados! Nunca é bom esquecer que Orixalá é o orixá do imobilismo, da placidez e da quietude, mas que Oxaguiã, dentre os do panteão funfum, é quem traz a agitação, o vigor, a energia e, até mesmo, um certo desequilíbrio geral!

Patrono da instabilidade, é também quem permite a mobilidade, dois pólos necessários para a produção do dinamismo, elemento que transforma e proporciona evolução ao dia-a-dia da espécie humana. Como o "senhor da instabilidade", é quem provoca os delírios e o desequilíbrio emocional, mas é também aquele que os controla! Numa contradição perfeita, produz a estabilidade e o equilíbrio, mas transforma-se no ponto fixo de um pêndulo quando promove a desordem e a desarmonia. As pessoas com problemas de saúde a ele recorrem para que intervenha e faça a vida prevalecer sobre a morte, porque ele transita nestes dois campos. Esta sua ligação vida/morte é comprovada no uso de suas cores: o branco, elemento símbolo do ar, da vida, produto do orum, e o azul (o seguí), representando o preto da terra, elemento do aiê.

Poderoso estrategista nas batalhas, tenta a todo custo evitar o confronto direto, preferindo recorrer primeiro a subterfúgios que promovam a paz. Foi Oxaguiã quem trouxe para o homem o ensinamento da pacificidade, da disciplina, da hierarquia e do respeito e, por isso, gosta de mostrar a guerra e a paz, para que o ser humano possa fazer sua escolha. Como podemos ver, Oxaguiã é um orixá dúbio: que vai à guerra, mas que tenta promover a paz; provoca derrotas, mas é quem traz vitórias e equilíbrio; ama demais a vida e, através desta, consegue driblar a morte. Ele não guerreia pelo sabor da destruição, sua guerra é direcionada para o lado humano; luta pela justiça, pela moral, pelo bem-estar da comunidade, procurando promover a paz e a união.

Patrono da observação, da leitura e da inteligência, é o "senhor da materialidade", quando proporciona ao homem a condição de colocar em prática seus pensamentos e suas idéias. E permite que o ser humano invente, construa e produza sempre novos objetos, levando a vida para novos rumos e construindo novos conceitos. Seguindo seu pensamento inventivo e inovador, Oxaguiã tornou-se o "proprietário dos assentos", e domina todos os bancos, cadeiras e tronos que propiciem um descanso ao corpo humano, pois para este orixá a felicidade do homem é fundamental! Ele proporciona também aos orixás e, principalmente, a Orixalá, o trono onde estes se sentam! Muito elegante no trajar, é também conceituado como o "orixá dos adornos e dos ornamentos requintados", que produzem a beleza e a graça com simplicidade!

Possui ligações com inúmeros orixás, algumas deles muito perigosos, e outras detentoras de grande poder e axé. Sendo o único orixá funfun com o poder do movimento e da agilidade, é ele quem promove a comunicação entre todos os orixás deste panteão; destes com os demais orixás; e também de todos os orixás com os homens.

Relaciona-se muito intimamente com Exu, o comunicador e mensageiro. Desta união surge a função de promover a harmonia entre os poderes femininos e masculinos, produzindo o equilíbrio entre as Ajés e os Oxôs, seres interligados com os poderes mágicos da floresta e das águas. Oxaguiã, como partícipe do grupo dos Oxôs, se aproxima de Oxum, reinando ambos como dignos representantes destas duas sociedades poderosas, juntamente com Oxóssi e Logunedé. Nesta sua relação com a floresta e com o panteão do branco, liga-se com as árvores e com os *iwíns*, seres divinos de Orixalá que nelas habitam e que têm incutidos em si a síntese da descendência. Oxaguiã também relaciona-se com Iroko, a divindade do branco residente na floresta e representante mais importante das grandes árvores, e com Logunedé, o senhor da magia. Estes lhe proporcionam o equilíbrio de seu vigor e de sua brutalidade, porque lhe ensinam como utilizar a persuasão, junto com a força e o poder, no auge de uma contenda.

Chamado de "senhor dos inhames novos", este tubérculo é para ele tão ou mais poderoso e energizante do que o azeite-de-dendê é para Exu. Depois de pilado, o inhame (*iṣù*) recebe o nome de *iyán*, de onde advém seu epíteto, *Òrìṣàjìyán*, ou Orixaguiã, "orixá comedor de inhame pilado". É um alimento divino e litúrgico, que produz sua principal refeição, o alaguiã, bolas feitas com a massa pilada do inhame e preparadas com sérios preceitos. Com seu poder inventivo e para ajudar na preparação deste alimento, Oxaguiã criou o pilão (*ojó odó*) e a mão-de-pilão, que se tornaram seu emblema e proporcionaram-lhe outro título, o de "senhor do pilão". Este utensílio, dentro da religião, também pertence a Xangô, o orixá patrono dos elementos fabricados com a madeira.

Muito ligado ao cultivo, Oxaguiã é um dos orixás da fartura e da opulência, e se relaciona com Oxóssi, a divindade provedora dos alimentos. Entre eles existe uma relação familiar, porque o mais importante integrante deste panteão, Ajagunã, juntamente com Iemanjá, são considerados, pelos itans, como os pais de Erinlé, poderoso participante do grupo dos caçadores. Oxaguiã tem grande apego e profundo amor por este odé, chamado de "caçador de elefantes brancos", no que é plenamente correspondido. Pai e filho são igualmente parceiros no grupo dos Oxôs. Com Ogum, agricultor e guerreiro modelador dos metais, Oxaguiã surge como irmão e ajudante na evolução da tecnologia. Esta união ajuda na produção de novas armas e ferramentas, pois são inovadores nas criações e nas remodelações. Ogum forneceu a ele as armas, e também lhe ensinou como usá-las em sua defesa, nas guerras. A ligação destes dois é tão grande que Oxaguiã não aceita que seus filhos se indisponham, enganem ou traiam os filhos deste orixá, porque Ogum poderá castigá-los! Ele sabe que apesar de ser um guerreiro, o título de "senhor da guerra" é de Ogum. Guerreiro como Ogum, Oxaguiã é também o "*assiwaju* dos orixás funfun", aquele que abre os caminhos para as divindades do branco no cortejo!

Uma iyabá que usufrui de sua companhia e de suas mesmas habilidades é Obá, guerreira que como ele faz uso do escudo e da espada, e que, como caçadora, utiliza-se também do ofá. Por terem em comum a beligerância, as contendas e as divergências, ambos se respeitam. Embora Obá não aceite parceiros para a vida afetiva, aprecia se ligar a companheiros que a acompanhem e a estimulem nos confrontos guerreiros. Pela sua necessidade de proteção e do uso da camuflagem em suas batalhas, Oxaguiã também se intercomunica com Iewá, vodum da nação fon que tem o dom da dissimulação e do disfarce. Ambos podem ser responsáveis pela união dos dois panteões, o fon e o iorubá, o que lhes permite interagir, sem haver sobreposições. Oiá, a senhora dos antepassados, forneceu a Oxaguiã o atorí, a vara de madeira resistente que representa poder e autoridade, e que serve para comando e controle da ancestralidade. Esta vara é seu símbolo, sendo utilizada também como objeto de ataque ou de defesa.

Chamado de Babalaxó (*Babalaṣó*), "o senhor do axó", é o responsável pelas roupas que protegem e agasalham o corpo do ser humano, interligando-se com Babá Rowu, o "senhor do algodão", e com Iemanjá Sobá, a fiadeira do algodão (*owu*), que o abastece deste elemento. É com este tipo de tecido que é feito o alá que cobre e protege Orixalá e os demais orixás funfuns.

Uma velha divindade que se relaciona amigavelmente com Oxaguiã, pertencente ao seu grupo, é Babá Okô, o "patrono da agricultura" e "senhor das terras cultivadas", responsável pela alimentação do planeta. Orixá Okô é a própria energia cultivadora, que sabe como fazer nascer e crescer as coisas na natureza, e que ensina como cultivar novas vidas na terra. É auxiliado pelos insetos e pelos pássaros, que carregam novas vidas em suas patas, pelos seres microscópicos que fazem uma constante renovação da terra e também pelas fezes dos animais, um fertilizante natural. E é ajudado pela chuva, que regenera a sua terra!

Pertencendo ao grupo da criação e, como participante da ancestralidade, Oxaguiã está incrustado no panteão de Oxalufon e pertence ao grupo dos *irunmolés* da direita. Entretanto, por estar ligado ao movimento, à agitação, à vida, e ser considerado um orixá-filho, se insere também no grupo da cor vermelha dos *irunmolés* da esquerda, onde estão as mães e os filhos-criados. Ele faz, assim, a união da direita com a esquerda! Contudo, não utiliza esta cor e não permite que seus filhos a utilizem. Mesmo possuindo todas estas ligações, o panteão de Oxaguiã tem características próprias que o diferenciam e separam de alguns integrantes do grupo funfun. Seu grupo não é muito grande, porém são todos muito poderosos e temidos.

Uma divindade muito antiga deste grupo é Dancó (*Dankọ*), morador do bambuzal (*ìdacò*) e ali cultuado, muito venerado pela nação Efon. Utilizador do azeite-de-dendê, é muito temido pelas suas ligações com orixás inseridos na ancestralidade, como Obaluaiê, Oxum e Oiá.

Um outro orixá deste panteão de muito complexidade é Babá Ajê Xaluga (*Ajè Ṣàlugá*) – "ajê" significando dinheiro, diferentemente de "ajé", feitiço, feiticeiro. Considerado o orixá da sorte e da saúde é, porém, mais conhecido, pela nação Iorubá, como o "senhor do comércio", porque está relacionado à riqueza e à prosperidade. De acordo com alguns itãs, é filho de Olocum e de Oloxá, a senhora dos lagos e lagoas, e tem como símbolo um grande ajê, concha de um crustáceo marinho, objeto representativo de seu pai. O ajê tem atributos semelhantes ao okotô e personifica a evolução, o progresso e a transformação, predicados que Babá Ajê traz em sua ligação com todos que trabalham em prol do engrandecimento da humanidade. Ajê Xaluga é assemelhado, por alguns, com o vodum Bessém, o "senhor da riqueza", para o povo fon. A Babá Ajê pertencem os seixos (pequenas pedrinhas de rios), as pedras preciosas e semi-preciosas e os cauris, antiga moeda de troca nos mercados africanos. Dentro do seu grupo é talvez o orixá mais equilibrado e metódico.

O guerreiro mais poderoso do grupo dos Oxaguiã é Ajagunã, que forma tríduo com Ogum Ajá e com o vodum Jagum, conhecidos como os perigosos "Ajás" ou como os "Três Guerreiros Funfun". Mais uma vez a união dos orixás com os voduns! Viril e altivo, é o líder do grupo dos Oxaguiã, chamado de "guerreiro branco da evolução", um bom articulador e apaziguador! Tenta de todas as formas evitar os confrontos, mas se não consegue, só entra na guerra para ganhar, pois para ele não existe meio termo! Ele ensinou o homem a lutar no seu dia-a-dia, mas se a batalha se mostra renhida ou impossível, ele o ajudará a vencê-la! Também toma para si os castigos que inflingirá a seus oponentes, por isso seus iniciados e seus protegidos não devem revidar os ataques que recebem, porque este *irunmonlé* não aceita que os seus filhos façam mal aos seus semelhantes!

Chamado também de Alajogum, "senhor do dia da guerra", quando participa de uma cerimônia que mostra o confronto entre as forças da cor branca e da cor vermelha, uma guerra simbólica da ancestralidade com a descendência. Aí ele se transforma no "guerreiro que luta a serviço de Orixalá"! Dentro da festa denominada "Águas de Oxalá", o dia consagrado ao "Pilão de Oxaguiã" faz o encerramento desta, e Ajagunã abre o cortejo para Oxalufon e demais orixás, num completo congraçamento.

Na nação bantu existe um inquice assemelhado a Oxaguiã, com o nome de Lemba-Dilê, também um guerreiro jovem, que se veste de branco e portador da espada e do escudo. Seu símbolo é o barco, sendo chamado de "o guerreiro navegante" ou "o regente das águas".

Oxaguiã representa o nascer do dia, simbolizando o primeiro raio de Sol que esquenta a terra fria da madrugada! Ele é a claridade vencendo e cortando a escuridão da noite, "acordando" o dia e ajudando o homem a criar um novo ciclo de vida. O filho-príncipe que protege o rei e que usa a espada para resguardar o opá! Xeueu, Babá!

Generalidades do orixá:
Como são chamados seus filhos: *olissassi, oxalassi*
Dia da semana: *sexta-feira*
Elementos: *água, terra* e *ar*
Símbolos: *pilão, mão-de-pilão, alfanje, espada, escudo*
Metais: *prata, chumbo, estanho, ferro*
Cores: *branco e azul-claro*
Folhas: *cana-do-brejo, manjericão, do cafeeiro, alecrim, boldo*
Bebidas: *vinho branco, aruá*
Bichos: *cabra, pombo, igbin, galinha-d'angola*
Saudação: *Xeueu, Babá! Babá dimula, igbim!*

Seus filhos:
Os filhos de Oxaguiã são pessoas longilíneas, de porte viril e elegante, atrevidas e maliciosas. Sensuais, costumam ser volúveis, até se fixarem em um(a) parceiro(a). Não se mostram inteiramente, omitindo certas características e particularidades. Sua verdadeira personalidade é escondida até mesmo dos seus mais próximos. Trabalhadores, organizados e lutadores, são ótimos estrategistas e bons parceiros, tanto na vida pessoal e amorosa, como nas amizades. Em certos momentos tentam impor suas vontades, até mesmo sem sentir. Parece que eles controlam o mundo!

Conseguem galgar posições superiores, sem permitir que o poder lhes deixem deslumbrados, preferindo trabalhar a comandar. Se privilegiados pela sorte, são generosos e esbanjadores, sem muita preocupação com o futuro. Independentes e irrequietos, mostram-se carentes e necessitados de atenção, mas procuram abster-se disso ao sentirem que sua liberdade poderá ser tolhida. Se sua vida não vai bem, ficam irritados, ressentidos, desanimados, mas, de repente, a sorte muda e surge alguém para lhes impulsionar e dar novo ânimo. Como se o Sol surgisse detrás das nuvens e clareasse sua vida!

Pessoas alegres, extrovertidas e felizes, gostam de lugares movimentados, de festas, de música, preferindo o dia e as manhãs claras e ensolaradas. Bons anfitriões, deixam as pessoas impressionadas com seu modo de ver a vida, com suas liberalidade e descontração. Delicados e bondosos, sabem fazer e conservar amigos, sofrendo por eles e desdobrando-se para agradá-los, se tiverem reciprocidade. Mas são inimigos perigosos e traiçoeiros, difíceis de ser controlados, capazes de atos impensáveis. Quando a raiva passa, tudo fica encoberto, porém, nunca esquecido. Mas não costumam levar adiante seu desejo de vingança, porque sabem que terão que responder perante seu próprio orixá por aquilo que fizerem!

Devido à sua liderança natural, as pessoas que os rodeiam, por vezes, sentem-se ameaçadas pela sua presença. Possuem um espírito brilhante e seu lado intelectual é bem desenvolvido, evoluindo cada vez mais pela vontade que têm de aprender e de se aprimorar. Possuem o dom da palavra e grande compreensão das coisas a seu redor. Impulsivos, gostam de desafios, saindo geralmente vencedores, pois competem com garra e determinação. Grandes defensores dos injustiçados e dos incompreendidos, procuram estar sempre em defesa da verdade, através da argumentação. Às vezes se mostram agressivos e brutos no trato com as pessoas, pois não sabem utilizar muito bem sutilezas e artimanhas, mas são apaziguadores e delicados ao extremo.

Uma coisa é certa para os filhos de Oxaguiã: embora sejam guerreiros, não procuram confusões ou brigas, e não costumam ser agressivos! Axé!

Oxalufon

O orixá Oxalufon também denominado *Olúfón* ("senhor de Ifon") ou *Obálúfón* ("rei e senhor de Ifon"), é *irunmolé* originário da cidade de Ifon, localizada entre as cidades de Ejigbo e Oxogbo, ao norte de Ilobu, na Nigéria, onde ainda hoje é reverenciado.

De movimentos lentos e idade imemorial, encabeça o grupo dos orixás do branco e foi o primeiro orixá criado, de acordo com os mitos iorubás, pelo *par primordial* do início dos tempos, Obatalá e Odudua. É o representante maior das divindades funfun *no aiê*! Oxalufon é orixá que "desce" nas cabeças dos seus iniciados, diferentemente de Obatalá, que é uma força intangível e com um poder tão grande que seria perigoso ao orí do ser humano!

Senhor do mundo físico, Oxalufon tem a possibilidade de interagir e administrar diretamente os homens, pois foi o seu criador e também o responsável por tudo que existe no Universo, dos animais aos minerais. Seu pai, Obatalá/Orixalá, entretanto, permanece distante e responde pela **parte etérea** e divina de toda a criação de Olorum. Pela sua relação com a criação, Oxalufon liga-se com a água, elemento primordial, mas é como representante do elemento ar que ele se apresenta ao homem. Associado ao distanciamento, à solidão, à reclusão, vive nas grandes altitudes, como Obatalá, de quem também herdou variadas características.

Sob sua regência estão os princípios mais antigos da existência humana, como a agricultura, e os que remontam ao princípio da existência, como a ancestralidade, a vida e a morte, a quem está intimamente ligado. Como patrono dos princípios da retidão moral, das tradições e da religião, permite a perpetuação e a evolução religiosa através dos ensinamentos das liturgias, dos dogmas e da hierarquia. Ajuda nas mudanças necessárias, evitando a extinção da religião ou de alguns de seus compartimentos, perenizando vários ritos que não podem ser esquecidos. Modificados e reestruturados, sim; perdidos ou anulados, nunca!

Observando e fazendo seu julgamento, administra o comportamento dos homens na religião e em sua vida física e material, determinando o que cada pessoa merece receber. Mas deixa que a liberdade de escolha, o **livre arbítrio**, exista e seja sempre supervisionado pelo orí ou pelo orixá de cada um. Propiciador, é quem permite aos orixás o poder de se comunicar (*ké*) e de fazer suas determinações.

Artistas, escultores, artesãos, costureiros, pintores, marceneiros, a criatividade do ser humano e também a beleza produzida pelas mãos dos homens são favorecidas e protegidas por Oxalufon. As suas principais insígnias, o opaxorô e o alá, também exigem criatividade, requinte e esmero. O opaxorô é seu cetro real e um apoio para o seu caminhar. O alá é o pano branco que simboliza a parte divina, que encobre e protege a parte física, escondendo o poder de Oxalufon e a sua realeza no plano material. Este pano sagrado é a representação do firmamento (o orum) cobrindo a terra (o aiê)! Utilizar a cor branca lhe transmite um sentido de paz, de renovação, de claridade, mas seu uso por certas divindades nem sempre é indicativo de equilíbrio e de calmaria. O alá esconde personalidades inquietantes, beligerantes, mas que se utilizam da cor branca para produzir harmonia e pacificidade. Existem elementos desta cor que confirmam esta explicação, como o sal, a cachaça, o adim e o vinho branco, utilizados por divindades mais aguerridas e quentes. Branco e frio também é o seu alimento principal, a canjica (*ebô*), assim como o sangue de seu animal preferencial, o igbim, molusco terrestre muito vagaroso. Uma espécie de plasma incolor, este sangue é denominado de "água da calmaria" (*omí erọ́*), possuindo a capacidade de trazer revigoramento e também de apaziguar e abrandar este orixá.

O icodidé, pena vermelha de um papagaio africano, ícone da iniciação e símbolo do nascimento do iaô, é o único adereço de cor utilizado por Oxalufon. Representação de Oxum, ele usa o icodidé em honra e respeito às mulheres e ao poder gestacional. Este orixá tem um elo bastante denso com a capacidade criadora das mulheres, sendo ele próprio um criador. Após ter dado vida ao ser humano, deu vida também às árvores, para que ambos se complementassem. Para cada ser criado foi criada uma árvore, para que forneça um ar limpo, proteção, moradia, alimentos, calor, mobiliários. O homem só tem que cuidar para que ela, como símbolo vivo da natureza, se perpetue, mesmo após a sua morte! Representantes do reino vegetal, elas são primordiais para a humanidade, mas não foram destinadas somente aos homens! As árvores mais antigas, sagradas, servem de abrigo e de residência aos *iwins*, espíritos descendentes e divinizados do senhor do branco, e trazem em cada galho e folha o simbolismo da ancestralidade. A sua ligação com a floresta integra Oxalufon também com os Oxôs, feiticeiros e guerreiros perigosos.

Este orixá recebeu de Olorum a incumbência de criar um duplo (*enikejí*), com bases espirituais, de cada ser criado que reside no orum. Este duplo é o receptáculo das forças divinas que participam das liturgias feitas no aiê em nosso corpo físico. Presidindo uma destas liturgias, o Borí, Oxalufon participa na condição de *Babá orí*, "pai das cabeças", formando par com Iemanjá, *Iyá orí*, "mãe das cabeças", sendo conhecidos como os **senhores da cabeça física**. Representam, então, Obatalá e Odudua, que respondem pela **cabeça espiritual e divina**.

Vamos mencionar alguns componentes do grupo dos Oxalufon:

Babá Okê – orixá do início da criação, reina nos montes, nos picos mais altos da natureza, onde o silêncio e a paz são totais.

Babá Rowu – patrono e senhor do algodoeiro e do seu produto, garante às divindades, e aos homens, a proteção da vestimenta.

É um dos orixás dos primórdios da criação, ligado estritamente a Obatalá! O algodão simboliza as nuvens, uma criação efêmera e divina. Ele é usado, no candomblé, desde as iniciações até o Axexê, sendo, portanto, um elemento que participa do divino, da vida e da morte!

Olúorogbo – poderosa divindade da sabedoria, permite ao ser humano entender os simbolismos e as representações. É quem possibilita a este se comunicar tanto com as divindades, como com os seus semelhantes.

Oxalufon é orixá muito melindroso, que exige cuidados em seus preceitos, pois o menor deslize pode desagradá-lo e provocar grandes perturbações. Suas festas são bem diferenciadas das festas dos outros orixás de uma casa de candomblé, porque não têm bebidas alcoólicas, comidas muito condimentadas, petiscos, brincadeiras, multidão. Em nosso Axé, a "Festa de Oxalá" é anual, e uma das exigências é o silêncio, quase total, e a limpeza, tanto do terreiro como pessoal. Todos os participantes agem com serenidade, concentração, cautela e muito equilíbrio. Nos dias dedicados às celebrações, fica estritamente proibida a presença e o uso do azeite-de-dendê. O uso do sal é parcimonioso em todos os alimentos, tanto nos da divindade como nos da comunidade. O uso de roupas brancas é essencial; todos descalços! Condições para produzir uma perfeita sintonia com a divindade!

Nestes dias, somente as comidas brancas são preparadas para o seu orô (*orò*) e entregues no início da madrugada, horário frio e de maior silêncio. É um momento solene, de grande beleza, que demonstra grande respeito ao Orixá Maior e que traz harmonia e paz! Quando o dia clareia, é feita uma refeição comunitária, criando uma união e um congraçamento, representando o amor e o respeito das pessoas entre si e com as divindades. É comum que muitas pessoas iniciadas na religião se abstenham de participar deste cerimonial, talvez porque ele não tenha o tumulto comum das grandes festas. Mas a essência maior, independentemente da diversão, é agradecer e se colocar sob a proteção da força e do poder deste orixá!

Em algumas casas é feita anualmente uma grande festa para este orixá, conhecida como "Águas de Oxalá", considerada como uma das maiores da religião, com rituais belíssimos e complexos, de grande representatividade. Esta festa tem o sentido da limpeza e purificação geral da casa de candomblé. Seu simbolismo é o de rememorar a fartura das colheitas, na África, por nossos ancestrais, que geralmente aconteciam no tempo correspondente à Primavera (de setembro a dezembro, no Brasil). É uma festa que possui vários rituais, como o de recolher água em fontes limpas, agraciar os ancestrais, sacrifícios rituais e outros. Tudo para agradar e agradecer a Oxalá por tudo que ele nos dá!

Na nação bantu, o inquice Lembaranganga é também o senhor do branco, da paz e da criação, com variadas diferenciações em seus rituais e em suas oferendas.

Este grande Pai, nosso orientador, transmite aos homens as suas principais características: o amor fraterno e a paciência, representando também a delicadeza, a bondade, a tolerância e a calma. É o pêndulo do equilíbrio, sem jamais esquecer que um pai não somente dá amor, ele precisa se fazer respeitar, entender seus filhos e ser entendido. Cabe a nós, seus filhos, procurar seguir o que ele nos ensina e transmitir tudo isto às novas gerações. Elas precisam ser bem encaminhadas, para que saibam também encaminhar outras no futuro, perpetuando os ensinamentos dos orixás e da religião!

Como criador e pai, Oxalufon quer somente o melhor para o ser humano, por isso usa de seus poderes para prover o mundo daquilo que considera primordial para se viver bem: a paz, o amor e a união!

Xeueu, Babá! Axé!

Generalidades do orixá:
Como são chamados seus filhos: *oxalassi*
Dia da semana: *sexta-feira*
Elementos: *ar* e *água*
Símbolo: *opaxorô*
Metais: *prata, chumbo, estanho, latão*
Cor: *branca*
Folhas: *lírio, manjericão, macaçá*
Bebidas: *vinho branco, aruá*
Bichos: *igbim, pombo*
Saudação: *Xeueu, Babá! Babá dimula, igbim!*

Seus filhos:
Os filhos de Oxalufon são pessoas de porte digno, aspecto respeitável, sóbrios no comportamento, muito calmos e reservados, até um pouco introspectivos. Delicados, sensíveis, de educação primorosa, sabem lidar com pessoas de qualquer idade e qualquer posição social ou hierárquica, sem melindrá-las ou enaltecê-las. Possuem uma tranqüi-

lidade inabalável e poucos são aqueles que conseguem irritá-los. Mas são obstinados e possuem opinião forte, não costumando desistir de seus projetos, mesmo conhecendo seus possíveis erros e reconhecendo, mais tarde, os resultados negativos do seu procedimento.

Aceitam bem os percalços da vida, sabem sobrepujá-los e até extrair ensinamentos, visualizando novos horizontes e tentando modificar o rumo do seu destino através deles. Tal como o Pai, que é rei, mas que não precisa de muito para ser feliz, seus filhos costumam levar uma vida pacata e sem grandes luxos, mas rica em sentimentos e objetivos.

Lentos, harmoniosos e pacíficos, não gostam de barulho, confusão, de locais movimentados. Preferem a segurança e a tranqüilidade, ambientes calmos e claros, muito limpos. Sua saúde é muito delicada, qualquer excesso lhes é prejudicial, contudo, a parte emocional e o autocontrole são seus suportes, pois dominam bem suas emoções. Não perdoam facilmente aqueles que os magoam ou ofendem, mas também não são violentos ou agressivos com estes, preferem simplesmente ignorá-los! Apesar de serem generosos e paternais, costumam ser muito inflexíveis com alguns atos de seus semelhantes, e agem com muita austeridade e um certo carrancismo, tendo em certos casos uma opinião arcaica e ultrapassada.

Observadores, têm uma boa memória, tanto visual quanto auditiva, portanto, nada lhes passa despercebido. Necessitam estar sempre aprendendo, porém maior do que isso é o desejo de ensinar o que sabem!

Obatalá

No início era a imobilidade total, a inércia de Olorum/Olodumaré (Ọlọ́run/Olódùmarè). Logo após surge Exu, trazendo a evolução, o dinamismo e o movimento, usados em prol da criação das existências divina e terrena.

A seguir, Olorum cria o primeiro ser, Obatalá (Ọbàtálá), "rei do pano branco", também chamado de Obarixá (Ọbàrì ṣá), "rei dos orixás", seu filho e senhor do imaterial, do abstrato, que ocupa posição única na escala das divindades iorubás. É o maior e o principal ser criado por Olodumare e representante, no orum, do grupo dos orixás funfuns. Obatalá foi criado para fazer cumprir as ordens e os desígnios de Olorum, e também para ordenar o axé que governa a existência de todo o universo. Nada chega a Olorum sem primeiro passar por Obatalá!

Senhor da cidade de Ifé, na Nigéria, a ele foi determinada a criação de todos os seres, sendo denominado de Alamorerê (*Alámòrèrè*), "o senhor da argila transformadora". Este título o torna o primeiro escultor da existência, o modelador dos homens e de seus orís, incutindo nestes os elementos sagrados que lhes ajudam a viver com harmonia no aiê. Para as divindades, Olorum distribuiu vários compartimentos da natureza para que eles, junto com os homens, cuidassem e os fizessem prosperar.

É denominado também de Orixalá (*Òrìṣànlá*), uma corruptela de *Orixa Inlá*, traduzida como o "grande orixá", e assemelha-se a Lissá, na nação Fon, e a Ganga, na nação Bantu. Divindade, do elemento ar, é associada à paz, à calmaria, à serenidade, ao silêncio. Está muito ligada aos pontos mais altos de tudo que existe no mundo, como os picos das montanhas, ao ar rarefeito, às copas das árvores, às cabeças. Sua morada está na neve que cai dos céus, encontrada no ponto culminante das montanhas, considerados o "topo do mundo", onde as temperaturas são as mais baixas do Universo e onde o homem não consegue resistir. São encontradas ali somente a presença de poucas plantas e animais. Neste local, ele reina sozinho, distante dos seres humanos! O silêncio é total, a morada perfeita para um velho sábio, justiceiro e rabugento. Em seu reino nenhuma luz é permitida, e seu alá o protege da luminosidade, da claridade!

A ele são dedicados também os metais brancos e valiosos, como a platina, a prata, o estanho, o latão, e seu principal cetro, o opaxorô, costuma também ser confeccionado com um destes elementos. A sua associação à cor branca não é somente por estar ligado à paz, à calma e ao poder da criação. Ela representa também o abstrato, o incolor, o inexistente, simbolizando a morte. Esta cor serve, em certos momentos, para dar equilíbrio, abrandar e serenizar o temperamento agressivo e implacável das divindades do panteão funfun.

É preciso tratar com muita cautela e cuidado este orixá! Dominando a vida e a morte, representando o início e o fim, a ancestralidade e a descendência, encontra-se muito afastado e muito distante de compreender os seres humanos. Quando estes transgridem suas leis e desobedecem suas ordens morais, produzem prejuízos incalculáveis para toda a espécie!

Juntamente com Odudua (*Odùdúwà*), Obatalá forma o par genitor da criação humana. Ambos concebem, a partir desta união, o *igbadu*, um assentamento denominado de "cabaça da vida". Ele contém, em seu simbolismo e nos elementos que o compõem, a interação do divino com o terreno, do masculino com o feminino, do passado com o futuro. Neste igbá, a parte superior representa Obatalá e o orum, a terra dos *irunmolés*, dos seres divinos; a parte inferior simboliza Odudua, o grande útero, e a primeira mulher a pisar no aiê, a terra dos seres físicos. Esta união, contudo, não os transforma em casal, tendo somente a função de produzir a interação do ar com a água (Obatalá/Iemowo), e da terra com a água (Odudua/Olokum), fechando a tríade dos elementos essenciais da criação – ar/água/terra!

Generalidades do orixá:
Como são chamados seus filhos: *oxalassi*
Elementos: *ar* e *água*
Dia da semana: *sexta-feira*
Símbolos: *opaxorô*
Metais: *prata, chumbo, estanho, latão*
Cor: *branco*
Folha: *lírio*
Bebidas: *vinho branco, aruá*
Animais: *igbim, pombo, cabra*
Saudação: *Xeueu, Babá! Babá dimula, igbim!*

Seus filhos:
As pessoas consagradas a Obatalá são extremamente calmas, delicadas e sensíveis. Agem sempre com muita honestidade, são atenciosas, sinceras e amigas. Implicantes, mostram-se muito rabugentas e não aceitam receber ordens se estas não forem bem embasadas. Por serem francas demais e não medirem o que falam, conseguem machucar as pessoas e, com isso, muitas vezes fazem inimigos. Têm uma personalidade que poucos conseguem entender: ao mesmo tempo que são bondosas e meigas, transformam-se repentinamente em atrevidas e até agressivas. Não aceitam o falso moralismo e também não perdoam com facilidade. Sofrem para alcançar o sucesso, porém quando este chega não lhes dão o devido valor, pois não são materialistas, vaidosas ou prepotentes. Gostam de locais confortáveis, limpos e muito tranqüilos. Em certas épocas procuram a mais completa solidão para dedicar-se à leitura, a passatempos individuais ou à contemplação. Não são adeptos de roupas escuras, ambientes muito iluminados, agitados ou movimentados. Precavidos, têm a velhice calcada na tranqüilidade, principalmente na parte social e financeira. Paternais, são muito dedicados a ajudar os seus semelhantes.

Odudua

Conceituada como a "mãe-terra" e a "criadora da existência" para os iorubás, Odudua (*Odùdúwà*) ou Oduá, é divindade que detém o **princípio do poder coletivo feminino** da criação e pertence à terra e à água. É a representante máxima dos *irunmolés* da esquerda: as mães e os *eboras*, os filhos. Veste-se de branco, em honra a Obatalá e por fazer parte do panteão da criação. Porém, seu símbolo é a cor negra, ícone do "sangue preto" da terra, e também o vermelho, ligado à existência, à fertilidade. Ela é também a única mulher que faz parte do panteão dos orixás funfuns!

Odudua e Obatalá são indivisíveis, unos, nada os separa! Entre o orum e o aiê não se encontra uma linha delimitatória que mostre uma divisão entre estes dois opostos. A cabaça do igbadu é a representação material desta unidade, e os elementos que ela carrega fazem a fusão dos símbolos etéreos com os que caracterizam a terra. Este assentamento, que também recebe o nome de a "cabaça da existência," tem o formato arredondado da barriga, simbolizando a Terra e a vida que esta carrega, representando a evolução. A parte superior do igbadu é branca e representa o mundo espiritual; a de baixo, preta, simboliza o mundo material, unindo o masculino com o feminino, e promovendo a continuidade da vida nos dois sistemas, orum e aiê.

Odudua é também reconhecida, pelos iorubás, como a divindade suprema do **poder coletivo feminino da ancestralidade**, tendo em Iyamí Oxorongá a sua representante maior, dentro da Sociedade Geledê. Em contraponto a estas, a Sociedade Ogboni tem em Babá Oró o seu representante principal no **culto coletivo à ancestralidade masculina**. Bem diferenciado do culto aos Babá Eguns, que são tratados como **ancestrais individualizados**, e que têm em Obatalá o seu superior e administrador.

Odudua é divindade também reverenciada nos cultos a Babá Egum porque está ligada à terra, relacionando-se então com a morte (Iku). Mas a sua presença é de suma importância em todos os compartimentos da religião, principalmente nas liturgias para Obatalá. Sem sua presença nada se pode fazer nas casas de candomblé, pois ela representa a terra em que vivemos e ajuda a produzir o progresso e a evolução do mundo. Mãe e mulher poderosa, está também relacionada ao amor carnal, próprio e inerente aos pertencentes à terra, sendo Obatalá a parte fria e insensível, o ar, mais dedicado ao amor fraterno. Neste par, um é o contraponto do outro, mostrando que os opostos, quando unidos, permitem a manutenção do equilíbrio do sistema de relacionamentos.

Para alguns autores, entretanto, Odudua é um vigoroso guerreiro que veio de terras não iorubás para conquistar novos territórios. Quanto a isto, cabe a cada babalorixá/iyalorixá e a cada nação perceber a grande valia que Odudua tem, tanto como o orixá ou como o egum de um milenar guerreiro! Os mitos, os oriquís e as cantigas nos levam a crer que estamos no caminho certo, portanto, em nosso entender, preferimos tratar e considerar Odudua como a própria mãe-terra. Aquela que nos proporciona a habitação, o frio na medida certa e que nos aquece quando necessitamos de um agasalho materno! Ela nos provém de alimentos, de medicamentos, de vestuário e ainda nos agracia com as belezas e os encantos naturais que produz!

Suas filhas

As filhas de Odudua são intransigentes, teimosas, autoritárias. Prepotentes, não gostam de opiniões, principalmente masculinas, pois preferem dominar a ser dominadas. Preferem utilizar os homens para a completa realização dos seus desejos, sem o intuito de procriação, pois aceitam o sexo com muita liberalidade, sem ser promíscuas. São equilibradas, generosas e gostam de usufruir daquilo que a vida lhes proporciona. Extrovertidas e pródigas em amizade, são muito tagarelas!

Gostam de cuidar das pessoas, com grande dedicação e responsabilidade, tendo regras rígidas que lhes permitem trazê-las sob controle. Geralmente são mulheres que conquistaram uma certa ascensão na vida pessoal ou profissional, e que procuram usufruir de algum lucro, de prestígio ou mesmo de uma melhor posição social através deste poder. Para atingir este patamar, trabalham muito, com abnegação e renúncias, e isto é conseguido quando a idade já está um pouco avançada. Mesmo assim, sabem tirar proveito e gozar de tudo aquilo que conquistaram. Sempre rodeadas de amigos, pois não aceitam e nem gostam de viver sozinhas e desamparadas.

Olorum

Olorum (Olórun) é a divindade suprema do povo iorubá que tem em si o simbolismo do início dos tempos. É reconhecido na religião como o criador do Universo e como aquele que deu origem a si próprio! Seu nome é traduzido como "senhor do espaço celeste sagrado", porém sua denominação essencial é Olodumare (Olódùmarè), nome que carrega grande poder e que não deve ser pronunciado aleatoriamente. Entendido como o princípio supremo que promove e garante a existência, a ordem e os valores morais do ser humano, é o ser infinito e perfeito que idealizou tudo que está no Universo, seja físico ou abstrato. Senhor de suprema sabedoria e bondade, planejou e criou um mundo com perfeição, porque tinha a intenção de deixar tudo preparado para os seus descendentes!

O Deus supremo da nação Fon que tem grandes semelhanças com Olorum denomina-se Serrussu ou Tói Avievodum. A nação Bantu tem em Zambiapongo seu Deus maior.

Olorum possui também outros títulos: Olofim, "o senhor da realeza"; Eledá, o "supremo criador"; Elemí, o "senhor da vida" (emí é a respiração, o símbolo do ser vivo!). Por conter em si os conceitos de bondade, pureza, princípios, é denominado também de Obá Mimó, "o rei puro", um ser íntegro e impecável. Divindade ligada aos elementos ar e água, Olorum é o patrono da chuva, a "água sagrada" que provém do seu reino e que propicia a vida, permitindo ininterruptamente a reprodução nos reinos animal e vegetal.

Com um significado de algo amplo, grandioso, sem fim, o céu (orum) é o firmamento, o espaço divino que possui dimensões inimagináveis e diversos compartimentos. É a morada dos *irunmolés*. Incluso no orum está o aiê – morada dos seres vivos, dos vegetais, dos minerais e demais elementos da natureza –, que possui grandes proporções, compreendendo o planeta Terra e todo um universo material e tangível. Quando ocorreu a separação entre estes dois espaços, foi desencadeado um distanciamento físico do ser humano para com Olorum. Os homens esqueceram-se do lugar que ele ocupa no Universo e passaram então a se aproximar e a se dedicar mais aos orixás. Em conseqüência disso, perderam-se muitos conhecimentos de rituais e liturgias dedicados a ele! Contudo, pela sua posição suprema, em tudo que o homem realiza para as divindades, o seu princípio age e faz a distribuição do axé equitativamente!

É Olorum quem dá o bom ou o mau destino às pessoas. Mas ele deu a Orunmilá o saber e o poder de ajudar o homem a ratificar, consertar ou remediar seu destino, sempre de acordo com as determinações de Olorum. Entretanto, isto só poderá ocorrer com o desejo do ser humano de se auto-ajudar. Seguindo o ensinamento iorubá, a chegada do ser humano ao aiê ocorre às vezes por sua própria escolha. Em outras vezes é feita por ordem de Olorum que, no momento da concepção, faz imposições que não podemos e nem devemos deixar de cumprir!

Quando Olorum decidiu dar criação à existência, ao se mover e sair da inércia, fez surgir Exu, o ser criado para trazer a mobilidade e a evolução! A partir de Exu, Olorum criou os demais *irunmolés*, dividindo com eles a criação e a manutenção do Universo. Delegou primeiramente a Obatalá o poder de povoá-lo com todos os seres que trouxessem para o mundo a energia, o dinamismo e o progresso. Este orixá ficou também com a responsabilidade de prover a criação de uma boa existência na Terra. Todos os seres foram criados com perfeição e funções metodicamente encaixadas, cada um respeitando as condições e as possibilidades do outro. As desregulagens e as desordens surgiram para fazer as compensações necessárias!

A seguir, Olorum distribuiu para cada divindade um compartimento do mundo com seus elementos adequados. Forneceu a cada um deles pequena parcela de seus poderes e de **seu axé**, para que pudessem gerenciá-los e administrá-los adequadamente. O axé, poder intangível e inimaginável, que move tudo e todos, é a própria essência de Olorum. O homem, para crer melhor em seu Deus necessita lhe dar forma figurativa e tende a ver Olorum como um velho de cabeça branca, sentado em um lindo trono celestial! Porém, a base de Olorum pode ser sentida na perfeição de tudo que existe no Universo. Em cada elemento criado está um fragmento do seu poder, e nós somos partes de sua criação! É o Criador presente em toda a sua obra!

Nossa religião não é diferente de nenhuma outra em grandeza, quando observamos a perfeição da criação de Olorum. E também quando sentimos que a nossa existência no aiê possui algum significado. Não fomos colocados aqui como simples admiradores de sua obra; todos temos algo específico e definido para realizar!

Entendemos que é impossível objetivar Olorum e também perceber a ineficiência de tentarmos entrar em contato direto com ele. Porém, devemos perceber que Olorum nos compreende perfeitamente. Ele conhece todos os seus filhos criados e nenhum segredo lhe fica oculto, pois está em todos os lugares e em todas as coisas. Nas celebrações litúrgicas realizadas para as divindades ou para os ancestrais, ele também está presente, pois é a origem e o fim de tudo que existe!

Olorum/Olofim é um Deus que olha o ser humano com misericórdia e com amor, muito justo. As ordens que impôs aos homens não devem ser nunca descumpridas, mas se as desobedecemos, muitas vezes isso é relevado, sem que com isso ele perca seu poder ou sua autoridade. O ser humano paga para ter o seu livre arbítrio, a sua livre escolha! Olorum é, por sua própria natureza, um **ser complexo e completo**, não necessitando de evolução, pois é a perfeição plena! Já o homem, em seu crescimento, necessita evoluir, porque é um ser imperfeito! Assim, ele passa a entender que Olorum também participa do inconsciente comum da humanidade. Através do pensamento mais subliminar, o homem consegue entender que compreender Olorum é possível; explicar sua essência e sua existência, impossível!

CAPÍTULO 25
Outras divindades

Erê

O Erê é a divindade infantil que todos os iniciados possuem. Seu nome deriva do termo iorubá *asiwere*, que possui o significado de louco ou maluco. Estas palavras, entretanto, precisam ter uma interpretação mais amena porque se referem tão-somente ao comportamento de crianças de pouca idade. Para estas, por não terem compreensão ou entendimento do mundo que as cerca, não há obstáculos físicos ou psicológicos que as detenham perante o que desejam realizar. Com os Erês ocorre exatamente o mesmo, e eles são igualmente impulsivos e destemidos. Não existem barreiras para eles! Por isso, não podem ficar sozinhos ou em grupos sem ter uma pessoa que respeitem e que os vigie e controle. Necessitam estar sempre acompanhados por equedes, ogãs, ebômis, mães-pequenas, pais-pequenos ou outras autoridades em eterna vigilância, para que não façam coisas que venham a prejudicar fisicamente as pessoas que os incorporam e os demais participantes. Uma casa não pode ser entregue para que crianças cuidem dela!

Os Erês são divindades que precisam ser doutrinadas e ensinadas, mas sem muitas restrições, porque isso pode trazer revolta e até mesmo insubordinação. Sua liberdade não deve ser cerceada, só vigiada, para deixá-los agir e sentir subliminarmente que seu descontrole faz parte da sua tenra idade.

Unidos aos orixás, estes se tornam companheiros e amigos eternos e divinizados, passando a fazer parte do grupo dos *irunmolés*. São participantes do tripé que pluraliza a consagração do iniciado dentro da religião, onde há a ligação do Orixá-Exu-Erê. Podemos dizer que o Erê está presente em tudo que existe no aiê, pois ele é uma das partículas que formam o todo do Universo. Sem Erê e Ibeji o mundo não teria continuidade; eles representam a energia, a vitalidade e a evolução de tudo que se inicia!

É por intervenção do Erê que o orixá se torna mais brando, ameno e amigo – e também mais próximo do iaô –, na sua iniciação. Para estes "pequenos seres" não existem regras e tabus que não possam ser derrubados! Sendo assim, fazem coisas que o iaô precisa, e gostaria de fazer, mas que seu comportamento e sua personalidade não permitem. Muitas vezes o Erê fica presente durante dias, não deixando que o iniciado sinta a passagem do tempo. Isto também possibilita ao orí do iaô relaxar, acalmar-se e ficar receptivo para tornar-se a morada perfeita para o seu orixá. É costume que o Erê também aprenda a dançar, a cantar, a rezar. Até na hora das refeições o Erê é fundamental, pois aceita, sem reclamar, todo tipo de comida, o que não ocorre com alguns iniciados mais seletivos, mais exigentes e menos compreensivos. Mas é necessário muito cuidado com eles, porque costumam ser fujões e conseguem enganar quem cuida deles. Se conseguirem ir para a rua, andam sem destino e fazem mil estripulias! Em compensação, eles divertem e distraem as pessoas, pois gostam de cantar, brincar, pular, virar cambalhotas, fazer versinhos e outras brincadeiras infantis. Alguns, porém, são também individualistas, egoístas, brigões. Como crianças que são, repetem tudo que escutam e, se lhes ensinam palavras de baixo calão, irão repeti-las! É preciso cuidado com o que se fala perto de um Erê! Não se deve extrapolar no comportamento, porque tudo lhes serve de exemplo. Eles adoram fazer pactos de ajuda, pensando somente em usufruir de alguma coisa. Então, é preciso que se coloquem parâmetros em tudo que eles pedem e naquilo que o homem lhes promete, pois não têm limites e, o pior, não esquecem as promessas!

Alguns Erês gostam de inventar cantigas para chamá-los. Eles têm hora para chegar, mas não para ir embora, e não gostam de ser mandados de volta ao orum! Muitas vezes é necessário recorrer a uma autoridade ou ao toque do *adarrum*, para fazer com que estas criaturinhas possam ir embora.

Cada Erê tem seu nome particularizado, de acordo com as especificações de cada orixá. Aqueles dedicados a Xangô podem se chamar Trovãozinho, Corisco; os de Iemanjá, Estrelinha-do-Mar, Conchinha; os de Oxalá, Florzinha Branca, Nuvenzinha, Algodãozinho, Fitinha Branca e assim por diante. Outros poderão ter um nome de origem iorubá. Costumam vestir-se e seguir as características do orixá do iniciado e possuem igbá particularizado. Este é arrumado com elementos do mundo infantil, como bolas de gude, enfeites, bonecas etc., e geralmente fica próximo ao igbá do orixá.

Os ogãs e as equedes não possuem Erês, mas prestigiam suas festas e não deixam de cultuar estes eternos conselheiros e protetores! Uma de suas prerrogativas é servir de elo entre os homens e os orixás, levando os pedidos e trazendo as ordens e as resoluções, tornando-se o guardião e o intercessor do homem junto às divindades. O Erê não é o escravo ou o bobo-da-corte dos orixás, ele tem certa autonomia para realizar ou não os desejos e os mandos dos orixás. Dizem os antigos que, quando o Erê determina, divindade nenhuma desfaz, porque este, mesmo sendo uma divindade infantil, tem muita sabedoria. Muitas vezes ele desconstrói o que o orixá fez, não como afronta, mas sim numa forma de poder ajudar melhor ao ser humano.

Liga-se com Exu, através do movimento e da energia, e juntos são o transmissor e o receptor das informações do aiê com o orum. Entretanto, os Erês possuem a função de informantes particularizados, permanecendo entre o homem e seu orixá. Eles fazem também a representação do orixá Ibeji na vida das pessoas e agem na evolução e no crescimento, dinamizando, revigorando e fortalecendo a existência dos seres humanos. Apesar de todos estes predicados, não são todas as casas de candomblé que louvam e realizam festas para os Erês. Muitas os consideram de menor importância que os demais orixás. Estas cometem um erro, pois são eles que trazem a inovação e a renovação do Axé da casa. Alguns iniciados costumam se esconder quando sabem que estas divindades estão "na casa", sentindo até mesmo uma certa aflição do que esta visita poderá provocar em todos! No Axé Kavok, uma das maiores festas é para o Confuso, o Erê do babalorixá. É um evento grandioso, com o fechamento da rua para dar mais segurança a todos, farta distribuição de doces, brinquedos, frutas e legumes para todas as crianças da vizinhança e convidados.

Atualmente, nas festas de Erê ou para o orixá Ibeji, temos bolos, doces, frutas, refrigerantes, brinquedos, enfeites. No passado, esta festividade só oferecia o caruru, comida favorita destas divindades, e o aruá, bebida fermentada preparada para os rituais. As casas de candomblé passaram a modificar estas festas pelo intercâmbio com a umbanda que, sincretrizando S. Cosme e S. Damião, realiza grandes festas nesta época. O candomblé assimilou este simbolismo e transformou a festa dos Erês em festividades com motivos bem infantis. As frutas, para o povo do candomblé, simbolizam prosperidade e fartura, e os doces, a alegria, a união e o bem-estar, tendo por isso sido bem aceitos. Mas o caruru, o aruá e outras comidas africanas, como vatapá, xinxim, acarajé, acaçá e acaçá-de-leite, não podem faltar, porque são heranças e ensinamentos de nossos ancestrais iorubás, fons e bantus.

Nestas festas, alguns Erês têm o costume de dar de presente às pessoas chupetas, bolas, carrinhos, apitos e até mesmo doces ou frutas. Estes objetos devem ser guardados, ou consumidos com muita fé, porque trazem o axé da divindade e são dados com alguma finalidade. Desgostar ou desdenhar de Erê é pior do que fazer um agravo a Exu! Diz um ditado: "Deva a Exu, nunca a Erê!"; uma grande verdade!

Onilé

Quando recebeu o saco da criação e jogou a terra para ser espalhada, Odudua deu existência a Onilé (*Onilẹ̀*), sua representação no planeta. Divindade poderosa e cultuada pela nação iorubá, deu existência ao Universo concreto, palpável, e administra o mundo em que vivemos. Responsável por tudo que é produzido e extraído da terra, faz a representação do poder ancestral do planeta.

Não confundir Onilé, "dono e senhor da terra", com Onilê, "dono da casa", o orixá patrono de uma casa de candomblé, o responsável pelo egbé.

A terra (*Ilé*) também deu origem ao ser humano que, desde os primórdios dos tempos, cultua e trata dela como algo sagrado. A cada nova cultura que ela propiciava, a cada novo filho ou animal que nascia, nossos ancestrais lhe agradeciam e agraciavam, em forma de novas plantações. Abriam sulcos em seu corpo para fazer surgir novas vidas, apascentando-a com água. Também lhe forneciam novos braços para trabalhar nela e para ela!

Quando não é bem cuidada, explorada indiscriminadamente, maltratada, vilipendiada, a terra revolta-se! Atualmente vemos esta resposta a todo momento! Por isso, o culto a Onilé ajuda na preservação do planeta e da espécie, porque cuidar bem do mundo é essencial para a existência da humanidade, e sem Onilé nada existiria, seria o vazio total! É através dos cuidados com as águas doces e salgadas, com as plantas, os animais e os minerais, que o homem retribui tudo que Onilé nos fornece. Foi determinação de Olorum que todos deveriam, em seus rituais, reverenciar primeiramente a Onilé, numa demonstração de agradecimento ao princípio, e também ao fim, quando tudo a ela retorna!

Pertencente à descendência de Obatalá e de Odudua, é ancestral de todos os filhos criados. Provêm de Odudua todos os elementos que compõem a natureza e que foram entregues aos orixás para serem por estes administrados e cuidados. Assim, Onilé também precisa dos orixás, dos voduns e dos inquices para manter em pleno funcionamento o Universo. Algumas divindades estão diretamente em contato com o solo, cuidando e preservando, como Ogum e Obaluaiê, Oxóssi, Logunedé, orixá Okô, Oxaguiã, Iroco, Ossâim e Nanã. Esta ligação é através da agricultura, das matas, dos metais retirados do seio da terra ou da lama. E eles são denominados também de onilés, "**os senhores da terra**", porque a sua primazia é zelar pelo meio ambiente, mantendo o equilíbrio e a vida do planeta. Os Babá Egum têm também seu culto ligado a Onilé, sendo soberanos de cada linhagem dos seres humanos; eles advêm dela. Estes *irunmolés* não são cultuados sem que primeiro reverencie-se a terra!

Embora possua toda esta grandeza, Onilé é divindade que não incorpora. Ela está em nossa vida sem que haja necessidade de se manifestar, pois pertence a todos nós e todos pertencemos também a ela! Um pequeno monte de terra vermelha é a sua representação, com uma quartinha perenemente cheia de água, para esfriá-la e fertilizá-la. É ali que recebe internamente suas oferendas, desde raízes e tubérculos até frutas, favas, vinho. Tudo que é produzido pela terra!

Mas ela não é auto-suficiente, pois precisa do auxílio do homem, seu principal protetor e também seu predador. Porém, se este não cumprir seu papel na preservação e na conservação do nosso *habitat*, e continuar degradando e espoliando o solo, extraindo indiscriminadamente as potencialidades do subsolo e do mar, estará desequilibrando a natureza. Isto provocará cada vez mais catástrofes! Onilé aceita ser usada, mas não aceita os abusos do homem! Onilé só perdoa o que as forças da natureza destroem! O que o homem devasta e aniquila, ele precisa refazer, pagar! O que Onilé nos entrega de graça também sabe cobrar... e bem!

Oranfé

Divindade do panteão de Xangô e originário da cidade de Ifé, Oranfé (Òranfẹ̀) é provavelmente um dos mais antigos deste grupo, utilizando-se somente da cor branca. Oranfé é o produtor do calor, dos ventos, das secas e o "senhor dos desertos". Administra o calor do Sol em algumas áreas, ao mesmo tempo em que coordena os ventos, não permitindo assim o acúmulo de nuvens, para não ocorrer chuva em abundância ou a falta dela. Em seus reinos, os desertos, os homens e os animais procuram se adaptar às condições climáticas. Nestas regiões, tão insólitas e agressivas, este orixá produz contrastes que permitem ao ser humano e aos animais a subsistência. Seu solo durante o dia é tórrido como o Sol, mas não armazena seu calor, só o reflete. À noite, este ambiente torna-se gélido como os pólos da Terra. Estas diferenciações produzem um balanceamento que possibilita ali a existência de seres vivos.

As plantações e as formas de vida animal que se encontram nos desertos não são vistas em nenhum outro biossistema. Dizem os itans que os seres que habitam os desertos foram criados por Oranfé para poderem suportar as altas e baixas temperaturas ali encontradas. São répteis, pequenos mamíferos, alguns roedores e insetos, mas principalmente aves de rapinas, nobres em seus vôos, mas furtivas e ameaçadoras em suas caçadas. Todos bem integrados a este *habitat* inóspito!

Oranfé interage também nos grandes picos rochosos, pontiagudos, formados pela ação dos ventos. Com a evolução do mundo e com o desgaste natural, muitas destas montanhas, embora cercadas pela aridez do deserto, tornaram-se planícies e criam vegetação e vida. Transformaram-se nos oásis, verdadeiros presentes da natureza para os peregrinos dos desertos, produzidos pelo axé de Oranfé!

Este Xangô também coordena os raios e, em conseqüência, o fogo que este provoca, recebendo, então, a denominação de *Onilê Ina*, "senhor da terra do fogo". Seus raios geralmente são projetados para as regiões desabitadas, nos centros dos desertos.

Embora vivam em regiões bem distintas, Oranfé tem como seu grande companheiro e amigo o orixá Ajíjá ou Ajá, *irunmolé* funfun do panteão de Ossâim. Ambos possuem idade imemorial e têm grandes conhecimentos das plantas que curam, que produzem doenças, que trazem defesa ao ser humano e que o auxiliam a viver em qualquer ambiente. Guerreiros, também se utilizam das plantas tanto na paz quanto na guerra. Para conseguir a paz, produzem remédios que curam; no momento da guerra, fazem venenos que enfraquecem ou que trazem doenças para seus adversários. Agindo assim, propiciam o término das guerras, evitando muitas perdas de vidas inocentes.

Oranfé é orixá que gosta de bebidas fortes, como a cachaça, e sua preferência alimentar é um tipo de inhame de cor amarelada. Muito pouco conhecida, esta divindade é de grande necessidade para o Universo porque mantém o equilíbrio em seu meio ambiente. Proporciona, através das agruras dos desertos, muitas riquezas para o mundo, como o petróleo, metais, pedras preciosas e plantas raras. Sua terra é inóspita a muitos seres vivos, mas seu axé é valoroso!

Erinlé

Orixá cultuado no rio Erinlé, na região de Ilexá, África, onde é denominado de "caçador de elefantes brancos". As águas deste rio são muito escuras e ele possui grandes profundidades, sendo estes locais os preferidos para suas oferendas. Existem muitas controvérsias sobre esta divindade, que é conceituada por alguns como uma qualidade de Oxóssi. Porém, Erinlé ou Inlé, pertence ao grupo dos odés, mas não faz parte do grupo de Oxóssi; ele é independente!

Chamado também de Ibualama, nome que se refere ao local de sua preferência (*ibu* = profundo), é um caçador que mora nas profundezas dos rios das florestas. Possui grande amizade e proximidade com Oxóssi e Ossâim, e é também um poderoso mago, recebendo deles os conhecimentos da utilização medicinal das plantas e ervas. Ele sabe utilizá-las para o bem ou para o mal, e também para apaziguar ou neutralizar os poderes nefastos das Ajés, as senhoras da feitiçaria.

Filho muito amado de Oxaguiã com Iemanjá, em homenagem a seu pai veste-se de branco, com algum ornamento na cor de sua preferência, o azul, que o identifica com as águas escuras de seus rios. Por meio da grande afinidade e amizade com seu pai, relaciona-se também com a agricultura e com o irmão deste, Ogunjá, o Ogum funfun, dois orixás de grandes fundamentos e complexidades.

É o pai de Logunedé, por meio do seu relacionamento com Oxum Iêiê Ipondá, um filho que tem poderes ambivalentes: o espírito aventureiro do caçador e de um trabalhador incansável, e a beleza, a ternura e os conhecimentos mágicos da mãe. Possuindo estes relacionamentos e utilizando a cor branca, Erinlé é incluído no grupo dos odés mais antigos e mais velhos. Esta posição é inconteste e confirmada pela sua união com Oxum, a senhora das Ajés. Também é um dos principais participantes do grupo dos Oxôs, os poderosos feiticeiros das matas.

Nos dias atuais, este orixá tornou-se quase uma raridade, principalmente pela complexidade de sua feitura e pelos elementos necessários. Arisco, temperamental e fugidio, precisa ser bem cuidado para poder continuar ajudando ao ser humano. Precisamos de Enrilé em nosso dia-a-dia, nos ensinando e nos protegendo!

Ifá

Ifá é o guardião e patrono do oráculo, o "porta-voz de Orunmilá", quem administra e rege os sistemas adivinhatórios da cultura iorubana. Não é orixá, mas sim um intermediário entre os homens e as divindades, tendo, porém, uma posição muito importante na corte suprema do orum. É ele quem mostra as determinações, mas somente revela aquilo que nos é permitido saber. Desta forma, ele pode nos guiar e orientar. Porém, nenhuma decisão é tomada unicamente através de Ifá, porque ele trabalha sob as ordens supremas de Olorum e de Orunmilá. Responsável por qualquer tipo de consulta oracular, responde através de variados elementos, como os búzios, os iquins, obis, orobôs, cebola (àlùbasà), quiabo, pêra, maçã e vários outros. O oráculo só deve ser consultado por motivos muito sérios e justos, não servindo para brincadeiras ou situações imorais e vulgares.

Os jogos consultados possuem um tríduo poderoso: Olorum determina; Orunmilá traz estas determinações, e Ifá mostra, através dos Odus, de Exu e dos orixás. Os mandos de Orunmilá devem ser obedecidos rigidamente, pois o que ele diz é uma ordem! Isto é mostrado nos itãs de alguns Odus, como o de Obará: "Pobreza não é motivo para brincadeiras" e "Não se deve debochar do sofrimento alheio". Com estes ditados, Obará está informando ao sacerdote que Orunmilá deseja que ele seja honesto e aja com amor, usando a caridade, quando esta for necessária. A outra ordem vem pelos caminhos de Ejionile (Egiobê): "As coisas devem ser feitas aos poucos e devagar". Surge a sabedoria e a perspicácia nos ensinamentos deste Odu para o ser humano, pois ele está avisando que tudo precisa ser bem pensado e olhado, para poder ser informado ao consulente. Ifá mostra, então, ao homem, o que ele precisa saber e fazer para melhorar e viver bem!

Orunmilá

Divindade oriunda da cidade de Ilê Ifé, também chamado de *Orúla*, está diretamente ligado ao destino dos homens. Olorum outorgou a Orunmilá todo o conhecimento e o saber do Universo necessários à sociedade e à religião. Orunmilá tornou-se, então, o principal conselheiro e benfeitor do ser humano, já que ele gosta de ensinar aos homens diferentes lições. Aproveitadas quando estes acompanham as suas intuições, seguem seu sentido de observação e também a sua percepção sensorial. E este precisa aprender a se utilizar de sua condição de aluno de Orunmilá, que o manipula no dia-a-dia! O orum é a sua casa, mas o aiê é o local onde penetra para trazer, aos seus escolhidos, a possibilidade de modificar os destinos, mesmos que estes sejam difíceis e penosos.

Seu nome pode ser traduzido como "aquele que chega ao orum". Orunmilá tem ligação direta e imediata com Olorum, o supremo. Somente ele e Exu têm liberdade para transitar livremente na presença deste. Olorum envia, aos seres humanos, suas ordens e as dos orixás através de Orunmilá, com determinação final do que pode e do que não pode ser feito. Tudo através de Ifá, a *palavra de Orunmilá*!

Os porta-vozes de Orunmilá são os *babalaôs*, "pais do segredo", homens que não entram em transe em momento algum. Pertencendo a um outro segmento da religião, são preparados filosófica e religiosamente durante muitos anos, de forma especial e diferenciada dos demais iniciados do candomblé.

Orunmilá está diretamente ligado ao Opelê Ifá e aos iquins, caroços de dendê retirados da palmeira (*igì òpè*) e utilizados no Oráculo de Ifá para suas previsões. A palmeira e os cocos são a ele dedicados, e também pertencentes a Orungã, orixá funfun do panteão de Xangô, que ofertou a Orunmilá os 16 coquinhos que são utilizados por ele e por Ifá. Orunmilá se comunica com os homens através deste oráculo, podendo assim ajudá-los em seus problemas e em seus interditos. No momento da criação do ser humano, Orunmilá testemunhou e também outorgou a este os Odus que regerão sua existência e seu destino. Com o destino escolhido e determinado por Orunmilá, o homem chega ao aiê e recebe a livre escolha, o livre arbítrio, que pode modificar ou ratificar os rumos da sua vida. Esta mudança, entretanto, só é conseguida com a permissão e a anuência de Olorum, por merecimento, ou através de liturgias e oferendas determinadas por ele ou pelas divindades. O oráculo e Orunmilá, neste momento, se mostram eficazes porque propiciam ao homem a condição de saber satisfazer e atender às necessidades de sua existência. Realizando estas determinações, o ser humano consegue restaurar com eficácia a uniformidade de uma vida equilibrada!

Orunmilá mostra ao homem seus limites, suas atribuições e também suas proibições sagradas. Se ele incorre em erro por ignorância, a solução será mais fácil. Mas se ele decidiu pelo livre arbítrio, precisará recorrer a Orunmilá, que tentará solucionar ou amenizar o erro, pois conhece segredos do aiê e do orum. Cabe a ele determinar a qual divindade o homem poderá recorrer. Orunmilá tem uma função fundamental, que é a de restaurar e procurar manter a vida do homem em total harmonia e sintonia com a natureza e com o meio social em que este vive. Poucos são os que visualizam e entendem isto!

Nas casas de candomblé nada se faz sem primeiro recorrer ao Jogo de Búzios, desde um simples ebó, iniciações, matanças, até as grandes festas dos orixás. Aquilo que não for determinado e aceito por Orunmilá não deverá ser consumado!

Como não existe trabalho sem equipe, ele tem também seus auxiliares, e seu principal ajudante é Exu. Companheiro, propiciador e propagador de axé, Exu ajuda Orunmilá a fiscalizar e a impulsionar a existência no aiê. É também o comunicador entre o orum e o aiê, entre os orixás e os homens, e o vigia dos oráculos de Orunmilá, junto aos babalaôs e aos babalorixás, recebendo o título de *Exu Oduxó (Èsù Odușò)*. Um outro parceiro de Orunmilá é Ossâim, que lhe transmite o conhecimento das folhas e o auxilia na produção medicinal e litúrgica. Princípio fundamental do homem, o orí ajuda Orunmilá no equilíbrio e na manutenção perfeita do homem no aiê. Os Odus o auxiliam na condução do destino da humanidade. E também os orixás, seus parceiros e companheiros, que, inclusive, dependem de seus sábios conselhos!

Grande conhecedor do Universo, Orunmilá é chamado de "olho do mundo" ou "observador da existência", porque com a ajuda de seus "auxiliares" detém a força, o poder e a sabedoria dos mistérios do mundo e dos elementos que o formam. Tem uma grande ligação com Oxum, considerada sua esposa, e a quem delegou poderes do jogo da adivinhação. Dentro de suas possibilidades, Orunmilá permitiu que Exu criasse e ensinasse a Oxum o jogo dos 16 búzios, o merindilogum. Porém, deu a ela a responsabilidade de repassar o seu ensinamento para os seres humanos. A partir daí, as mulheres e os homens puderam fazer parte do círculo adivinhatório, muito fechado e dominado somente pelos babalaôs.

Divindade dos primórdios do tempo, Orunmilá, através do seu saber, persuadiu e pacificou Obatalá e Odudua, ensinando ambos aceitar e respeitar os limites, os reinos e as obras de cada um. Junto com este par e com Exu auxiliou Olorum no momento da criação do mundo. Orunmilá é *irunmolé* inserido no grupo dos orixás do branco, mas que possui características que o diferenciam deste panteão, como a de não "descer na cabeça" dos iniciados. Isto, porém, não o destoa dos demais, só o destaca!

Grande companheiro e conselheiro de Odudua, procurou ajudá-la também a fazer uma boa divisão de compartimentos no Universo, instruindo-a na distribuição dos elementos da natureza e de seus axés para todos os *irunmolés*. Com a sua sapiência permitiu que as criações existentes no mundo tivessem uma ordem correta e maleável. Tudo foi bem planejado e bem executado! O "corpo humano", a metamorfose de alguns animais, a capacidade de restauração dos seres vivos, o nascimento dos vegetais, os pássaros com sua coordenação e orientação perfeitas na arte de voar e muitos outros exemplos possuem um sincronismo que vai sendo cada vez mais aperfeiçoado. Orunmilá, em união com alguns *irunmolés*, também criou os períodos de tempo que regulam as mudanças das marés, das luas, das estações do ano etc.

Para uma convivência bem planejada, o sistema religioso iorubá criou e segue uma ordem divisional perfeita: *Olorum* ordena; *Orunmilá* traz as determinações finais; *Ifá*, o oráculo, mostra as determinações; *odus* e *orixás* transmitem as mensagens aos homens; *Exu* transmite e vigia a sua execução!

Babá Olocum

Babá Olocum (*Olókun*) é um orixá muito velho e poderoso, divindade pertencente aos primórdios dos tempos. Muito reverenciado, recebe vários títulos, entre eles "dono dos oceanos", "pai da areia", "pai da maresia".

Morador das grandes profundidades, simboliza o mistério do mar e administra todas as grandes riquezas que este produz. Os oceanos são seu reino e sua moradia; ele ganhou este compartimento quando houve a divisão do mundo para os *irunmolés*. Tem sua personalidade associada aos oceanos, ora apresentando-se calmo e plácido, ora aterrador e violento. Junto a ele vivem também todos os tipos de Iemanjá, que o reverenciam como pai, e que a ele devem obediência. Neste grupo se encontra *Iyá Olókum*, a Iemanjá mais velha e mais ranzinza, majestosa e que participa do grupo dos orixás funfuns. É a ela que o homem deve pedir permissão para banhar-se em suas águas! Chamada de "senhora dos corais brancos", tem grande predileção pelos cristais e pelas riquezas que provêm do mar. Esta iyabá é somente sua parceira, não faz par amoroso com Babá Olocum, que tem Odudua como companheira.

Babá Olocum representa o mar em seu aspecto mais aterrador e estranho ao homem. Dizem alguns itãns que ele não sai das profundezas do mar para não ver a decadência que o homem está provocando na natureza. Em seus momentos de ira, **contra a negligência do ser humano ofendendo o meio ambiente**, causa grandes catástrofes, levando os tripulantes das embarcações para seu reino! Muito precisa ser feito para agradá-lo e tentar aplacar sua eterna fúria! O seu temperamento enfurecido advém da sua senioridade e de seu caráter truculento, porque não compreende e não aceita o comportamento dos homens perante a natureza. Esta lhes foi dada para ser cuidada e preservada, e para ele o homem destruir e macular a sua própria morada é ofensa indesculpável!

De suas águas é extraído o sal, um elemento que pertence à cor branca, da calmaria, mas também às substâncias estimulantes e ativantes, um dos determinantes de sua personalidade enfurecida. Babá Olocum esconde no fundo do seu *habitat* conhecimentos e saberes inexplicáveis, e o homem ainda tem muito segredo a descobrir em suas águas. Remédios, alimentos e riquezas estão escondidos, à espera de serem reconhecidos e conquistados. É o mar de Olocum ajudando a todas as espécies a se proteger e ter uma vida melhor!

Olocum se relaciona com várias divindades, mas se assemelha muito com Aganju, o senhor dos vulcões e também de natureza imprevisível. Seus vulcões surgem até mesmo no fundo dos oceanos e, juntos, provocam grandes destruições no planeta. Porém, em seguida, rearrumam e regeneram certas regiões. Olocum tem, também, grande relacionamento com Oloxá, divindade que governa e protege as lagoas, o que os torna administradores, em conjunto, das águas salgadas e doces.

Através de suas águas, Babá Olocum ajuda o homem física e psicologicamente, tanto no seu uso como em sua observação. Os movimentos do mar são cadenciados, mas mesmo quando bravios, provocam um relaxamento e produzem momentos de reflexão e de admiração. E quando o homem tenta vencer o mar é porque este o atrai, mas ao mesmo tempo o subjuga e o inferioriza, não lhe deixando concretizar seus desejos de vencê-lo! Olocum é voluntarioso e só permite a alguns a audácia de o enfrentar e de conseguir sobreviver!

Atualmente, muitos são os que pesquisam para salvar e retomar as liturgias para Babá Olocum, pois o mundo precisa aprender como lidar e como agradar uma divindade tão antiga e portentosa. Babá Olocum deve ser sempre reverenciado dentro da religião, principalmente nos atos de iniciação, por fazer a representação da água, fonte inicial da vida.

Enquanto este saber não é complementado, só nos restar agradá-lo através de Iemanjá, que está mais perto e mais ao alcance do ser humano. Como sua filha, sabe manejá-lo e apaziguá-lo, e, como mãe generalizada, só deseja que ele permita aos homens e ao mundo uma existência mais pacífica, equilibrada e calma!

Odus

O homem sempre conviveu com a arte de prever o futuro, mesmo após o progresso da ciência, da pesquisa e da objetividade, pois o mistério, o escondido, excita a mente do ser humano. Embora com métodos e linguagens diferentes, a predição faz parte do nosso cotidiano. Porém, nenhuma delas se mantém se não tiver uma tradição e seguir parâmetros já comprovados, como os utilizados pelos africanos, através do Jogo dos Odus. Estes signos são a parte principal de um oráculo que existe desde os primórdios da religião. Por isso, é considerado como o mais preciso e completo, e também o mais complexo, pois requer saberes específicos, muitos anos de estudos, boa memorização e pessoas capacitadas e bem preparadas.

O oráculo utilizado para consultas aos Odus faz parte das bases que dão sustentação à religião. Esta sustentação, porém, precisa ser complementada e partilhada por um quarteto de autoridades que se entrelaçam e são, ao mesmo tempo, independentes: o *babalaô*, aquele que cuida do oráculo e que, através dele, verifica as necessidades do dia-a-dia das pessoas; o/a *babalorixá/iyalorixá*, quem cuida especificamente da parte física do *egbé* e dos orixás; o *babalossâim*, responsável pelo cultivo e pela colheita das folhas, essenciais à religião; o *babá ojé*, cuidador exclusivo de Babá Egum, ligado à ancestralidade.

Os Odus são forças que têm a existência e o axé advindos de Olorum, representando a personificação de um poder a quem recorremos. Chamados de signos ou símbolos, são a predestinação e os transmissores das mensagens provindas do orum, regendo a vida do ser humano. São os Odus que mostram o problema, mas também quem apresentam a solução! É por meio do Odu que se consegue visualizar e descobrir se a existência do ser humano no aiê poderá ser modificada para ajudar seu destino, proporcionando-lhe uma vida mais equilibrada e harmoniosa.

Os Odus só se apresentam concretamente ao ser humano por meio de Ifá, o oráculo, e de Orunmilá, mas também têm ligações com

Exu, Oxum, Iyamís, eguns, ecuruns, orixás etc. Através dos Odus também se descobre o conjunto de elementos usados para formar o orí das pessoas, o que vai determinar a qual divindade está ligado. São eles que mostram que o **orixá é quem escolhe o seu filho**, e não o homem quem escolhe o seu orixá! Considerado como a parte individualizada de cada sujeito, o Odu proporciona um tratamento personalizado. Mas, em certos casos, traz determinações para o egbé, para famílias ou para grupos sociais ou empresariais.

Os Odus são divindades neutras, não possuem características positivas ou negativas, não foi inventado, nem é inovação no candomblé! Ele surgiu com a existência! Não existe Odu bom ou ruim, e Odu também não é despachado! Como se desfazer do nosso destino, dos nossos caminhos? As negatividades apresentadas por eles podem e devem ser neutralizadas. Este é um poder que a religião nos permite! Após mostrar o problema, o Odu ainda fornece condições ao homem de saber quais as divindades o auxiliarão a se reerguer e se restabelecer!

Existem situações que o próprio Odu pode resolver, utilizando elementos mais suaves e amenos, como banhos de ervas, defumadores etc., em tratamentos particularizados, que ativam o axé pessoal. Porém, quando são exigidos sacrifícios animais, grandes ebós etc., estes são solicitados pelos orixás, orís e por outras divindades. Os Odus podem trazer ajuda para doenças, para grandes problemas, para evitar ou cortar discórdias unitárias, grupais ou para um espaço físico, como a casa de candomblé, lojas, empresas, residências etc.

Antigamente, eram poucos os sacerdotes que possuíam conhecimentos profundos sobre Odu. Os que mais detinham o saber dos Odus eram os *babalaôs*, que vieram da África, ou os *oluôs*, consultores particularizados de cada Axé. Muitos destes não quiseram, ou não souberam, transmitir a ninguém o seu saber. Com o quase desaparecimento dos babalaôs no Brasil, houve necessidade de que o estudo sobre os Odus fosse aprofundado. Grandes pesquisas surgiram e até mesmo pessoas de outros países trouxeram novos saberes, ajudando a expandir e a aprimorar aquele conhecimento camuflado aqui existente, trazido por nossos ancestrais africanos.

O Jogo de Odu praticado pelos/as babalorixás/iyalorixás tem um limite para o seu aprendizado. Em certas ocasiões, o conhecimento faz parte de outro segmento da religião, pertencendo aos babalaôs. Assim, os olhadores precisam ter seus próprios parâmetros e saber agir com sabedoria e humildade, recorrendo, quando necessário, àqueles que possuam maiores informações. Nestas circunstâncias, unem suas funções, se ajudam mutuamente e também ao seu próximo! Até mesmo pela saúde física do olhador, porque é perigoso alguém (como os babalorixás e as iyalorixás) acondicionar tanto saber e experiência e cuidar ainda de sua parte espiritual. Tudo isto ocasiona um excesso de axé!

Trabalhar com Odus ainda é a coisa mais restrita dentro da religião. Os grandes conhecedores não costumam revelar os segredos, que só são transmitidos para os escolhidos pelos Odus, pois uma pessoa pode se tornar um/a babalorixá/iyalorixá e não ter o dom de olhador! Ele/a deverá preparar alguém iniciado por ele para ajudá-lo/a neste segmento, ou então recorrer externamente a outros. Isto não o desmerece, porque foi escolhido e designado para atuar em outros níveis do candomblé. Nossa religião tem variados cargos, e as pessoas não podem abraçar todos!

Não era costume, no passado, os sacerdotes cuidarem de Odus para seus iniciados, por desconhecimento, ou por medo de produzir um crescimento financeiro e espiritual para estes. Um grande erro cometido ainda nos dias atuais! Se o Odu possui influência máxima na vida das pessoas, *todos* devem tratá-lo. Ele representa o princípio, o nascimento, atua em toda a nossa existência e também rege o fim da vida. Assim, se as forças que Odu rege não forem tratadas, as pessoas terão somente o desequilíbrio, a desarmonia, a descompensação. Se um iniciado não souber como agir e como cuidar do seu orí, do seu orixá principal e do seu Odu, estará fadado a ter uma existência medíocre e difícil, mesmo que tenha vindo ao aiê predestinado a ter uma vida iluminada!

Os Odus, como os orixás, possuem sexo feminino ou masculino, comida preferida, folhas próprias, pedras, metais, cores, horário, dia, mês, representação gráfica etc. As pessoas costumam possuir as características e a personalidade do seu Odu e do seu orixá, mescladas com a dos demais orixás. É a união do Odu com o orixá regente que produz a identidade religiosa do iniciado!

Trazendo algum esclarecimento, vamor falar um pouco de cada *omó odu*, colocando ao lado os nomes dos Odus por ordem de chegada nos Jogos de Ifá.

1. **Okanran Mejí** (corresponde ao nº 8, conservando o mesmo nome) – Exu e Ogum são os orixás principais. Em sua parte negativa, osôbo (*osogbò*), costuma trazer muitas dificuldades e perdas. Já quando encontra-se em período positivo, irê (*ìrè*), traz progresso e soluções para os problemas. É um Odu feminino, que pertence ao elemento fogo.

2. **Ejiokô Mejí** (corresponde ao nº 12, recebendo o nome de Oturukpon) – Ibeji e Orixalá são alguns dos orixás. Em osôbo, traz indecisões, guerras, dificuldades no relacionamento amoroso e familiar. Em irê apresenta vitórias, grande mediunidade e amor. Odu feminino, do elemento água.

3. **Etaogundá Mejí** (corresponde ao nº 9, com o nome de Ogundá Mejí, Gudá Mejí ou Gudojí) – entre outros orixás, apresentam-se Ogum e Obaluaiê. Quando negativo, traz propensão a acidentes, doenças, falta de sorte. Em sua positividade, proporciona grande vigor físico, contribuindo para a virilidade masculina e feminina. Permite também que o ser humano consiga atingir os objetivos por seus próprios méritos. Odu masculino, do elemento Fogo.

4. **Irossun Mejí** (corresponde ao nº 5, mantendo o mesmo nome) – Oxum, Xangô e Obá são alguns dos orixás que este Odu traz. Apresenta, quando se encontra em osôbo, situações de tristeza, melancolia e ainda traição. Mas quando em momento positivo, traz sorte e inteligência para não perder as grandes oportunidades que surgirão. Odu masculino, do elemento terra.

5. **Oxê Mejí** (corresponde ao nº 15, com o mesmo nome, sendo também chamado de Shê Mejí – "Odu de Ouro") – destacamos Oxum, Ossâim e Oxumarê. Apresenta fraqueza física, tristeza e problemas de barriga para as mulheres, quando em caída negativa. Porém, traz melhora financeira, cura de doenças e boa percepção espiritual, na parte positiva. Odu masculino, pertence ao elemento água.

6. **Odí Mejí** (corresponde ao nº 4, recebendo o mesmo nome ou ainda Di Mejí) – traz Exu e Orixalá, entre outros. Quando apresenta no jogo momentos negativos, indica problemas de feitiço, dificuldades financeiras, extinguindo as forças para lutar. Já em sua parte positiva, mostra progresso, ajuda inesperada e um auxílio espiritual. Odu feminino, do elemento fogo. (O nome deste Odu não deve ser pronunciado; se necessário, é melhor fragmentá-lo: O – D – Í.)

7. **Obará Mejí** (corresponde ao nº 7, mantendo o mesmo nome, ou ainda Ablá Mejí) – citamos Aganju, Oiá e Logunedé, dentre outros. Em seu momento osôbo, traz problemas de saúde, embaraços com a justiça, adultério e calúnias. Quando em irê, apresenta aquisição de bens, melhora física e mental e vitória nas demandas e nas competições. Odu masculino, do elemento terra.

8. **Ejionile Mejí** (corresponde ao nº 1, recebendo o nome de Ejiogbe ou Ogbe Mejí) – destacam-se Oxaguiã, Ogum e Orunmilá.

Apresenta, em sua negatividade, propensão a desavenças, discórdias e intrigas, problemas com roubos e acidentes e a descoberta de inimigos ocultos. Já em seu momento de positividade, traz fartura, evolução profissional e espiritual, vitória sobre os desafetos. Odu masculino, ligado aos elementos ar e terra. (Este é reconhecido como o verdadeiro "Odu de cargo", aquele que determina que a pessoa possui um cargo direto, dado pela corte suprema do orum.)

9. **Ossá Mejí** (corresponde ao nº 10, recebendo o mesmo nome) – Oxóssi, Iemanjá e Xangô, entre outros. Desilusões, perseguição, aborto e perturbação mental são problemas apresentados no período negativo. No lado positivo, traz progresso, viagens, amores e melhora espiritual. Odu feminino, dos elementos água e fogo.

10. **Ofum Mejí** (corresponde ao nº 16, com o mesmo nome – "Odu de Ouro".) – dentre outros orixás, Oxum, Oxaguiã e Oxalufon. Traz, em osôbo, a teimosia, doenças difíceis de serem descobertas, cabeça em desarmonia. Em momento positivo, mostra vida longa, sucesso e equilíbrio. Por ser tratado como o primeiro Odu da existência e a partir de quem foram criados todos os demais, Ofum é considerado um Odu hermafrodita, ou seja, possui os dois sexos. Pertence ao elemento ar.

11. **Owarin/Oworin Mejí** (corresponde ao nº 6, com o mesmo nome) – apresenta Exu, Oiá e Oxóssi, entre outros. Na parte negativa, mostra perturbações, feitiços, problemas com Egum. Quando se apresenta positivo, traz bons empreendimentos, ajuda de pessoas amigas, equilíbrio. Odu feminino, do elemento fogo.

12. **Ejilaxeborá Mejí** (corresponde ao nº 3, com o nome de Iwori Mejí) – podemos citar Xangô, Oxaguiã e o inquice Tempo. Em osôbo, surgem problemas de justiça; vícios em geral. Em irê, surge a vitória total, com a situação difícil se estabilizando com muito esforço. (Odu com a concepção de justiça, que absolve ou condena, sem meio termo. Exige cuidado e conhecimento.) Odu masculino, dos elementos terra e fogo.

13. **Ejiologbon** (corresponde ao nº 2, com o nome de Oyeku Mejí) – seu orixá principal é Exu, com os voduns Omolu e Nanã, dentre outros. Quando mostra o lado negativo, traz desespero, notícias ruins, auto-destruição. Se a situação se apresenta favorável, a pessoa poderá receber boa orientação de algum amigo; fim de uma situação desagradável. Odu feminino, dos elementos água e terra. (Odu de ligação direta com a morte, Iku.)

14. **Iká** (corresponde ao n° 11, com o mesmo nome) – Nanã, Bessém, Ibeji e Oxaguiã se apresentam, entre outros. Em momento negativo, traz situação prestes a explodir, tumultos. Quando o momento se apresenta positivo, surge a vitória sobre os inimigos, boas oportunidades de progresso. Odu masculino, dos elementos terra e água.

15. **Obeogundá** (corresponde ao n° 14, com o nome de Iretê Mejí) – Ogum, Obá e o vodum Iewá. No período negativo, traz guerras, aventura com final desastroso, ciúme incontrolável. Se positivo, mostra um amor correspondido, dinamismo, necessidade de cuidar da vida espiritual. Odu masculino, dos elementos água e fogo.

16. **Aláfia Mejí** (corresponde ao n° 13, com o nome de Oturá Mejí) – respondem Orunmilá, Obatalá, Odudua, Exu, entre outros. Quando se mostra em momento negativo, traz falta de determinação; pessoa de caráter duvidoso. No momento positivo, mostra vocação artística, sabedoria, fim de um sofrimento. (Odu ligado à corte de Olorum, caída perigosa, que fecha o jogo.)

17. **Opira** – ocorre quando os 16 búzios caem fechados. Não é nenhum Odu que está respondendo e não há mensagem, somente uma interferência negativa, anúncio de algo mau que irá ocorrer. É necessário que se tomem providências urgentes, como ebós, sacrifícios para Exu, defumadores, banhos com ervas e comida para Obatalá. Após isso, para se revitalizar e se rearmonizar, os búzios passam por liturgias específicas, parando o seu uso por algum tempo, para que o equilíbrio seja retomado.

Iyamí Oxorongá

Iyamí Oxorongá (*Ìyàmì-Òsòróngà*) é uma divindade singular e suprema, pertencente ao grupo dos *irunmolés* da esquerda, o grupo das mães e dos filhos, na nação iorubá. Ligada ao **princípio coletivo feminino**, ela se transforma em catalisadora do poder divino da união das mulheres, porque a ancestralidade feminina é cultuada coletivamente. E Iyamí Oxorongá é o receptáculo e a representação mítica da força e do poder das mulheres. Estas, ao morrerem, agrupam-se num só axé. Ao contrário dos homens, que podem ser venerados *individualmente* no culto a Babá Egum.

A menção do seu nome exige cautela e grande reverência; sua força é um poder ímpar e extremamente diferenciado daquele dos orixás, pois ela lida diretamente com o mundo dos mortos. O mesmo ocorre com seu contraponto, Babá Oró, o **representante do poder coletivo ancestral masculino**. No culto a Babá Oró participam todos os orixás masculinos, principalmente aqueles ligados à terra e à morte. Esta interação entre Iyamí Oxorongá e Babá Oró cria a necessária dualidade mulher/homem, que produz a estabilidade e o equilíbrio entre os dois sexos.

Lidar com Iyamí Oxorongá exige bom conhecimento da religião, porque esta divindade está ligada intrinsecamente a tudo dentro do candomblé. Agradá-la é a condição de torná-la mediadora dos poderes divinos. Nenhuma cerimônia pode ser efetuada sem que lhe reverenciem e lhe façam oferendas, para acalmá-la. Se isso não ocorrer, criam-se condições para distúrbios e perturbações.

Quando falamos das *Iyamí-agbá*, palavra traduzida literalmente como "minha mãe anciã", "minha mãe ancestral", referimo-nos ao sentido pluralizado das divindades-mães do universo iorubano. São as representantes dos panteões do lado esquerdo, que têm em Odudua a sua matriarca e a **representante do poder coletivo ancestral feminino**. Dentro do contexto iorubá foi a partir de Odudua que surgiu toda a descendência feminina. Nestes panteões, as mulheres mais velhas, mais rabugentas, mais encolerizadas e mais poderosas são também chamadas de Iyamís e veneradas no culto a Iyamís Oxorongá. É através destas iyabás que se tenta criar uma representação mais humanizada e suavizada para este título, dando um aspecto mais sociável ao poder ancestral das *Grandes Mães*.

As Iyamís são chamadas também de Ajés (feiticeiras) e de *Eleyés*, "proprietárias dos pássaros", animais com quem têm grande ligação. (Outros animais também lhes são consagrados, como o corvo, a coruja, o sapo, a rã, o gato, todos ligados mitologicamente à feitiçaria.)

Iyamí Oxorongá e as demais Iyamís são consideradas como as senhoras da magia e da feitiçaria, e têm como parceiros nestes mistérios os Oxôs (Òṣò), os "feiticeiros das florestas". Sempre prontas a mostrar sua cólera e a julgar os seres humanos, quando necessário se voltam contra estes, pois não gostam de ter suas ordens contestadas, desobedecidas, nem suas regras transgredidas! E o seu castigo e o seu poder são sobrenaturais!

A noite pertence a elas e todo cuidado é pouco se estamos na rua neste período, principalmente à meia-noite, quando sua presença é total. Essencialmente neste horário seu nome não deve ser mencionado à toa, pois não temos necessidade de invocá-la!

Porém, as Iyamís não devem ser vistas somente como um símbolo do mal, como criaturas encolerizadas, vingativas ou até mesmo assemelhadas com as bruxas dos tempos medievais. Elas precisam ser olhadas também como "Grandes Mães", pois detêm os poderes da vida. O sangue da menstruação lhes pertence! Então, podemos dignificá-las como o **axé da potência e da força da mulher**, e também como as dignas representantes do poder místico feminino em seu aspecto mais temível. Embora os homens tenham a força e o comando no universo, as mulheres continuam a controlar o poder, porque sem elas a vida não teria continuidade! Chamar as Iyamís de Ajés ou *Eleyés* não é usual somente para exaltar o seu poder de feitiçaria; estes nomes somente definem a cólera das Grandes Mães e a nossa dificuldade de entendê-las e saber como apaziguá-las. Precisamos estar sempre mostrando a elas a nossa reverência à sua força poderosa, que nos liga ao passado, nos ajuda no presente e garante o futuro da humanidade.

Em sua ampla conexão com a cor vermelha, Iyamí Oxorongá liga-se a Oxum, a senhora do sangue menstrual, que permite a gestação e a geração de novas vidas. É na fase da menstruação que a mulher se mostra mais irritadiça, encolerizada, assemelhando-se às Iyamís, perdendo, às vezes, neste período, seus parâmetros normais e sociais.

Numa contraposição, todo cuidado é pouco quando o sangue das imolações de animais cai no chão. Este deve ser limpo imediatamente. Quando o sangue esfria e coagula, torna-se sem vida, "esfria" a terra. Isto poderá atrair a presença e a ira de Iyamí Oxorongá!

As Iyamís são cultuadas por uma sociedade secreta feminina denominada Geledê. Seus postos superiores são administrados somente por mulheres. Esta sociedade, da nação iorubá, existe ainda hoje em algumas cidades da África e calculamos que também em recônditos lugares do Brasil! Fica difícil aceitar a não existência de um culto tão necessário à evolução e ao equilíbrio do mundo, num país onde o percentual de iyalorixás é maior do que o de babalorixás!

A Sociedade Geledê realiza anualmente uma festividade que reverencia coletivamente a ancestralidade feminina, e que tem o intuito de pedir proteção e prosperidade, fazendo a união das Iyamís. É o momento em que as Grandes Mães recebem agradecimentos pelo seu poder revigorante e restaurador da existência!

Nestas festas, os homens participam, porém vestidos de mulher e usando máscaras femininas, ornamentos exclusivos das Iyamís. A máscara produz a idéia do oculto, do segredo, do mistério, mostrando a mulher como a maior representante do mistério do Universo: a reprodução da vida! Estas indumentárias servem para reverenciar a mulher e ajudam a promover o necessário equilíbrio da junção feminino/masculino. Mas o poder místico da criação pertence ao princípio feminino da reprodução, encontrado até entre os animais, as plantas e as colheitas, que são dependentes também deste princípio dinâmico para a preservação e a perpetuação das espécies.

Em um passado longínquo, no Brasil, as mulheres criaram uma convenção de que somente elas podiam recorrer à Iyamí Oxorongá. Talvez para que pudessem ter, neste quesito, maior ascensão e poder sobre os homens, pois, no dia-a-dia, eram submissas, obedientes e dependentes destes. Mas se Iyamí é a força feminina concentrada, ela precisa do companheiro-homem para lhe ajudar na renovação e no equilíbrio do aiê e, principalmente, na reprodução! Portanto, é fundamental que os homens também cuidem e reverenciem as Iyamís. A Sociedade Geledê, ao aceitar a presença masculina nas suas festividades, nos mostra a forma tradicional de o povo iorubá homenagear e apaziguar estas Grandes Mães Ancestrais, promovendo assim uma união que visa manter o equilíbrio e a confraternização entre os sexos!

Através de milhares de gerações, as Iyamís agem também no controle da ordem social e econômica do mundo e possibilitam, a cada geração, a condição de o ser humano se aprimorar e se modificar com os erros da geração anterior! Porém, se o homem se deixa dominar pelo poder, pela cobiça e pela vaidade, predicados negativos, elas surgem para provocar um entravamento ou um corte, fazendo com que o equilíbrio se restabeleça. Quando o ser humano esquece a sua condição de mortal e aprendiz, necessita de um choque momentâneo para retornar a um estágio inferior, precisando reaprender a viver com os seus semelhantes!

Irmãos, para finalizar um alerta importante: independente da nação a que cada um pertença, o ser humano deverá sempre *prestar reverência aos seus ancestrais*, masculinos ou femininos. Porém, se ele não estiver preparado e não possuir conhecimento suficiente, não deve tentar penetrar em reinos recônditos, porque estes lhes são desconhecidos e perigosos! E o reino das Iyamís é um deles!

As mulheres têm certos dons atribuídos somente a elas. Um deles é o sexto sentido, porém, o seu dom primordial é único: a possibilidade de gerar vidas. Homem nenhum jamais conseguirá esta magia! É por isso que se diz que todas as mulheres são também "ajé"!

Formulamos aqui os nossos respeitos a todas as iyalorixás, donés, gaiakus, mejitós, mametos etc., numa forma de reverência às Grandes Mulheres do candomblé que já partiram para a eternidade, representantes da **ancestralidade feminina**. Que elas possam sempre nos guiar na forma correta de cultuar nossas divindades! Axé!

Babá Egum

Para entender melhor o que vem a ser o culto a Babá Egum (*Bàbá Égùn*), vamos primeiramente procurar fazer uma distinção entre os termos antepassado e ancestral. Podem ser tratados como sinônimos, quase sem nenhuma diferenciação entre eles, mas existe uma leve distinção entre seus significados para o candomblé. A palavra *antepassado* refere-se especificamente "àquela pessoa que deu origem a outras, o precursor, ou seja, o pai, o avô, até o bisavô". Já a palavra *ancestral* tem o significado de "ascendente remoto ou antiqüíssimo". Neste livro decidimos adotar a nomenclatura "ancestral", quando nos referirmos aos Babá Eguns, por estes serem espíritos masculinos muito antigos e divinizados.

A palavra Babá possui diferentes designações, mas no caso presente é usada respeitosamente para denominar os espíritos ancestrais, tendo a concepção de "pai velho, mestre, o patriarca". Mas os Babás recebem também as denominações de Egungun (mascarado), Egum (esqueleto, o que está morto), ou Egum-agbá (os mais velhos e mais poderosos).

Os Babá Eguns são forças centenárias poderosas, originárias de regiões africanas iorubás e que provêm, geralmente, de famílias ilustres, reais, alguns são integrantes de dinastias familiares, ou mesmo governantes-protetores e benfeitores de cidades ou de comunidades. Alguns Babás devem possuir idade milenar, pois é impossível situá-los dentro de uma idade cronológica!

Estes ancestrais são preparados para proporcionar ajuda a quem a eles recorre, e o objetivo primordial de seu culto é o de orientá-los para que se tornem visíveis, para que o homem tenha uma melhor compreensão de um mundo que lhe é desconhecido! É através da preservação deste segmento da religião que conseguimos entender a continuidade da vida.

Os Babá Eguns proporcionam auxílio individualizado ao ser humano, mas também podem se dedicar a grupos ou à sociedade em geral. São eles que impõem ensinamentos morais, regras de convivência, de comportamento e de hierarquização, na religião ou no dia-a-dia do ser humano. Esta obediência ocorre até mesmo entre eles e os demais *irunmolés*; cada um atua com total independência. Porém, com respeito recíproco aos seus devidos patamares e compartimentos, obedecendo às regras da natureza determinadas por Olorum.

Devido às suas antiguidade e senioridade, Babá Egum está ligado somente ao passado, mas possui condição de nos impulsionar para o futuro e influenciar em nossa evolução. Mas possui também a condição de nos impulsionar para o futuro e para a evolução. A ancestralidade nos auxilia e nos orienta, e até mesmo propõe mudanças em nossa vida e no nosso modo de pensar, mostrando assim a sua condição patriarcal! Mas essa ajuda não produz choques ou divergências com nossos orixás ou com as demais divindades. É a força conjunta da ancestralidade ajudando a sua descendência!

Babá Egum procura agir como árbitro nas questões entre os homens e os orixás, porém quase nunca pendendo para um dos lados. Nas sanções mais graves cometidas pelo homem, Babá Egum procura interceder perante a corte dos *irunmolés*, advogando para amenizar nossas penas. Tenta arbitrar um modo mais ameno de saldarmos nossas dívidas terrenas, mas não se eximirá de impingir sérias atribulações àqueles que agirem de forma contrária às normas da religião, da ética e da moral.

Existem seres humanos muito privilegiados, que têm a ajuda suplementar e grandiosa de determinados Babá. Estas pessoas recebem o nome de maxeregun (*maṣérègùn*), aqueles que, por algum motivo desconhecido, Babá Egum adora! Talvez tenham sido seus ancestrais diretos, amigos queridos e diletos etc. São pessoas que terão eternamente seu auxílio e sua proteção. Mas, em agradecimento, devem sempre agradá-lo e procurar seguir seus conselhos. Agindo assim, farão com que Babá sinta-se prestigiado e motivado.

No candomblé de Babá Egum existe uma divisão hierárquica para o melhor entendimento das suas liturgias. Não são todos os Eguns que podem vir ao aiê trazer sua ajuda. Isso é prerrogativa somente dos Babá-agbás, "aqueles mais antigos, mais velhos", que são preparados liturgicamente e doutrinados, recebendo o direito de poder falar (*ké*), se expressar verbalmente. Existem também os aparacás (*apáàràká*), Eguns que não falam e que, por não constituírem individualidade, não têm nomes ou simbologias que os identifiquem.

Os aparacás são os ancestrais mais novos e que não alcançaram o estágio de Babá Egum. A eles cabe geralmente a função de fiscalizar e administrar as partes exteriores dos Ilês de Egungum. Se necessitarem transmitir alguma mensagem a alguém, utilizam-se do auxílio dos Babás.

Um outro segmento do culto à ancestralidade são os Essás (*Èsá*), antepassados masculinos de uma casa de candomblé muito antiga, geralmente fundadores e precursores de um Axé. Quando os Essás se apresentam, utilizam o mesmo título que possuíam quando em sua vida terrena. Seu culto só ocorre nas casas de candomblé de *lessé orixá* ("aos pés do orixá") e são reverenciados nos rituais e nas cerimônias dedicadas aos ancestrais.

Nos candomblés de Egungum, quando é cultuada especificamente a ancestralidade, louvam-se também os africanos que morreram nos navios negreiros e tiveram seus corpos jogados em nossos mares. Estes aráorum são também lembrados e louvados nos rituais coletivos das casas de candomblé, como nos Axexês, nas liturgias para Babá Oró e também nas de Iyamí Oxorongá, pois muitas mulheres pereceram nestes transportes.

As casas de culto a Babá Egum possuem certas semelhanças estruturais com as casas de candomblé, mas têm três segmentos distintos que as particularizam:

a) o primeiro é aberto ao público, utilizado pela assistência em geral, nos dias de festa, e também pelos iniciados, mas ninguém tem nenhum contato físico com os Babás;

b) o segundo é fechado ao público em geral e utilizado unicamente pelos iniciados e, algumas vezes, por alguns poucos privilegiados que têm a honra de partilhar e participar mais intimamente da vida da comunidade;

c) o terceiro, um espaço privativo, onde somente o alapini, os alagbás e os ojés penetram. É o local onde ficam os assentamentos individuais de alguns Babás e também o assentamento coletivo, o ojubó. É neste lugar que os ojés preparam tudo para receber estes visitantes divinos em suas festas. E, às vezes, quando precisam de seu auxílio, ou quando necessitam consultá-los.

A pessoa que chefia e administra uma casa de culto a Babá Egum é o alabá (*alagbá*), a quem cabe transmitir os ensinamentos práticos e necessários aos Babás, geralmente escolhido entre os ojés mais velhos, mais antigos, denominados *ojé agbá*. Estes ojés, também chamados de *babá ojés* são os sacerdotes que têm o **saber e o poder de invocar os Babá Eguns**, sendo muito respeitados pelos Babás porque são considerados os seus intermediários. Estes homens vivem no mundo dos vivos e convivem também com o mundo dos mortos!

Os babá ojés cuidam e administram os movimentos dos Egunguns, utilizando-se do ixã (*iṣán*), vara feita de atorí, que serve para invocá-los, guiá-los, orientá-los e mandá-los de volta ao orum. O ixã, quando colocado horizontalmente no chão, produz uma fronteira intransponível que delimita os dois mundos.

Os ojés formam um grupo seleto e fechado, com funções muito específicas e definidas, a quem são ensinados segredos, preceitos invioláveis e liturgias necessárias para que cuidem dos mistérios que advêm da ancestralidade. Diferentemente do aprendizado do culto aos orixás, que necessita de um conhecimento prático, uma psicologia de comportamento e atitudes, cuidar dos ancestres exige mais o conhecimento de segredos sobrenaturais. Os babá ojés geralmente são homens sensatos, de grande sabedoria, observadores do comportamento humano e que possuem uma sensibilidade apurada. Silenciosos e sagazes, captam rapidamente as nuances de todos os acontecimentos que ocorrem ao seu redor. Acostumados a lidar com a morte em todas as suas facetas, são por isso mais sensíveis em relação ao ser humano e às suas necessidades.

No candomblé dos orixás, o iniciado precisa ser perspicaz, sagaz e dedicar um bom tempo para um melhor aprendizado. No candomblé de Egungum, o iniciado, chamado de amuixã (*amuìṣan*), talvez um futuro babá ojé, tem regras rígidas e doutrina específica para poder ser aceito nesta sociedade. Porém, já penetra nos meandros deste círculo fechado recebendo diretrizes e aprendizados. Isto acontece principalmente porque a grande maioria já provém de uma linhagem antiga de babá ojés. E também porque **precisam** saber, antecipadamente, como se portar diante de certas situações, pois estarão lidando com forças muito poderosas e misteriosas, muito mais próximas dos seres humanos do que os poderes dos orixás.

Os amuixãs recebem também o epíteto de mariô (*màrìwò*), pois a palmeira que fornece estas folhagens tem o simbolismo do início da criação. É considerada o receptáculo natural do poder dos antepassados, tendo profunda ligação com a vida e com a morte. O mariô, franja-filha da palmeira, tem ainda a representação dos descendentes, dos filhos, e é muito usado para ocultar o segredo, o mistério. E os iniciados deste culto nada mais são do que guardiões de amplos segredos de um mundo para nós desconhecido!

Morada de alguns Babás mais antigos, Iroco, árvore que é também uma divindade, um vodum do branco, possui muita ligação com a ancestralidade. Considerada árvore mística e sagrada, concentra em si muitos mistérios seculares.

Embora o culto a Babá Egum seja masculino e muito fechado, algumas mulheres também participam dele, com muitas reservas e restrições. Não poderia ser diferente, pois não se compreenderia um culto em que não houvesse um equilíbrio e um entrosamento entre os sexos, um complementando o outro. Os segredos e os mistérios são indivisíveis, pertencem somente aos homens, mas a ajuda física e os cuidados com o egbé dividem-se com o outro lado, as mulheres. Um não desmerece o outro, nem perde nos ensinamentos sagrados. Às mulheres só é vedada a participação nos rituais secretos do culto. Estas participantes recebem o nome de *ató*, e seu posto máximo é o de *Iyá egbé*, a "mãe da comunidade", que serve de intermediária entre as mulheres e o alagbá. Existe também a *iyá mondê*, que governa todas as demais e recebe e transmite as ordens e os desejos dos Babás. À *Iyá agã* cabe transmitir às mais novas os preceitos religiosos que acumulou em seu tempo na casa. A *Iyá erelu* é a chefe das demais *erelus*, mulheres que entoam as cantigas que trazem os Babá Eguns para o salão.

A participação da mulher no candomblé de Egum tem também um sentido de pacificação e harmonização das energias.

Dentro do candomblé, o culto à Babá Egum é a única segmentação que possui um sumo sacerdote, o *alapiní*, geralmente escolhido entre os mais velhos alagbás, aqueles que possuem maior conhecimento e saber, que saiba utilizá-los para o bem-estar da comunidade. Ele é a autoridade suprema e o responsável por todos os demais sacerdotes dos terreiros de Babá Egum, que se devotam única e exclusivamente a este culto. Dentro de seu terreiro, porém, terá também o título de alagbá.

Embora poucos sejam os escolhidos para participar deste segmento, este culto ainda possui ampla sobrevivência, especialmente na Ilha de Itaparica, Bahia, onde estão alguns terreiros. Algumas pessoas, principalmente no Rio de Janeiro e em São Paulo, também procuram promover e perpetuar esta tradição, que é parte integrante da vida do povo iorubá e da religião.

Várias divindades participam do culto a Babá Egum e a principal iyabá ligada aos ancestrais é Oiá, conhecida como mãe, senhora e rainha dos eguns. É ela quem comanda, carrega em seus ventos e transfere do aiê para o orum, ou vice-versa, os eguns. Nanã, a senhora da lama, vodum intimamente ligada à morte, também faz parte deste culto.

Odudua, senhora da terra, primeira mãe da existência e criadora dos ancestres primordiais do Universo, é reconhecida por Egum como o ventre gerador e fecundado que contém a vida e que recebe e guarda em si a morte.

Egum também se relaciona com Iewá, que, juntamente com Oiá, realiza o serviço de encaminhar com seriedade o recente ará-orum em sua nova jornada para outro plano. Outras divindades, como Orixalá, Obaluaiê e Xangô, também interagem com Babá Egum pois interligam-se com os dois lados da existência.

Os mais antigos Babá Eguns podem ser considerados os primeiros seres humanos, do sexo masculino, adotados pelos orixás. Criou-se entre eles um elo que também se concretiza em nossas vidas, pois passamos a ter um Babá particularizado para nos atender e para podermos reverenciar, de acordo com cada orixá: *Babá Olokotum* – Orixalá; *Babá Xein* – Oxaguiã; *Babá Alapalá* – Xangô; *Babá Olobojô* – Oiá; *Babá Alapaorum* – Ogum; *Babá Baraim* – Obaluaiê; *Babá Omonilê* – Odé etc.

Babá Egum usa em suas aparições nos terreiros roupas enfeitadas com espelhos, búzios, favas, guizos, tiras de pano coloridas. Estes vestuários são emblemáticos e têm a condição de torná-los visíveis, servindo inclusive para individualizá-los. São vestes que escondem todo o mistério que Babá produz ao chegar! Chamadas de *abalá*, costumam ser complementadas pelo *awon*, um tipo de tela que faz a representação figurativa do formato de um rosto. É através desta tela que ele faz a sua comunicação com os homens, numa voz rouquenha, gutural, denominada *segí*. Cada Babá possui também seu *ké*, um tipo de brado, ou grito, que anuncia sua chegada e que o particulariza.

Alguns Babás preferem roupas vistosas, exuberantes; outros gostam de vestimentas confeccionadas com muitas tiras de panos de cores variadas; alguns utilizam somente roupas brancas. Quanto mais bonita e mais movimentos a roupa produzir, maior é o indicativo de que seu portador é um dos Babás mais velhos ou contém um simbolismo de opulência, riqueza e realeza.

O culto a Babá Egum tem atravessado várias gerações sem mudanças radicais em suas tradições e pode-se dizer que este é um dos poucos cultos das religiões africanas que chega em pleno século XXI ainda envolto em completo mistério e segredo. Isto ocorreu porque mesmo existindo poucas casas direcionadas para este segmento, todos procuraram seguir os mesmos ensinamentos e fundamentos que lhes foram passados pelos antigos fundadores. Sem tentar modificá-los ou descaracterizá-los, para satisfazer vontades e ambições pessoais!

Os Babá Eguns continuam, então, como mantenedores da estruturação da sociedade, cabendo a eles administrar e orientar a vida familiar, social, financeira, jurídica e política de um segmento ou de toda uma comunidade.

Numa forma de reverência à ancestralidade masculina, formulamos os nossos respeitos a todos os babalorixás, dotés e tatas-de-inquice que ajudaram a eternizar o nome do candomblé, e que já partiram para o orum. Que eles possam sempre nos guiar na forma correta de cultuar nossas divindades! Axé!

Babá Oró

A Sociedade Ogboni é um grupo civil africano cujo objetivo é ordenar o comportamento moral e ético das pessoas. Espalhada pela terra iorubá, esta sociedade se encontra principalmente nas cidades de Egbá, Ondô, Ijebu, Egbado e Oyó e cultua Babá Oró, um grande *irunmolé*. No Brasil pouco se fala dele e de seu culto, pois os que detinham o conhecimento não o repassaram para gerações posteriores.

Babá Oró administra todo o **poder coletivo da ancestralidade masculina**. Com um comportamento tempestuoso e brutal, ele tem controle sobre a ética, o direcionamento político e moral de toda a sociedade e também a vida comunitária. Como poderoso antepassado, representa a parte social desse poder. Divindade dos primórdios da existência, condena e combate os desmandos, a corrupção, a inversão de valores familiares e tudo que desregula e desestabiliza as comunidades e a sociedade em geral.

Babá Oró possui similaridade com Iyamí Oxorongá, sem haver fusão ou preponderância entre estas duas forças. Ela é a explosão, a ira; ele, mesmo possuindo estas características, oferece o apaziguamento entre ela e os homens. Pelo seu poder masculino, que trabalha com a consciência e a lógica, diferente do feminino, que usa mais o poder visceral e a impetuosidade, Babá Oró faz um contraponto perfeito com esta divindade, controladora do **poder coletivo ancestral feminino**. Diferentemente de Iyamí, Babá Oró é consultado e controlado pacificamente pelos anciãos das cidades, para que auxilie e oriente na evolução social, material e moral da comunidade.

É importante dizer que Babá Oró não controla nem administra os Babá Eguns. Ele não tem nenhuma ligação com a evolução pessoal, individual, do ser humano; ele trabalha somente em prol de uma comunidade. Está num patamar diferenciado do segmento dos Babá Eguns. As sociedades iorubás, e o Universo como um todo, dependem de uma base organizada e de uma evolução sistemática geral, seja econômica, política ou social. É destas áreas que Babá Oró cuida! Aqueles que não seguem seus preceitos e suas ordens serão expurgados das comunidades ou sofrerão sanções mais rígidas.

Às mulheres é vedado o conhecimento dos segredos da ancestralidade, por isso nas festividades de Babá Oró, em terras iorubás, estas permanecem em casa, com seus filhos pequenos, principalmente as meninas, com a cabeça reclinada e coberta. Durante os dias deste culto, poucos são os momentos em que elas podem sair de suas casas. Talvez isto ocorra com o intuito de evitar o choque brusco do encontro do **axé ancestral masculino** com o **axé ancestral feminino** incutido na figura da mulher. São duas forças poderosas que precisam manter o equilíbrio, para que não haja um confronto direto! Na Sociedade Geledê existe esse mesmo cuidado. Nela são os homens que se escondem, travestindo-se de mulher e usando máscaras femininas, evitando assim também um impacto frontal de ambos os sexos e forças.

Quando o homem recebeu de Olorum o dom da vida, teve que aceitar também seu complemento, a morte. Ao participar de comunidades, o homem então se amalgamou ao poder e à administração de Babá Oró. Quando cultuamos Obatalá e todo o seu panteão, e também nos cultos a Babá Egum, automaticamente prestamos reverência a esta divindade. Representante-símbolo do poder ancestral, ele se reporta diretamente, e apenas, a Obatalá, senhor da vida e da morte!

É necessário o entendimento, por todos da religião, de que Babá Oró trabalha em prol da evolução da sociedade!

Iku

O indivíduo nasce, cumpre seu destino pessoal, procria e morre, fechando seu ciclo vital. Durante este período, inúmeras divindades e entidades lhe ajudam no seu dia-a-dia, tendo ele obedecido ou não às ordens superiores, ou mesmo quando prefere seguir o seu livre-arbítrio. Ao morrer, o iniciado ainda tem, durante um curto período, os cuidados de algumas divindades, como Nanã, Obaluaiê, Oiá, Iewá e outros. Mas quem o comanda agora é Iku (*Ikú*). Estes irão ajudar o novo aráorum a ter um melhor entendimento de sua nova existência!

Iku é um ebóra pertencente ao grupo poderoso de guerreiros do orum, considerado um *irunmolé-filho*. Divindade masculina, está sempre em movimento, percorrendo toda a face da Terra, ajudando a manter o equilíbrio da natureza. Ele é a única divindade que um dia "tomará" posse da cabeça de todos os seres humanos! Carrega na mão direita um poderoso e perigoso cetro, que recebe o nome de *kumón*, ferramenta indispensável e auxiliar, fabricada em metal. Este opá pertence à sua existência e ao seu axé, pois nasceu com ele! Ambos se complementam, e um sem o outro não pode cumprir suas funções!

Em sinal de respeito ao grande poder do seu nome, os antigos preferiam modificar o nome Iku para Aku ou Eku, porque sabiam que certas palavras quando ditas em som alto provocam e movimentam forças que não precisam ser convocadas!

Nos itãs, Iku é filho de Odudua com Obatalá, mas tem existência e axé independentes. Sua relação com ambos é de total liberdade, não existindo hierarquia nem submissão entre eles. Os criadores da existência humana e o representante do término da vida foram criados concomitantemente, e têm uma convivência plena, demonstrando que a vida e a morte se entrelaçam!

Iku é uma divindade dúbia, porque como representante do fim da existência, também ajuda na criação, pois fornece a Obatalá a lama que usa para a confecção de novos moradores do aiê!

O ser humano quando começa a ser preparado, no orum, ganha, no aiê, um corpo físico que recebeu os elementos míticos e sagrados que o identificarão e lhe tornarão um indivíduo único. Porém, no momento de sua morte, precisa passar por dois tipos de rituais que libertarão a sua parte física da parte sagrada.

O primeiro consiste no *funeral*, quando ocorre a despedida e a entrega do corpo físico à terra. Este corpo, que representa a matéria e que foi esculpido com os elementos primordiais, pertence a Iku, que o devolve a Ilé, a terra, o grande útero-mãe. É Iku reintegrando ao solo aquilo que dele foi retirado!

O segundo diz respeito à *individualização*, quando se rompem os elos religiosos e sagrados que ligam o homem aos elementos que lhe particularizam e ao orum. Este corte é realizado em duas partes: a primeira em ritual realizado antes do sepultamento, e a segunda na época em que ocorre o Axexê.

A morte é algo inevitável, mas quem a provoca, ou antecipa-a geralmente é a imprevidência ou a inconseqüência do ser humano. Muitas vezes, quando Iku se mostra inexorável, inevitável, o ser humano precisa de ajuda e, às vezes, consegue driblá-lo! Em nossa religião o homem tem a possibilidade de recorrer ao oráculo Ifá e a Orunmilá, que indicará se ele é merecedor ou não de uma nova oportunidade. Somente Olorum determinará e indicará a quem ele deve recorrer para receber ajuda e lhe conceder, talvez, uma "prorrogação". Esta modificação momentânea do destino precisa de liturgias específicas, como ebós especiais e outros rituais.

Demonstrando a sua grandeza na concepção iorubá, Iku tem um Odu especialmente designado para ele. Oiyéku Mejí ou Ejiologbon é seu representante e o transmissor de suas mensagens. Ele também se relaciona e possui afinidades com alguns orixás e voduns que se mesclam com a morte e com a terra: Oiá, Orixalá, Obaluaiê, Exu Burucu, Nanã Burucu e Iewá. Estas divindades se ajudam e se complementam! Iewá é uma grande auxiliar de Iku, porque, através de seu saber e do seu conhecimento de fórmulas especiais, ajuda Egum a fazer a mudança do aiê para o orum com tranqüilidade. Permanece ao lado do corpo enquanto este ainda possuir matéria pelo tempo necessário para que o novo ará-orum compreenda sua nova situação, e possa fazer sua transposição sem sentir um impacto muito brusco.

O candomblé é uma religião em que mesmo após a morte o ser humano não fica sozinho. Em outra dimensão, ele ainda encontra a mão amiga e companheira de divindades que o recebem e o confortam! Porque a morte não é o fim, ela representa também um recomeço e uma reintegração!

CAPÍTULO 26
O Ipadê

O Ipadê (*Ìpadè*) é um cerimonial próprio das casas de candomblé iorubá e que tem como *objetivo* **a reunião e o encontro** de poderosas forças divinas. Ele acontece sempre que ocorre a imolação de animais de quatro patas, nas grandes festas dos terreiros, quando a terra é alimentada. Esta liturgia tem o sentido de apaziguar as grandes energias sobrenaturais que para ali convergem. É um ritual que homenageia todos os representantes das ancestralidades feminina e masculina, participantes do princípio coletivo ou particularizado, como Iyamí Oxorongá, as Iyamí-agbás, Babá Egum, Babá Oró, os Ajaguns, os Oxôs, os Essás etc.

Esta reunião é controlada e presidida por Exu, a divindade que age como mensageiro, o encarregado de entregar as oferendas, o intermediador entre as divindades e os homens e vice-versa. Exu é também o guardião, zelando pela comunidade e resguardando-a das poderosas energias que participam deste ritual. Divindades muito melindrosas e que precisam ser tratadas com muito cuidado e respeito! Neste momento, ele participa com a sua pluralidade: é o produtor da calmaria e da paz, em seu papel de Odará; como Ojixebó, é convocado para levar as oferendas. E ainda o controlador do movimento e da comunicação, em seu poder de *Iná*, o fogo, seu mais forte elemento, e o representante da cor vermelha.

Pelo seu poder extraordinário e pelas forças que são invocadas, o Ipadê possui certo perigo e, por isso, só deve ser realizado por autoridades religiosas que tenham conhecimento deste ritual e idade temporal dentro do candomblé que as autorize realizá-lo. É uma liturgia quase exclusivamente feminina, pois a sua confecção e a sua realização estão sob a responsabilidade das mulheres mais antigas do terreiro e as que possuem cargos específicos, como a *iyá kekerê*, a *iyá tebexé*, a *dagã*, a *sidagã*, a *iyamorô* e outras. Mas toda a comunidade, e alguns convidados especiais da matança, dela participam, em conjunto.

A imolação dos animais consagrados ocorre geralmente ao amanhecer, com a temperatura amena, antes de o Sol nascer. Esta cerimônia não é aberta ao público. O Ipadê tem início após este ritual, bem antes de começar a festa pública, e acontece no barracão, com os ogãs em seus postos. Os filhos da casa ficam ajoelhados em esteiras, com a testa encostada no chão e com o rosto completamente encoberto, em sinal de submissão e reverência. Não devem olhar o que se passa à sua volta, principalmente em respeito a Iyamí Oxorongá e suas parceiras.

Esta celebração possui cantigas próprias, geralmente entoadas pelo/a sacerdote/sacerdotisa, ou pela iyá tebexé, e respondidas pela comunidade. No centro do barracão são colocados uma quartinha com água, pratos de barro com alimentos para Exu e para as demais divindades, bebidas, acaçás, uma cuia com substâncias especiais etc. Após o início do ritual, ninguém poderá ausentar-se do barracão até o seu término, a não ser as mulheres que dele participam, transportando para o exterior os alimentos que serão ofertados às divindades. Em sua condição de *assiwaju*, Exu é quem primeiramente recebe suas oferendas, para depois entregar aos demais o que lhes é enviado!

O Ipadê também faz parte do cerimonial do Axexê, sendo, porém, realizado à noite. Somente no último dia deste ritual, o Ipadê é feito ao amanhecer.

Quando termina o Ipadê, as funções da casa de candomblé voltam ao normal e poderão ter início as festividades, porque Exu e as outras divindades já foram agradadas e apaziguadas!

CAPÍTULO 27
O Axexê

Ao falarmos sobre o Axexê (À.sè.sè) não pretendemos ensinar ou transmitir segredos desta grande e misteriosa cerimônia. Vamos tentar somente acrescentar mais algumas pequenas informações.

O ritual denominado Axexê na nação iorubá, é chamado de *Sirrum* pelo povo fon e, pela nação bantu, de *Mukundu* ou *Ntambi*. Neste ato, o recém-falecido é denominado ará-orum, traduzido como "habitante do orum, do além", na nação iorubá, e de vúmbi ou vumbe, na nação bantu.

Para as três nações do candomblé, a morte não significa o fim, representa somente a partida do aiê para o orum. Simples assim, para eles! O Axexê serve, então, para encaminhar e orientar o morto para o orum e também para reintegrá-lo à sua existência genérica. Este ritual proporciona um melhor entendimento desta passagem, porque após a morte o ará-orum não consegue distinguir com precisão a que mundo pertence, e também não consegue se desvencilhar facilmente das ligações terrenas. Através do ritual do Axexê a sua compreensão é restabelecida.

Logo após a morte do iniciado, já começam a ser feitos os atos sagrados no seu orí, quando são cortados os elos religiosos, para libertá-lo das suas ligações com o aiê. Em alguns casos, entretanto, isto se torna improvável ou mesmo impossível. Mortes violentas, com deformações, ou doenças infecto-contagiosas são exemplos claros. Mas em nossa religião isto não é impedimento, porque o sacerdote tem a possibilidade de criar um objeto que faz o simbolismo do orí do morto e o utiliza ritualmente para as liturgias do Axexê. O orí é o primeiro a chegar ao aiê na hora do nascimento, e também o primeiro a ser tratado para voltar ao orum!

Através do corte de variados vínculos, que estão consolidados com todos os integrantes da casa de candomblé, sejam estes humanos ou divinos, o ará-orum se desliga completamente do aiê. Estes vínculos começam pela sua ascendência (o sacerdote, irmãos mais velhos, ogãs, equedes) e segue pelos demais participantes da comunidade. Este corte também precisa ser feito com os pertences religiosos particularizados do morto.

Não existe um tempo determinado para a realização do Axexê. Isto acontece de acordo com cada casa de candomblé. Em algumas, ele é iniciado logo após o enterro; em outras é costume esperar entre sete e 30 dias, ou até mais. É um tempo que será estipulado pelo egbé, pois é preciso a aquisição dos elementos necessários e suficientes para a preparação da cerimônia. Será necessária a mobilização de todos, pois um Axexê, por mais simples que seja, consome boa quantia em dinheiro!

A casa precisa se preparar e se organizar. Este cerimonial exige certas peculiaridades, como ambientes bem limpos e tranqüilos e muito silêncio. A presença de mulheres só é permitida em locais predeterminados, sempre com ojá na cabeça e o pano-da-costa enrolado em volta do pescoço. Todos os integrantes deverão estar com fios-de-conta próprios (o preto, representando Odudua, a terra) para esta ocasião. É um ritual que prima pela simplicidade, e seus participantes não devem usar jóias de espécie alguma. Saias, calçolões e panos-da-costa não devem ter brilho, bordados nem enfeites. É proibido o uso de batas!

O/a sacerdote/sacerdotisa precisa estar em consultas periódicas ao Jogo de Búzios para atender às ordens do ará-orum.

São pequenos detalhes que fazem grandes diferenças, porque se as exigências não forem prontamente atendidas podem trazer aborrecimentos e causar dissabores e transtornos. No Axexê todo cuidado tem que ser tomado, pois o ará-orum não perdoa os erros e as faltas!

Neste ritual não são usados atabaques. Estes são substituídos por duas cabaças grandes, cortadas no pescoço, no sentido horizontal. Estas são emborcadas e tocadas com o aguidaví, tendo o acompanhamento de um porrão de barro, que é percutido com abanos de palha trançada. Assim, o som sai meio abafado, sem grande alarido, como exige a situação. É costume, em algumas nações, utilizar somente as cabaças como instrumentos.

No centro do barracão, de acordo com cada Axé, é desenhado um círculo com areia, com o efun ou com as três cores primordiais. Dentro se depositam o pote e as cabaças que irão ritmar os cânticos, alguidares, quartinhas e variados elementos preparados para a ocasião. Ali também ficam as bebidas do gosto do Egum, que serão degustadas também pelos ogãs e convidados. No Axexê existe uma simbologia de presentear o ará-orum com moedas, para que ele se sinta prestigiado e não cause perturbações. Enquanto dançam e cantam, todos o reverenciam e depositam num alguidar estas moedas, que mais tarde serão levadas para a natureza, juntamente com os demais elementos.

Durante toda a liturgia, o ará-orum está ali participando livremente, dançando, vigiando. Por este motivo, não é permitido que as pessoas transitem pelos recintos sozinhas, principalmente as mulheres, sendo necessária uma companhia masculina, de preferência a de um ogã! Para dar proteção e sinalizar ao Egum que aqueles são "filhos do terreiro", no início do ritual é colocada, no braço esquerdo dos participantes, uma tira de mariô. Ao final de cada dia de ritual estas fitas de mariô são retiradas e agrupadas, para mais tarde fazerem parte do "Carrego do Egum". Uma pessoa de Orixalá fará "marcas" específicas nas faces das pessoas com *atin*, também para evitar que o ará-orum se aproxime. Este pó é feito com substâncias quentes, que servem somente à vida, sendo então por ele repudiado.

Quanto maiores forem os laços de ligação do iniciado com seus orixás e com a sua comunidade, maiores serão os rituais e a quantidade de dias. E quanto mais alta a sua posição na hierarquia, maiores serão as liturgias. Geralmente, isto ocorre quando morre um sacerdote, cujo corpo deverá ser velado na casa de candomblé. Neste local, seus filhos, familiares e amigos terão mais liberdade e facilidade para prestar-lhe as últimas homenagens, e realizar mais facilmente as cerimônias pertinentes à ocasião. Após o enterro, todos devem retornar à casa de candomblé, já começando então a quebra de alguns elos com o ará-orum, realizando um ebó coletivo.

Tudo que faz parte de uma casa de candomblé, como pessoas, utensílios, instrumentos, animais etc., e que passaram pelas mãos do sacerdote falecido têm consigo um pouco do seu axé. Este poder, que foi distribuído por ele, agora precisa ser aglutinado, reunido, para reintegrar-se à massa-mãe e novamente dar origem e existência a outras pessoas. E isto vai ocorrer após a cerimônia do Axexê, que pode ter a duração de 7, 12, 14 ou 21 dias, dependendo das condições financeiras do Ilê ou das exigências do Egum. No futuro, a força e o axé deste sacerdote poderão ser cultuados no ojubó coletivo da ancestralidade, nas casas que o possuírem

No penúltimo dia do Axexê a liturgia é mais elaborada e também mais triste, porque neste dia acontece o desmonte e a quebra dos pertences religiosos do morto! Este ritual libera a existência individualizada, no aiê, para que retorne à existência genérica, no orum. Alguns igbás permanecem na casa de candomblé, porque existem divindades cujos assentamentos não são despachados, e outros são deixados como herança para alguém. O igbá orí e o assentamento de seu orixá, do Bára, particularizados, não são deixados para ninguém. Neste dia ocorre também a imolação de animais, se assim for determinado, que será levada juntamente com o "Carrego". Este é levado por ogãs da casa ou convidados e colocado em local previamente determinado pelo ará-orum através do jogo de búzios. O "Carrego do Axexê" é um grande ebó que se oferta ao espírito do morto. Após a saída deste Carrego, o morto já não possui mais nenhuma ligação com o terreiro. Está livre! Se por acaso algum objeto do morto tiver sido deixado para alguma pessoa da comunidade, determinado pelo jogo de búzios, este já não tem mais vínculo com o falecido, já possui um novo dono!

No último dia é realizado o "Arremate", com cânticos para os orixás e os atabaques rufando, abrindo novamente a casa. Este ritual chama novamente todas as divindades e a vida para a casa de candomblé! Podemos estão concluir que quando a morte se retira, a vida volta, e com mais fulgor!

É costume também que se façam ebós nos participantes e, posteriormente, a limpeza em todos os assentamentos das divindades. A vida volta à normalidade. Após alguns dias, algumas casas oferecem um amalá a Xangô, para que este reintroduza o dinamismo, o calor, o movimento na casa. Em outras, poderá ocorrer um período de pausa para certas funções, conforme o grau hierárquico do morto.

O Axexê não é um ritual exclusivo dos iniciados, pois não se remete a cargo, idade ou posição hierárquica. Ele indica somente o fechamento do ciclo de vida das pessoas, podendo ser realizado para qualquer um. Quando morremos, todos nos tornamos ará-orum e precisamos de ajuda para uma transição mais tranqüila. Os iaôs, as pessoas somente oborizadas e os amigos mais participantes da vida comunitária também têm vínculos que precisam ser quebrados. Quanto mais estas pessoas tenham se tornado partícipes e companheiras de um Axé, mais esta comunidade gostará de homenageá-las!

Atualmente, muitos sacerdotes, talvez por falta de esclarecimento ou de compreensão, estão ignorando este preceito e só realizam o Axexê quando consideram o iaô merecedor, julgando-o somente por suas qualidades pessoais. Esquecem que o candomblé é uma religião de fases e que se todas forem completadas fecham um círculo. Mas se o iaô não conseguiu completar o seu ciclo, que pelo menos seja feito o fechamento de sua vida religiosa, com um simples Axexê ou um "Carrego"! Esta é a obrigação daquele que o iniciou na religião, que o acompanhou em seu aprendizado, e que está presente no fim de sua existência!

Atualmente, verificamos que algumas pessoas do candomblé não desejam que seja feito o Axexé após a sua morte. Respeitamos a opinião e o desejo de todos, mas entendemos que os iniciados precisam ter uma melhor compreensão de sua própria religião. O candomblé possui início, meio e fim, perfazendo um ciclo que é ao mesmo tempo religioso e vital. Esse ciclo religioso inicia-se no Borí, complementa-se com a feitura, segue com as obrigações temporais e fecha-se com o Axexê. Quando ocorre a perda do *emí* (a respiração), os orixás se retiram e deixam para Iku, a morte, o corpo do ser humano, para que este o reponha em seu local de origem. Sem o ritual do Axexê isto se completará, porém com mais percalços e com maior lentidão para o Egum.

Para os povos fon, bantu e iorubá, e também para algumas outras nações africanas, a morte em si não é o fim, mas um momento de regozijo, pois é quando a pessoa irá ao encontro de seus ancestrais. Percebemos isso nos rituais do Axexê, Sirrum e Mukundu/Ntambi, quando as pessoas cantam, dançam, bebem e comem, tornando estas liturgias em uma festa de confraternização e um momento de encontros e reencontros. Se a vida é para ser festejada, a morte também participa dela! E o novo ará-orum, ao ser homenageado com pompas por seus parentes, amigos e companheiros de religião, parte para um outro plano consciente de que foi amado e respeitado em suas últimas vontades religiosas!

Então, concluímos que, embora o Axexê finalize a existência do homem na Terra, sem a sua realização não existiria troca de energia e de axé, nem início de nova existência para a espécie!

Referências bibliográficas

BARROS, José Flávio Pessoa de & NAPOLEÃO, Eduardo. *Ewé Òrìsà: uso litúrgico e terapêutico dos vegetais nas casas de candomblé jeje-nagô*. Rio de Janeiro, RJ: Bertrand Brasil, 1998.

BASTIDE, Roger. *O candomblé da Bahia*. São Paulo, SP: Companhia Editora Nacional/ MEC, 1978.

BENISTE, José. *Òrun-àiyé: o encontro de dois mundos*. Rio de Janeiro, RJ: Bertrand Brasil, 2000.

CACCIATORE, Olga Gudolle. *Dicionário de cultos afro-brasileiros*. 3. ed. Rio de Janeiro, RJ: Forense Universitária/SECC-RJ, 1977.

CARDOSO, Carlos & BACELAR, Jeferson (org.). *Faces da tradição afro-brasileira*. Rio de Janeiro, RJ: Pallas, 1999.

CARVALHO, Marcos. *Gaiaku Luiza e a trajetória do jeje-mahi na Bahia*. Rio de Janeiro, RJ: Pallas, 2006.

COSTA, Ivan H. *Ifá: o orixá do destino*. São Paulo, SP: Ícone, 1995

JÚNIOR, Eduardo Fonseca. *Dicionário yorubá-português*. Rio de Janeiro, RJ: Civilização Brasileira, 1983.

LODY, Raul. *Dicionário de arte sacra & técnicas afro-brasileiras*. Rio de Janeiro, RJ: Pallas, 2001

LOPES, Nei. *Novo dicionário banto do Brasil*. Rio de Janeiro, RJ: Pallas, 2003.

_____. *Logunedé*. Coleção Orixás. Rio de Janeiro, RJ: Pallas, 2002.

LIMA, Luís Filipe de. *Oxum*. Coleção Orixás. Rio de Janeiro, RJ: Pallas, 2007.

MARTINS, Cléo e MARINHO, Roberval. *Iroco*. Coleção Orixás. Rio de Janeiro, RJ: Pallas, 2002.

MARTINS, Cléo. *Obá*. Coleção Orixás. Rio de Janeiro, RJ: Pallas, 2002.

MOURA, Carlos Eugênio Marcondes de, (org.). *Candomblé: religião de corpo e alma*. Rio de Janeiro, RJ: Pallas, 2000.

_____. *Culto aos orixás, voduns e ancestrais nas religiões afro-brasileiras*. Rio de Janeiro, RJ: Pallas, 2004.

PEREIRA, Nunes. *A Casa das Minas: culto dos voduns jeje no Maranhão*. Petrópolis, RJ: Editora Vozes, 1979.

SANTOS, Juana Elbein dos. *Os nàgó e a morte*. Petrópolis, RJ: Vozes, 1977.

VALLADO, Armando. *Iemanjá: a Grande Mãe africana do Brasil*. Rio de Janeiro, RJ: Pallas, 2002.

VERGER, Pierre Fatumbi. *Orixás*. Salvador, BA: Corrupio. 1981.

VOGEL, Arno; SILVA MELLO, Marco Antônio da & BARROS, José Flávio Pessoa de. *Galinha d'angola: iniciação e identidade na cultura afro-brasileira*. Rio de Janeiro, RJ: Pallas. 1993.

Fontes online

http://sacred-texts.com/
Cahiers d'études africaines - http://etudesafricaines.revues.org/sommaire1582.html
http://aulobarretti.sites.uol.com.br/Revista.htm
http://www.integrativespirituality.org/postnuke/html/static-docs_Books-africa-Myths_of_Ife-index.htm
http://www.utexas.edu/conferences/africa/2004/database/oladimeji.html
http://www.ifashade.com/foro/index.php?topic=68.0
http://www.ifafoundation.org/whats_new.asp
http://www.fa.indiana.edu/~conner/yoruba/cut.html#history
http://www. uga. edu/aflang/YORUBA/ODUDUWA. htm
http://pt.wikipedia.org/wiki/Sincretismo
http://pt.wikipedia.org/wiki/Efan
http://www.ifashade.com/
http://www.ifafoundation.org/whats_new.asp
http://www.ifacollege.com/
http://www.brasilfolclore.hpg.ig.com.br/
http://paulodeoxala.sites.uol.com.br/index.html
http://www.geocities.com/tobosy/
http://benintourisme.com/ang/culture/dth.people.htm
http://benintourisme.com/ang/
http://etudesafricaines.revues.org/document86.html
http://www.beninensis.net/
http://www.nucleoestudo.ufla.br/necta/ovo_nutricao.html
http://www.xamba.com.br/
http://groups.msn.com/centrodeestudosdaculturaafroamericanacecaa/itansemximas.msnw?action=get_message&mview=&id_message=1770
http://www.erinle.moonfruit.com/ileke
http://www.motherlandnigeria.com/languages.html
http://www.bbc.co.uk/dna/ww2/U166168
http://www.altair.togun.nom.br/frame.htm
http://www.ritosdeangola.com.br/
http://www.corrupio.com.br/pai_agenor_entrevista.htm

http://www.irunmoleinstitute.com/
http://www.awostudycenter.com/
http://www.mulheresnegras.org/africa.html
http://acaiaba.vilabol.uol.com.br/
http://www.axeoloroke.hpg.ig.com.br/
http://groups.msn.com/v9m1eumelnp86i2qkjgies9am2/onlgnsnyn.msnw
http://www.proel.org/mundo/kordofan.htm
http://groups.msn.com/ifaesbondad/orisaseirumole.msnw?action=get_message&mview=0&ID_Message=1538&LastModified=4675489270985778001
http://www.ifashade.com/articulos.htm
http://www.africa-photo.com/video/e_video.htm - filmes Jeje
http://kwe.ceja.neji.vilabol.uol.com.br/apresentacao.htm
http://groups.msn.com/ifaesbondad/elpoderdeor.msnw?action=get_message&mview=0&ID_Message=6831&DDir=1
http://groups.msn.com/IleAseOrisaFunfun/
http://geocities.yahoo.com.br/nzaze/historia.htm#Historia%20da%20na%E7%E3o.
http://geocities.yahoo.com.br/inezoyajagun/ibeji.html
http://emiokan.com/forum/forum_posts.asp?TID=80&PN=1
http://www.oyigiyigi.org/irunmole/oko.htm
http://www.edo-nation.net/sowunmi1.htm
http://br.groups.yahoo.com/group/candomble-ketu/messages/1?expand=1 candomble-ketu · Cultura Africana e Afro-descendente
http://groups.msn.com/v9m1eumelnp86i2qkjgies9am2/ - CECY - Centro de Estudos da Cultura Yorubá (Seção da LENE) Amèyìn Gbómo Ekùn - Luiz de Ògún
http://ar.groups.yahoo.com/group/invisamayombe/messages/66?expand=1
http://communities.msn.com.br/CECABGOCentrodeEstudosdaCulturaAfro-BrasileiraGO/homepage
http://www.candombleketu.net/coletanea.htm
http://www.osuneyn.cjb.net/
http://www.ethnologue.com/show_language.asp?code=YOR
http://www.enaol.com/disciplinas/geografia/paises_mundo.php

Consultas e informações (sugestões, críticas e opiniões):
Pai George: (021) 2796-2046
e-mail: verabarros@openlink.com.br

Este livro foi impresso em dezembro de 2024,
na Gráfica Eskenazi, em São Paulo.
O papel do miolo é offset 75g/m² e o da capa é cartão 250g/m².
A fonte usada no miolo é a ITC Stone Sans, corpo 10,5.